本书为广东技术师范大学
达之讲座教授经费支持项目

团队考察江永源口田万载民俗博物馆（2018年10月拍摄）

湘南过山瑶"坐歌堂"考察（2018年11月拍摄）

团队考察湘西土家族"舍巴日"（2019年6月拍摄）

团队成员考察侗族芦笙制作（2020年7月拍摄）

团队成员考察白族仗鼓舞,与省级传承人钟必武合影(2021 年 10 月拍摄)

团队成员参加"吉首大学'苗歌传承班'结业典礼演出"(2021 年 11 月拍摄)

湘南瑶族"还家愿"仪式考察（2021年12月拍摄）

湘南过山瑶婚俗仪式考察（2022年2月拍摄）

流域文化视野下的
湖湘乐舞研究

赵书峰 主编

学苑出版社

图书在版编目（CIP）数据

流域文化视野下的湖湘乐舞研究 / 赵书峰主编．— 北京：学苑出版社，2023.11
ISBN 978-7-5077-6820-6

Ⅰ．①流… Ⅱ．①赵… Ⅲ．①乐舞－研究－湖南 Ⅳ．① J709.264

中国国家版本馆 CIP 数据核字 (2023) 第 219737 号

责任编辑：黄　佳
出版发行：学苑出版社
社　　址：北京市丰台区南方庄 2 号院 1 号楼
邮政编码：100079
网　　址：www.book001.com
电子信箱：xueyuanpress@163.com
联系电话：010-67601101（销售部）　010-67603091（总编室）
印　刷　厂：北京建宏印刷有限公司
开本尺寸：710 mm×1000 mm　1/16
印　　张：40.75
字　　数：485 千字
版　　次：2023 年 11 月第 1 版
印　　次：2023 年 11 月第 1 次印刷
定　　价：288.00 元

前 言
音乐文化志书写与表述的多元风格

在人类学界,"民族志"一般又称为"文化志"。当下,音乐文化志书写与表述风格成为学界争论的一个热点问题。音乐文化志的书写与表述"曾经历一条从注重纪实性描述(description)到提倡符号性阐释(interpretation)的过程"。[1] 即由早期的"浅描"书写风格到后期的带有阐释人类学(吉尔兹,Clifford Geertz)性质的"深描"书写风格转型。实际上中国历史古文献中的"方志"就带有"浅描"的色彩,尤其是地方志文献,大多是以"第三人称"的书写风格来撰写,书写者不出现在方志文本中,常以客位旁观者的身份实现历史的叙事。当下,在后现代主义阐释人类学、象征人类学的影响下,音乐文化志的书写风格与表述内容也出现了明显的转型,即文化志的书写不但记录音乐表演活动的表象内容,而且针对其表象背后的深层隐喻现象给予深入的描述与阐释。换言之,音乐文化志的书写与表述风格既要记录和描述音乐的"能指",又要依附特定的音乐表演语境来阐释其"所指"内容。

---

[1] 杨民康.音乐民族志方法导论——以中国传统音乐为实例[M].北京:中央音乐学院出版社,2008:115.

因为，从语言符号学的角度思考，音乐文化志的"深描"内容就是依靠"语境的力量"实现对特定表演情景中的音乐结构生成与象征意义之间互动关系的"深描"的目的。比如，美国民族音乐学家安东尼·西格尔（Anthony Seeger）著《苏亚人为何歌唱——亚马孙河流域印第安人音乐的人类学研究》[1]，就是以"深描"的书写风格以及表演民族志的研究思维传达苏亚人的音乐表演过程与特有的音乐文化观念。而传统方志文本是对地方历史、地理、民俗、人物、古迹等文化事项的记录和描述，是一种过去时或"零语境化"的有选择的"权力书写"。方志的书写与表述风格逐渐发展成为一种标准化、规范化的定型的书写格式。其一，以行政单位级别区划为单位。如以省为单位（如《广东通志》）或者以州、府、县为单位的"州志"（如《郴州直隶州乡土志》）、"府志"（如《宝庆府志》）、"县志"（如《蓝山县志》）等。其二，以文化事项类别为单位。比如，官方历史中的"乐志"（如《宋史·乐志》《隋书·乐志》）和音乐类的专志（如《中国乐器图志》《中国乐器志》《中国少数民族乐器志》）等。这些传统志书的书写与表述风格多是将音乐事项剥离出其文化语境（或者仪式语境），对其形态特征、乐器形制、文化特征等给予描述。而当下音乐文化志书写虽然也是基于描述性目的，但它是将音乐的表演过程置于其动态的、"文化志在场""文化志现在时"的语境中进行"深描"。正如瓦格纳所说："民族志，通过对一种文化的描述，促使另一个文化的成员更好地理解这一文化，促进着人们相互之间的理解。对一种文化及其种族如同纸板剪切拼凑而成的刻板印象，已经让位给更加全面详细的包含着矛盾和不一致的描述。"[2] 音乐文

---

[1] [美]安东尼·西格尔. 苏亚人为何歌唱——亚马孙河流域印第安人音乐的人类学研究[M]. 赵雪萍，陈铭道，译. 上海：上海音乐学院出版. 2012.
[2] [美]卢克·拉斯特人类学的邀请[M]. 王媛，等译. 北京：北京大学出版社，2008：105.

化志尤其受到民俗学理论中理查德·鲍曼（Richard Bauman）的表演民族志思维的影响，强调特定表演语境中音乐文本的结构与象征意义之间生成问题研究，尤其注重音乐表演文本生成因素之间的互文性研究。其主要特征如下。

首先，音乐文化志是描述性的，"这种描述法不仅记录声音，也记录声音的建构、创造和欣赏的方式，记录声音对个人、全体、社会和音乐等进程的影响"。[1]其次，音乐文化志多是用具有叙事性特点的文学语言来描述和记录音乐的生成过程。音乐文化志的描述性与文学性特点，也成为它被音乐学界其他学科学者质疑的焦点问题。某些学者认为，音乐文化志的描述性与文学性的书写风格已经不是纯粹的学术研究，而是一种艺术表达。即运用诗意的文化志书写风格已经脱离了民族音乐学学术研究范畴，而更多的是一种文学性的艺术表达。因此，围绕音乐文化志的诗意表达是艺术表达还是学术表达的问题，学界展开了激烈的争论。

音乐文化志表述与写作的风格转型主要表现为以下两个方面。其一，用形象性与诗意的文学表达再现田野现场当地人真实的表演语境；田野工作所见所闻的诗意表达也是音乐文化志书写的主要风格之一。音乐文化志的书写风格绝不仅仅是一种科学主义、标准与规范化思维的"冷冰冰"的文本语言表述特点，而应是具有一种形象、生动的富有语言表现力与修辞手段与多元开放性的，以及主客位身份的，研究者与研究对象之间的互文与对话的文本表述风格。因为诗意的文学性表达并不是对于田野文化志材料的一种虚构和夸张，而是结合语言修辞的丰富性表达手段，更加真实、全面地传达田野研究对象的音乐表演语境。

---

1 [美]海伦·迈尔斯．民族音乐学导论[M]．秦展闻，汤亚汀，译．北京：人民音乐出版社，2014：118．

结合音乐文化志富有诗意的文学表述风格可以更加精确地呈现田野文化志的"深描"目的。因为任何只寻求所谓规范化、标准化的音乐文化志表述与写作风格都陷入了人文社会科学的科学主义思维。如美国人类学家、著名民族志研究学者大卫·费特曼（David M. Fetterman）认为："文学对于民族志学者来说，最大的作用在于它可以是表达思想的一种工具。许多文学规则和写作的技巧都可以为民族学者所用。作者可能会模仿不同的说话者的语气，既可以显得无所不知，也可以表现出真诚坦率。他们能控制叙述的节奏。可以运用具体的隐喻、丰富的明喻、排比、反讽以及其他许多手法来表达某一时刻的真实感情、感受。"[1] 因此，音乐文化志的诗意表达或文学性的写作风格就是用形象生动的、具有表现力的语言以及丰富的修辞功能与手段来客观描述和记录田野考察对象。"尽管民族志学者常常被称为不成功的小说家（尤其是那些写的太好的人），而认为文学程序渗透了再现文化的所有作品，却是人类学最近的观念。对越来越多的人来说，人类学——尤其是民族志——的'文学性'，远远超出了好的写作或独特的风格所能概括的。文学的过程——隐喻法、形象表达、叙事——影响了文化现象被记录的方式，从最初草记的'观察'，到完整的书，到这些形构的确定的阅读活动中'获得意义'的方式。"[2] 著名历史学家杨念群认为："对研究历史的人来说，被说文字好是一种罪过。但我个人认为学者和文人不应该分开，一个好的学者也应该是个好的文人，是现在这个时代让学者和文人截然而分。古代有一种说法，叫'考据、义理和辞章，三者兼得，视为大者'。有了考据、义理还不能算作一个好的学者和历史学家，还

---

[1] [美]大卫·费特曼. 民族志：步步深入[M]. 龚建华, 译. 重庆：重庆大学出版社, 2007：100.
[2] [美]詹姆斯·克利福德, 乔治·E. 马库斯. 写文化：民族志的诗学与政治学[M]. 高丙中, 等译. 北京：商务印书馆, 2006：32.

应该辞章好。"[1] 还如"关系民族志书写的多样性不仅包括多种声音（观点）的纳入，多角度'位置性（positionality）'的考虑，还包括多种修辞文体的实验。当下很多民族志过于艰深晦涩的理论化表述以及科学报告式或说明式的写作，影响了人们对于民族志本身多层次的呈现与生动的表述。关系民族志由于涉及更为复杂纠葛关系与广泛的政治经济关注，在书写时，可借鉴一些文学性的白描手法、故事化写作以及图片与影像手段的辅助，将调研中的情感、体验与场景对话表现出来。不仅把研究对象作为书写的对象，对研究的过程与反思也要进行细致的记录与呈现，从而尽可能获得全面而又细致的田野综观。"[2]

其二，音乐文化志文本表述内容不完全是客位观察与第三人称表述方式，而是加入了研究者与当地人田野互动的影子（或称"民族志在场"[3]）。音乐文化志表述与写作的新风格是受到文化人类学从业余文化志、科学文化志、后现代文化志（或者反思文化志）、自我文化志等研究的系列转型的深刻影响。音乐文化志在基于描述与记录的基础上，后来受到阐释人类学的影响，其文本的书写内容逐渐加入了研究者的身影，由此从客位的第三人称的科学主义性质的观察与描述，发展到注重研究者主位参与互动性质的互文表述阶段。换言之，当下的音乐文化志研究受到人类学领域具有后现代思维的"写文化"思维的影响下，其文化志文本的生产不但是对研究对象的客位观察与描述，而且逐步发展为研究者对于文化志考察过程的田野反思的探索。或者称"把田野作业经历本身作为民族志叙述的对象"，即"民族志由最初的一种

---

1 单读.历史给我们的最好的东西，就是它所激起的热情[OL].(2020-01-11) [2023-04-05]. https://mp.weixin.qq.com/s/p7fRr_oGazz_3vRufTpEwg.
2 陈正府.关系民族志的理论范式与书写策略[J].云南师范大学学报（哲学社会科学版），2020（5）：94.
3 [美]大卫·费特曼.民族志：步步深入[M].龚建华，译.重庆：重庆大学出版社，2007：99.

特殊的文本形式，演变为马林诺夫斯基研究方法和文本形式的二重结合，进而成为格尔兹用'深描'来阐释文化和'触摸真实'的地方性知识"[1]。保罗·拉比诺（Paul Rabinow）的《摩洛哥田野作业反思》[2]。如哈佛大学谢勒梅（Kay Shelemay）在论述"音乐民族志表述与写作的新风格"这一问题中认为："如写作中加入作者的主观意识，不仅仅是冷冰冰的客观描述。有人称之为带有人情味的民族音乐学。虽然提出客观性，事实上还是强调个人观察、个人直觉、个人性格的作用、偶然性和运气，并努力评估自己对所研究课题的主观影响。新的主观表述风格是民族音乐学写作风格中近年来的巨大变化。把民族音乐学家本人写进文本中去，这一做法已有20多年。"比如，理查德·利皮特（Richard Leppert）《声音的景象：音乐，表述，以及身体的历史》、西奥多·莱文（Theodore Levin）《上帝的成百上千个愚人：中亚之旅（以及纽约昆山区）》、赖斯（Timothy Rice）的《愿它充满你的心灵：体验保加利亚音乐》、谢勒梅的《渴望之歌：埃塞俄比亚之旅》等经典的音乐文化志作品。"美国人类学的这种'内省'倾向已深深影响了民族音乐学，产生了文本的新结构模式和新的写作风格。"[3] 或者说是音乐文化志的后现代转型，音乐文化志文本的互文建构（文化志写作的"复调表述"）。即音乐文化志文本的书写不仅是"探寻共同主题的一系列独立叙说；甚至是各种叙说或一个主旋律和多个变奏曲的对位交织"。即如米哈伊尔·巴赫金（Michael Bakhtin）的文化志文本内容书写的"对话理论"。"因为后现代民族志赋予'话语'高于'文本'的特权，它强调对话是独白的对立面，并强调民族志情景中的协力合作的性质是与超越的观

---

1 [美]卢克·拉斯特. 人类学的邀请[M]. 王媛，等译. 北京：北京大学出版社，2008：108.
2 [美]保罗·拉比诺. 摩洛哥田野作业反思[M]. 高丙中，等译. 北京：商务印书馆：2008.
3 汤亚汀. 音乐人类学：历史思潮与方法论[M]. 上海：上海音乐学院出版社，2008：56.

察者的意识形态相对立的。……将民族志的语境理解为协力创造故事的语境，在它的一种理想的形式中，将会产生出一个多声部的文本。"[1]

有关"文化志在场"问题的另外一种解读，如安东尼·西格尔在其《苏亚人为何歌唱——亚马孙河流域印第安人音乐的人类学研究》认为：使用现在时态来描述在过去见到的事件。约翰内斯·费边（Johannes Fabian）认为，"民族志在场"将事件从其历史（多半是殖民地）语境中移除，将其放置在一种"永不降落"的时间和空间。[2] 而前文提到的"民族志在场"主要是"深层传达文化志学者在田野中的经验"。[3]

总之，目前音乐文化志描述与阐释的表述风格，尤其是前者，还被部分学者认为不是学术表达。他们认为学术研究需要专业化的、概念性的术语表达，用大白话或者富于文学意味的语言修辞为田野工作中的音乐展开叙事，不是真正的学术研究而是艺术表达，这实质上就陷入了学科研究范式的科学主义思维！为此笔者认为，音乐文化志的书写与表述风格既是一种艺术表达，又是一种学术表达。因为，音乐文化志书写内容不但是对特定文化语境中的音乐结构形态特征与象征意义的生成研究，而且也是运用诗意的或者文学性的修辞手法，以及较为生动、形象、细腻的语言对田野语境中的音乐表演活动展开的"深描"。正如詹姆斯·克利福德认为："科学人类学也是一种'艺术'，民族志具有文学品质。"[4] 文化志作品题目与内容，既有文学性的诗意表达，又能呈现考察点与考察对象的乐舞文化特征。因为，"范式多样化、作

---

[1] [美]詹姆斯·克利福德，乔治·E.马库斯.写文化：民族志的诗学与政治学[M].高丙中，等译.北京：商务印书馆，2006：167.
[2] [美]安东尼·西格尔.苏亚人为何歌唱——亚马逊河流域印第安人音乐的人类学研究[M].赵雪萍，陈铭道，译.上海：上海音乐学院出版社，2012："原序"7.
[3] [美]卢克·拉斯特.人类学的邀请[M].王媛，等译.北京：北京大学出版社，2008：100.
[4] [美]詹姆斯·克利福德，乔治·E.马库斯.写文化：民族志的诗学与政治学[M].高丙，译.北京：商务印书馆，2006：32.

品文学化、修辞多元化、目标现实化等民族志背后存续的诗学和政治学，很好地表征了当代民族志的现实发展样态"[1]。"学科互涉，边界跨越"已经成为当今人文社科研究的大势所趋，我们不能人为用科学主义思维来设置学科边界（学科壁垒）。正如有学者批评指出："学科与学科之间，由于各自研究对象、方法及表达方式等方面的不同，使不同学科内部逐渐建立起了自身学科的学科规范和标准，造成了学科之间的隔阂与封闭。在同一领域的教师，形成了一个以学科为中心的'圈'，圈中的人们有着类似的价值观念、工作模式、作业方式等，人为地使得学科壁垒的封闭性更加坚固。"[2]我们知道，上海音乐学院的陈应时教授（音乐史学家、乐律学家）2015年曾获得第26届小泉文夫民族音乐学奖。[3]正如中国著名史学家罗新、杨念群、许纪霖、许宏等学者提倡"打破文学和历史的界限"，那么中国民族音乐学界是不是也应该呼吁"打破文学与音乐文化志书写的界限！"所以，学科无边界，理念最重要！如今音乐文化志发展的新维度、新视角就是音乐表演文化志、自我文化志研究。目前学界对于表演民族志研究已经初具规模，但是民族音乐学研究者的自我文化志研究基本是一个学术空白。

民族音乐学的田野文化志表述与风格的多元书写训练，自从2018年以来一直是"中国南方少数民族乐舞文化研究中心"非常重视的学科训练工作，我们立足于田野工作，受益于跨学科交叉理论知识，充分利用湖南师范大学音乐学院具有的国内少有的音乐与舞蹈学一级学科博士点，音乐与舞蹈学博士后科研流动站这两个优势学术平台，将湖湘传统乐舞文化的艺术形态的生成过程置于流域、通道、走廊的立

---

1 李银兵，曹以达.民族志的三重叙事与实践反思[J].云南社会科学，2019（1）：139.
2 邹农俭.跨学科研究：社会科学研究的必然选择[J].浙江社会科学，2009（1）：5.
3 周敏娴.60年潜心民乐"考古"拿下敦煌乐谱最终解释权[N].上海文汇报，2015-04-01（10）.

体多维的文化空间维度中进行互动思考。同时，我们不但强调田野工作研究者的主客位互为主体性的文化志考察，而且将文化志书写置于田野真实的情感体验维度中，用文学性的诗意表达，来呈现湖湘传统乐舞艺术的形态特征与深厚的文化表征。

"田野做透，板凳坐穿"是湖南师范大学"中国南方少数民族音乐文化研究中心"的座右铭，为此，"中心"成员永远保持"严谨""高效""激情"的学术品格，继续坚持田野实践与跨学科思维两条腿走路的方针，不断加强民族音乐学（音乐人类学）与舞蹈人类学（舞蹈文化志）的方法论学习与音乐文化志书写训练。因为田野既是问题意识与灵感的触发地，又是检验理论有效性的试验场。

本书为湖南师范大学"中国南方少数民族音乐文化研究中心"（以下简称"中心"）成员集体的学术成果，这些作者多为民族音乐学（音乐人类学）、舞蹈人类学方向的硕士生、博士生，以及教授、副教授、访问学者、博士后等。自2018年10月以来，"中心"分别在湖南省蓝山县汇源瑶族乡、江华瑶族自治县上伍堡、江永县源口瑶族乡、龙山县里耶镇和靛房镇坡脚等地设立了民族音乐学研究基地，为"中心"成员的田野考察工作提供了诸多便利。当下，"中心"研究团队聚焦于"线性音乐文化空间研究"思维，针对湖南省境内湘、资、沅、澧四大流域内的传统乐舞展开了长期的田野考察，撰写了大量的田野乐舞民族志。尤其2020年7月4日至8月25日，在笔者的带领下，联合中国音乐学院（杨红教授）、贵州大学（杨志强教授）、湖南第一师范学院（张应华教授）等高校教师、硕士生和博士生三十余人，沿沅水流域（湖南段）各站点（新晃、芷江、怀化、黔阳古城、洪江、溆浦、辰溪、沅陵）的汉族、苗族、瑶族、侗族、土家族村寨，针对其传统乐舞、古村落、古寺庙、历史古道等文化事项进行了为期二十多天的跨学科（民族音乐学、人类学、舞蹈学、建筑学等）性质田野文化志考察。考察期间得到沿途各县市的音乐家协会、"非物质文化遗产"中心、文化馆、专业剧团、各乡镇等部门领导的大力支持与帮助，在此我们表示衷心的感谢！！

赵书峰
2023 年 4 月

目 录

湘江流域篇

初访田野
——2018湘南三市六县八瑶族乡"盘王节"暨"坐歌堂"节庆仪式音乐田野文化志……王爱红 / 3

湖南蓝山县汇源瑶族乡"还家愿"仪式音乐文化志
——以荆竹坪村赵氏家族为例……杨声军　陈静茹 / 25

传统与现代的对话
——长沙市湘剧保护传承中心田野文化志……易琴 / 51

瑶乡歌堂贺良缘
——湖南新田过山瑶传统婚俗仪式音乐田野文化志……王爱红 / 71

仪式与戏剧
——平江皮影戏音乐田野文化志……周心雨 / 97

活态的史诗
——湘南过山瑶《盘王大歌》音乐田野文化志……周心雨 / 109

谷雨时节　踏乐而至
——湖南蓝山汇源瑶族乡田野文化志……房珩 / 119

九嶷山下瑶乡情
——九嶷山瑶族乡第二届宁远、蓝山"六月六"民俗节庆仪式田野
文化志……王爱红 / 129

资江流域篇

共享·互文·场域
——新化县红旗新村梅山师公"抛牌奏职"仪式音乐
文化志……杨声军 李祖胜 / 147

演变中的文化记忆
——"还都猖大愿"仪式田野文化志比较研究……喻馨怡 / 169

湖南隆回花瑶音乐文化田野民族志考察……杨声军 / 199

都梁王城府 窃窃丝弦音……余 媛 / 211

沅水流域篇

叭叭隆隆花轿到 土家巧伴"得配当"
——坡脚田野行……向 婷 / 227

生与死之间
——三棒鼓,为生者而唱的歌……向 婷 / 239

历史·认同·重构
——旅游背景下的岩脚侗寨琵琶歌田野考察……肖志丹 / 253

进入洗车河镇 洞察梯玛文化
——观土家族舍巴日梯玛仪式有感……罗娅玲 / 269

里耶酉水码头上的"说书人"……向 婷 / 281

湘西龙山县田野考察基地挂牌活动实录……徐 花 / 295

千里锹寨花苗音　笙笙起舞名远扬
　　——湖南靖州锹里花苗乐舞田野民族志……符安可 / 307

古道穿岭行　侗歌把酒敬
　　——靖州县岩脚侗寨传统乐舞田野文化志……肖志丹 / 321

临崖鼓楼　侗音盘梁
　　——湘西南通道侗族传统乐舞田野文化志……宁　晋 / 335

沅水之北的活态文明
　　——流域视野中的新晃县传统乐舞田野考察……肖志丹 / 349

一路"侗"听
　　——行走在古意芷江……余　媛 / 361

觅古寻今　闻乐踏路
　　——比较视野中的怀化阳戏田野考察……肖志丹 李程程 / 373

"兵起商兴"一诉古城之春秋
　　——湘西南黔阳古城游记……宁　晋 / 389

洪江古商城音乐文化志考察……杨声军 / 397

目连戏千古绝唱　犁头嘴二水奔流
　　——溆浦传统乐舞田野文化志……李程程 / 419

辰河苗乡泛舟行　锦江河畔号子悠
　　——麻阳传统乐舞文化田野民族志……符安可 / 441

"流域"空间下的音乐文化互动
　　——辰溪田野文化志……徐　花 / 467

沅酉两水合流处　土家自有万般情……余　媛 / 489

探寻流域文化的活态传承
　　——沅水流域湘西段传统音乐田野文化志……李政航 / 503

历史与当下
　　——湘西苗族传统婚俗仪式音乐文化的变迁……李　静 杨声军 / 515

群体边缘的"演奏家"
　　——泸溪县潭溪镇苗族唢呐音乐民族志……李政航 / 543

传统与当代的互文
　　——以通道侗族大戊梁歌会、侗锦传承人口述史考察为例……朱　奕　陶泽文 / 557

澧水流域篇

在澧水更深处起舞
　　——桑植白族仗鼓舞田野文化志……李程程 / 581

以歌传情
　　——桑植白族民歌田野考察纪实……周心雨 / 599

桑植白族"游神"仪式田野文化志
　　——以马合口白族乡麦地坪村"十月十五"游神仪式为个案……李政航 / 609

后　记 / 629

湘江流域篇

初访田野
——2018 湘南三市六县八瑶族乡"盘王节"暨"坐歌堂"节庆仪式音乐田野文化志 *

王爱红

2018年11月15日,笔者独自乘坐大巴来到了永州市新田县,开启了人生的第一次田野。此次主要是对湘南三市六县八乡过山瑶"盘王节"进行田野跟踪调查,尤其针对其中的重要环节——坐歌堂,进行彻夜采录,以便更好地了解"坐歌堂"仪式音乐文化内涵及瑶歌独特的价值功能。据湖南省"坐歌堂"非物质文化遗产传承人盘金胜老师讲,从2003年到2007年,在湘南地区曾经小范围举办过"盘王节"活动;后从2009年开始正式在湘南三市六县八个瑶族乡进行一年一度的"盘王节"及"坐歌堂"活动的轮替开展。2018年的活动承办权轮到了永州市新田县门楼下瑶族乡,活动地点选在两江口瑶寨,正式开始日期为11月19日。笔者提前三天到达目的地,将对活动展开全面考察。

---

* 本文原载于《歌海》2021年第5期,第12—20+27页。本书编写时在此基础上略有改动(包括题目)。

一、"盘王节"暨"坐歌堂"仪式活动前期彩排

2018年11月16日一大早,笔者由当地朋友陪同自驾前往活动地点——门楼下瑶族乡两江口瑶寨。途中道路蜿蜒曲折,因为生怕自己晕车,一路上全身心都绷紧了弦,顾不上欣赏四周的碧水青山,倒是快进瑶寨时远远的一种色彩刺激了眼球。我迫不及待地下车,迈步在眼前的这一块土地,深深被红色与黄色相间的各种布置所吸引。红色象征着热情、红火、发达,黄色象征着阳光、开朗、向上。这应该就是对这里人们的赞颂和美好祝福吧!只见一排排淡黄色的瑶寨依山而建,周围山峰叠嶂,溪水奔流,房屋布置错落有致;寨中小路纵横交错,主次分明。走在瑶寨,仿佛走进历史的时光隧道,让人感受到瑶族历史的悠久和传统文化的典雅,思古之情油然而生。尤其是房屋建筑上的墙绘,民风十足,令人回味。尽管这里的瑶寨已经被翻盖成统规统建的新村,但传统的吊脚房顶,绘有民族风情的手绘,身着民族服饰的瑶民,其中的民族意蕴依然是深厚而浓郁的。

采访是从上午的9:22开始的,笔者快速在瑶寨里转了一圈后发现村里几乎没有什么人,偶尔碰到一个老婆婆,问她会不会唱瑶歌,她只一个劲儿地向我摇头,嘴里还嘟囔着我听不懂的瑶话,我只好作罢,把采访地点放到了村口的小卖铺。小卖铺一家人姓邓,老板邓德福,瑶族,四十六七岁,祖上早年是从河南南阳邓县(今邓州市)迁过来的。一听到"河南"二字,

图1 两江口瑶寨寨门(2018年11月16日王爱红拍摄于新田门楼下两江口)

我倍感亲切！我告诉他"我是来这里学习'坐歌堂'音乐文化的，可否给我提供一些相关信息"。没想到他竟欣然同意并立刻喊来了他的舅舅邓万龙（瑶族，59岁，曾在林业部门工作。我的主要信息提供人）。邓万龙老师告诉我们：

> 其实，我们现处的地方叫梁山窝村，位于永州市新田县北部。从县城到梁山窝距离21千米，途径金陵水库，从金陵水库到两江口水库有10千米，围绕金陵水库转。两江口水库距梁山窝瑶寨0.7千米，四面环山，青山绿水，云雾缭绕。村里共有60多户人家，200多口人，其中当兵的多，大学生也出了蛮多（讲到这儿邓老师颇为自豪）。村里人主要有盘、赵、李、邓四大姓氏，此外还有一个姓冯的，是后来嫁过来的。村里都是正宗的过山瑶，坚持说瑶语，尤其是对家里的孩子，注重从小培养讲瑶语。每年的盘王节，家家都会祭祀盘王，寨子里还会举办坐歌堂、跳长鼓舞、舞香龙等民俗庆典活动。唯一遗憾的是我们自己的文字没有被保存下来（邓老师把目光转向窗外那一排黄色旗子，略显失落）。那些黄色旗子上面的盘王十二姓字体（盘、沈、包、黄、李、邓、周、赵、胡、唐、雷、冯）就是我们最早的文字……

专注于邓老师的讲述，我被他深深的情怀所感动。接着邓老师还给我详细讲述关于梁山窝移民新村的房子采用黄色是来自他的建议，以及自己曾为此次"'盘王节'暨'坐歌堂'活动"举办地点据理力争做出的努力。霎时间我心生敬意，称颂邓老师为"当地的能人！"

邓老师告诉我："下午2:30有活动的彩排，到时候可以先了解一下（活动）。"我听后好一顿惊喜和感慨，"来的真是巧啊！"午餐（大约12：40开始，也许是我的造访，显得有点晚）是在小卖铺家里完成的，瑶胞纯朴、热情、如亲人般的关照令人感动！午餐间隙（大概13：38），开始看到陆陆续续进村的汽车以及徒步而来、身着瑶族服饰的男女老少，看样子彩排工作即将进入准备阶段。

　　实际上，下午所谓的活动彩排并不是我想象的那么详细具体，组织者只是按照19号当天的活动安排走一下流程。比如，迎宾环节：迎宾时间定为19号15：00，由十名瑶族少女举牌导引市、县、乡有关领导及嘉宾入会场。这时的迎宾队伍要身着瑶族服饰按照顺序列队至蜡树坪停车场迎宾。迎宾队伍主要由舞狮队（两只狮子同舞，六人舞狮乐队齐奏）、唢呐队（两把唢呐和其他四名民乐手）、长鼓队（十人）、花伞队（十人）、新田歌手队（八十二人）、瑶歌敬酒队（十二人）等组成。但是因为天气一直在下雨，迎宾仪式彩排无法完全按照方案要求实施，只是让大家简单地走一走迎宾路线，熟悉相关重要地点。

　　"坐歌堂"作为湘南过山瑶一种对歌形式是此次盘王节活动的核心环节，且此次活动中"坐歌堂"民间歌手队伍庞大，在两江口瑶寨活动主场，单看眼前排队阵势，就足以预测到活动场面之大，阵容之强。从文件看来，19号活动当天，"坐歌堂"活动将由来自湘南三市六县八瑶族乡（永州市新田县门楼下瑶族乡、宁远县桐木漯瑶族乡、宁远县五龙山瑶族乡、祁阳县八宝镇、金洞管理区晒北滩瑶族乡，衡阳市常宁县塔山瑶族乡，郴州市桂阳县白水瑶族乡、塘市镇）选送的民间歌手或艺人按照男女分组分别组成十四个歌堂进行对歌竞赛。而彩排这天下午，因外地的歌手都还没有及时赶到，暂时只看到门楼下瑶族乡的"坐歌堂"选手。

　　田野考察现场，我的导师也未停止过通过网络指导我田野的方法，他微信提醒我"不要错过任何一个可以采访的机会"。是啊，此刻我应该趁着大家认组归队练习瑶歌的时间讨教去，我边想着边走进了"坐歌堂"歌手群中。看着"坐歌堂"每个歌手谈笑风生的样子，我穿梭在熙熙攘攘的人群里，真诚地与工作人员打招呼，做自我介绍；与每个瑶胞微笑、握手、拉家常，夸他们帅气、赞她们服饰漂亮；

图2 瑶族不同的头饰发髻（2018年11月16日王爱红拍摄于新田门楼下两江口）

时不时充当下摄影师和崇拜者，与他们拍照或合影留念。这个过程中，我犹如一位局内人轻松自如。瑶胞老乡们得知我是来学习"坐歌堂"文化的，都表现得很大方、很慷慨，踊跃为我唱瑶歌。我忙于用手机录制着每一首瑶歌，琢磨着其中的曲调，回味着其中的韵味。说起瑶歌，你要是想从瑶民口中了解一些瑶歌背后的文化，他们并不怎么在行，他们只知道就是这样一辈一辈传下来的。但是你如果让他们给唱上一段，那可就不止一段了：迎客歌、敬茶歌、敬烟歌、敬酒歌、姻缘歌……如绵绵细雨，温婉动听。

调查中还有一种吸引我眼球的文化：瑶族服饰和发髻。尤其是不同的发髻呈现出的样态引起了我极大的兴趣。艳丽的服饰本是瑶族的一种特殊文化符号，而其头饰又成为瑶族服饰中最具个性的组成之一。

经过请教现场的瑶族老人才知道，由于民族的传统习惯，根据瑶女年龄的大小，扎成不同的发髻，如戴红色绣花绒球拖帽的，就是未成年的少女；头顶板架的就是成年姑娘，即未出嫁的女孩儿，也称满姑。板架是用五根两尺长的竹片夹在头上扎成的，瑶女将头发用蜂蜡胶固定架子后，再在架子上罩以精制绣帕，挂上一串七尺长的五彩珠子，貌似清代女子；结婚后的青年妇女则取下顶板，将头发扎成一个锥锥。由此，我们可以通过瑶族发髻判断出瑶家女性的大体年龄，或者是否已婚。[1]

瑶族作为中国五十六个民族中的一支，是中华民族的重要组成部分。瑶族文化在多元文化的大背景下越来越彰显着生命力。应该说湘南地区瑶族"坐歌堂"文化的传统存在，在某种意义上，是同过去当地的社会物质、经济文化等方面的低水平状态联系在一起的。随着社会经济的发展，人民生活水平的提高，这种缺乏状态在很大程度上已经得以改善或去除。[2]尤其当下受现代化、城镇化、商业化等多重语境的影响，"坐歌堂"这样的传统文化正在面临着消亡的严峻局面。据现场了解，现在瑶族的大部分年轻人都在外地打工，忙于各种经营活动，根本没有时间回到家乡学习瑶歌。加上网络、电视及流行音乐的信息化时代的发展，完全削弱了瑶族青年人对瑶歌的兴趣。这样的现状使得"坐歌堂"在其传承与发展过程中遇到了瓶颈和阻碍。"坐歌堂"作为瑶族的传统音乐文化，如何使之得到较好的保护与弘扬，令我们深思。

此次湘南八个瑶族乡的"盘王节"暨"坐歌堂"活动是集国家在场与民间在场、表演与竞赛为一体的大型民俗节庆仪式活动。在国家大力提倡依托本土文化发展经济且又不失民族文化内涵的前提下，该活动为传统文化的"活态化"传承与传播提供了很好的平台。我想这应该也是政府部门为传承传统文化的用心之举。天色将晚，雨婆婆时不时来凑下热闹，这时已经是17：50，多数工作人员和坐歌堂歌手已经陆续离开，还有一小部分主要领导和工作人员迟迟未归，只见一位

---

1 盘金胜．走进湘南瑶寨［M］．［出版者不详］，2007：66—67.
2 郑长天．瑶族"坐歌堂"的结构与功能——湘南盘瑶"冈介"活动研究［M］．北京：民族出版社，2009：241.

负责人还在紧张地部署工作。我不仅万分感慨：操办这样一个大型活动，前期的筹备辛苦是可想而知的，何况活动中的细节那么纷繁复杂，是需要政府部门投入大量人力物力财力，从各个方面做好协调布置的，真心为他们的大作点赞！这一壮举必将如活动主题所愿：增团结、谋发展、促脱贫、奔小康！

二、与文化传承人的访谈

2018年11月18日17:30，笔者有幸受邀与新田县"坐歌堂"省级非物质文化遗产传承人盘金胜老师共餐，一同前往的还有同事王铁老师、广西艺术学院民族音乐学方向研究生贾恒存同学。我是在网上了解到盘金胜老师的个人资料的。作为一名民族音乐学学者，出发之前首先对前期田野提纲做了充分准备，查阅了与"坐歌堂"相关的人，而且想尽办法与他们联系上，从而从多角度多层面对调查对象加以了解。与盘金胜老师的访谈是在盘老师朋友家进行的，当时正逢他与好友聚会，我们三个"不速之客"也被盛情款待：

> 我从小是听着祖辈唱着瑶歌长大的，我的老家就住在常宁塔山蒲竹乡高泥凼。小的时候经常听到爸爸唱瑶歌，看乡亲们坐歌堂，长期的耳濡目染，使我对家乡的瑶歌有着一种深厚的感情。在我们家我属于第五代传人，不过虽说瑶歌是父承子传，代代相传，但是我的父亲只能算作是我的启蒙老师，真正教我学唱瑶歌的是我的姐姐盘凤英。我的姐姐大我5岁，年轻的时候经常受邀参加民间坐歌堂，我呢就陪着她一道，渐渐地我不光学会了瑶歌的演唱，而且从中还琢磨出了门道，学会了瑶歌中的汉字转瑶音

的方法。在我的手中珍藏着很多坐歌堂的手抄本,都是当年爷爷传给我的。

19:40,盘老师到新田县君逸大酒店(新田瑶学会活动安排地点)与我们学界一行人(湖南师范大学"潇湘学者"特聘教授赵书峰博士,星海音乐学院李迪副教授、代宏老师,中南林业科技大学音乐学院李祖胜院长,湘南商学院音乐表演系主任杨洋副教授,衡阳师范学院音乐学院李巧伟副教授,中南林业科技大学音乐学院研究生杨声军)交流座谈。大家针对"非遗"传承人的遴选、"盘王节"的由来、"坐歌堂"仪式的历史渊源、瑶歌的由来、曲调及演唱特点进行了面对面请教,并与在场的来自蓝山县汇源瑶族乡的两位瑶族传统文化传承人赵金付、冯荣军演唱的道县、蓝山一带的瑶歌做比较探讨。现场学术气味浓烈,氛围活跃。

图 3 与"坐歌堂"省级非遗传承人盘金胜访谈(2018 年 11 月 18 日王铁拍摄于新田县公安局家属院)

武术爱好者有一句口头禅,所谓"高手在民间",这句话一点也不夸张。盘金胜、赵金付、冯荣军三位老师不求名利,凭着对民族传统文化的情有独钟,他们不仅拥有丰富的地方性知识,而且能讲、能说、能范唱,解释详细清晰,范唱圆润动听,韵味十足。我突然间心生惭愧,作为一名高校音乐学院的声乐教师,我们应该利用课余时间尝试走进田野,尝试田野教学,带领学生在广阔的田野中真正体验我国传统音乐的魅力。

三、"盘王节"及"坐歌堂"仪式音乐文化志

2018年11月19日是一个令人兴奋的日子,笔者作为在南方工作的北方人,对"盘王节"及"坐歌堂"活动充满期待与强烈好奇。8∶30我们首先参加了在新田县行政大楼六楼举行的湘南地区瑶族文化研讨会,会议围绕"瑶族文化与经济发展"主题展开,各地学界专家及地方学者从不同视角对瑶族文化的保护、传承与发展以及如何将其应用到地方旅游中,推动地方经济发展,树立瑶族文化自信做了精辟的阐述。

会上,赵书峰教授对当前湘南一带瑶族文化提出了四点中肯的建议:"1.瑶族文化研究要发挥本地学者与学院派学者互动的研究,即民间资料需要方法论进行深度的整合;2.瑶族文化要加强注重实用性、实践性研究,即我们的理论如何回馈到田野工作中,如何让研究成果为瑶族地区的经济、文化传承发展与乡村的和谐发展做出贡献;3.湘南过山瑶瑶族文化从音乐的角度挖掘得还远远不够,如《盘王大歌》中的乐谱等,希望永州市瑶学会学者能够结合民间学者做一次大的整理与研究;4.无论是学界还是民间学者我个人认为要加强瑶族传统文化历史文献挖掘与当下发展现状互动的研究,历史与现实的研究,比如庞大的'度戒'仪式,官方、民间、学者要共同努力把'度戒'恢复起来,要对蓝山度戒的原生性尽可能保存好,并对其进行恢复性的抢救与挖掘,整理工作亟待解决。再如明代的卫所,我们在江永江华发现的桃川千户所、琵琶千户所,这些地方曾经对湘南瑶族文化的发展与变迁都带来哪些影响,有待于我们去考察。"[1] 会场爆发出一阵阵热烈的掌声,同人都对导师的精彩演讲高度赞扬,对导师提到的几个问题高度认同。

中饭小憩后等不及乘坐班车,笔者和中南林业科技大学音乐学院

---

[1] 来自赵书峰2018年11月19日新田县行政大楼六楼湘南地区瑶族文化研讨会上的讲话。

院长李祖胜教授、2017级硕士研究生杨声军,一行三人便驱车赶往盼望已久的活动现场——门楼下瑶族乡两江口瑶寨,想对正式的活动现场来个先睹为快。下午的活动将在15:00开始,我们一路上不敢有半点儿的耽搁。这次我一路上表现得比较放松,心随车驰骋在无尽的兴奋与想象中:盘王节到底是个什么样的节日呢?它因何而来呢?瑶族人是如何把它延续流传到今日呢?今日的活动现场又将如何呢?晚上的"坐歌堂"中的瑶歌真如平时在《民歌中国》节目中听到的那般天籁吗?……各种渴望得到答案的想法在脑子里闪现。我欣赏着车窗外的青山碧水,思绪却突然被来来往往的人群、车流阻断。在即将到达目的地的关口,只见人流不息,人山人海,前方的汽车已被堵得水泄不通,远处的十字路口出现了交通管制。我焦急地看着手机上的时间,眼看着就要到点,这可怎么办?千万不要错过活动的开幕式!庆幸的是李院长亲自下车走到大约距离我们车400米的前方关口与交警交涉,几经周折后总算准予通行,车才得以艰难突破拥堵,开出"困境"。

"盘王节"作为瑶族百姓这么重视的节日,到底历史原因何在?而且"盘王节"前后瑶族平时在外打工的青年男女都会回到家乡参加盘王祭祀活动,这种神圣又何以扎根在他们年青一代的心目中呢?20分钟后我们终于到达现场,一下车立刻被活动气场震慑。宏伟的黄色拱形门里近万名瑶族同胞齐聚在两江口村梁山窝易地扶贫搬迁安置点,道路两旁整齐的瑶族同胞仪仗队,个个身着靓丽的民族服饰,面带微笑,热情地迎接来自四面八方的朋友。声声锣鼓由远及近,只见舞狮开道,唢呐乐队其次,花伞队和长鼓队并排在后,一道美丽的民族特色风景呈现在眼前。花伞队和长鼓队的小姑娘们花枝招展,身上的瑶族服饰在手中的花伞和长鼓的映衬下显得格外绚丽。祭祀盘王暨"坐歌堂"的人员如同参加入场式的运动员一样正式隆重。首先映入我们眼帘的是主祭团的各位领导和嘉宾，以及学界专家、地方学者和永州市瑶族文化促进会的代表。接下来是湘南三市六县八个瑶族乡的民间艺人和歌手代表队，分别按以下顺序依次排开：衡阳市常宁市塔山瑶族乡，郴州市桂阳县白水瑶族乡，郴州市桂阳县塘市镇瑶族乡，永州市祁阳县八宝镇瑶族乡，永州市金洞管理区晒北滩瑶族乡，永州市宁远县五龙山瑶族乡，永州市宁远县桐木漯瑶族乡，永州市新田县门楼下瑶族乡。入场的各个代表身着节日盛装或正装，身披黄色似西藏哈达似的飘带，踏着乐队的节奏个个自信饱满，神采飞扬。路过村口广场上，一股强烈的生活气息扑面而来，各种瑶族特产在此展示，包括生活用品、服饰、手工艺品、饮食（腊肉、绞股蓝、干野菜等）等应有尽有。瑶胞们以主人翁的姿态迎接着到场的每一位亲友，现场似一片欢乐的海洋。

主祭场上，容纳几千个嘉宾席的红色大棚，与每位嘉宾身披的黄色标志的飘带构成一处亮眼的主色调。周围已是水泄不通，人山人海，几乎挤不进去。座位正前方的大舞台上阔气的 LED 大屏幕上，始祖盘王面向东方正襟危坐在那里，高大、威武、气势逼人。

祭祀盘王开幕式大概在 16：09 正式开始的，开幕式由新田县委副书记、县人民政府县长秦山成主持，新田县门楼下乡党委书记何岳敏致辞，永州市民宗委党总支书记、主任蒋季红等几位领导嘉宾分别讲话。其中蒋书记讲道："盘王节作为瑶族一个重大的传统节日，我们各级部门是非常重视的。湘南三市六县八瑶族乡自 2003 年以来，在六县区各级人民政府的大力支持下，不断发展创新，不断挖掘民族文化内涵，逐步将盘王节打造成湘南地区乃至全省的瑶族品牌。希望湘南三市六县八瑶族乡在习近平新时代中国特色社会主义思想指引下，不断创新，不断挖掘民族元素，以歌会友，以歌传情，共同表达对祖国的热爱、对家乡的热爱、对美好生活的向往。共同祈福国家富强、民族团结。共同坚定中华民族伟大复兴，共同筑牢中华民族共同体。"[1]

激情澎湃的开幕式后，大约 16：39 盘王祭祀大典正式开始。全体肃立，主祭人是盘文顺。盘王祭祀具体步骤如下：

1. 鸣炮、奏乐。十二筒二十四响礼炮升空，期间伴随有击鼓三通、鸣锣三响、鸣角十二声；奏乐《满堂红》，演奏乐器分别是：四把唢呐、鼓、锣。

2. 礼牲上供、奏乐。一献三牲：牛头、猪头、羊头；二献五谷：小米、麦子、高粱、玉米、稻谷。

3. 升祭旗、奏乐。

4. 向始祖盘王行鞠躬礼。

5. 瑶族代表明烛、奏乐。

6. 主祭人盘文顺上香。首先一名少女给主祭人上水洗手、上帕擦手；其次主祭人行跪拜礼；最后由少女递上三炷大香。

7. 陪祭人上香、各代表分批上香。

8. 主祭人敬酒。

9. 主祭人盘文顺诵读祭文。

10. 焚帛书、奏乐。

11. 瑶族歌舞展示告祭毕，礼花齐放。

12. 散福，与大家分享糍粑。

13. 自由上香。

18：00 左右，祭祀盘王大典结束，但神圣气氛却还在延续，人们久久不愿离去，纷纷在盘王面前鞠躬叩首，感恩、祈福！

作为活动当天的第二大特色项目"盘王宴"在祭祀大典结束后开始。说起盘王宴，也令人十分惊叹。瑶族称"盘王大宴"，也叫"长桌

---

[1] 来自蒋季红在 2018 年湘南三市六县八瑶族乡"盘王节"暨"坐歌堂"活动开幕式上的讲话。

宴"，这是沿袭瑶族千百年来风俗流传下来的宏伟大餐。即在盘王生日这天，全瑶族同胞集中会聚在盘王殿前，载歌载舞、开怀畅饮，共同庆祝丰收的喜悦，这是一种山野的沸腾与狂欢。现场的确如此，由于地方空间的限制，盘王宴虽不是从前的长桌形状的盘王大餐，但也可谓壮观了。上百桌圆桌宴席，上千人就餐，凡来者都有份。我正好与一群穿戴着漂亮服饰的瑶族姑娘们同桌，她们不时地为我夹菜、盛饭，早闻瑶族朋友的好客与热情，果然让人心生温暖。

盘王宴后的篝火晚会本也是活动当天人们期盼的，不想天公不作美，下起了雨来，而且雨越下越大。原以为不会再有篝火了，难得来到少数民族聚居区，如果能赶上一场篝火晚会，岂不幸哉乐哉！不承想红彤彤的篝火早已被燃起，围观的群众一片欢呼声。篝火现场的瑶胞们不顾大雨舞起了香龙，他们的特技动作令现场观众赞叹，为他们呐喊。此时此刻无论雨下得再狂暴，也无法浇灭演员和观众们的高涨情绪，阵阵掌声、欢呼声此起彼伏……

"坐歌堂"活动作为活动环节的重中之重，一直是我最最期待的，因此来不及等篝火晚会结束，我就悄悄地挤出了人群，去寻找活动文件中所说的十四个歌堂。山里的11月加上下雨非常寒冷，然而山野的夜晚对于我这个心驰神往的人来说，感觉是那么温暖如春，清新美好！十四个歌堂被安排在十四户瑶胞家里，我几乎是一路小跑找到所有歌堂位置，并用最快的速度在十四个歌堂里走了一遭，我要待在哪个歌堂呢？苦于自己分身乏术，我只有先用相机把十四个歌堂都以拍照的形式记录下来，然后最终定位在第二歌堂——永州市新田县门楼下瑶族乡男一队与衡阳市常宁市塔山瑶族乡女队。我是半个衡阳人，留在第二歌堂关注衡阳常宁塔山的"坐歌堂"仪式音乐文化是我此次田野的目的之一。我怎么也没想到要做的"家门口"的田野首先在这次新时间已是 22：30，"坐歌堂"已经以聊天的形式持续一会儿了，似乎相互间的寒暄要多一些，也时不时从男队或女队飞出一两句歌声。因为语言的障碍让我很尴尬，我一直在向身边的当地人请教歌手讲的话的意思，有时候只能先靠观察歌手的一言一行去猜测彼此间交流的含义。然而歌声是没有界限的，如果说前半夜的坐歌堂因为话多歌少，导致我的田野有些木讷的话，那么夜宵后的坐歌堂因为越来越多的、连贯的对歌却一下惊扰了我半睡半醒的神经，我被现场几位女歌手天然的、不加雕琢的声音所感染。坐歌堂第二歌堂从 19 日 20：30 左右开始一直持续到 20 日 8：30 左右，我没敢眨一下眼皮，担心失去任何一秒美妙时刻。都说好戏在后头，真的如此，整夜坐歌堂以夜宵作为分水岭：夜宵（大概凌晨 2：30）前，以讲话聊天为主，夹杂演唱；夜宵后，以演唱对歌为主，夹杂讲话。我尽力让自己一直保持亢奋状态，期间还有幸享用了歌手们丰盛的夜宵，为后半夜的田野补充了养分。当然有时候也确实困得撑不住了，就走出歌堂，在门口呼吸一下冷空气。后半夜了，在漆黑的夜晚，当你站在瑶家门口往歌堂内看时，别有一番滋味。远处的每一处歌堂，灯火通明，笑声、歌声连连不断。身处第二歌堂，堂内多数人都已散去，即便坚持留下来的人很多也在半梦半睡之中了。然而你再看两队的歌手，却似乎没有丝毫的倦意，反倒是越说越热闹，越唱越兴奋。我已被浸入心田的歌声醉倒，更为现场歌手的精气神鼓掌。

坐歌堂，湘南阳明山脉瑶族聚居区中的一种"谈笑"歌，何以会用上一夜乃至两三个通宵才能画上句号。据文献记载，瑶家每逢探亲访友，生日寿宴，娶亲乔迁，凡是遇到喜庆的事情，都会举行"坐歌堂"。大家坐在一起说说笑笑，歌唱生活、歌唱友情、传递友谊、交流感情。"坐歌堂"有相当规范的一套程序（十八个程序），如进乡歌、敬烟歌、

图5、图6 高腔《留客歌》,两队对歌(2018年11月20日王爱红拍摄于新田门楼下两江口)

看花歌、缘分歌、敬酒歌、谢主歌、离别歌等;每个程序中都包括许多首瑶歌,曲调优美,唱词丰富。20日8:00"坐歌堂"活动经历大约12小时结束了,我在听不懂瑶语的天籁声中驻留一夜,瑶语成为我挥之不去的问题。然而歌声却让我品尝到了瑶歌那如同千年醇酒的独特韵味,更感受到了瑶族朋友的热情、好客、人与人之间的简单淳朴。20日大概7:30,我看到了最感人的一幕:坐歌堂中的最后一个程序"离别相送歌",两队相送,依依惜别;歌手们由堂内排成一字慢慢走向堂外,歌声由室内的温婉低吟的"讲歌"逐步升为高亢嘹亮的"高腔",两队距离越来越远,歌声却越来越清澈响亮,传递和演绎了久远的年代山这头与山那头之间的心的呼唤,那种真情实感的流露,让人瞬间落泪……

随着"坐歌堂"比赛结果的公布,此次湘南三市六县八瑶族乡"盘王节"暨"坐歌堂"节日画上了圆满句号。十四个歌堂整夜的对歌表现经过评委的辛苦工作也分别评出了不同级别的奖项。笔者在第二歌堂的时候,曾经现场采访了评委盘金胜老师有关评分标准。大致是这样的:

1. 队伍结构分(15分):35岁以下占40%(6分)、36至50岁占

40%（6分）、51至60岁占10%（3分）；

2. 服装精神面貌分（10分）：服装整洁，新颖美观（6分）、精神面貌状况（4分）；

3. 智性灵敏分（20分）：歌队对歌中反应快、不冷场，好（17—20分）、中（10—16分）、差（0—10分）；

4. 对答歌数量分（20分）：评委在场半小时各歌队对答歌数量，好（15—20分）、一般（15分以下）；

5. 问答分准确分（20分）：歌手对答歌准确迅速（12分）、歌手翻译歌意清楚（8分）；

6. 歌堂活跃分（15分）：评委在场半小时各歌队对答歌有讲有笑且幽默，好（12—15分）、一般（12分以下）。

以上看来坐歌堂评分细则还是比较科学全面的。笔者认为第二歌堂的常宁市塔山瑶族乡女队还是比较强的，尤其其中有两位女歌手对"坐歌堂"的程序和曲调非常熟练，整个女队无论从年龄层次的搭配还是从精神面貌，以及对歌答歌方面，气氛带动得非常主动活跃；倒是新田县门楼下瑶族乡男队表现得稍稍拘谨了些，在对歌答歌方面有些内敛，不够熟练、积极、大方。但整体第二歌堂在十四个歌堂中的赛绩还是很突出的。

"余音绕梁，三日不绝"，坐歌堂活动暂时在新田县门楼下瑶族乡两江口瑶寨结束了，然而回响在耳边的瑶歌声始终未断，很多问题在脑子里一遍又一遍地翻腾，"坐歌堂"仪式音乐深烙我心，浓浓的再田野求知欲望已经生成。

田野是民族音乐学的立身之本，2018年11月15日至20日为期六天的田野，笔者从一个懵懵懂懂的民族音乐学初学者，开始逐步变得清晰起来，明白了田野要做哪些事情，田野要关心哪些事情。田野中事事是大事，要随时随地做好田野笔记和田野提纲。此次湘南八个瑶族乡的"盘王节"暨"坐歌堂"活动中，根据导师建议笔者每天坚持整理田野笔记，做到材料文本和故事文本的共建，不光对有关"盘王节"和"坐歌堂"两个事象所处的社会及其发展状况、文化发展、当地信仰、历史渊源做详细查阅和学习，而且要对在新田县门楼下两江口瑶寨所听所看到的田野故事加以分析，试图寻求材料与所调查对象的互通互证。

四、2018 湘南瑶族"盘王节"暨"坐歌堂"活动田野反思

2018 湘南瑶族"盘王节"暨"坐歌堂"活动在 11 月 20 日早上十四个歌堂竞赛结果的宣布声中轰轰烈烈地结束了，而彻夜采录坐歌堂活动的笔者内心却始终没有平静。"坐歌堂"本出自乡间山野，其音乐文化作为湘南过山瑶最原始的日常生活方式，具有的是一种民俗功能，与真正的作为审美功能的舞台化表演来说应该是有很大区别的。昨日盘王节上的"坐歌堂"仪式只能说是一种浓缩，是一种脱离民间生存语境的简略展示，与原汁原味的"坐歌堂"不能同日而语。面对这样的音乐文化样态，这样的一种有国家在场、政府在场的民俗活动，笔者个人认为尚需重点观察"坐歌堂"音乐文化的表演形态与其特定的历史文化、民俗信仰等因素间的互动关系；尚需回到"坐歌堂"的生成语境，对其背后的历史渊源做详细考察，从田野走向历史，全面、深入地把握"坐歌堂"民间音乐文化的体系脉络与精神内涵；全力收集"坐歌堂"生存当地的历史文献、唱词、经书、乐器等一切与"坐歌堂"音乐文化有关的资料；及时进行口述、访谈录音与记录，关注"坐歌堂"音乐文化发展变迁的历时性研究。同时充分运用跨学科知识，

注重音乐与其文化语境互动关系的考察，重点考察形成这种音乐风格特征的深层原因是由哪些社会、历史文化因素导致的。结合民族学、人类学、历史文献学、民俗学等研究理论针对"坐歌堂"传统仪式音乐、唱词语言特点、经书文本特性等内容展开多学科的互动研究，多维度、立体地解读该文化背景中的人是如何建构、使用音乐的；分析"坐歌堂"音乐在其所处的社会历史语境中的文化象征隐喻功能问题。

　　前面讲过，在某种意义上，"坐歌堂"仪式已经失去了它赖以传承的生活基础。"坐歌堂"的传统存在是由当时社会物质方面的紧缺状态决定的。随着社会经济与文化的发展，这种状态在很大程度上得到了改善，造成了过山瑶坐歌堂传统仪式音乐文化的变迁与涵化，坐歌堂失去了原生的表演场域，发展成为只保留"原形态"[1]的一种特点。因此，我们在关注"坐歌堂"音乐文化功能变迁的同时，要注重对其原生性语境逐渐消失状况的观照和思考。此外，关于"坐歌堂"音乐文化的保护、传承与创新问题，应该说是当下的一个难题，一种矛盾。"坐歌堂"生存的原生语境已经不复存在，只能通过偶尔的民间的自发组织或每年一次由政府主导的湘南瑶族"盘王节"活动得以呈现，在某种程度上这也是一种传承或者准确地说是一种传播。同时当下也有很多地方政府积极利用本土传统文化的特色发展旅游经济，来达到对民族文化的对外宣传。但是这种方式如若太过，开发处理不当的话，将会严重影响到传统音乐文化的原生性保护。如何在传统文化中植入当代人的审美观，如何在不失其文化内核的情形下构建一种具有现代化模式的、迎合当下人审美消费心理的音乐文化产品，成为未来传统音乐

---

[1] 田联韬．原生态："原——态"抑或"原——生态"？[J]．人民音乐，2009（9）：15—17．

文化发展、创新必须认真思考的问题。[1]

  未来的田野，笔者将在三个方面努力。首先，期待在之后的瑶族田野中看到一场还原民俗行为的真正的民间"坐歌堂"仪式。当我们将音乐本体剥离其所依附的原生文化语境，进而进行分析与考察时，我们只能是看到了音乐的"大动脉"框架，而忽略了为之提供生存环境的肌肉与新鲜血液，甚至是"毛细血管"的存在。其次，在接下来的田野将以此次湘南瑶族公祭"盘王节"暨"坐歌堂"活动考察为契机，继续以瑶族"坐歌堂"仪式音乐文化为研究对象，以常宁市塔山瑶族乡田野为起点，继续延伸到新田、桂阳、祁阳、宁远、蓝山等湘南过山瑶一带，进行"坐歌堂"的多点民族志研究，做移动的田野。最后，努力学习瑶语，让自己能够从局外人逐步转化为局内人，利用双视角来观照"坐歌堂"音乐文化的过去、现在与未来。同时培养音乐的双重能力，通过双重音乐（文化）能力知识的学习与培养，达到对当地文化语法结构的深层认知与理解。这将有助于对"坐歌堂仪式"音乐的地域性风格的把握，增进研究者与被研究者彼此之间的文化认同、情感交流，以及消除研究者内心的某种文化震惊的主观认知体验。相信未来的田野笔者必将有更大更多的收获。

（王爱红，衡阳师范学院音乐学院副教授，湖南师范大学"中国南方少数民族音乐文化研究中心"特聘研究员，主要从事民族音乐学研究。）

---

[1] 赵书峰. 民族音乐学理论与方法阐释——以中国少数民族音乐研究为例 [M]. 北京：知识产权出版社，2018：171.

湖南蓝山县汇源瑶族乡"还家愿"仪式音乐文化志
——以荆竹坪村赵氏家族为例*

杨声军　陈静茹

一、蓝山县文化地理概述

民国时期雷飞鹏纂修的《蓝山县图志·瑶俗》中对于蓝山的地理位置和民国时期蓝山瑶族的分布有详细的记载："蓝之西南，崇山峻岭，左贵而右粤，林深菁密，实为瑶宅。凡在南风坳以西者曰西山瑶，东曰东山瑶，在沙子岭左右者曰平地瑶。"[1] 从上述史料可以看出，蓝山县位于湖南的最南端，四面崇山峻岭，左边同宁远交界，右与广东毗连，瑶人的居所大多在树木繁多、蔓菁茂密的山地。凡是在南风坳以西的瑶族自称西山瑶，南风坳以东的瑶族称东山瑶，居住在沙子岭两边的瑶族称平地瑶。

---

* 本文原载于《歌海》2021年第2期，第34—43页，本书编写时略有修改。本文为2019年湖南省哲学社会科学规划基金一般项目"文化重构与声景变迁——湘南瑶族'盘王节'音乐研究"（课题编号：19YBA243）阶段性成果之一。

1 雷飞鹏.蓝山县图志·瑶俗（卷十四）[M].台北：成文出版社，1970：1039—1040.

二、仪式地点及相关概述

汇源瑶族乡位于蓝山县城西面崇山峻岭之中，南接所城镇，西与宁远九嶷瑶族乡瑶族、湾井镇交界，北与犁头瑶族乡毗邻。是湘南瑶族"过山瑶"的一个主要聚居地。全乡交通便利，年轻人大多外出打工或创业。该乡包括了荆竹坪村、辖源峰、湘蓝村、大源、湘源五个村。[1]

（一）仪式地点

本次考察的"还家愿"仪式主家地点位于汇源瑶族乡荆竹坪村，距蓝山县城25千米，距乡镇府8千米，全村基本已通水泥路，交通便利，平均海拔1300米。本乡瑶族以赵姓为主。大部分居民已迁出，只有几位老人常年还留在村中。此次还家愿在赵子华家的正堂中，房屋为常见农村水泥房共两层，位于山坳处。

（二）仪式时间

本次考察时间为2020年1月13日至17日，历时四天五夜。蓝山县地方文献《蓝山县图志》中对当地瑶族"还家愿"记载有这样一段文字："齐坛三日或五日，事毕，尽以猪肉与巫为谢。"[2] 文献中明确提到了同治到民国时期，蓝山的瑶族"还家愿"仪式一般是三日或五日。本次田野考察，与古籍中记载的蓝山当地瑶族地区的"还家愿"仪式时间略有出入。

（三）家庭成员

此次考察的汇源瑶族乡"还家愿"仪式，主家为赵子华，今年61岁，为前任村党支部书记，腿因残疾故有些跛脚，育有一女两男，其女丈

---

1 汇源瑶族乡.[EB/OL] (2019-12-19) [2020-6-10].https://baike.baidu.com/item/汇源瑶族乡/2442421.
2 雷飞鹏.蓝山县图志·瑶俗（卷十四）[M].台北：成文出版社，1970：1057.

夫为上门女婿，大儿媳出身云南，均在外务工。弟弟赵子龙44岁，其妻为乡内瑶族，现任村党支部书记，育有一儿一女，两个孩子都在上学。

（四）还愿目的

笔者翻阅前人研究时发现，赵书峰老师2009年在湖南省蓝山县汇源瑶族乡湘蓝村大团沅组冯氏家族还家愿仪式进行的田野考察中，赵金仔师公更全面具体地回答了这一类型的问题，他的回答中提到，还愿的目的有三种：一是通过还愿中的"挂灯"仪式，分开香火，达到家庭的分支传承；二是瑶族家庭通常每一代都要挂灯一次，还一次家愿，如果三代人不还愿，就不再是盘王的子孙；三是冯家前些年家境状况不好，希望通过"还家愿"获得盘王等众神的保佑。[1]

据赵金仔师公讲，此次还愿目的是家中男子接受挂灯，在挂灯中分香火。

（五）参与人员

此次"还家愿"仪式中主要执仪者有三位师公，分别为赵金仔、盘宝古、盘旺古。参与挂灯的人员有四位，他们均为赵家无挂灯经历的男性，分别为赵子龙、赵健峰、赵生财、盘堂仔。歌娘赵堂妹来自宁远九嶷山瑶族，其余参仪人员和乐器师傅均为赵氏亲友和村中村民。

表1 赵氏家族还家愿仪式执行者统计

姓名	法名	年龄	学历	住址
赵金仔	法明	57	初中	汇源瑶族乡湘蓝村
盘宝古	法旗	55	初中	汇源瑶族乡桐古坪村
盘旺古	法旺	52	小学	宁远九嶷山瑶族

---

[1] 赵书峰. 湖南瑶传道教音乐与梅山文化：以瑶族还家愿与梅山教仪式音乐的比较为例[D]. 北京：中央音乐学院，2011：49.

表 2　赵氏家族还家愿仪式参与者统计

姓名	角色	年龄	住址
赵子龙	接受挂灯者	44	汇源瑶族乡荆竹坪村
赵健峰	接受挂灯者	15	汇源瑶族乡荆竹坪村
赵生财	接受挂灯者	37	汇源瑶族乡荆竹坪村
盘堂仔	接受挂灯者	40	汇源瑶族乡荆竹坪村
赵堂妹	歌娘	53	宁远九嶷山瑶族
赵子清	厨官	不详	汇源瑶族乡荆竹坪村
盘进友	帮忙兼大锣	78	蓝山县五里坪附近
赵运财	厨官	不详	汇源瑶族乡荆竹坪村
冯见仔	执香师	65	汇源瑶族乡湘蓝村

三、还愿仪式及音乐活动实录

表 3　"还家愿"仪式音乐统计

仪式	具体仪式流程	仪式类型	仪式时长	仪式音声	仪式音乐结构
还家愿	1.装堂 2.献香 3.净坛 4.请圣 5.挂家灯	瑶传道教	12 小时	锣鼓声鞭炮声默咒念白诵唱	每个具体仪式之前都会有约20分钟的锣鼓作为引子＋师公唱或念、轮唱（加锣鼓伴奏）
还催春愿	为挂灯者还催春愿	瑶传道教	1 小时	诵唱还愿念白牛角声	约20分钟锣鼓声后＋师公诵唱、短暂的牛角声

(续表)

仪式	具体仪式流程	仪式类型	仪式时长	仪式音声	仪式音乐结构
还招兵愿	1. 扎五谷幡 2. 请五谷魂	瑶传道教	8小时16分钟	诵唱 念白 锣鼓声 牛角声	持续的锣鼓声伴奏+师公诵唱
还圆盆愿	还圆盆愿	瑶传道教	2小时50分钟	大锣声 诵唱	约1分钟大锣声+师公诵唱经书
还盘王愿	1. 喝剪花酒 2. 装堂 3. 点女 4. 盘问连州郎 5. 跳瑶族长鼓舞 6. 围愿 7. 坐歌堂 8. 送盘王 9. 勾愿	原始宗教	约14小时	锣鼓声 镲声 长鼓声 牛角声 诵唱声 长鼓舞	装堂锣鼓+诵唱+模仿盘问连州郎等情节+长鼓舞+盘王大歌

从2020年1月7日，笔者考察意向初步敲定开始，为了四天的田野考察，笔者进行了为期三天的考察前期准备工作。准备工作可大致分为三个阶段：第一个阶段（1月10日），联系蓝山汇源瑶族乡当地乡委会成员，落实考察项目及考察时间；第二个阶段（1月11日），根据落实田野点的实地情况进行文献资料收集及其整理工作；第三个阶段（1月12日），针对考察项目预设调查问题。

1月13日，盘荣富主任、雷弦、笔者同司机师傅驱车从蓝山县城出发去汇源乡荆竹坪村，村内一个山坳只住两三户人家。主家赵子龙、赵子华家，是典型的农村水泥房，共两层，厅内神台设置在厅左。步入客厅，几张年代久远的圆桌摆满了各式各样的瑶家菜品，谈笑声、酒

图1 笔者居住的地方（2020年1月14日陈静茹拍摄于荆竹坪村）

杯声淹没了我们初入瑶山的不安。大家见新客到来纷纷点头示意问好，不约而同地举起酒杯敬酒。

准备工作：

1月13日15：00左右，师公和徒弟们开始为还家愿仪式做准备。徒弟们正在做仪式中需要用到的纸马，"砰砰砰"的敲击声与大家商量还愿事宜稀稀疏疏的交谈声互相应和着，冬日的暖阳铺满了大半个屋子，屋子里有些嘈杂却又异常和谐。而后，赵金仔师公俯首抄写主家历代族人名单，留着旧族人名单的纸微微泛黄，书写着历史的痕迹。厅左墙角的五谷幡[1]静默地伫立着，盘法旺师公举起未完工的对联半眯着双眼检查了半晌，又继续起笔书写，厅堂内显得分外和谐。

（一）还家愿

1. 装堂（1月13日21：00—22：00）

厅堂内，鼓乐之声遥遥相应。除大锣鼓外，还有小锣、小镲。这种浩荡的音节都是暗示华丽的、亢奋的、盛大的活动。在近处听这种音节时，听者的心会忙着和它共鸣、无暇顾及其他事。我是喜静之人，故刚开始并不适应处在这种浩荡的鼓乐中。

我逐渐沉浸在鼓声、谈笑声、经文声中。之后，师公在锣鼓喧天中

---

[1] 据赵子清师傅讲，这个五谷幡存放年代已有40年，目的是祈求风调雨顺、五谷丰登，子孙后代平安喜乐（2020年1月13日，陈静茹采录于蓝山县汇源乡荆竹坪村赵子华家中）。

开始挂圣像。圣像共十八幅,画像已经泛黄,有多处修补过的痕迹。据赵金仔师公口述,十八幅圣像有四幅以总堂为主,十四幅山青,寓意着向家先还愿;向盘王还愿时,圣像不变,总堂改变。挂好圣像后,师公们拿"牛劲"(瑶语)将写有家族人名字的小纸条吸在圣像上。[1]

图2 师傅们正在奏乐(2020年1月14日陈静茹拍摄于荆竹坪村)

布置神台,共设三个神台,从左至右为众圣席、盘王席、家先席。众圣席上四个香炉,每个香炉右边放一个水杯,香炉前放十二个酒杯,一碗贡菜、圣席脚下放有一坛净坛酒(毛巾盖面)。盘王席与宗祖家先席相同,一个香炉炉前五个水杯、一碗利师米。

2. 献香(1月14日9:30—10:45)

早饭前,主家女婿盘堂仔在门前和厅内挂对联,赵金仔师公关于经书的描述:"这个书是一种硬本,里面的内容有些不一样,有所改变,瑶族十二姓每一个姓的经书可能都会有些变化,做法不太一样,这本是抄本的经书,我家有五十多本经书,有一部分是长辈留下来,有一部分是自己手抄。"

神堂中间有对联:

右联:盘王精神传千秋

左联:后裔子孙发万年

---

[1] 据赵金仔师公讲,这是家里小孩有难,不好带,把他的生辰八字写在红纸上,吸到神像上后,请三清消灾解难,是寄名的意思(2020年1月13日,陈静茹采录于蓝山县汇源乡荆竹坪村赵子华家中)。

横联：酬良愿

主家神龛两侧的对联是：

右联：招兵进坛万年兴

左联：敬奉盘王还良愿

横联：祖德流芳

早饭后，9:30 献香法事开始，由师公们诵唱经文，师公唱："骑马转宫各归坛"，而后，三位徒弟穿衣戴帽，开始跳献香舞，他们每人手上拿着一个铜铃，发出有节奏的"叮叮"声，三位徒弟跳得不是很熟练，常撞到对方或踩到对方

图 3 笔者和师公们交谈（2020 年 1 月 14 日雷弦拍摄于荆竹坪村）

的脚，显得分外滑稽，引得在一旁看热闹的主家长辈们开怀大笑，神堂内笑声、铃声、经文声，声声入耳。

3. 净坛（改位）（1 月 14 日 14:00—15:30）

14:00 开始，由盘法旺师公执行"改位"这一仪式程序。灶台旁，盘法旺师公诵唱经文，手持一瓷碗，用剑刀把里面的水撒在神堂及周围，由盘法旺师公主持兼镲，盘华旺敲大锣。盘法旺师公对主家进行了改灶、禁门、改五方五位的秽气。据盘法旺师公口述，"禁门是禁止不干净的东西，其他的都进不去，只有人能进去"。关于改位也有多种说法。据赵金仔师公讲，"改位"寓意着清理干净厅房的每一个角落。当我把"改位"这一词询问赵子清厨官时，他的解释又更加丰富，他说"改位"是代表兄弟分家要改香台位、改门位、改灶位等，也代表着不让邪祟之物进门。改位与盘法旗师公为四位挂灯者许催春愿同时进行，许催春愿由

盘法旗师公主持，寓意着盼望耕种的迫切心情。

4.请圣（1月14日15：30—21：45）

15：30开始，三位大听意者[1]穿衣戴帽，跳铜铃舞，师公们诵唱经书。

5.挂灯（1月14日23：00至1月15日凌晨1：00）

请阴阳师为证，接待祖宗乡音。盘法旗、盘法旺两位师公拿着师公棍抬着凳子依次面向神台和大门，赵金仔师公在一旁诵唱经书，而后，盘法旺师公拿着碗和剑刀净衣，师公和长者们为四位接受度界的男子穿戴好瑶族服饰，徒弟们将下午手工制作的凳子摆在面向神像，距神龛约2米处，接受挂灯的四名男子则坐着凳子上，接受挂灯者脚踩两个陶瓷碗代表脚踏日月，主家用竹子

图4 挂灯仪式（2020年1月15日陈静茹拍摄于荆竹坪村）

搭置的支架放置了三个陶瓷杯，杯中放面条，是寓意着斋戒，男子挂灯后不可和女子说话，不可食用荤腥。

谱例1是挂灯伴奏的一段锣鼓经。在挂灯锣鼓经中小鼓、小锣、大镲、大锣节奏序列相同，小鼓和小锣以八分音符为主，大镲和大锣则每拍一击，音乐的节奏呈现出了热烈锣鼓声中的伟大传承。挂灯这一程序，其文化隐喻是家族的延续和传承。

---

[1] 据盘法旺师公解释，"大听意者"为三位徒弟。

谱例 1

挂灯锣鼓经
（还催春愿仪式音乐）

记谱：陈静茹
采录时间：2020 年 1 月 15 日
采录地点：蓝山县汇源瑶族乡荆竹坪村

（二）还催春愿（1 月 15 日 2：10—3：10）

师公们站立在灵台前诵唱经书，手里拿着一沓纸钱，为挂灯者还催春愿。在挂灯开始之后（后来我才得知，在还催春愿开始到渡戒者开斋都是不能讲瑶话的），大厅内只能讲瑶话，其他地方可讲汉话，违反者罚喝辣椒汤。[1]

（三）还招兵愿

1. 扎五谷幡（1 月 15 日 6：00—9：00）

主家的妇女们扎五谷幡，她们用竹子打了三个三脚架用来固定住准备好的三根竹子，将纸马固定在小米串的梗上面，用小米串的梗扎在竹子的枝上。小米串、大米等是五谷幡的主要组成物，瑶族每个姓的五谷幡材料不太一样，如赵书峰老师的博士学位论文中，汇源瑶族

---

[1] 盘法旗师公口述，在此次的还家愿仪式中未见主家准备辣椒汤，笔者在仪式中曾不小心讲了几句汉语也并未被惩罚喝辣椒汤（2020 年 1 月 15 日，陈静茹采录于蓝山县汇源乡荆竹坪村赵子华家中）。

乡湘蓝村大团沅组的冯姓瑶族的五谷幡材料用的就是大米和高粱。[1]

2. 请五谷魂（1月15日10：30—17：46）

吃过早饭后，两位大听意者抬着装满小米串的簸箕（簸箕内放一杆秤，三把尺子，一把剪刀）到神台前，准备祭祀。赵金仔师公诵唱经书，兼打小锣，盘进友师傅负责敲大锣，锣声都是一些简易的节奏。祭祀完后，还没等我反应过来，主家家中的男人们和厨官师傅们便在装小米串的容器旁围成一圈，两位徒弟将一部分小米串往空撒开，大家一拥而上抢小米串，在一旁围观的亲戚朋友纷纷起哄，场面十分热闹隆重。此时进入请五谷幡的阶段，期间只有赵金仔师公在主持，其余两位师公在休息。赵金仔师公示意后，主家中的男人齐心把五谷幡抬入厅内，与此同时，乐师们开始奏乐，赵金仔师公带领男人们抬一根五谷幡入正厅内，由主家赵子华用长钉将其固定。午饭后，休息了半晌。盘法旺师公开始为弟弟赵子龙家请五谷魂，大致步骤和上午一样。仪式期间，我曾尝试替师傅打小锣，参与到了仪式音乐的构建中，体验了一把局内人的乐趣。

待夜幕降临，用过晚饭后，我们起身准备四处转转。我站立在昏暗的小道不禁想着，待在瑶山里

图5 笔者（右二）和师傅们一起奏乐
（2020年1月15日盘华旺拍摄于荆竹坪村）

---

[1] 赵书峰. 湖南瑶传道教音乐与梅山文化：以瑶族还家愿与梅山教仪式音乐的比较为例[D]. 北京：中央音乐学院，2011：55.

真的可以说是一种别样的幸福、惬意，眼前是微微结霜的山谷，背后是山顶潺潺流下的山泉水，平时吃完饭跟师公们聊聊天，或跟阿姨、奶奶们唠家常，生活节奏慢了许多。

晚上大概21：00，师公们开始在灵台前诵唱经书，每颂完一小段，师公便向灵台前的空地扔一沓纸钱，这是师傅们第一次大规模的化纸钱。因为看热闹的人过多，我小心翼翼地挪到一位师公旁边，询问徒弟盘华旺缘由，原来这是预示了还招兵愿的尾声"发许愿纸钱，烧纸钱（给家先和师傅，以师傅为主）"。由赵金仔师公化老五谷幡与纸钱。

（四）还圆盆愿（1月16日0：30—3：20）

凌晨0：30，主事师公盘法旺敲响大锣，徒弟赵文杰在灵台前的桌子摆上簸箕，里面装着十个盛了酒的小碗，盘法旗师公诵唱经书，圆盆愿开始。赵金仔师公和盘法旗师公正在厅内的角落休息，待他们休息得差不多了，我开始凑过去向他们打听圆盆愿的寓意，赵金仔师公说，圆盆愿是祈求家庭风调雨顺、圆满之意。

主事师公赵金仔诵唱经书的同时，厨官师傅们抬着主家准备好的大猪进厅内准备杀大猪。据赵金仔师公说，还盘王愿时，杀的大猪是敬奉盘王用的，小猪是供挂灯者开斋用的。

（五）还盘王愿

1. 喝剪花酒（1月16日14：00—14：16）

下午13：00歌娘盘堂妹携孙女到来，吃过午饭后，14：00左右，主家在厅内摆上一张方桌，三位歌女换好瑶族服饰后和歌娘、师公共同围坐在长桌请盘王喝酒，师公向盘王讲述主家何时请愿何时还愿，还愿目的。

2. 左右装堂（1月16日15：00—17：00 ）

师傅们按照程序将大猪摆上灵台，猪身一分为二，各放一边，猪头放在灵台中央，上放有糍粑，糍粑[1]上插有招兵旗（有红、黄、绿、紫四个颜色），据赵金仔师公说，猪肉、糍粑和招兵旗，是模仿征伐船的形状摆的，天马像象征着船帆，猪尾挂在左上角象征着征伐船用的竹篙。灵台上按照特定的顺序摆了十二个碗，猪尾坠于灵台左上方，灵台中央挂天狗像，旁坠有纸马，猪头、猪尾之间放有粑粑叶包竹笋壳外面写了"盘王"两个大字，起到了请师的作用。

3.点女（1月16日20：30—21：46）

晚上20：30师公们开始唱盘王大歌，歌娘1人坐在炭火旁伴唱，歌娘细腻委婉的声音在这一片喧闹中格外动听，三个歌女穿戴好瑶族五色衣站立在师傅们身后，她们腰间挂有一小串银铃，走路时发出"叮叮"的碰击声，上衣的领边、袖口和衫脚等几处均用白蓝黑三色镶边，每位歌女的手上都带有几个看起来年代已久的银镯子。

此时师公们继续诵唱经书，厨官们准备杀小猪准备给接受"挂灯"的四名男子开斋。

4.盘问连州郎、迎送盘王进祖庙、修山、造路、架桥（1月17日1：00—2：00）

1月17日凌晨1：00—2：00，该仪式中，举行了"唐王"庆贺还愿的仪式。由盘法旗师公和其两位徒弟站于门外，扮演"唐王"派来的使者——"连州郎"，仪式中盘法旗师公与其两位徒弟有许多滑稽的话语表演，引得愿堂内笑声不断非常热闹。然后扮演"连州郎"的两位徒弟进入愿堂。两位徒弟用筶[2]、铜锣、师公棍等来模仿修山、造路、

---

[1] 据赵林妹口述，汇源乡荆竹坪村有两个姓氏，分别是赵和盘，它又可以分为大赵和小盘，大赵和小赵。大赵、小赵、小盘都是用糯米斗粑粑，大赵是用粽叶包小米，包两个，然后把两个合在一起包好（2020年1月16日，陈静茹采录于蓝山县汇源乡荆竹坪村赵子华家中）。

[2] "筶"是取自《善果书·乙本》第九十三页"打转　唱"，指用黄竹根做的竹卦。

架桥等动作，目的是迎接盘王进祖庙。期间，盘华旺徒弟化纸钱，盘法旗师公诵唱经书。此时，赵文杰徒弟模仿杀牛敬奉盘王，他用笛子充当一杆秤称一只牛角，牛角寓意牛的重量。同时，他说"这头牛有三百斤肉，四百斤骨头"，惹得大家哄堂大笑。盘法旺师公在铜铃的伴奏下诵唱经书，同时执香师赵子清把关猪用的笼子在门口砍掉，寓意不再还愿。

5.跳瑶族长鼓舞（1月17日 4：00—5：03）

师公们伴随着热闹的锣鼓乐，屈膝微蹲舞动着手中的长鼓，节奏速度先慢后快，在跳长鼓期间，赵金仔师公一直没有出现，我询问赵子清师傅才知道，赵金仔师公深夜去了汇源乡的另一个村做法事。乡内近些年的传承现状一直不是很理想，年轻人觉得学做法事过于枯燥且工资低，传承人少，本地师公人手不够，只能让赵师公两边跑。据赵金仔师公讲，在法事中跳长鼓舞的人数是有讲究的，一般大赵[1]和其他姓氏还愿时一人跳，小赵则用双人跳。长鼓舞有七十二套，以下是笔者整理出来的两套长鼓舞锣鼓经的部分音乐形态分析：

第一套锣鼓经，小鼓以八分音符为主，小锣以八分音符和四分音符为主，音色清脆明亮，大锣通常为四分音符构成，音乐速度较慢。本段长鼓舞锣鼓经应用了节奏重复的发展手法，在保留原来音乐材料的结构基础上少数几处进行了装饰变化的变奏发展手法，呈现出规整又不失新颖的音乐风格。

---

[1] 据赵林妹口述，这里的大赵特指繁体字的赵姓瑶族（2020年1月17日，陈静茹采录于蓝山县汇源乡荆竹坪村赵子华家中）。

谱例 2

长鼓舞锣鼓经（一）
（还家愿仪式音乐）

记谱：陈静茹
采录时间：2020 年 1 月 17 日
采录地点：蓝山县汇源瑶族乡荆竹坪村

中速稍慢

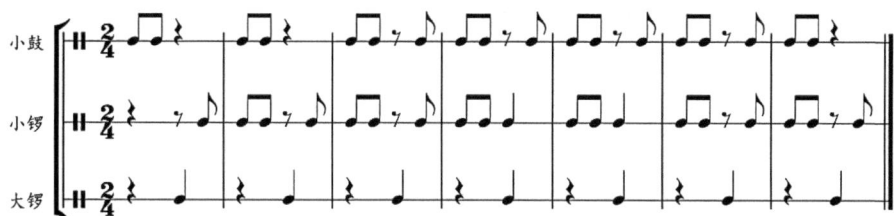

第二套，大锣和大镲以均分式节奏为主，大镲在此段采用了磨击的打法，两面镲交叉碰击，使乐音自然延续。小锣主要采用了八分和四分音符，采用了节奏重复的发展手法，整段旋律体现出了一种强烈的律动感。

谱例 3

长鼓舞锣鼓经（二）
（还家愿仪式音乐）

记谱：陈静茹
采录时间：2020 年 1 月 17 日
采录地点：蓝山县汇源瑶族乡荆竹坪村

中速稍慢

作为一个没看过瑶族长鼓舞的田野"小白",我深知自己对长鼓舞的描述是非常浅显的,在写民族志之前我看了一部分关于瑶族"还家愿"的论文,在赵书峰老师的博士学位论文中,有提到长鼓舞的描述,"蓝山瑶族还家愿中长鼓舞的动作特点主要以屈膝、下蹲为主,且与锣鼓经节奏的快慢配合默契。节奏速度为先快后慢。特别是在屈膝、下蹲动作时的锣鼓经速度较快,而在每段舞蹈开始部分则相对较慢"。[1] 赵书峰老师还对长鼓舞的舞蹈动作套路以及长鼓舞伴奏的两首锣鼓经做出了详细统计和剖析,这为我以后的田野指明了方向,在任何一项仪式活动中一定要带有问题意识,多问、多深入思考、多记录,像我这样只把仪式看了一遍,做了一些采访和记录,简单地了解了仪式,类似于走马观花式的观察是远远不够的。

6. 围愿(1月17日5:05—6:35)

大概凌晨5:00,主家将炭火移至屋外,师公唱:"且听师人引出娘,师人引娘外里唱"后,歌娘和歌女在屋外成一排站立,歌娘准备唱歌,听着歌娘微弱且节奏较自由的声音我完全找不着拍点,与此同时,师公们在厅内唱,节奏分明、声音铿锵有力。师公、歌娘们合唱《盘王大歌》时,我适应了一段时间才摆脱自己站在西方音乐的惯性思维经验的基础上去欣赏《盘王大歌》的倾向。待围愿结束时,天将向晓,大家回到各自休息之地,我踏着些许暗淡的月光回到我休息的泥巴房,怀着希望酣然就睡。

7. 坐歌堂(1月17日13:00—18:36)

师傅敲锣,歌堂愿继续。盘法旺师公诵唱《善果书》,在他们念经书时,笔者听着他们的音调抑扬顿挫,着实有点像唱歌(也确实是在

---

[1] 赵书峰.湖南瑶传道教音乐与梅山文化:以瑶族还家愿与梅山教仪式音乐的比较为例[D].北京:中央音乐学院,2011:63.

唱歌，因我这次田野之前的准备工作不深入，对还盘王愿中唱的盘王大歌有误解，一直认为盘王大歌是由歌娘一人完成）。师公们单独诵唱经书时，最开始是由赵金仔师公一个人诵唱，过一段时间后，盘法旺师公加入，再念几页，盘法旗师公加入，三位师公一起念不同的段时，像是在合唱，听着十分有趣。师傅们念经书半小时左右，歌娘加入。我印象中旋律和发音记得最清晰的一句就是盘法旗师公唱的"飞流啊飞，飞流啊飞"，这一句出现的频率较多，旋律也好记，我不由自主地跟着师公哼了起来，师公们都被我逗乐了。休息之余，师公们边开玩笑，边拿着各种法器教我讲瑶语，全屋子瑶民们都在听我学瑶话，时不时地会被我逗笑，处在这样的环境和语境下学习并和瑶族师公、长辈们交流，我感觉十分幸运，这无疑是一次非常好的学习机会。

还盘王愿仪式这一环节中，师公唱的《善果书·乙本》中的"换声唱"的歌词大多为七言为主，其中杂有三言、五言，以四句歌词为单位，结尾处加有衬字"飞流飞"，旋律优美，相对于歌娘的伴唱来说，节奏比较明确。"换声唱"唱段多为运用了同头换尾的对称性平行关系乐段，没有出现转调，属于单一性乐段。

瑶歌中的叠声叠韵还比较普遍，反映了瑶族早期诗歌语言运用的鲜明印迹。[1] 如此次还家愿仪式中，经书《大歌书》下册中，转兴兴、转哀哀、转游游、转双双，都以叠字形容其对"转"的动态。"白纸出来白连连"中的"连连"是以叠字形容其白的程度。《善果书·乙本》的复沓反复表现手法甚为突出，这与世界各国民歌手法非常一致。《善果书·乙本》表现为段中句的复沓："抛兵踏上龙城庙，踏上龙城庙上行；上司高祖大王来相请，且请修山造路神。"另一种是同一章中每段起句的复沓："师男缝蛇不开口，师男缝虎不伤人"。由此可见，复沓

---

1 农学冠，李肇龙. 桂北瑶歌的文化阐释[M]. 北京：民族出版社，2008：59.

手法的使用是民歌传唱的口头性、群众性相关之外，与原始宗教的"声教"，道教的循环往复规律有密切联系。[1]

谱例 4

谱例 5

换声唱（部分）
（盘王歌）

记谱：陈静茹
采录时间：2020 年 1 月 17 日
采录地点：蓝山县汇源瑶族乡荆竹坪村

---

[1] 农学冠，李肇龙．桂北瑶歌的文化阐释[M]．北京：民族出版社，2008：61．

图6《善果书·乙本》"换声唱"片段（2020年1月17日陈静茹拍摄于荆竹坪村）

图7 笔者（左二）跟随赵堂妹（左三）学唱瑶歌（2020年1月17日雷弦拍摄于荆竹坪村）

由于跟赵堂妹奶奶还不太熟，晚饭时，我鼓起勇气喝了点酒壮胆后开始凑到赵堂妹奶奶旁边和她聊天，熟悉了之后我向她提出了想学几句瑶歌的请求。图7中，赵堂妹奶奶正在教我唱瑶歌，大伙儿都围在旁边听，盘法旺（法名）师公还夸我学得像，声音好听。不知是被我们影响还是一时兴起，赵金仔师公也开始唱起了歌娘的唱本，还加入了动作表演，只有短短的1分钟左右，遗憾的是我没能抓拍到这一场景。

8. 送盘王（1月17日 21：44—22：00）

三位师公将招兵旗、红罗缎、纸马撤下。由赵金仔师公主持诵唱经书。

9. 勾愿（1月17日 22：00—23：03）

赵金仔师公诵唱经书同时化纸钱，歌娘加入，23：00左右整个仪式结束。第二天早上，主家将仪式贡品（猪肉、粑粑等）依照工次大小奉送，以此表示感谢。据赵金仔师公讲，分糍粑是按照做糍粑的人数分享，师傅是按还愿工次分享，如果东西富余的话，按人分享。猪肉的分法是，程行师要猪头，招兵师要前腿肉和小猪头，小兵师要猪后腿和小猪腿，其他厨师和帮忙的阿姨要腰方肉。

四、湖南蓝山县瑶族仪式音乐的历史与当下

（一）"还盘王愿"仪式的历史与当下

任何一个民族的传统音乐事项，都像一条奔腾不息的历史长河，它"急促或激愤，舒缓或优美，人们的歌与哭，欢乐与忧愁，血肉联系那样地交融在这条历史长河之中，你不知道她的流域有多宽广，河床有多深，流程有多长，你就无法理解她的丰富多彩以及这种千变万化的来源！"[1]作为一名民族音乐学工作者，我们应当沉浸在历史的长河中，以史为鉴，书写民族音乐学美丽的篇章。

《蓝山县图志·瑶俗》（以下简称《图志》）中详细记载了蓝山一带瑶族"还盘王愿"仪式的概况，为民族音乐学界研究湘南过山瑶族仪式音乐提供了丰富的参考资料，有利于研究者置身于蓝山的历史、地理环境中去研究"还盘王愿"仪式这一异文化，进一步了解蓝山县过山瑶族仪式音乐是经过长期的社会、历史发展过程中文化间的"濡化"与"涵化"形成的结果。就如涂尔干（Emile Durkheim）的主张一样，我们不应想当然地理解异族共同体的社会行动而应对其加以研究从而发现在特殊类型的社会中什么是正常现象。[2]

《图志》中对于瑶族的"还盘王愿"仪式有比较详细的记载："岁以冬月建醮，曰盘王醮，入坛齐戒，然必先宰一猪供坛前，以猪头心肝肚肺等件，堆列猪背，戒妄动。瑶巫三五成群，摇铃撞钲，诵咒跳

---

[1] 黄翔鹏.传统是一条河流（音乐论集）[M].北京：人民音乐出版社，1990.代序：4.
[2] [英]罗伯特·莱顿.他者的眼光·人类理论入门[M].蒙养山人，译.北京：华夏出版社，2005：23.

舞，咒词甚俚，然大概农家盼望丰年之意也（如云：春到了，哥哥牵牛，妹妹背筐，哥哥牵牛笑嘻嘻，妹妹无牛泪双流）。又有未婚嫁之三男三女，或四男四女，谓之歌娘，亦曰客姑姑，相与歌跳甚狎。凡遇醮，外人入坛，只准瑶语，不准官腔及其他方言，犯者有罚，罚以辣椒汤强灌之，必饮乃已。齐坛三日或五日，事毕，尽以猪肉与巫为谢。"[1]

在《图志》中详细记录了湘南瑶族以盘瓠这一图腾崇拜为主要内容的"还盘王愿"（还家愿）仪式过程，这为我们研究瑶族仪式音乐提供了可贵的参考文本。瑶族"还盘王愿"仪式是以族群认同为主的宗教祭祀仪式。瑶族的"还盘王愿"仪式又称"盘王醮"。首先，"还盘王愿"仪式多用猪肉作为供品，猪的五脏按一定的顺序摆放。其次，盘王祭祀乐舞主要以徒弟跳的铜铃舞为主，同时伴随着师公诵唱经文。再次，歌娘游愿时通常会有三四个未婚嫁的童男童女，外人进入仪式场域内只能讲瑶话，禁止说官话，违反者会被罚喝辣椒汤。仪式时间会持续好几天，待仪式结束后主家通常会将仪式中的供品（如猪肉、糍粑），根据师公在仪式中的身份大小奉送，表示感谢。这些仪式程序和禁忌如今在蓝山县瑶族盘王祭祀仪式中还继续保留。结合田野资料可以看出，如今的蓝山县瑶族"还家愿"仪式文化虽然保持了《图志》中记录的大致框架，但瑶民们和师公对于"还家愿"的规矩意识有所减弱。如笔者2020年1月考察湖南蓝山县汇源瑶族乡荆竹坪村赵氏家族的"还家愿"仪式时，不小心在仪式中说了一句官话，并未被惩罚喝辣椒汤，仪式中也并未见主家准备辣椒汤。在"还盘王愿"期间厅内不可讲汉话，因有师公和徒弟主动用汉话和我交流，引得在一旁的瑶家奶奶一直叹气。

《图志》中还有关于瑶族风俗的历史记载，如卷十四的"瑶俗"记载："瑶祭槃瓠，其祖堂在西庭左，祈福禳病则赛之，所谓赛槃瓠也，

---

[1] 雷飞鹏.蓝山县图志·瑶俗（卷十四）[M].台北：成文出版社，1970：1057.

其赛祭，巫以练帛二三尺，画诸神，竿悬之用，用乐，以木为腰鼓二，长者四尺，短二尺，击鼓鸣铙，吹角，或吹横笛，一人持长鼓，绕身而舞，二人短鼓相向舞，随口歌呼，旋舞旋蹈酒肉醉饱，连数日，费数十百金不遴。……按瑶歌词调不一，其音节，有瑶音，有五朝音，又皆有本音，有唱音，唱声靡曼动人。"[1]

通过文献我们可以看出，湘南瑶族在祭祀盘王时，主持师公在锣、鼓、镲、竹笛等乐器的伴奏下跳长鼓舞。结合田野材料可以发现，历史上记载的蓝山瑶族"还盘王愿"与当下的"还家愿"仪式基本一致。《图志》中描述的仪式中跳长鼓舞时吹牛角或吹横笛，在当下的表演场域中并未出现，在此次的"还家愿"仪式中，竹笛用于杀牛拜谢"唐王"称牛时作秤杆。《图志》中出现了瑶歌歌调不一，既有五朝音（这里主要是唐、宋、元、明、清以来的汉族音乐）也有瑶族音乐，体现了瑶族盘王祭祀音乐是瑶族与汉族传统音乐文化交融构成的。当下的蓝山瑶族"还家愿"仪式是历史的场景再现，也是瑶、汉两族文化涵化和濡化的结果。

（二）瑶族仪式音乐的传承现状

随着城镇化、商业化、现代化等多重语境的影响，大量瑶民改变了传统的生活方式，选择外出打工和生活，瑶族文化的原生性状态被打破，形成蓝山瑶族传统音乐文化的涵化现象。结合此次田野资料可以发现，蓝山汇源瑶族乡地理位置相对封闭，算是瑶文化保存相对较好的瑶族聚居地，却还是受到了汉文化的影响。在笔者进行了微信田野后发现，瑶文化传承主要有以下几个方面：首先，蓝山县 2015 年 5 月成立了蓝山县民族宗教事务局，主要是组织开展瑶族文化保护、传

---

[1] 雷飞鹏. 蓝山县图志 [M]. 台北：成文出版社，1970：1040—1042.

承、交流和学术研讨，编辑出版瑶族文化书籍，普及瑶族文化知识等。[1]其次，蓝山汇源乡小学和民族中学开设了长鼓舞的培训班，在课间操的时间组织同学们跳长鼓舞，民族中学长鼓舞队还常在学校的文艺汇演与各种比赛进行展示，学习成员都为瑶族学生。[2]

据赵金仔师公讲，一般还家愿仪式的筹办需要花费三四万元，如客人数量增加，所花伙食费还会增加，这对于一般的瑶族家庭来说，已经是一笔很大的开销，是某些瑶族家庭几年的收入。比如，在此次的还家愿仪式中，主家每顿饭至少要准备三桌酒席，客人多时需要准备五六桌，还家愿仪式结束前两天还要宴请蓝山一带瑶族的其他亲朋好友、汇源乡的干部和蓝山瑶族文化研究学会干部来庆贺还家愿法事。还盘王愿期间，赵金仔师公曾为盘法旗师公与赵运妹歌娘量过血压，因为年龄越来越大，长期做仪式需要熬夜通宵的缘故，赵金仔师公的血压测量器是随身携带的，空闲之时，师公歌娘们就会轮流量血压。作为执仪者的师公，在仪式中是必不可少的，但缺少传承人和"还家愿"仪式的费用高昂是一个大问题，作为瑶族后代的我眼看着族内文化传承日渐困难，心情十分沉重。

另外，瑶族民间艺人在瑶族传统音乐的传承与发展方面起着至关重要的作用。但仪式传承面临着缺少传承人的问题，大多数年轻人都认为师公这一职业工资少，作息又不规律，而不愿意学，或是学成之后又转行。在此次"还家愿"仪式中，赵金仔师公曾因汇源乡师公的缺稀，深夜赶到汇源乡的另一个村主持仪式。

庆幸的是，学者们对于瑶族传统仪式音乐文化越来越多的关注增添了瑶族传承者们的传承热情。在田野考察中笔者感受到瑶族传承者

---

[1] 蓝山瑶族文化研究学会副会长王新人口述（2020年11月30日，陈静茹采录于微信聊天）。
[2] 蓝山民族中学教师赵喜兰口述（2020年11月30日，陈静茹采录于微信聊天）。

们对于考察者的到来的欣喜，在笔者 2021 年 1 月跟随赵书峰老师去往广东乳源瑶族自治县、连南瑶族自治县、广西桂林等地进行"中国与东南亚瑶族《盘王大歌》系列传世唱本整理与研究"第一阶段田野普查工作中，各地传承人也非常的配合和欢迎，这为我们的田野工作提供了便利。大部分传承人表示："学者们来考察，把老祖宗的东西记录了，我们的传承才有意义。"这也证明我们与传承者们的影响是双向的、正面的。

在此次"还家愿"仪式中，笔者记录了蓝山汇源瑶族乡荆竹坪村"还家愿"仪式的流程和信息，对于仪式中的音乐文化形态也进行了进一步的分析。在考察中，当地政府和传承者也十分热情的配合。笔者希望自己的田野考察也能对当地政府和传承者带来一些正面的影响。

总之，随着师公相继离世和多元化语境的影响，当下瑶族传统文化的发展、瑶族仪式音乐传承问题正面临着一道道难关。因为随着社会不断发展，人们思想观念发生改变，必然会导致传统文化的传承困难、脱节。因此，政府应该着重思考，如何采取措施避免上述问题的发生。

结　语

在"还家愿"仪式中，瑶族以盘瓠信仰为核心建构起自己的族群认同，他们每当遇到一些"困难或者不顺"时就向祖先盘王许愿，在达到其目的后"还家愿"仪式体现了瑶族人民内部有一种强大的"认同的力量"，并表现在平常对盘王的虔诚供奉中。仪式中用到的锣、鼓、铜铃等汉族的乐器，以及瑶民们在穿戴、语言、生活习俗上的汉化，是汉族文化对瑶族文化不断"涵化"的结果，也是全球化视域下族群文化之间互动交流下的产物，汉族音乐文化对瑶族音乐文化的不断渗透与瑶族音乐文化对汉族音乐文化的影响最终形成了文化之间交织的网（你中有我，我中有你）。研究者对当地的田野考察有利于传承人经济生活水平的提高，有利于改良当地的传承现状，使得传承得到社会、政府和学校层面的保护和支持。所以，对于各地少数民族音乐文化的研究和保护是必要的。在笔者看来，瑶族的"还家愿"仪式是瑶族族群起源、发展、传承，以"盘瓠"为象征符号的族群内部的一种社会行为与认知心理，同时因借鉴、吸收了一部分汉文化而彰显出强烈的道教文化元素，瑶族的"还家愿"仪式对瑶族传统文化和仪式音乐的传承发展起着至关重要的作用。

（杨声军，湖南师范大学音乐学院2020级民族音乐学博士研究生，中国南方少数民族音乐文化研究中心成员；陈静茹，长沙师范学院音乐与舞蹈学院2017级本科生，中国南方少数民族音乐文化研究中心成员。）

传统与现代的对话
——长沙市湘剧保护传承中心田野文化志

易 琴

湘剧，湖南省的地方大戏剧种之一，主要流行于"长沙府十二属"，是湖南省历史悠久、流传较广的剧种之一，2006年被入选国家级非物质文化遗产名录。其分布广泛，在不同地方又与当地文化相融合，具有鲜明的本土文化烙印。

湘剧是多声腔剧种，它包括高腔、低牌子、昆腔、弹腔及杂腔小调，行内人士常简称为"高低昆乱"，过去的老艺人称其为"高弹昆乱"，因为当时的老艺人对于戏曲声腔的研究还处于探索阶段，他们把低牌子归为昆腔一类，所以就有了"高弹昆乱"的说法。之后，随着戏曲理论研究的不断进步，戏曲理论家们发现低牌子具备独立声腔的特点和条件，就把它从昆腔中分离出来，于是，就有了"高低昆乱"的说法并延续至今。湘剧的表演融百戏、杂技、武术等于其中，角色有生、旦、净、丑四个行当，各个行当又分为若干支行，都有其独特的技艺。湘剧的伴奏乐队，传统上称为"文武六场"，各大声腔主奏乐器不同，在之后的发展中又各有变化。湘剧的剧目众多，其中影响较大的有《琵琶记》《拜月记》《白兔记》《百花记》等湘剧十大记。2020 年 5—6 月，湖南师范大学"中国南方少数民族音乐文化研究中心"成员易琴对长沙市湘剧保护传承中心进行了为期一个多月的实地考察。

一、人事有代谢，往来成古今

据文字记载，清朝以来，湘剧班社繁多，历经了"文革"期间的打压和长沙"文夕大火"以及体制改革后，目前仅剩下四个专业剧团。长沙市湘剧保护传承中心（下文简称"中心"，长沙本地人习惯称"市湘"）是现存湘剧四大专业剧团之一，其前身为中华人民共和国成立初期在长沙城内演出的楚南湘剧社、群力湘剧团、艺联湘剧团和工艺湘剧团。1988 年，长沙市湘剧团改名长沙市湘剧院；2012 年，长沙市湘剧院更名为长沙市湘剧保护传承中心。[1] 以上更名均在长沙市政府的指导下完成，概括来说，也就是"中心"发展的三个阶段，即戏班时代、剧团时代和"中心"时代。

进入"非遗保护"行列后的"中心"，其主要职责在于文化传承，主要从事湘剧艺术的生产传播，是服务长沙市文化建设和人民精神娱乐生活的专业艺术表演团体，即以"送戏下乡"为依托，围绕长沙市中心及其周边开展演出活动，以此完成对湘剧文化的传承和保护工作。与戏班时代和剧团时代相比，"中心"时代在管理机制、运行机制、演出机制和师承机制上都有了较大的变化，演员在工资待遇和社会地位等方面均有了很大的提升。近些年，"中心"先后创作了《布衣毛润之》《古画雄魂》等优秀湘剧现代戏，但这些剧目并没有成为"中心"常演

---

[1] 湖南省戏曲研究所. 湖南地方剧种志丛书（五）[M]. 长沙：湖南文艺出版社，1992：190.

的剧目。在"中心"的惠民演出中，受到观众青睐的仍旧是传统剧目，如《琵琶记》《拜月记》《白兔记》《百花记》等。

二、乘网络之舟，展时代风采

传播实际上也是一种传承，在自媒体时代，戏曲的传播空间变得更加广泛，正如"一代有一代之戏曲"，湘剧从农村走向城市，几百年来，它与城市中多元的音乐文化共生共存，占据一定的生存空间。笔者写下这段田野经历，主要是想说明戏曲在新媒体新技术的影响下其传播方式和演员心理的变化。

随着"谁说戏曲不抖音""短视频让戏曲文化火起来"等口号的发出，当代戏曲人纷纷加入了短视频行列。而在这短视频盛行的新时代，湘剧也顺应着时代的发展，积极与时代对话。短视频创作的内容是自由的，湘剧短视频制作以宣传湖湘传统文化为主要目的，既有政府参与的对传统文化宣传拍摄，也有戏曲演员自己的拍摄，内容涉及唱腔、身段、戏曲装扮等不同方面的展示，有时候，退休的老艺人也会加入年轻演员的"湘剧名段教唱"直播中。湘剧在新时代以一种新的形式展现在大家面前。

2020年5月13日，笔者联系"中心"湘剧国家二级演员周帆老师，说明了笔者本次考察学习的来意，得到了老师的肯定和支持，并允许笔者跟随剧团的排练和演出等活动。当天，正好碰上长沙"政法频道"对"中心"进行宣传采访，他们对周帆老师、江喻旺老师等"中心"骨干演员，以及罗志勇院长进行了简短的采访，其目的主要通过短视频，以一种轻松的方式来传播湖湘传统文化——湘剧。其中，采访人员向青年演员江喻旺请教学习了湘剧老生的"手眼身法步"，江老师耐心讲解道："老生和小生的眼神是不一样的，老生一举一动更显沉稳，而小生则是充满生气。"戏曲演员特别讲究基本功，比如水袖功，就包含了抖袖、翻袖和扬袖等动作，常与角色行当繁杂的身段表演相结合。通过短视频的方式，让更多的观众对湘剧有更深入的认识和了解，这充分体现了新时代科技的发展对中国传统音乐文化传播的重要影响。从老师们从容的讲解和之后的采访中，笔者了解到，诸如此类到"中心"进行的短视频拍摄宣传湘剧的情况很多。一方面，"中心"的主旨就是文化传承，短视频的方式能够加强湘剧的传播力度；另一方面，演员希望自己从事的事业得到更多人的关注，自己能出现在更多的观众面前，并能更大范围地参与到戏曲传播、传承中来；同时，戏曲工作者更期待有专门的栏目能够对湘剧进行深入、持久的宣传。另外，通过调查我们发现很多长沙本地居民是不知道有湘剧这一剧种的。用短视频的方式对湘剧文化进行解读、传播，能让更多的人认识这一剧种，并对它产生兴趣，开始谈论它，甚至走进剧场欣赏它。

三、磨砺以须，戏说风雨

"中心"作为业务单位，主要的职责首先是剧目创作，其次是送戏下乡的"惠民演出"。一直以来，在湘剧现存的四大剧团中，现代戏的创作是"中心"的一大亮点。2020年，笔者跟排的原创大型现代湘剧《国歌·时候》是"中心"献礼"庆祝中国共产党成立100周年"的现代戏作品，在这一过程中，笔者深深感受到了传统与现代的对话与"碰撞"以及剧团在新时代的生存发展现状。

"国歌"代表一个国家的文化与精神传承，《国歌·时候》就是以湘剧的形式来呈现国歌产生的来踪去迹，具有深刻的历史和现实意义。

本剧的主要人物是田汉，同时还塑造了徐悲鸿、赵逸清、司徒绍通、方若鸣、安娥、李沐阳、方馨、司徒晓东等主要人物，以旋转式的时空叙事方式，通过会议的形式展现了当时对于国歌选择议题的激烈讨论，以及田汉歌词创作背景下战争年代的残酷与青年人的热血。此剧由长沙市湘剧保护传承中心和长沙市艺术创作研究院共同创排，青年编剧钱珏担任编剧、国家一级导演童晓阳担任导演。

表1 《国歌·时候》排练时间和内容

时间	事务	参与人员
2020年5月20日	导演阐释、坐排	全体演职人员
2020年5月21日	分场搭架子（第一场）	各场演员
2020年5月29日	第一次联排	全体演职人员
2020年6月3日	乐队合乐	乐队
2020年6月13日	响排[1]	全体演职人员
2020年6月18日	最后一次联排	全体演职人员
2020年6月20日	舞美进剧场	舞美组
2020年6月23日	素排	全体演职人员
2020年6月25日	着服装排	全体演职人员
2020年6月26日	带妆彩排	全体演职人员
2020年6月27日	内部彩排	全体演职人员
2020年6月28日	领导政治评审	全体演职员、省市艺术处行政领导和专家
2020年7月1日	首演、专家艺术评审	全体演职人员、湖南省文化和旅游厅艺术处、长沙市文化旅游广电局相关行政领导和专家
2021年6月1日	作为"庆祝中国共产党成立100周年"优秀舞台艺术作品展演	全体演职人员

注：以上时间安排，是笔者根据具体实施的情况记录的。
排练时间：每日上午9:00—12:00；下午14:30—16:30。

---

[1] "响排"，即演员与乐队的合乐排练。"素排"，即演员着私服排练，不穿演出服装，不化妆。

从 5 月 20 日开始进入排练阶段，笔者通过这次跟排，了解到一部优秀作品的展现需要调动各方面的人才，以实现剧目的完整展现。此次跟排按照时间安排，具体内容如下。

(一) 导演阐释

5 月 20 日上午 9：00，"中心"二楼会议室，童晓阳导演正在做导演阐述，《国歌·时候》全体演职人员参加了会议。童导是国家一级导演，主要从事戏曲导演工作，其代表作品有湘剧《烧车御史》《村官是个堂客们》《老表轶事》等。本次会议由童导主持开展，其导演阐述具体内容如下：

1. 主题立意：即不忘初心，居安思危；

2. 现实意义：告诫人民要牢记历史，不忘初心；

3. 中心事件：为中华人民共和国开国大典选定国歌；

4. 体裁风格：正剧，浪漫主义与现实主义结合的风格（这里老师强调了演员不能用太程式化的东西去表演，而应该民众化、生活化）；

5. 表现手法：议事、论事、叙事的现实主义，电影蒙太奇手法等；

6. 演出结构：见表 2；

7. 人物简析：即每个人物的职务和性格；

8. 大体流程：具体排练安排。

表 2 演出结构

场次	内容
序曲	一唱雄鸡天下白，海外赤子把泉还
第一场	开国大典万事齐，唯有国歌未确立
第二场	"风云儿女"成动因，一腔热血化旋律
第三场	选定国歌存争议，都是一片真情意
第四场	民族危亡山河缺，铁血凝成笔墨结

(续表)

场次	内容
第五场	国歌选定成共识，警钟长鸣不松弦
第六场	居安思危记使命，不忘初心向前进

整个会议是导演对剧本的解读，对人物形象和情感的分析，这也是导演对作品"二度创作"的过程。在讲解中，演员认真做着笔记，跟随导演一起熟悉剧本，熟悉人物。

(二) 坐排

当创作人员把文学作品转换为视觉艺术作品时，必将进行"二度创作"。5月20日10：00左右，会议上由导演和演员共同梳理剧本，修改了剧本中不合逻辑和舞台上无法表现的部分。音乐设计陈明老师说明了唱腔设计的缘由、乐句的强弱和速度的初步处理等内容。其中，由笛子主奏陈艺老师（"中心"乐队队长）给各位主演老师进行唱腔定调。笛子定调是湘剧高腔乐队伴奏的特点，弹腔一般由京胡主奏。会议上导演还对人物念白中能够突出人物性格、情绪和态度的字词做了重点说明。过去给湘剧说戏的叫"排笔"先生，一般由戏班里"懂戏多、有点文化"的老艺人担任，之后湘剧也像其他剧种一样学习话剧的导演手法，慢慢发展为现在的导演导戏。

(三) 分场搭架子

5月21日开始分场搭架子，即把每一场戏的基本框架先排好，再在反复排练中由导演与演员共同商议处理好表演细节。序幕中的演员大多是"中心"的新成员，平均年龄在20岁左右。排练时，虽然业务院长杨灼强调"一切听导演的"，但其实演员们也有自己的发挥，他们一边按剧本内容进行表演，一边又主动进行创作。在这个过程中，有经验的演员能够轻松塑造人物形象，并积极参与二度创作，而对于年轻的演员来说，这是具有一定挑战性的，特别是对于台词的处理。在湘剧中，唱腔和语言的结合非常紧密，记得陈飞虹老师曾跟笔者说过："你要是学不会长沙话，你是唱不好湘剧的，也做不好湘剧音乐的。"如群众场面的"小战士"一角，首先是念白的方言，长沙话要标准（湘剧为中州韵，长沙官话）；其次是"小战士"的动作和神态，小小年纪的他拿的是枪，样貌是很神气的；而且他是一名"小"战士，不是"中年"战士也不是"老年"战士；再次，"小战士"说话的语气应该是从容的，他是来安慰动乱中的群众，不能表现得比群众还惊慌。因此，在这一排练过程中，饰演"小战士"的年轻演员需要多次练习才能一步步领悟到这一神情要领。比如，饰演小战士的谭林顿同学在多次排练后有一点泄气，其塑造的"小战士"形象与导演阐释的形象有一定差距，经过导演和老师们耐心指导，他才一点点地进入角色，在首演舞台上给观众呈现了一个生动的"小战士"的形象，正所谓"台上一分钟，台下十年功"。

（四）联排

5月29日9：00，剧目开始第一次联排。排演新剧本的联排往往是多次的，联排阶段，乐队是不参与的，只有笛子和鼓作为伴奏。第一次联排是"中心"内部进行的，全体演职人员都要参与，此时导演会根据自己的设想与舞美队进行沟通，如要做什么效果的视频、音效和灯光以及需要哪些道具等。第二次联排，"中心"邀请了湖南地方戏曲界行内人士进行点评，导演再根据专家的点评意见，召集演员进行会议商定修改方案。因为现代戏的表演程式与传统戏是不同的，所以这些意见集中在台词和表演方面，最多的是"现代戏要演人物"，而不能把自己的行当程式演出来，即不能"程式化"，而要程式"化"。正如京剧著名老生演员谭鑫培老先生说："扮谁要像谁，那才叫唱戏"；

梅兰芳先生则说："含蓄的美，要做到戏外有戏，戏外生情。"戏曲演员一般是分行当的，每个行当都有自己的表演程式，但在现代戏中又要丢掉这种程式，做到程式"化"，否则就少了"现代人"的感觉了。如李宏琪老师（行当：老生）饰演

图1 长沙市文化旅游广电局副局长李小军致辞（2020年6月17日易琴拍摄于"中心"四楼排练厅）

的司徒晓东是一个充满朝气的少年，但排练中他不由自主地走起了方步，当时饰演司徒晓东爷爷的曹汝龙老师笑着说道："怎么感觉你才是爷爷哟……"[1]在后面的采访中，曹汝龙老师说道："我认为现在的年轻演员不仅要打牢传统戏的基础，还要学习如何演好现代戏……教师要从出色的现代戏中拿出一两折进行教学。"最后一次联排，长沙市文化旅游广电局副局长李小军观看了全程并提出了意见，他肯定了演员的工作态度，并说明了剧目中演员的唱词与字幕提示板上存在不一致的情况，最后，李副局长对此剧目寄予了厚望，希望"中心"全体演职人员能够各司其职，演好角色，把最好的作品呈现给观众。

（五）乐队合乐

"演员与乐队的基本关系是：表演唱腔为主，伴奏为辅。在传统剧目中的合作关系中，如果是小型剧目或者折子戏，以唱腔为主，乐队辅之。如果是中大型剧目，应定腔定谱。在新编历史戏中必须定腔定谱，司鼓与演员相照应，乐队指挥由司鼓担任。"[2]6月3日，乐队进排练场

---

[1] 2020年10月23日，笔者于曹汝龙戏曲工作室采访曹汝龙老师记录。
[2] 安禄兴.论戏曲演员与乐队的关系|中国非遗研培计划柳琴戏表演人才培训班[EB/OL]. (2018-12-02) [2021-05-31].https://www.sohu.com/a/279195279_712644.

进行合乐，这一阶段是乐队整合排练阶段，演员一般是不参与的，他们或休息或自己在排练场练功。乐队由柳俊老师根据曲谱进行指挥排练，此时乐队只排练曲谱上的内容，并不熟悉剧本内容。

（六）响排

响排即演员与乐队合乐。6月13日开始，乐队与演员进行了为期三天的磨合排练，这一阶段，指挥慢慢熟悉剧目的剧情，并对音乐的节奏与情绪有了更加细腻的处理，同时，演员要着重解决个人唱腔的速度、节奏不稳和情感不到位等问题。因为正式演出时乐队和演员是分离的，乐队是在台下的乐池中进行合乐，而戏台上的一招一式都是有节奏的，不可随意打乱，这就是戏曲的程式。响排时，导演一边指挥演员出场的顺序，一边向舞美队说明每个场次需要的特殊音响效果。在现代技术手段的辅助下，演员塑造的舞台人物形象更加饱满，但同时其纯粹性就差了些。

（七）彩排

彩排主要是演员对舞台布景的熟悉以及与乐队的进一步磨合。剧目排练进入彩排阶段时，舞美队是最先进入剧场的，他们要进行舞台设计以及灯光的调试。彩排是分为几个阶段的：一开始是素装彩排，即演员着常服排练，不需要化舞台妆；接着便是穿服装彩排，这时候演员也不需要化妆；之后就是演员带妆彩排；然后是"中心"的内部彩排，内部彩排时，演员是可以邀请亲朋好友与业内人士来观赏和指导的；最后便是领导的政治审查。

（八）首演

经湖南省文化和旅游厅艺术处相关领导和专家们审定通过，同意"中心"于7月1日19:30在长沙市实验剧场进行《国歌·时候》的现场首演。本次审定，领导和专家们主要对舞台剧本内容进行了政治审查，如涉及敏感的政治话题和有政治歧义的台词，都是需要修改的。同时，"星辰头条""新湖南""红网掌上长沙""文旅长沙"等新闻媒体对此次演出活动进行了报道。此外，"一通直播"对此次活动进行了直播记录，让喜爱戏曲的观众在疫情的特殊情况下也能第一时间欣赏湘剧新作品。整场演出后，笔者与观众进行了简单的观感交流。湘剧票友甘德其说："整个剧目看起来很不错，不仅人物造型、舞美、唱腔设计都很不错，人物刻画很到位，而且用倒叙的手法讲述了田汉是在什么情况下创作国歌的。整个还是很有气势的，振奋人心，促使我们更加热爱自己的祖国，特别是几位老艺术家为剧目增色不少，如唐伯华老师、曹汝龙老师和周回生老师等。但是，这个剧要打造成精品的话，还需要再好好花点心思。比如，虽然它倒叙的手法用得很好，但是人物造型上没有变化就不太符合逻辑了。"青年湘剧票友陈威看完后，激动地说："湘剧《国歌·时候》给我的触动很大，唱腔设计在传统湘剧的基础上，勇敢地做出了符合现代戏曲所需要的创新。其中'雨夹雪'的音乐设计很有特点，而且故事情节交代很清楚且有意义，尤其在舞美设计制作和整个舞台调度上独具一格。"

（九）修改

一部优秀的戏曲作品从来都不是一蹴而就的，而是经过多方努力精心打磨而成的。也只有用心，才能出好作品。但是极少有剧团会好好花心思去修改一部由国家艺术基金打造的戏曲新作品，这仿佛已成为艺术界默认的常态。因为观众喜欢的还是传统的、经典的作品，而新作品常常因为时间筹备短、演员唱腔戏味不足等问题导致上演的机会并不多，一般参赛首演后就被搁置了。2021年4月，《国歌·时候》入选2021年度长沙市文艺创作扶持项目，为湖南省"庆祝中国共产党成立100周年优秀节目展演"做准备。从5月开始，"中心"又投入到了修改排练中，除剧本修改外，演员也有一些调整，总体而言，修改后的剧本逻辑更加通畅、合理，演员们的表演更加细腻、情感的表达更加到位。并且于 2021 年 6 月 1 日在湖南戏曲演出中心再次进行展演时得到了观众和领导们的一致好评。

在传统戏没落的时期，作为拯救戏曲出路的"现代戏"要担当戏曲"新出路"的大任，还需要更多人的支持和努力。正如一部作品的创作是需要多方努力的，但是最终要能成为经典作品而流传下来，还需要多多听取专家的审评意见，并结合观众的审美需求变化而变化。

四、梅花香自苦寒来

从戏班到现在的长沙市湘剧保护传承中心，"中心"的人员配置在原来戏班的基础上变得更为规范、单位规模有所扩大、"中心"的职能也发生了巨大转变。艺术表演团体是指由文化部门主办或实行行业管理的专门从事表演艺术等活动的文化机构，它以艺术创作和生产为主要目标，为繁荣演出市场、弘扬先进文化发挥了积极作用。通过本次考察活动，笔者有以下几点思考和感悟.

（一）演员是剧团的关键

"戏剧演员可能是世界上最特殊的职业之一，其特殊性在于，演员需要以自己的形体、语言和感情为工具，通过各种舞台动作，敷衍一段相对完整的故事，在观众面前创造出另外一个人物来。演员如何成为角色，就成为古今中外戏剧表演艺术中的核心问题，不同的戏剧样式在这一点上表现出不同的态度。"[1] 关于新角色的形象塑造，周帆老师介绍道："拿到一个新角色时，首先会通读剧本，熟悉人物角色，然后

---

1 陈恬.论戏曲演员与角色的距离[J].民族艺术，2012（3）:55—59.

进行案头工作，要上网查询关于这个人物的具体经典故事和人物性格等，如《国歌·时候》田汉之妻——安娥。做完案头工作以后，就需要自己多次揣摩人物，在内心塑造一个人物的舞台形象。"在排练现场，笔者通过演员对剧本的探讨和演员对人物动作表情的分析可以看出，老师们对于自己所演角色所做的案头工作十分充分，而且非常注重准确地去展现人物的性格和形象。正如周帆老师所说："这是一个大家熟悉的文化名人，像演这样的角色是很有负担的，很有压力，因为大家都熟悉她，而且在历史上也有突出作为的一位女性，所以需要更加认真对待，担负起传承传统文化的责任。"

（二）剧本是剧团活态传承的生命力

目前，"中心"的剧本打造要以复兴传统剧目和创作符合时代发展的新剧目相结合的方式为主。传统剧目是剧种的精髓，"中心"为湘剧传统戏的传承和发展做出了重大贡献，如经常演出的湘剧传统大戏《琵琶记》之《琵琶上路》、《百花记》之《赠剑》、《拜月记》中的《抢伞》和《白兔记》中的《打猎回书》等，这些是湘剧高腔"十大记"中的剧目，也是湘剧久演不衰的经典剧目。当然，"中心"在着力复兴《单刀会》《李逵闹江》等传统剧目的同时也非常注重与时俱进，创造了不少符合时代发展的现代戏作品。现代戏剧目创作也成了"中心"的特色之一，使得其发展跃上了一个新的台阶。

（三）唱腔音乐是戏曲的灵魂

戏曲是一种综合性的艺术，它集文学、音乐、表演、绘画等于一身。在日常排练中，没有乐队参与时，演员会出现不能及时进入状态和不能深刻理解人物形象等情况，而一旦有了笛子、锣鼓伴奏和人声帮腔的加入，演员们立马就能找到感觉进入角色。声腔和语言是区分剧种的重要因素，音乐是戏曲的灵魂所在。

1. 湘剧的音乐设计以"反复"为主要特点之一,包括旋律的反复和节奏的反复,甚至是曲牌的反复。这是因为过去没有专门的作曲家,这些曲谱都是老艺人们口耳相传流传下来的。有时候要加长演出时间,需要临时填词,老艺人们就在原有曲牌的基础上通过反复来进行依曲填词。

图 2 湘剧小花脸妆容——唐伯华老师(2020 年 6 月 9 日徐理拍摄于长沙实验剧场)

谱例 1

《水稻情缘》间奏选段
(湘剧弹腔)

曲:易琴、陈飞虹

在音乐记谱方面的任意反复记号,湘剧内行话称"眼镜",反复几次就是几副眼镜(也叫"橡皮筋"音乐),"橡皮筋"音乐一般是二三个小节,可以任意反复,一般反复的次数根据演员出场和剧情时长而定。指挥在乐队演奏的时候,会提示"这里有三副眼镜啊!"(谱例 2)

谱例 2

《水稻情缘》插曲

曲：易琴、陈飞虹

记谱：易琴

注：该曲 2021 年 4 月由长沙市电视台新闻频道播出

2.湘剧高腔中的放流。湘剧高腔的特点之一是底槌"多册"[1]，这个现象是湘剧高腔音乐特色之一。湘剧高腔大是弱拍起唱，从全国剧种声腔来看，这一特点目前只有湘剧有。如：

谱例 3

湘剧高腔起唱锣鼓牌子

湘剧高腔的放流极具特色，大多用于人物大段独白。在湘剧高腔的放流中，往往呈现"报前—放流—归腔"这样的曲牌结构。"报前"是在原句子前面加上一句类似哭头或叫头一类的乐句，类似于皮黄腔的导板，或花鼓戏中的"哀子"。"放流"是大段朗诵性的滚唱，是不拖腔的，但最后一句总要归到腔句中来，这正体现了湘剧高腔音乐中

1 "多册"：湘剧锣鼓经唱名。锣鼓经中"打"即班鼓单击；"昌"是大锣；"内退"即小锣，其中"内"是轻击，"退"是独击；"且"是大钹。

腔与流关系的紧密结合。

3."雨夹雪"。"'雨夹雪'就是在弹腔戏中唱点儿高腔，或者在高腔戏中唱点儿弹腔。或者在一个高腔唱段唱几句弹腔，在一个弹腔唱段中唱几句高腔。"[1] 这种现象常见于湘剧高腔现代戏音乐设计中，如湘剧现代戏《国歌·时候》最后一段唱腔"此刻我泪流满面，思绪万千……"便是典型的"雨夹雪"。这种"雨夹雪"的音乐设计丰富了湘剧的声腔艺术，同也在业界也引起了广泛的争议。笔者认为，我们在传承文化的同时应该牢牢抓住传统的"根"，在戏曲音乐创作中更要从声腔音乐本身出发。对戏曲音乐创作者来说，就是要结合声腔的内在发展规律，从声腔自身出发进行革新和发展，在吸收融合的同时要做到"以我为主，化我所用"，任何吸收都要达到"化"的境界，而不是做简单的拼凑。

（四）表演场合的功能性

什么是表演场合？陈守仁认为表演场合是由一连串的"场合元素"构成，即（1）演出地点之环境；（2）演出场地之物质结构；（3）演出者与观众之划分；（4）在演出进行中之其他活动；（5）观众的口味及期望；（6）观众的行为模式。[2] 容世诚老师则认为还应在此基础上加上一个"演出目的与功能"[3]。湘剧从农村发展到城市，过去其功能主要是祭祀，且在庙宇演出的情况最多。不同的场合演不同的剧目，且具有不同的功能。从农村发展到城市的湘剧慢慢脱离其原始的祭祀性，转为以审美、娱乐性为主。其演出场合由戏台到剧场，功能也随之变化。现在"中心"除了在剧场内演出外，每年都有相应的惠民演出活动。故大部分时间都是白天排练，晚上演出，当然并不是每位演员每天都有

---

1 2019年4月15日，笔者向陈飞虹老师请教"湘剧高腔二十字口诀"记录。
2 陈守仁. 从即兴延长看粤剧演出风格与场合的关系[C]//香港中文大学中国音乐资料馆，香港民族音乐研究会. 中国音乐国际研讨会论文集. 济南：山东教育出版社，1990:7.
3 容世诚. 戏曲人类学初探：仪式、剧场与社群[M]. 南宁：广西师范大学出版社，2003:4.

演出安排。在田野过程中，笔者发现"惠民演出"有时候演出的并不是湘剧，如 2020 年 5 月 23 日在长沙雨花区非遗馆演出的则是综艺类节目，有李凯阿龙和彭静的小品《真的假的》、花鼓戏串烧、歌舞表演等等，内容十分丰富。据老师们介绍，"惠民演出"的节目单是根据不同年龄段老百姓的文化需求来安排的。"中心"会适当安排一些综艺类节目的演出，但主要还是以宣传和传承湘剧剧目为主，另外也会根据具体的演出地点来安排节目，比如长沙市的"非遗"馆、文化馆，因为文化宣传的需要，一般会安排唱湘剧；在一些社区表演时，则会安排一些综艺类的节目，来适应社区里观众多种多样的文化需求；当然，有时候要在同一个地点演出好几天，"中心"就会采取"湘剧 + 综艺"[1]的形式进行演出。再是，"中心"近年来的演职人员整体呈年轻化，一大批年轻人加入了戏曲大军行业。对于年轻的演员来说，他们十分乐意这种"湘剧 + 综艺"的演出安排，因为可以锻炼自己的胆量，并提升学习传统戏唱腔和身段表演的能力。笔者在台下看完谭建国老师唱的《辣椒歌》后，激动地跑过去跟老师说："老师，第一次听你唱民歌，很有意思啊！"谭老师开心地说："是吧！有时候唱戏唱完了换换口味，也挺好玩，也让你们见见不同样子的我。"由于惠民活动十分丰富，剧团每个礼拜的演出时间都很紧凑。大家锻炼的机会多了，观众看戏的机会也多了。正如周帆老师所言："虽然很累，但是每天都有戏唱，就很开心。"演出散场后，一些观众开心地讨论道："明天晚上还有嘞，是市湘剧团演出的《宋江杀惜》，我还要来，下雨我也来，你们来不咯？七点半开始。"

---

[1] "湘剧 + 综艺"，非正式的名词，笔者为方便田野记录而使用，即指同一演出地，根据时间安排，湘剧传统戏、湘剧移植小戏和综艺节目交替进行演出。

（五）喜忧参半的湘剧现代戏创作

湘剧现代戏创作可谓喜忧参半。中华人民共和国成立后，国家从政策到资金上都对戏曲工作者给予了更多的关怀。湘剧艺人一改以前"王八、戏子、吹鼓手"的地位，被尊称为"文艺工作者"和"人类灵魂工程师"；同时，他们的"泥饭碗"变成了"铁饭碗"，因为过去存在"过班制"。"过班是戏班进行人事调整的大事，半年为期。"[1]也就是说，你唱得好，就能够留下来，过班时就能续约，如果唱得不好，那就是被解雇的对象，因此，演员们要想留下来就必须努力提高自己的表演能力。然而，现在就是"干不干，三餐饭"，因为工作的固定性和模式化，所以演员对于戏曲工作并不积极，甚至有一部分人还有"干不好可以转行"的心态，故对于专业练功这块没有老一辈艺人那么努力，他们没有重要演出就不练功。关于新剧目会演的好处就在于可以集中精力排练剧目，这样一来既可以锻炼演员，又可以宣传剧团。而新剧目会演的通病就是剧团的相关经费都花费在排练新剧目上，

图 3 湘剧传统折子戏《宋江杀惜》
（2020 年 6 月 15 日易琴拍摄于长沙实验剧场）

但是新剧目进京演出后就收摊子不演了，因为新剧目领导喜欢，观众不喜欢，所以平时演出的还是传统剧目或者保留的剧目。当然，制度带来的一些问题也值得我们反思。现代戏的创作所谓喜忧参半，正如青年湘剧票友陈威所说："虽然与传统戏相比，我并不爱看湘剧现代戏，但是它还是有很多优点的。"

---

1 魏俭．湘剧志[M]．长沙：湖南师范大学出版社，2015：181．

通过这次跟排剧目，笔者比较全面地认识了湘剧剧团的生存发展现状，"中心"现代戏的创作和生存现状正体现着传统与现代的碰撞。戏曲有规范的程式，而懂得变化是剧种多样化发展的重要前提。同时演员对戏曲，特别是对湘剧表演的阐释，无论是现代戏还是传统戏，都有着自己的一套程式。并且年轻演员能够在遵循传统的基础上，积极结合舞蹈、声乐演唱等姊妹艺术，融入现代生活场景和人物心理，不断地丰富现代戏的表演形式和内容，创作出人民真正喜闻乐见的好作品。再者，演员以舞台为依托进行文化传承工作的同时，借助网络新媒体，对传统艺术进行传播，并积极与其他兄弟剧种进行交流与学习。

当然，最令笔者惊喜的是有一大批年轻朋友很喜欢戏曲，甚至会去研究它，在长沙的各大剧场里也常见年轻人的身影。虽然在政府部门的介入下，戏曲创作受到一定的限制，但基本是自由的，特别是近些年，艺术创作更提倡为观众打造精品，而不是为"领导"创作。最后，"田野是民族音乐学的立身之本"，毛主席曾说"没有调查，就没有发言权"，本次的考察为其一个多月，为笔者的后期采访和继续深入考察做了铺垫。戏曲文化博大精深，笔者将继续深入，对现存专业剧团以及剧团的表演风格特点等进行进一步的考察和对比研究。

（易琴，湖南师范大学音乐学院音乐与舞蹈学专业2018级民族音乐学方向硕士研究生。）

瑶乡歌堂贺良缘
——湖南新田过山瑶传统婚俗仪式音乐田野文化志*

王爱红

2020年6月2日7:30,踏着清晨舒爽的凉风,笔者与衡阳师范学院音乐学院教师周红从衡阳出发,开启了为期两天两夜的新田传统婚俗仪式音乐田野考察,并与湖南师范大学音乐学院博士生导师赵书峰教授及团队约定当天下午在田野现场会合。途中一路顺畅,间歇性的大暴雨为此次田野旅途增添了点儿浪漫色彩。我俩大约行程2小时40分钟,于10:10来到了与门楼下瑶族乡学校前校长李仲良老师之前约定的地点——新田县兴林路3号。在这里我们遇到了门楼下瑶族乡唢呐师傅盘礼清以及为此次婚礼录影录像的枫叶影视公司成员,间接了解到李仲良校长应该是这次婚礼的"艺术顾问"。李仲良校长给我们简单地介绍了此次婚礼的主要议程安排:2日下午16:00从大湾村新郎家出发到门楼下瑶族乡青皮源新娘家接亲,然后在新娘家待上一夜,3日上午接亲返回新郎家,晚上拜堂完毕,紧接着是坐歌堂活动,直至

---

* 本文原载于《歌海》2021年第2期,第15—26页。本书编写时在此基础上略有改动(包括题目)。

第二天清晨结束。整个婚礼流程历时两天两夜。

一、传统婚俗仪式所处地理文化语境

新田县位于湖南省南部，南岭山脉的北段。南北长49.2千米，东西宽30千米，总面积1022.4平方千米，折合为153.36万亩。它东与桂阳县的华山、塘市、四里、六合、飞仙、古楼、嘉禾县的石桥等乡镇交界，西与宁远县的白土、保安、中心铺、柏万城、永安、鲤溪、石家洞等乡镇（办事处）接壤，南与宁远县的太平、下坠、嘉禾县的广发、坦坪等乡镇相邻，北与桂阳县的杨柳和祁阳县的晒北滩等瑶族乡相连。由于新田境内四面环山，地势西北高，东南低，境内最高海拔1080米，最低海拔200米。[1]整体所处地理位置较低，加上北部山峰高耸，阻碍了冷空气南下，因此属于中亚热带湿润季风气候，春季温暖，夏季炎热，秋季凉爽，冬季寒冷，四季变化分明。[2]龙泉镇系新田县政府驻地，是全县政治、经济、文化中心，其前身是城关镇。此次婚礼主家大湾村大三源正是龙泉镇下辖的一个行政村，这里水光山色，碧水蓝天。

二、传统婚俗仪式实录

（一）新郎家——接亲准备

时间：2020年6月2日

地点：龙泉镇大湾村大三源

关键词：接亲

---

1 新田县志编纂委员会.新田县志（1978—2003）[M].长沙：湖南人民出版社，2008：23.
2 同上：36。

具体过程实录：

2020年6月2日11：04在李校长的陪同下，我们一行到达新田县龙泉镇大湾村大三源新郎家，还没来得及下车，就已经听得"噼里啪啦"震天响的鞭炮声，满地的鞭炮碎壳、纸屑，到处张灯结彩一片喜气洋洋。步入新郎家中，映入眼帘的是正门口的对联（右联：珠联璧合情永结；左联：天长地久心相印；横联：迎亲），它寄予了主家美好的寓意。

李校长向室内正在忙碌的新郎的爸爸（赵春富）介绍我俩，寒暄之际我俩便顺势问起此次举办传统婚礼的原因。赵春富讲："这是女方家的意思，我们要完全按照女方家的意思办。讲心里话，传统婚礼程序太多，花销太大，当前疫情，我还是希望婚礼能够简单些。因为我们都在广州打工，为了这次的婚礼，家里所有的亲戚都从外地赶回来了……"

话还未说完，由于新郎的爸爸有很多事情需要去协调，就着急走开了。但是新郎的爸爸对待举办传统婚礼的态度和看法令人回味。瑶族传统婚礼在目前城镇化快速发展的社会大背景下，几乎很少有人再愿意采纳。尤其村寨内很多年轻人涌向城镇打工，使得很多瑶族青年人思想汉化严重，多数婚礼举办形式采用汉族结婚方式。据当地瑶民消息，村上之前也有过传统婚俗仪式的举办，但那都是几年前的事儿了。

11：40，新郎的家里上上下下都在积极筹备中，忙忙碌碌的人们穿梭于客厅之中。吹鼓乐手们与婚礼主事围坐在备有宴席的方桌旁商议婚礼具体议程。11：42，男方厨司两手端着长方形条盘（盘内有红布、红包、两个酒杯、一碗炒好的猪肝），来到唢呐师盘礼清师傅面前寒暄，行礼；盘师傅还礼，喝酒，收红布、红包，后简单的用餐。11：50吹鼓乐手四位师傅换装更衣，大家分别换上正式的瑶族服饰，尤其看到唢呐师傅盘礼清为李校长绑头巾时，颇有几分讲究。待吹鼓手们服饰整理妥当，盘师傅的《三打三吹》奏响了婚礼的序幕，墙上的时针刚好指向中午 12∶00，与此同时，客厅的周边也都在按照各自的分工准备着：客厅的侧房中，一群年轻的瑶族女性正在给五彩斑斓的气球充气，为布置新房做准备。

室外院子一角，一名瑶族中年女性挨个为年轻小伙扎头巾，笔者大概数了一下，有至少十个瑶家青年小伙儿，据说这些小伙子都是要去接亲的；对面的邻居家，高高的房门前，抬头眺望，一群中老年人在围着两个瑶家小姑娘忙碌着。走上去看，原来也是在为她们整理瑶族服饰。两个瑶家小姑娘赵云青（16岁）、赵莎莎（20岁），一个戴顶板帽，一个戴铜铃帽，很是漂亮。同时还看到有两位老年人身着瑶服，头戴拱供帽。在这样喜庆的日子里，被安排接亲的人员，不同的年龄段，各个身着盛装，体现出强烈的仪式感和族群认同感。

瑶家婚礼接亲人员的服饰穿戴占据了接亲前的一大部分时间，他们就像演员即将登台做表演前的准备一样，引来了村里很多人的围观，大家尽情嬉笑着，赞美着，尤其在观察老人为小伙子扎头巾的具体手法和过程时，很多瑶族年轻人非常感兴趣，看得非常认真、投入。可以看出瑶族青年男女对瑶家服饰的喜爱，对瑶族服饰文化的认同，对自己作为瑶族人的身份归属，个中还蕴藏着一份自豪。瑶族文化的涵化，瑶家人服饰的汉化，瑶族服饰似乎成为一种只在正式的、隆重的节庆仪式场合上才会穿的礼服或者称"盛装"。平时的生活中，也只有部分老年人头戴拱拱帽以示自己的瑶族身份。很多年轻人虽也夸瑶族服饰精美，但因穿起太麻烦，不方便，多数年轻人并不情愿穿，甚至连怎么穿都不太清楚。这种情况下，瑶服成为一种珍品变得遥不可及，听老人说现在的瑶服买不起了，从前的瑶人都是自己手工绣织瑶服，现在手工做的瑶服几乎不存在了，通常都是直接到商店去买，机器大批量做，一套少则一两千，多则上万块呢。

14：47，接亲要带的礼物、车辆进入准备状态。客厅内主事管家招呼已经穿戴整齐的几个年轻人取来一根完整的竹竿，并在竹竿的中间绑上红纸和猪肉，竹竿的两头缠贴上红纸；同样的做法用在两根并列绑在一起的带有茂密枝条枝叶的竹竿上，且枝条里还贴着祝福语：永结同心、百年好合。据现场人说这些竹竿是用来到新娘家抬嫁妆用的。竹竿上的肉是犒劳给抬嫁妆的人的。双竹竿是用来抬新娘的被子的。带竹叶的含义是表示一双竹竿子达到尾，预示婚姻天长地久，一生一世长相守。[1]室外的乡间小道上，两辆皮卡车、六辆小轿车一字排队停靠在家门口，每辆车的司机师傅纷纷在自己的车上贴上红"囍"和"永结同心"等祝福字样。16：03炮声连鸣，吹鼓乐奏起，接亲前万事俱备，客厅内再摆宴席，宴请即将接亲的亲戚朋友，大家充足给养，抖擞精神，等待出发。

16：40用餐完毕，唢呐师盘礼清师傅首先吹奏乐曲《于兰调》，慢慢起身，拜家先，随即带领锣鼓手踏着有节奏的步伐走出家门；两组抬着竹竿的瑶族小伙儿紧随其后，再依次是接亲长辈、青年小伙儿、漂亮小姑娘和车队。长长的接亲队伍，雄赳赳、气昂昂，伴随吹奏乐在青山碧水间徒步前行，非常壮观。笔者是一路小跑至队伍最前方，退步拍摄中行进，说实话置身于这种场景犹如在穿越。闪念刚过，队伍慢慢停了下来，此时缓步行程约20分钟，离开新郎家有二三里地远，走在最前面的两个小伙子指挥着大家把物品装上皮卡车，招呼其他接亲人员分别上车，就这样前后一共两辆皮卡车、六辆小轿车正式开往

---

[1] 信息来自笔者 2020 年 6 月在湖南新田县龙泉镇大湾村大三源瑶族婚礼中对门楼下瑶族乡学校前校长李仲良（72岁）的采访。

门楼下瑶族乡青皮源——新娘的瑶寨。

（二）新娘瑶寨——出嫁

时间：2020年6月2日晚至6月3日上午

地点：门楼下瑶族乡青皮源

关键词：送亲　哭嫁　坐歌堂前奏

具体过程实录：

从龙泉镇大湾村到门楼下青皮源大约有30千米，接亲队伍疾驰在新田宽敞的道路上。如果换作从前，无论是接亲还是送亲，队伍应该都是步行穿越于连绵的青山之间，从山这头到山那头来完成联姻的。如今时代不同了，随着经济的发展，人民生活水平的提高，在国家"村村通"的政策下，瑶寨的公路、电力、网络等生活的各个方面加速城镇化，瑶家人出行不再像从前要翻山越岭那样艰难了，家家实现了汽械化和电动化。因此，此次瑶家的传统婚礼形式不免也会逐步地融入现代元素，步行与现代化交通工具相结合，传统与现代二元并置，呈现出婚礼形式上的多元化。

2020年6月2日17：16，接亲队伍到达门楼下瑶族乡青皮源易地扶贫集中安置点。这里离新娘家还有一段距离，按照婚礼流程，所有接亲人员、所带彩礼纷纷下车，准备浩浩荡荡、锣鼓喧天步行至新娘家。哪知天公凑热闹，队伍刚刚整理好，音乐已经奏起，大风却突袭而来，大雨不期而至，一时间整个接亲队伍躲得无影无踪，本要呈现在新娘家的接亲排场不得已改为乘车。或许是老天爷也想对新娘表达自己的不舍之情吧，雨越下越大，接亲的车辆艰难行进在崎岖陡峭的山路上，且一度出现堵车。笔者惊恐地坐在车里，感受田野以来第一次遭遇这么大的暴雨且车被滞留在陡峭的半山坡的胆怯，心里只盼着雨快快停下来，别耽误田野考察进程。坐在车里至少20分钟，雨点逐渐变小，从远处的鞭炮声听得出前面的接亲车辆已经到达新娘家。等不及雨停，笔者与周老师抓紧时间把车停靠半山腰。此时天色暗了，已是傍晚18：10，由于新娘家地势较高，远远望去，袅袅炊烟，灯火辉煌，热闹非凡。门前雨篷下坐满了前来参加新娘家宴的邻里乡亲，我们急促地穿过人群，快速地奔向新娘家里。

笔者在客厅内上下打量着周围的情形，嘈杂声、谈笑声淹没了整个村寨。面对家先供奉，在左边的房间内，只听得有微微的哭诉声，循声而去，只见新娘的奶奶（盘学妹，62岁）紧紧抱着新娘的肩膀，伤心的哭诉着，音调悲切，似吟似唱，让人突觉与婚事喜庆场面不太吻合。笔者挤进前去，以探究竟。奶奶的哭诉，惹得周围的亲人都在掉泪，连我也没能忍住。后才了解到，新娘奶奶觉得孙女小小年龄就要嫁人，老人家非常不舍。在奶奶的眼里，孙女小丽还是个应该在父母呵护下享受美好年华的孩子。

天色黑尽，夜幕降临，新娘家的房子矗立在漆黑的山野中显得格外明亮。接亲人员已经就座正堂，亲戚邻居也都各就各位。女方厨司送来落脚酒，吹鼓手喝落脚酒，奏乐，女方招待为每一位接亲人员敬茶。19：45，噼里啪啦的鞭炮声再次响彻山谷，唢呐师傅盘礼清起身面对长廊上的宴客们致辞祝福，他代表男方家人感谢前来道贺的亲邻好友，祝福一对年轻人百年好合，早生贵子。吹鼓乐《三打三吹》走起，晚宴开始。新娘家的席面特别丰盛美味，前后共十二道菜，鸡鸭鱼肉荤素搭配，亲朋好友在美味中觥筹交错，共享美好，相互间谈笑、拍照、唱瑶歌，一片欢声笑语。

晚宴结束，亲戚邻居围坐在长廊上谈笑风生，此时已经是22：40，餐桌旁三五成群的瑶家女性身着统一民族服饰，在稍显昏暗的餐桌旁凸显出耀眼的绚丽，这一璀璨的景观引来了很多人前去与她们合影留念，她们自己当然也兴奋得自拍、互拍，长廊上的喜庆气氛一度被推上高潮，情不自禁之下瑶歌响起，坐歌堂对歌拉开帷幕，现场的人儿是情绪高涨，唱聊尽兴。次日，0∶43 吹鼓乐《上席调》再次奏起，每张餐桌上两碗清水白豆腐、两碗瘦肉汤，

图 1 坐歌堂前奏（2020 年 6 月 3 日王爱红拍摄于新田县门楼下瑶族乡青皮源）

接亲人再次就座、用餐。客厅内女方主家还安排了四位身着瑶服的中年女性与吹鼓手同桌，坐歌堂正式启动。

"坐歌堂"土名"谈笑"，就是指大家坐在一起谈谈笑笑。逢年过节遇上走亲串友，瑶族人都会举办大小型坐歌堂活动。据笔者多次田野观察，坐歌堂刚开始的阶段多以说话聊天为主，偶尔夹有唱歌；随着说话聊天的深入，气氛逐步活跃，变得话少歌多。此时的厅内一角，乐手与四位中年瑶家女性围坐桌旁，四位瑶家姐姐轮流向吹鼓手及每一位接亲人敬酒、敬烟，大家欢聚一堂，彼此间寒暄、客套、谦逊。时间在谈笑中流动，进入第二天 1∶46，客厅内，女方代表还在一个一个敬酒、敬烟，每敬一个人都会讲很多的客气话，引来阵阵欢声笑语。

2020 年 6 月 3 日，清晨的青皮源格外得清新秀丽，仰望天空，远山的袅袅炊烟犹如仙境一般；鸟儿叽叽喳喳地唱着歌，一个幸福的日子，今天新娘子就要被娶回新郎家了。7∶09，新娘子已在梳妆打扮了。瑶族新娘子在出嫁前的服装比较复杂，头上顶板帽、颈戴银项圈、身穿瑶服绑腰带等多道工序，如果没有老人帮忙，现在的瑶族年轻人一般自己是不怎么能穿得好的。而眼前为新娘扎头饰的这位瑶家老人手法却非常娴熟，不一会儿工夫就已经帮新娘把瑶服穿戴整齐。笔者

惊诧于老人家的技法，上前与其打招呼。当问起她的姓名，她显得异常羞涩，不肯说。问起为什么选她为新娘整装打扮时，她说："结婚的大喜事儿肯定要找与新娘生辰八字合得来的嘛。"她边说边忙活着，帮着新娘子整理顶板帽。卧床的另一边，家人在为新娘准备小红皮箱里的物品，红枣、花生、桂圆以及新娘的一些其他用品外加两把小红伞，可以感受到瑶族婚礼的每一个细节的背后都有着深刻的隐喻。此刻的新娘在家人的各种协助下服饰已备好，妆面也都化好。万事俱备，只待良时出阁。

与此同时，室外，双方主事在招呼着大伙儿按照婚礼程序有条不紊地进行着：婚庆花车待命；新娘嫁妆（衣柜、冰箱、沙发等）陆续装车；竹竿上这次除了绑有条子肉，还绑了梳妆台；另一根竹竿上绑了澡盆、脸盆、桶等洗漱用品。

再返回室内，突觉气氛变得浓重。仔细看看陪在新娘旁边的家人，眼眶红红的，奶奶、妈妈、姨妈都在抹眼泪儿，奶奶不停地为孙女整

图2 出门前新娘奶奶哭嫁（2020年6月3日王爱红拍摄于新田县门楼下瑶族乡青皮源）

理穿戴，时而拽拽肩上的毛巾，时而抚摸一下头上的顶板帽，奶奶的眼神中蕴含了无限的慈爱。10：18，最亲爱的奶奶再也绷不住了。如果把昨天的哭嫁作为一种序曲的话，那么今天新娘临行前奶奶抱着孙女的肩膀再次的痛哭可谓是从序曲直奔高潮。奶奶再也无法忍受孙女出嫁之痛，哭声由温婉逐步变为豪放，哭着、诉着、唱着，全场人无不被感动、被感染。尽管有亲友不停地安慰奶奶，还是无法让老人家停下来。老人家的哭声比起昨天要大，哭诉的语言比昨天要多、时间要长，万般疼爱与不舍在哭嫁中尽情宣泄与释放。

10：50，唢呐师吹起《催官上马》，盘师傅踱着缓慢的步子站在新娘的门口催促新娘要出阁了，他绕着新娘的房间来来回回转了三圈，新娘才与家人恋恋不舍地分开，由舅妈、伴娘及家人簇拥着走出闺房，此时她的眼睛已被一块黑布遮上了。随着唢呐师的音乐，新娘双手作

图3 送亲（2020年6月3日王爱红拍摄于新田县门楼下瑶族乡青皮源）

揖，拜别家先，移步出门。

鞭炮声声离别情，在乡间的小路上，满载着嫁妆的皮卡车走在最前面开道，其次是吹鼓手；紧接着是浩浩荡荡的送亲队伍，此刻的新娘子身穿顶板瑶服饰，双手由前面引路的舅妈紧紧攥着，伴娘则在新娘身后为其高高撑起小红伞；最后面是婚车以及长长的接亲车队。11：23，送亲队伍步行大约三里地的样子，新娘由家人护送坐进轿车，随后的送亲人员也都相继坐上汽车驰往新郎家。

从走出新娘瑶寨开始笔者紧随队伍，依然保持退步拍摄，送亲队伍呈现出的这一人文景观为青山绿水的蜿蜒小道增添了一抹喜庆、热闹和艳丽。村寨的两旁站满了围观的百姓，大家指点着、比画着，为眼前久违的族群传统婚礼而感叹。笔者在被瑶族传统婚俗仪式所震撼的同时内心也略有一丝遗憾。在瑶族，这样隆重的传统婚俗已不多见了，就连现在的一大部分瑶族中青年人也未必见过这样的婚礼。在面临现代化、商业化、汉文化等多重语境的冲击下，瑶族婚俗仪式正在经受着传统与当代的互融过程，即文化的"涵化"过程。很多的瑶族青年人的婚礼基本不再采用这样的结婚仪式，因此，像这般较为纯正的传统婚俗在今天看来是多么的弥足珍贵。当然，社会的发展，经济的全球化，乡村的城镇化，瑶族的婚俗仪式发生变迁是不可阻挡的趋势。"传统是一条河流"[1]，新的社会语境下，传统要想完全照搬传承下来是不现实的，它必然要与时俱进，与现代元素进行交融和融合，从而在坚守传统中实现传承与创新。

---

[1] 黄翔鹏. 传统是一条河流[M]. 北京：人民音乐出版社，1990.

（三）返回新郎家——成亲

时间：2020年6月3日中午至6月4日早上

地点：龙泉镇大湾村大三源

关键词：洗脸洗脚 拜堂 坐歌堂 哭嫁 高腔送客

具体过程实录：

6月3日中午13：03，鞭炮声声迎新人，接亲队伍返回新郎家所在地——大三源。再现同样的场景：接亲队伍首先在离新郎家有二三里地的小道上下车，由步行代替车载。抬头望远，村口的两旁早已挤满了瑶家百姓，所有人都带着美好的祝福翘首期盼，共同分享着这份传统婚俗带来的惊奇与喜悦。尤其是新郎的家人、亲戚个个都穿着漂亮的瑶服站在小道的两旁，形成富有浓郁民族风情的仪仗队，夹道欢迎这位即将过门的小姑娘。这又一迎亲景观令人仿佛置身于古老的省亲年代，现场那么隆重、典雅，伴着鼓吹奏乐，送亲队伍由远及近脚步逐渐放慢至新郎家门口。首先，男方主事和厨司拿一只公鸡站在大门口，杀鸡敬天地，扫除邪气不吉利；其次，男方主事与女方主事行礼，表示慰问和感谢；最后，男方厨司与吹鼓手行礼，吹鼓手拿红包，吹奏乐曲，绕着送亲队伍走一圈，随即带送亲队伍缓缓步入室内，待新娘及送亲队伍就座妥当准备洗脸洗脚。

"洗脸洗脚"是瑶族先辈流传下来的一个习俗，其背后有着深刻的寓意。13：14男方主事安排亲戚先端到新娘面前一桶热水，后倒部分水入小红盆，由伴娘为新娘洗脸；再倒点儿热水于大澡盆中，由伴娘为新娘洗脚并换上娘家人带来的新鞋袜，待一切整理整洁干净，由接亲娘带新娘入洞房休息。笔者因特别好奇新房的布置，便跟在新娘后面紧追不舍，碰巧在楼梯口的房间内看到新郎独自坐在小方凳上玩手机，上前问他原因时，才明白原来新郎新娘双方没有拜堂前是不允见面的。下午14：00，新人已经接过门，从现在开始基本可以暂时歇歇，等待晚上的精彩片段——拜堂。

拜堂，是笔者或者应该说是所有在场人最期待的环节。听李校长说拜堂要等到晚上22：00以后了，笔者刚好利用这个空当走访村里的几个年轻人，了解一下他们对此次传统婚礼的举办的想法。年轻人一致认为：1.虽累但很有意思；2.也算是对瑶族文化传承的一种方式；3.希望日后自己的婚礼也能有实力这样操办；4.多数人还是觉得瑶族婚礼太麻烦，很辛苦，花销太大。

期间笔者、周红以及陈静茹还与媒人盘英竹进行了简单的沟通。

周红（以下简称"周"）：听说是您说的媒，给我们讲讲两个年轻人是怎么认识的，可以吗？

盘英竹（以下简称"盘"）：其实不是我，他们两个一开始就是认识的，只是两个年轻人要想结亲，在我们瑶族像这样的情况，必须先找个媒人出面帮助双方协调，以便后面谈到嫁妆啊、聘礼啊，方便传话，解决问题。我呢，因为双方都熟悉，是两方的亲戚，新郎喊我舅公，新娘喊我伯伯，所以他们就找我来为两家跑跑腿。

周：哦，这样啊！听说新娘年龄太小，外婆舍不得这么早嫁人，是不是在彩礼上要求很高呢？女方要多少彩礼钱，能给我们透露一下吗？

盘：这个啊，呵呵，不好讲，不好讲……

周：我听说这次举办传统婚礼也是女方外婆的意思，您知道原因吗？

盘：呵呵，老人家嘛，还不就特别传统，觉得瑶族人就要用瑶族人的生活习惯过日子。

跟媒人简短地聊后不仅从中了解到瑶族婚俗的一些老传统，尤其感受到了瑶族老人内心浓浓的乡愁。

拜堂时间一拖再拖，23：10激动人心的时刻终于姗姗而来，大家好像都提前约好似的，瞬间室内已是里三层外三层，把小客厅挤得是水泄不通。主事和厨司在家先供奉的正前方摆上方桌，桌上摆放了两份猪腿、四份膘肉、四个酒杯以及厚厚的两沓红布和蓝布。接着唢呐师盘礼清吹奏《催官上马》，他先是绕着供奉桌转三圈，接着边吹奏边踱步到新娘的楼梯口，催促伴娘和新娘整理穿戴，准备下楼拜堂。在乐曲的声声催促下，只看到新娘由舅妈、伴娘簇拥着，踏着节奏缓缓走出洞房，走下楼梯，步入厅内。她们先是跟着乐师绕着家先供奉方桌转一圈，后定位与新郎站在一起。接亲爷和接亲娘走过来开始为新郎新娘"披红"，即分别为二位新人披红布、蓝布，一层层、一层层（蓝布在下，红布在上）。据说这些布都是男方亲戚带来的贺礼，规格大概一尺布的样子，新郎新娘各披上八块。装束整好，行礼，乐师吹奏《满堂红》，拜堂开始。新娘双手拿着一小块长方形新毛巾，接亲爷站在新郎背后，举着新郎的双手，向天地拜三拜、朝中间拜三拜，往左边拜三拜，朝右边拜三拜，跪着拜三拜，站起来拜三拜，新娘子呢不跪也不拜，就这样按照传统规矩本该要四个轮回，前后共七十二拜。但是因为接近凌晨，新郎大概连续叩首十二次后，新郎新娘便喝交杯酒，主婚人一手一杯双手交叉，送到新人嘴边各饮一口；主婚人唱恭贺歌，唢呐曲奏起《于兰调》。新婚小两口抬起条盘送到厨房，报告灶王爷。厨司接过条盘，新娘喊声公婆，新郎的父母帮新郎新娘取下肩上的红布和蓝布（叫作"脱红"）[1]，至此拜堂结束。

6月4日0：00坐歌堂拉开了序幕，厅内一共四桌的男女歌手精神

---

[1] 信息来自笔者2020年6月微信采访湖南省"坐歌堂"非遗传承人盘金胜（81岁）。

抖擞，誓要把今夜唱响。在瑶族的喜庆节日里一般是离不开"坐歌堂"的，通常遇到结婚、寿诞、过节等喜庆的事，因为人多晚上没有地方住，一般都会对歌到天亮。它一方面为主人缓解了居住不便的压力，更重要的是，它促进了亲朋好友间情感的交流，加深了人与人之间的感情联络。"坐歌堂"在瑶族尤其在中老年朋友的心目中，那是一种回忆，是他们心目中的一缕乡愁。每每有坐歌堂，我们都会看到围观的多是老年人，他们可以不睡觉，一直陪歌手到天亮。有的时候在对歌的过程中，时不时还会有老年人帮助不知晓对歌的人对歌。

图4 拜堂（2020年6月3日王爱红拍摄于新田县大湾村大三源）

图5 男方坐歌堂（2020年6月4日江笑拍摄于新田县大湾村大三源）

夜深了，笔者特意走出室内，站在昏暗的林间小路上，以一个局外人的身份感受此刻山野的宁静和祥和。室内灯火辉煌丝毫没有困意，歌手们反倒是越发兴奋，讲话声、碰杯声、笑声、歌声，声声交织在一起，宛如一部室内交响乐。我再次走进屋内，穿行于每桌歌手之间，记录、拍摄、请教，也像打了鸡血一样的活跃，在真真正正瑶族婚俗的语境中享受着坐歌堂的魅力。李仲良[1]校长告诉我："婚俗坐歌堂与平时的待客坐歌堂区别并不是很大，婚俗坐歌堂只是在最前面的两个程序不太相同，后面的程序都是一样的。"

6月4日6:30，随着歌手的渐渐离桌，彻夜的坐歌堂基本结束，在这个不眠之夜，坐歌堂作为婚礼拜堂后喜气的延续，带给了双方家人无限的快乐。期间还有个小小的插曲：在6月4日凌晨坐歌堂开始的同时，室外的一个小广场上，一部分中青年人在唱卡拉OK和跳广场舞。这种室外的现代气息与屋内的民族特色形成了鲜明的对比。社会经济的发展，瑶民生活受现代流行文化的冲击，让我们看到在瑶族婚礼中除了保留有传统文化的呈现外，还在仪式场景中加入了流行文化元素，也为婚礼增添了别样的气氛。

6月4日8:40，早餐过后，娘家人即将要回去了。厅内，主事人在为女方送亲人准备回礼，这时突然听到楼梯附近吵吵嚷嚷的声音，挤过去一看，原来是新娘的妹妹在为红包钱少的事与男方主事争执。缘由只为一把红色行李箱上的密码锁。想要妹妹说出密码，请出红包；如若不给红包就不告诉对方密码。男方主事认为要的钱太多，要与妹妹讨价还价。由此双方展开了较长时间的斗智斗勇，周旋了约20分钟，最终以1200元的价格成交，引来阵阵掌声和笑声。自古以来，婚礼就是这样，为了图个热闹、喜庆，大家喜欢制造一些为难对方的小环节来为婚庆增色添彩。

然而，热闹归热闹，嬉笑归嬉笑，嬉笑之后留下的依然是不舍的伤悲。在楼梯口，新娘的家人和亲戚在与新娘子依依不舍地告别，只见舅妈、姨妈、妹妹等很多送亲的家人把新娘围在中间，千叮咛万嘱咐，谁知讲着讲着，有位长辈索性抱着新娘放声大哭，她边哭边唱，边唱

---

[1] 李仲良：湖南省新田县门楼下瑶族乡学校前校长。

边说，对新娘的留恋和牵挂又一次在哭嫁中迸发，围观的人无不被这种氛围所感动。

6月4日11：00，在依依不舍中娘家人终归是要离去了，男方家人为送亲人准备了礼物，只见新郎肩挑肉、鸡、鱼与新娘家人相送。俗话说："送

图6 娘家人临走前哭嫁（2020年6月4日赵书峰拍摄于新田县大湾村大三源）

君送到大路口，一步一回头。"男方家人向前相送，女方家人一步一回头；男方家人再向前相送，女方家人再一步两回头，高腔亮起，高腔对起……这种送客留客的好客情谊无限延伸至村口的几里地之外，渐渐地，人看不见了，但一路的歌声始终回荡在山谷的上空。

此次田野考察历经两天两夜，是自疫情以来，中国南方少数民族音乐文化研究中心团队成员首次针对湘南过山瑶传统婚俗仪式音乐进行的较为全面的考察工作。这为我们宏观认知湘、粤、桂区域内的过山瑶婚俗仪式音乐的个性与共性问题提供了丰富的研究素材。尤其难得的是本次田野采录到了原生语境中的过山瑶哭嫁仪式音乐。

三、瑶族传统婚俗中与音乐有关的三个研究对象

（一）贯穿始终的吹鼓乐

吹鼓乐在瑶族传统婚俗仪式过程中扮演着十分重要的角色，它贯穿了婚礼的始终。此次新田县大湾村大三源过山瑶传统婚俗仪式考察，吹鼓乐队编制：唢呐一把、鼓一个、大锣一个、小锣一个，其中尤其是唢呐演奏，在整个仪式中担任了婚礼"司仪"的角色，主导、支配

着整个婚礼过程的运作，起到烘托气氛的作用。

　　唢呐传入瑶族地区大约是晚清时代随着瑶族的迁徙从中原地区过去的。它在我国民族民间乐器中有着不可或缺的地位。它的形制、演奏方法与汉族区别并不是很大。它音域宽，音高游移幅度恰当，音色接近人声，模拟性能强，因而运用相当广泛。在瑶族唢呐婚庆音乐中至今还保留有与汉族相同的曲牌名如〔大开门〕等。唢呐在瑶族婚礼进程中随着长期的运用和实践，流传的曲牌非常丰富，它以音乐替代话语，让音乐驾驭行为，逐渐呈现出一整套模式，如迎接环节用〔迎亲曲〕〔大开门〕〔小开门〕，宴请场合的〔排席调〕〔上席调〕〔下席调〕，拜堂披红时的〔挂红曲〕，送客道别中的〔催官曲〕〔送客曲〕等。正如肖文朴老师的《"乐器说话"新论——瑶族婚俗唢呐乐话的空间感与功能丛》中写道："当唢呐曲牌约定俗成地构成一套乐话体系后，婚礼仪式都在这些乐话的调度和指挥下有条不紊地进行。'乐手吹什么曲调，主家就进行什么仪式，绝不会有差错'。唢呐音乐的声响不仅能告知人们'接下来该做什么，要做什么'，还'把一个仪式到另一个仪式的过渡衔接起来'。因此，婚礼唢呐吹打曲牌也被冠以'仪程性曲牌''曲牌联缀''婚礼组曲'等多种称呼。"[1]

　　新田县大湾村大三源过山瑶传统婚礼中的唢呐曲牌，节拍多为四二拍，属于比较典型的五声性旋律音阶。旋律进行中多强调 re 音（首调），旋法发展比较单一，多是围绕基本的旋律音调基础上进行的变化性反复。[2]

---

[1] 肖文朴."乐器说话"新论——瑶族婚俗唢呐乐话的空间感与功能丛[J].民族艺术，2017 (3)：146—147.

[2] 赵书峰.中、老瑶族婚俗乐舞的风格与形态描述[J].贵州大学学报（艺术版），2020 (4)：74—76.

表1 新田县大湾村大三源过山瑶传统婚礼中主要吹奏曲牌

序号	婚礼程序	吹奏曲牌
1	迎宾	〔大开门〕〔小开门〕〔竹叶青〕〔催官上马〕
2	接亲	〔于兰调〕〔四门昌〕〔小于兰调〕〔宁远调〕
3	宴席	〔来菜调〕〔排席调〕〔上席调〕〔下席调〕
4	拜堂	〔催官上马〕〔满堂红〕〔拜堂曲〕

注：表中信息来自2020年6月在湖南新田县龙泉镇大湾村大三源瑶族婚礼中笔者对瑶族唢呐艺人盘礼清（64岁）的采访。

谱例1

拜堂曲（部分）

吹奏：盘礼清
记谱：周红、王爱红
录制时间：2020年6月
录制地点：湖南省新田县龙泉镇大湾村大三源

谱例2

催官上马

吹奏：盘礼清
记谱：周红、王爱红
录制时间：2020年6月
录制地点：湖南省新田县龙泉镇大湾村大三源

(二)坐歌堂

"坐歌堂"是瑶族人走亲访友、生日寿宴、婚礼聚会的一种感情联络形式。大家以歌会友,以歌传情,气氛欢快活跃,深受中老年人喜爱。此次婚礼中男女双方都曾有过"坐歌堂",但较为完整的还数男方家。从大约23:40拜堂结束到第二天7:40左右,四桌男女歌手彻夜对歌,厅内歌声此起彼伏,交汇成一曲室内合唱,令人根本想不到在这宁静的山野竟然还有这么一个热闹之处。

按照惯例,在这种婚俗语境下坐歌堂是由伴娘陪吹鼓手喝酒生发的,主要是为了感谢吹鼓手的,接下来的程序大致会分别对唱接亲歌、送亲歌、思念歌、想念歌、姻缘歌、摘花歌、留客歌。[1]然而,实际过程中由于受各种因素的影响并未完全严格进行,随机随意性较大。主要原因笔者认为与歌手的水平有直接关系。对歌过程中,很多个程序并不是人人都能准确对上来的,有的歌手甚至并不太清楚哪个时间哪个阶段对什么歌,因此,刚开始对歌的时候往往会有些混乱,要有一些内行人或者说老年人带着唱,慢慢地才能逐步跟上正确的先后顺序。

在瑶族当下,受现代化、城镇化、流行化元素的影响,坐歌堂的

---

[1] 来自2020年6月微信对湖南省非物质文化遗产"坐歌堂"传承人盘金胜、常宁市非物质文化遗产"坐歌堂"传承人盘正英的采访。

传承问题已经面临非常严峻的形势。瑶族的青年人大多选择外出务工，学唱瑶歌的人越来越少。因此，出现在"坐歌堂"中会唱瑶歌的大多是一些年长者。虽说有些时候一些年轻人也会加入"坐歌堂"活动中，但是笔者田野调查发现，歌堂里的年轻人其实多数是不怎么会唱瑶歌的，有一小部分人能听懂别人唱什么，但自己并不会唱。她们大多是为了平衡队伍的年龄结构层次而来的。

坐歌堂演唱方式通常是在他们刚开始演唱时，无论男女均以一种小声讲话的方式进行交流，男女对唱时由于还不是很熟悉会暂时显现出害羞、试探性的情感表达。直到夜宵过后他们的演唱会慢慢逐步发生变化，演唱时的谈笑程度逐步加深，男女对歌时都不同程度地增添了自信与从容，这时候的对歌，就会以一种热情、主动、积极的演唱方式进行交流，直至后来气氛越来越热闹。

坐歌堂的音乐节奏通常比较自由、紧凑，多以四二拍为主，个别音上会有延音或装饰音，体现出瑶族音乐的独特风格。演唱的旋律由宫、商、角、徵四个音组成。[1] 主要旋律大致如下：

谱例3

思念歌（一）

记谱：周红、王爱红
录制时间：2020年6月
录制地点：湖南省新田县龙泉镇大湾村大三源

---

[1] 林春菲. 瑶族坐歌堂音乐形态及社会功能——以湘南三市六县区八瑶族乡坐歌堂为例[J]. 当代音乐，2019（4）：102—106.

歌词大意：一对鲤鱼在水底，二对鲤鱼在水深。鲤鱼水深亏郎限，亏郎空限枉操心。

谱例 4

思念歌（二）

记谱：周红、王爱红
录制时间：2020 年 6 月
录制地点：湖南省新田县龙泉镇大湾村大三源

歌词大意：生在云端空限死，生在树头好结丝。金洞守稳花连木，无缘空限枉心思。

（三）哭嫁

"哭嫁"的文化含义源远流长，早年间由于强烈的"男尊女卑"意识，"哭嫁"是指女性在出嫁的时候以哭唱的形式来表达告别亲人，感恩父母，感谢兄弟姐妹，控诉悲惨命运等复杂情绪的。随着社会的发展，婚俗仪式的变迁，哭嫁的内涵早已发生了很大的改变。尤其在一些少数民族地区，哭嫁的内容和形式越发的丰富多彩，其内涵也更加深邃。一部"哭嫁歌"包括了哭父、哭母、哭兄嫂、哭姐妹、哭弟弟、哭叔伯、哭舅父等，凡是与自己有关系的亲戚都会通过哭嫁来表达一番内心情感，包括在婚礼进行的过程中，每遇到一个程序也要哭唱一番。因此，光"哭嫁"这一程序就要耗时很久，短则几天几夜，长则几个月，可以说"哭嫁歌"就是一部系统、完整的声乐套曲。

在瑶族，自古以来男女地位平等，男女自由恋爱，且结婚后"落户"的形式有多种：女到男方家安家落户；男到女方家安家落户（入赘）；两边走；两不别宗。因此，从落户的方式可以看出瑶族女性在生活中具有一定的主体地位和较强的女性价值。瑶族传统的婚俗仪式中，听当地人讲"哭嫁"也是一种常见习俗，只是传统的"哭嫁"无非是出嫁的女儿以哭唱的形式向父母及家人表达难舍难分之情；母亲也会以哭唱的形式教导女儿过门后要好好持家，孝敬公婆以及对女儿无限的挂念之情。"哭嫁"暗示了出嫁女即将实现从闺女到媳妇的身份转换。法国作家波伏娃曾说："一个人之为女人，与其说是天生的，不如说是形成的。"也就是说人一生下来，他的生理性别是暂时明确的，但是随着其成长，社会文化会开始建构男女两性的性别意识和社会性别身份。女性会产生来自社会规范的或者自身本真的多个自我。[1]另外，哭嫁是哭嫁主体表达话语权的一种途径。会"哭"的新娘，借用"哭嫁"尽情抒发内心的情感，不仅可以加深与亲人之间的感情联络，而且能够获得邻里乡亲的赞扬，得到婆家人的赞许，从而获得一定的权力和地位，充分彰显女性主体意识。在人们的意识里，会不会哭嫁成为评判女子是否有才德的一种标准。

如今哭嫁作为一种文化现象在流传的过程中，哭嫁的歌唱主体发生了很大的变化，很多年轻的新娘基本不知道怎么哭了，取而代之的往往是找族群里的老年人代哭。此次大湾村大三源瑶族婚礼中，哭嫁前后出现三次，前两次是在新娘家由新娘的奶奶自己有感而发，从而带动了新娘及周边的亲戚家人流泪。第三次是在新郎家，娘家人要返程前通过哭嫁来表达对新娘的不舍。整个哭嫁突出特点表现为：哭诉语言长短押韵，曲式结构相对稳定，具有歌唱性。哭嫁在现代社会语

---

1 [法]西蒙·波伏娃.第二性——女人[M].桑竹影，译.长沙：湖南文艺出版社，1986：23.

境下的内在意义已经发生了变迁，从歌唱主体到歌唱形式再到歌唱内容都有变化和简化。透过哭嫁习俗的表象，品味其中的艺术价值，它作为一种表情达意的抒情媒介，其方式、言语、动作及哭腔日趋程式化，越来越具有观赏及审美价值。

四、瑶族传统婚俗仪式中音乐的传统与变迁

（一）传统尚在让人欢喜

此次大湾村大三源传统婚俗仪式音乐田野考察分别采录到了以下程序：接亲—女方哭嫁—女方坐歌堂—女方再次哭嫁—送亲—迎亲—拜堂—男方坐歌堂—女方三次哭嫁—送别。应该说传统婚俗的核心环节都在，且每一环节进行的都比较详细具体，基本是延续了瑶族传统婚俗体例的。尤其是瑶族婚礼仪式原生语境下的坐歌堂活动、哭嫁仪式笔者都亲历其中，让人喜出望外。同时婚礼的进行过程中，虽说并没有请师公，但祭拜家先、杀鸡祭拜天地环节都凸显了传统意义上一定的道教色彩。此外，参加仪式的瑶民身穿民族盛装，并通过自拍或他拍展示自我，从中可以看出瑶民对自己本族文化的认同，包括他们唱瑶歌，坐歌堂间相互对歌，体现了他们对自己族性身份的认同。族群文化认同是一个民族生存、发展、繁衍的符号代码，是民族文化保护与传承的文化自觉行为。从婚俗仪程看出，无论怎样变化、汉化，婚礼这样的正式场合，瑶民都会第一时间穿上鲜艳的瑶族服饰以彰显族群文化认同，以此来证明他们是瑶族人。

（二）传统传承令人担忧

此次传统婚俗田野考察中，虽说程序都在，但出现了很多的简化，比如师公的省略，再比如拜堂时新郎的叩拜次数简略了很多。且在婚

俗仪式举办过程中有些程序较为混乱，这些都说明老祖宗留下的传统在人们的记忆中在渐渐褪色，随着时间的飞逝，如果没有得到很好的流传，终将会逝去，现状非常令人担忧。

乡村城镇化进程的加快，瑶族的生存环境与生活方式受到了影响。大批瑶族青年涌向城镇打工，他们的生活、婚姻、审美等方面的价值观受到了城镇中多重文化的影响，致使他们对传统的婚姻观念与习俗逐渐淡化。加上当下社会的经济化、商业化，给瑶族婚礼仪式带来的经济压力。很多青年人在择偶的观念上发生了很大的变化，对男方经济条件的要求越来越高，调查访谈得知目前举办一场瑶族婚礼仪式不加彩礼在内，都得花费少则几万元，多则十几万元。这无形中就给很多在外靠打工谋生的瑶族家庭带来很重的经济负担。鉴于这种状况，很多瑶族家庭在办婚事时都会对传统婚礼敬而远之，首选简单、省钱、经济压力小的婚礼仪式。传统的婚俗仪式由于程序烦琐、花费过大，越来越少有瑶民采纳。

（三）传统在变迁中谋求发展

此次大三源传统婚俗仪式可谓是传统与现代的二元交融。突出表现在：1.接亲与送亲过程中步行与花车、轿车相结合，汉化突出；2.在男方6月4日凌晨室内坐歌堂对歌的同时，室外流行乐、广场舞并行，现代化、流行化彰显。由此可以看出当下的瑶族婚礼受现代化、流行文化的影响，婚俗仪式中不但有传统文化的呈现，且仪式场景中融入了很多的流行元素，从而构成了传统与现代相互交融的婚礼场景。这种传统与现代的交汇，笔者认为就是一种传统发展中的变迁与传统变迁中的发展。

结 语

瑶族传统婚俗仪式音乐的文化与艺术内涵在我国少数民族人生礼仪中，极其丰富。其中不但含有丰富的吹奏乐、打击乐，而且有大量的瑶族民歌存在。此次历经两天两夜的湖南新田龙泉镇大湾村大三源传统婚俗仪式音乐田野考察在震撼中收尾。笔者以一个局外人视角对婚俗仪式的每一个程序进行了采录。很庆幸在这场传统婚俗仪式中收录到了真正原生语境下的"坐歌堂""哭嫁歌"的第一手材料，体验到了带有些许道教色彩但又具备了传统与现代相结合的少数民族传统婚礼。在今天瑶族传统婚俗越来越稀有的情况下显得那么珍贵，希望这样的传统婚俗仪式能够得到很好的传承与保护。当然，我们也相信在我国政府大力倡导非物质文化遗产政策方针的指导下，各地瑶族民俗仪式音乐的发展与保护工作将会做得更好。

（王爱红，衡阳师范学院音乐学院副教授，湖南师范大学"中国南方少数民族音乐文化研究中心"特聘研究员，主要从事民族音乐学研究。）

仪式与戏剧

——平江皮影戏音乐田野文化志

周心雨

平江县，隶属于湖南省岳阳市，位于湖南省东北部，处于湖南、湖北和江西三省的交界处，地貌以山地和丘陵为主，境内山丘分属连云山脉和幕阜山脉，由于特定的地理环境，受地缘封闭的天然屏障保护，保持了平江民间艺术特色的稳定性。

皮影戏又被称为"灯影戏""皮影子"，是一种以兽皮或纸板做成的人物剪影以表演故事的民间戏剧。平江皮影戏作为"影戏"的一个分支，它用平江方言演唱。平江影戏与其他地区皮影戏的区别在于，它的声腔、曲调不同，最具特色的是平江特有的"唢呐腔""翻高调"。2012年，平江皮影戏经湖南省人民政府批准确定为省级非物质文化遗产保护项目。

自2020年10月份以来，笔者对于平江皮影戏进行了多次田野调查。调查的范围涉及仪式中的平江皮影戏，"非遗"语境中的平江皮影戏，平江皮影戏进校园、平江皮影戏产业化以及平江皮影戏如何运用现代技术在线上进行传播等。通过多次的田野可以得出结论：平江皮影戏在不同的语境中展现出了不同的音乐特征。现将笔者所进行的田野进行描述、归纳，总结出平江皮影戏的表演与传承现状。

一、仪式中的平江皮影戏

（一）平江县瓮江镇叶家垅白马明王庙田野考察实录

2020年10月17日（农历九月初一）18：00，笔者来到平江县瓮江镇叶家垅白马明王庙，观看当晚的皮影戏演出。为庆祝白马明王的寿诞，村民们凑钱请到当地的皮影戏班子，准备了这一场皮影戏演出。过去，屋场有土地庙，山场有山神庙，每个自然村有社主庙、福神庙，乡镇有城隍庙，县有县主城隍庙，除寺、庵、观外，各地还建有各种大小神庙。[1] 逢年过节，庙里都要唱戏，一唱至少半个月。现在，尽管节假日可能不会有皮影戏演出，但在佛道仙神、社主福神或者城隍圣诞时一般都会请到影戏班子来庙里演出。皮影戏在19：00开始，在这之前，笔者对演出的三位民间艺人：李鹏、毛育和、凌取成进行了一个简短的访谈。

李鹏师傅非常健谈，首先，他向我讲述了皮影戏的源流。他说：平江皮影戏在民间流传时间非常悠久。汉初，皮影戏已经开始出现，到唐朝时，当时在民间流传这样一则传说。农历八月十五，唐明皇李隆基游月宫，欣赏到了嫦娥的侍女表演的《霓裳羽衣曲》，当时侍女是在帘子后表演的，所以唐明皇李隆基只能看到侍女的影子，唐明皇回到人间对此念念不忘，在梨园内兴起这种表演形式，后逐渐在民间流行，成为皮影戏的源头。

紧接着，李鹏师傅向我介绍了他的皮影戏班子，他们的皮影戏班

---

1 童升平．平江皮影[M].[出版者不详]，2011:2.

子由三人组成,他和凌师傅从1991年开始搭档演出,现在已经将近三十年,毛育和师傅1998年加入,组成了现在的三人班子。经过十几年的磨合,三个人之间的默契在随后的演出中也得以体现。李鹏师傅又给我介绍了皮影戏的表演形式。平江影戏班子过去由四人组成,现在一般由三人组成:一人站立于前台"提影戏菩萨",负责操纵"影人"表演;一人坐于中台演奏胡琴、唢呐,胡琴尾口朝戏台后方,兼奏副钞(用正副两副钞时)与小堂鼓;一人坐于后台演奏打击乐器。中后台之间悬挂一长方形竹架,上面搁置"吉子"[1]和"哒鼓"[2]。"吉子"与"哒鼓"上方悬吊一小堂鼓,鼓面朝向中后台二人,便于二人都可击奏。"哒鼓"的右面悬挂大锣,锣面朝投影窗口,"吉子"左上悬挂"当锣"(小锣),锣面朝向戏台后面,大锣锣锤、当锣签子、鼓签都同时握在右手,击打大锣、当锣、小堂鼓与板鼓,后台左边放一长板凳,人坐右端,左端凳面固定一个用布条编制的"镲箍",搁置一面镲,左手执鼓签击可子兼打镲。

李鹏师傅还说到了这一场皮影戏的结构。总共有五场戏,分别是:打击开场、贺戏、正戏、耍戏、梅花。他提到平江皮影戏有三十六本老影戏,七十二本江湖戏,是平江影戏的古老传承。比如"三卖七记五考察"("三卖"《何文秀卖铁》《张氏卖碎花》《李健贵卖水》,"七记"《金扣记》《金瓶记》《葵花记》《丝带记》《飞刀记》《拜刀记》《汗巾记》,"五考察"《孟日红考察》《张梅英考察》《刘成姐考察》《王玉葵考察》《刘禅玉考察》)等属于老影戏;而《昭君和番》《混昭关》《女拜相》等属于江湖戏。

---

1 即"课子",击板用。
2 扁平低音板鼓。

皮影戏演出开始前，李鹏师傅带着我到皮影戏的台子上介绍他们要用到的影人、乐器。演皮影戏的台子从外面看起来十分的简单，两条板凳铺上木板，上面是用竹子搭成的特制的架子，架子上可以放影人、小物件（兵器）以及乐器。木板上放着两个箱子，分别装着影人和乐器；演奏时将影人和乐器取出挂在架子上，空着的箱子在演出时起到椅子的作用。架子上悬挂的影人也十分讲究。分为东场和西场。东场所悬挂的影人以男性角色为主，有老生、一目、三生、小生、武小生、丑等角色；西场以女性角色为主，有婆旦、正旦、刀马旦、二小姐（丫鬟）等角色。左上角和右上角分别挂着要用到的小物件，主要是影人手里拿的兵器。李鹏师傅说：由于角色非常的多，无法制作同等数量的影人，所以依靠更换影人的纱帽来更换角色，纱帽可分为方形、尖形、圆形、桃形和状元帽。在架子的后方，悬挂着所要用到的乐器：鼓、京胡、唢呐与锣。在对我进行一番讲解之后，皮影戏也即将开始。

正式演出前有必须要做的仪式，演出必须按一定的程序进行。做好演出准备后告诉主家，主家焚香秉烛烧纸敬神，班主同时焚香烧纸"进疏"。这些仪式结束后，主家燃放鞭炮，台上同时打闹台。敬神前是不准动任何乐器的。打闹台后，胡琴调弦，唢呐试哨口，开始上演贺戏。

第一场戏是打击开场（打闹台）。3分钟左右的打击乐合奏，速度快，热闹，相当于一个"引子"，李师傅提到第一场戏的目的是欢迎五湖四海的人们。

第二场戏叫作贺戏。演唱专用曲牌，两三人合唱，唢呐帮腔配上锣鼓，热闹非常。这一折戏是《徐庶荐贤》，戏文取自《三国演义》诗词《徐庶荐贤》："痛恨高贤不再逢，临岐泣别两情浓。片言却似春雷震，能使南阳起卧龙。"这首小诗前两句写惜贤，后两句写荐贤。平江皮影戏唱词基本上是采用平江方言来进行口头传唱。贺戏的唱词都是上辈口口相传，是固定的。贺戏中的唱词称为"铁词"，是指某一剧目特定人物、特定场景的唱词。打闹台结束后，紧接着就是贺戏，唢呐奏，随后是打击乐，人物在打击乐的伴奏中登场，这一段运用的唱腔是弹腔，又叫琴腔。其声腔来源于汉戏，分为南北路，用胡琴伴奏，故名之曰"琴腔"。以唱为主，且一字多音，旋律悠长，发音似乎与平江话稍有不同。本场贺戏演出时长约为25分钟。

第三场戏是正戏，是这一场皮影戏演出的主体部分，时间最长，且内容最为丰富。正戏的引句为：为清官人称父母，爱黎民赤胆忠心。李师傅说这一场主要唱的是生词（水词），是指演出时临场编的，类似"即兴诗"，内容多为历史或奇闻逸事，编生词比较考验民间艺人的能力，因为它不但需要平时广泛的积累生活中的素材，而且对方言韵律的把握要特别敏感，还需要艺人对各个朝代的官职称呼、官场礼仪及民风民俗特别熟悉。表演形式十分有趣，从唱开始到说唱，依次出现，大概有十个回合。唱的部分是固定的，称为"通词"，是指各个剧目中同一场景通用的唱词。这一部分的唱腔也就是平江特有的"唢呐腔"，又叫"歌腔"、影戏腔，是影戏传入平江后产生的一种新腔，采用纯正的平江本土语言演唱。唢呐腔的演唱形式类似湘剧高腔。湘剧高腔由清唱与帮腔两部分组成，平江影戏的唢呐腔则由清唱与唢呐伴奏打击乐的尾腔两部分组成。唱词为上、下句，每句唱词一般为七个字。但有时也可增加一些字。唢呐腔与任何剧种的腔调都不同，是平江皮影戏的独特风格。李师傅说唢呐腔是平江土生土长的唱腔。笔者现场第一次听到唢呐腔之后，也十分震惊。它的旋律十分有特色，一句词之后，是一个翻高八度的"呀—哟 嘿"或"呀—喽 嘿"，后接鼓板节奏说唱部分幽默风趣，有平江的俗语、特色方言等，大家都能听懂，十分的亲切。且说唱的部分前后呼应，是有关联的，设计得十分巧妙。正戏演了两个小时左右，与之前的贺戏相比，它幽默风趣，且更通俗易懂。

李师傅在演出前是将"耍戏"单独划在第四场的，但其实在正式演出过程中，耍戏是穿插在正戏里面的，随着剧情的发展，会出现耍戏。正戏中一共出现了两次耍戏的场景。

第五场戏叫作梅花，是一个十分简短的唱段。李师傅说梅花就是意味着正戏唱完了，整场戏接近尾声。由一位艺人拿着一个影人演唱，台上的另外两个师傅，已经在做收尾工作了，将其他的影人和乐器都收了起来。本来坐在庙里听戏的街坊邻居也纷纷起身，准备仪式的最后一项内容。随着最后一段戏的

图 1 村民观看皮影戏（2020 年 10 月 17 日周心雨摄于白马明王庙）

结束，台上的皮影戏艺人又重复了开始前的仪式。在戏台上点燃火纸，将它放在戏台前的空地上，同时，主家在寺庙外面放爆竹，整场演出结束。

21∶30，演出结束后，皮影戏艺人们把戏台收起来，将所有的演出的影人、乐器，分别装在两个大箱子里，搬到货车上。与此同时，村民会在庙里点上红烛，三三两两地到庙里祭拜，在进行了简单的还愿仪式之后，村民与民间艺人一同在庙内吃"猪头肉"，吃完便散去了。

通过这次与李师傅的交流，以及到现场观看了一场皮影戏后，我也受到了许多启发。村民说，戏台正对着神庙，戏是唱给神明看的，无论有没有人观看这一场演出，皮影戏艺人都会认真地把这一出戏唱完。

（二）平江县三阳乡兴阳村柘木车保大王庙田野考察实录

2020年10月25日19：10，我来到平江县三阳乡兴阳村柘木车保大王庙，观看当晚的皮影戏演出。这一场演出是由平江县皮影戏的市级传承人，钟志远师傅以及他的影戏班子来演出的。

今天是农历九月初九，是柘木车保大王的诞辰，所以特意请到影戏班子来庙里演出，庙的外面还请到了其他的表演团，表演的项目十分多样：舞蹈、唱歌还包括花灯戏等。皮影戏在庙内演，文艺表演在庙外，庙里庙外同时演出，村民大多在庙外观看文艺表演，在庙内观看皮影戏的只有几个老人，且庙内的观看场地比较小，只能坐下几个人。在与观看皮影戏的村民的交流中得知，为庆祝柘木车保大王的诞辰，皮影戏会持续演出将近半个月，每天晚上讲两折戏。由于庙外的演出音响声音十分大，导致庙内的皮影戏艺人的声音被掩盖。

10月26日8：30，我来到平江县档案局与平江县文化馆，查找有关皮影戏的资料。在文化馆陈主任的帮助下，我了解到，国家十分重视"非遗"的传承，近年来，也落实了许多政策。如：送戏下乡，皮影戏进校园等。一方面，推广皮影戏；另一方面，给皮影戏艺人提供

图2 钟志远师傅唱皮影戏（2020年10月25日周心雨摄于柘木车保大王庙）

图3 平江县档案局"非遗"展示厅内的皮影戏台（2020年10月26日周心雨摄于平江县档案局）

保障。每年的 6 月 13 日是文化和自然遗产日。文化馆会举办一些活动来向群众展示"非遗"、推广"非遗"。现在的市级传承人钟志远师傅也带了徒弟，甚至还带了女徒弟。在平江县梅仙镇也有皮影戏协会。

在这次为期四天的田野调查中，我收获了许多，但也遗留了许多问题。第一，平江各乡镇表演的皮影戏的不同之处体现在哪里；第二，在神圣的与世俗表演场域中，皮影戏会有哪些变化；第三，钟志远师傅被建构成"非遗"传承人的音乐变迁、身份变迁问题；第四，在旅游文化背景下，平江皮影戏有哪些创新和发展。

经过这次的田野调查，我体验到了平江皮影戏的独特魅力，平江影戏所特有的唢呐腔也让我感到震惊，这一传统的唱腔，在如此快速的生活节奏下，也能让你静下心来感受。这仅仅是对平江影戏的一个初步的感知，关于平江影戏，我仍然存在着许多的疑问，相信通过之后更加深入的田野调查，到自己参与皮影戏演出，我能发现更多有意思的地方，能真正了解平江影戏。

二、"非遗"语境中的平江皮影戏

2020 年 12 月 10 日，得知传承人钟志远师傅为平江县安定镇大桥中学编排了一个皮影戏创新节目，我觉得这是一个非常难得的田野调查的机会，立马收拾行李，拿起设备，赶回平江。

15：00，我到达平江县桂花学校，此时大桥中学的学生们正在进行彩排。通过与钟师傅和现场的工作人员沟通，我了解到，这是一个学年读书教育活动，来自平江县各个学校的学生到此来进行一个以"读书"为主题的节目展演，选择主题或与平江县历史文化背景相关。

与钟师傅在彩排现场进行了一个简短的谈话后，我了解了此节目的一些大概情况。大桥中学排练的节目是平江围鼓[1]——《杜甫遗韵》，曲调为皮黄渔鼓调，词为钟师傅原创。因杜甫墓在安定镇大桥乡小田村，所以以杜甫为主题进行节目创编。表演的形式比较简单，人数为十人（男生五人、女生五人）：一人打鼓、敲打吉子，一人持大锣，一人持小锣，两人持镲，其余五人手持御子板。一段锣鼓开场，之后开唱，演唱形式有：诗、唱与白。

彩排结束后，我与钟师傅回到他的住处，对他进行了一个采访，也是通过这个采访，我对此次田野有了许多反思。我询问了钟师傅关于平江皮影戏的诸多方面的问题，例如，平江皮影戏表演形式、唱腔、曲调、器乐等音乐形态方面以及关于文化传承与创新方面。

钟师傅向我讲述：在仪式中，演出的内容主要由主家定；而在旅游活动中，内容则由游客决定。钟师父非常直白地同我说："谁出钱就为谁服务。"内容都差不多，风格稍微有不同。庙里的戏有时会连续唱十几个晚上，一般会选择唱一本一本的传记，例如《北宋杨家将》。在以前，平江人民十分重民俗活动。有这样一句俗语："春许秋报"，即春天许愿，秋天还愿。许愿、还愿均需要唱皮影戏给神灵看。春天表演的戏叫青苗戏，在表演时将神纸和竹子做标签在神明面前亮起来，插在青苗中。

对于之前遗留的平江东乡、西乡的皮影戏之间存在的差异，钟师傅也给出了他的回答。平江不同乡镇的风格无较大的差别，只有手艺的高低。所谓东乡、西乡风格不同，主要在于，艺人们比较善于唱哪一门戏，哪一门戏比较精通。在其他方面，基本都是大同小异。与平

---

[1] 即"围鼓子戏"，又称"坐堂戏"，益阳民俗。表演者少则四五人，多则十几人，表演者既是演员又是乐手，一人一角或一人多角。表演时不化妆，也无表演动作，全凭唱腔、道白表现戏曲故事；采用民间小调或地方戏曲的音乐。

江临近地区的皮影戏所比较，有相同之处，也有不同之处。相同的方面有表演方式、伴奏乐器以及剧种；不同之处在于语言、制作风格以及出场的操作方法，还包括唢呐的演奏风格。

钟师傅还向我讲述了平江皮影戏的四大腔调。分别是：

第一，江湖戏。艺人以走江湖的形式学艺、表演，即江湖为一家，因此称之为江湖戏。长江以南称为南路，长江以北称为北路。使用京胡伴奏，使用弹腔进行演唱，是湖南境内共有的唱腔。拥有六个剧种来源：京剧、汉剧、巴陵剧、祁剧、湘剧、荆河剧。

第二，老戏。即唢呐腔，平江称为老影戏。采用本地方言，使用平江唢呐伴奏，大部分为七字句，清唱，唢呐接腔，腔接韵。

第三，渔鼓腔。是内容最丰富的一个腔调。皮影戏可以用几种方式表演。第一种是演故事、戏剧的方式表演，按照剧情演出。第二种是说唱、问答式的表演方式，由一人扮演多个角色，渔鼓腔即此类表演方式。强调押韵，且是用平江方言押韵。

第四，莲花闹，也叫连话佬。即"连着说话"，多为即兴的说唱，内容风趣幽默，十分考验民间艺人的功底。

当谈到平江皮影戏的创新与传承，钟师傅有许多的想法与感触。

平江皮影戏，历史传承下来都是四人唱，"文化大革命"后，皮影戏衰退导致市场价格持续低迷，四人唱转变为三人唱，近两三年两人唱的形式也存在。

在平江皮影戏的创新方面，钟志远师傅花了许多的心思。例如，运用电子屏显示字幕，以便于人们理解唱词意思；用胡琴以及其他弹拨乐器丰富伴奏音乐。考虑到有些主家做喜事时，对于皮影戏戏台小，会觉得看起来比较"小气"，钟志远师傅也想到了应对的办法，将三人的戏变成十人唱，增加气势。

作为传承人，钟志远师傅认为自己应该担负起创新传承的责任。他提到，平江皮影戏所包含的素质文化含量是最丰富的，因此，深挖皮影戏有利于社会和谐，同时可以学习礼仪文化。他向我讲道："传承人就应该做传承人该做的事，我现在生意好，有收入，又可以传承下去，我肚子里有很多东西，我想让这些东西真正的传承下去。"他通过自学乐理知识，将平江皮影戏中的曲调译成简谱，进行皮影戏的教学；在皮影戏的伴奏乐器中加入中音乐器；根据时事创造大量新编剧本；并且将皮影戏的唱本通过手机软件进行整理，制作成电子唱本。

对于平江皮影戏的田野考察工作，是一个长期的、不间断的过程。通过不断的回访，不仅对不同仪式中平江皮影戏的演出进行考察，也需观察平江皮影戏脱离仪式语境时，在娱乐、教学、旅游等场合中是如何进行表演的。不同的语境造就了平江皮影戏表演时不同的侧重点。当平江皮影戏处于仪式语境中，如还愿、祝寿、新居乔迁等场合，决定皮影戏表演内容的即为仪式，根据仪式所需选择不同的表演内容。内容多为长篇传记，且须符合各仪式主题以及主家的具体情况，一旦脱离仪式语境，主体就会产生变化。在娱乐性场合中，则以观众为主体，表演者会进行思考：观众喜欢什么？观众对于哪一类内容、题材更感兴趣？表演者多会选择较为通俗易懂的、趣味性强的剧本进行展演。而在教育场合中，剥离出原生语境的"非遗"音乐进入校园，则更强调平江皮影戏的教育作用。

通过这一阶段的田野，笔者对平江皮影戏的认知逐渐清晰，也了解到了"非遗"传承人的传承困境。现阶段的演出大部分还是在仪式中，传承的核心还在于传承人；文化馆所给予的演出机会较少。钟志远师傅坦白现在虽然带了一些徒弟，但能够独立演出的不多，十分渴望更多的年轻人加入行列。平江皮影戏的产业化也正在进行，若有更多年轻血液加入，在传播方式、现代媒体技术方面为平江皮影戏创造更多的展现舞台，相信对于平江皮影戏的传承是十分有利的。

（周心雨，湖南师范大学音乐学院 2021 级民族音乐学硕士研究生。）

活态的史诗
——湘南过山瑶《盘王大歌》音乐田野文化志

周心雨

2021年4月10日,赵书峰教授2020年度国家社科基金冷门绝学研究个人专项项目"中国与东南亚瑶族《盘王大歌》系列传世唱本整理与研究"(20VJXG022)正式启动。此次的采录地点定为蓝山,蓝山县隶属于湖南省永州市,紧邻广东连南瑶族自治县,是进入广东的主要通道。这里是说勉语的过山瑶支系主要的聚居地之一。[1]

4月10日14:10,团队抵达蓝山汇源瑶族乡湘蓝村,与参与本次采录工作的瑶族"非遗"传承人赵金付提前进行采录前的沟通工作,并联系到蓝山县瑶族师公盘保古老师、宁远县瑶族"歌娘"盘运妹老师共同参与本次《盘王大歌》的采录。为了高质量地完成对《盘王大歌》的录制工作,团队一致商议决定此次录制准备在蓝山县维也纳智好酒店完成。

---

[1] 赵书峰. 湘南蓝山县瑶族传统仪式音乐的历史与当下——[民国]雷飞鹏纂修《蓝山县图志·瑶俗》(卷十四)读后感[J]. 乐府新声(沈阳音乐学院学报),2019,37(1):19—27.

图1 冯荣军（右二）、冯基华（右一）向我们讲述瑶族"故事"（2021年4月10日钟楚鲲摄于蓝山汇源瑶族乡）

到达赵金付老师家不久，山中便传出了阵阵歌声，我们随着高亢的歌声找寻到此处，此时在小桥的两边正在对歌，原来是主家在送客人。主人要留、客人要走，在绵绵的歌声中诉说着彼此的交情。

在我们到达对歌现场的同时，看到不远处一位老人拄着竹竿向我们走来。见到许久没见的老朋友，赵书峰老师与王爱红老师都十分高兴。这位老人是盘荣军老师，十分健谈，与我们讲述了许多村里的故事，他对于瑶族文化有着深厚的感情，当谈到我们要进行完整的《盘王大歌》的采录工作时，他显得十分激动，便一直重复着几句话："真传一句话，假传一本书……"

4月11日8：30，在即将录制工作开始之前，团队成员肖志丹在赵金付的陪同下，前往宁远县接参与本次采录工作的师娘，其他成员则暂时回到酒店进行采录前的设备调试工作。

在前往宁远县途经九嶷山国家森林公园时，当笔者和肖志丹老师再次被沿途的美景所震撼时，赵金付老师向我们解释道："这是万里江山向九嶷山靠拢，所以所有的山头都是朝向九嶷山的。"赵老师的话让初来乍到的笔者琢磨了许久。

10：30，参与采录的人员全部到达酒店。"中国南方少数民族音乐文化研究中心"（以下简称"中心"）主任赵书峰教授对现场采录工作进行详细的安排：我们的团队分成两组，一组负责录音、摄像以及现场记录《盘王大歌》的程式、音调以及所有相关事宜；另外一组专门进行瑶族"经书"的扫描、整理工作。

11：00，"中心"成员钟楚鲲正在进行采录前紧张的设备调试。此次田野，"中心"主任赵书峰教授高度重视，前期经过长时间的运筹工作，为保证《盘王大歌》采录的完整性、准确性、真实性，为做到万无一失，在设备的要求上提出了很高的要求，同时采用多台录音、摄像设备进行录制。

14：56，《盘王大歌》正式开始录制，虽说没有了原生语境，但这样高规格的录制现场，"中心"许多成员还是第一次经历，内心是异常激动。过山瑶《盘王大歌》的演唱文本与书写文本是不相同的，所以师公、歌娘在演唱的同时，会用铅笔对应书上的文字，以便我们进行采集后的注音、制

图2 师公盘保古（左一）、师公赵金付（左二）、歌娘盘运妹（右一）进行《盘王大歌》采录（2021年4月11日钟楚鲲摄于蓝山县维也纳智好酒店）

谱工作。录制过程中，赵书峰老师一再小声强调："本次采集工作，会对《盘王大歌》的口头文本进行一个完整的记录，绝不能漏过中间任何细节。"所谓"真传一句话，假传一本书"是有其中的道理的。

随着《盘王大歌》的录制，在聆听的同时，我们也在记录着许多问题。因为我们所做的不仅仅是采集工作，还有采集后更进一步的研究工作，于是师公、歌娘在唱完一段词的时候，成为我们采访他们的好机会。我们将记录在本子上的问题，一个个地向师公们请教清楚。

比如，笔者观察到在唱的过程中，在句尾总是会出现同样的词汇，于是便将这一组词汇暂时用拼音在本子上记录下来，思考它是不是衬词的作用？当向师公求证时，果然得到了答案，的确是衬词，没有具体的含义。再如，笔者注意到每一页唱完似乎需要较长的时间，若是完全按文本唱，不需要如此长的时间，笔者带着这一疑问询问师公，他向我道："口头所唱与书本记写是不完全相同的，例如，仅有一列文本，一列分为两句，但在唱的时候，需要第一句留一字，唱第二句；再返回第一句末尾三字，往下唱完第二句，这才算唱完一列。"听完这些笔者恍然大悟，也再次体验到导师教导我们的"田野做透"的重要性。民族音乐学若是不做田野、不认真做田野，我们怎么才能了解到这些真实的信息呢？不仅一列中有特定的模式，笔者还观察到在两位师公进行轮唱时，有时会返回前面进行演唱，这是不是不仅仅是一列有固定的模式？两列甚至是多列，其中可能也有固定的模式。果然，赵金付老师向我解释道："两人轮唱其实是一个一问一答的模式。前者问，后者答。文本只有四句，但通过口头演唱，结合问答的模式，四句就会转变成八句。"

《盘王大歌》录制的第一天，一边听、一边对照文本，笔者发现了许多的问题，即便有的问题已经解决了，但仍然会有新的问题遗留。这也许正是田野带给我们的乐趣，不断发现问题，再不断解决问题；带着强烈的问题意识，对田野中遇到的各类事项不断询问"为什么"。当我们突然发现田野能够让我们所学方法论得到阐释，或者说田野与方法论间产生互证互释时,你会突然感受到田野的神奇力量,也许这就是田野的魅力,这就是田野带给我们的文化课堂。

2021年4月12—13日,湘南过山瑶《盘王大歌》采集工作在湖南省蓝山县维也纳智好酒店紧张、有序中进行。完整地对盘王大歌的口头文本进行记录、学习、研究,是我们团队此次田野必须认真做好的工作。所以,尽管面对的是陌生的文本、曲调,我们也很乐意、很有兴趣地去探索其中的音乐"密码"。

通过两天的湘南过山瑶《盘王大歌》采录工作,笔者紧随节奏,紧紧跟踪,期间不仅仅是聆听曲调,更关键的是记录师公、歌娘在演唱的过程中所遵循的固定程式。两天以来,笔者在聆听与记录中不断地发现问题,并在休息空档及时与师公、歌娘请教,进行访谈,及时解决心中的困惑、疑问。两天来的学习使笔者获益颇丰,特总结为以下几点。

第一,对于《盘王大歌》的整体认知。在田野前,笔者对于《盘王大歌》所做的前期工作并不多,虽说可能造成了田野的一些局限;从另一角度来说,却也是一个很好的机会。人们往往对于一个几乎完全未知的事物,会产生更大的好奇心。作为笔者不会有先入为主的心态,在田野中更能感受其真实的样貌;不会因为自认为很了解它,而觉得一切都是理所当然,从而忽略一些看似"正常",看似"理所当然"的现象。

通过两天的学习,笔者对《盘王大歌》的脉络渐渐清晰。《盘王大歌》其实就是一部历史叙事诗,是瑶族人民世世代代祭祀盘王的礼仪活动和在生产、生活中创作产生并不断丰富发展起来的古歌史曲。《盘王大歌》全诗一共三十六段,分为七章,以七言体诵唱。设七曲作为每一歌章的结尾,故被称为"七任曲",分别是〔洪水沙曲〕〔三逢闲曲〕〔满段曲〕〔荷叶杯曲〕〔南花子曲〕〔飞江南曲〕〔梅花大宛曲〕。

第二,《盘王大歌》演唱流程简要记录。此次采录《盘王大歌》我们请到了蓝山县汇源瑶族乡湘蓝村赵金付师公、盘保古师公，宁远县盘井村盘运妹歌娘。三位民间艺人彼此搭档，配合非常默契。正式开唱前，两位师公先以问答形式用瑶语进行对话，内容包括询问时间以及演唱进程。目的是向盘王告知演唱的具体情况，包括中间每一次录制休息，在开始一个新的章节之前，都要进行此对话。"七任曲"虽是穿插在中间进行演唱，但在《盘王大歌》歌本开始前尚需通唱一遍。

　　总体演唱流程为：先唱歌后唱曲。在第一任曲前插入独立段落〔流乐书〕，此书有单独唱本，由师公、歌娘进行轮唱。三任曲后插入歌娘独唱部分：〔黄思歌〕。六任曲后加入歌娘独唱部分：〔游愿〕，且歌娘需全程进行陪唱。《盘王大歌》分为上、下两册。上册唱完后，以问答的形式，引出下册。上、下两册演唱完毕后，三人围唱一首"十二月行遴遴，梅花杆上结安求。行来歌堂共作笑，共在歌词各自收"进行收歌，此段落记于歌娘书中。

　　第三，《盘王大歌》口头文本程式总结。笔者对4月11—13日近三天采录的过程中出现的文本进行了记录与整理。从第一天一无所知的状态开始，一点一点地在本子上记录口头文本的程式，再通过间歇时与师公、歌娘的交流以及询问的方式，逐步对《盘王大歌》口头文本程式进行完善，整理出以下程式：

表1 《盘王大歌》常见口头程式

人物	书面文本	口头文本
师公	高王造天置天地 平王造地置平田田塘	高王造天置天地 平王造地置田塘（衬词）（衬词）置天地（衬词） 平王造地置田塘 置平田
歌娘	脚踏郎村水步口 瑶人作笑捧山边头	脚踏郎村水步口 瑶人作笑捧山头（衬词）（衬词）水步口（衬词） （衬词）瑶人作笑捧山头 捧山边

当然以上列出的仅是《盘王大歌》中最常见的口头文本演唱规律，其中还存在大量完全不同的口头程式。可以看出，师公与歌娘的演唱程式并不是完全相同。口头文本演唱的第一、二、四句都存在着细微的差别，这其中的原因有待继续探索。对于口头文本为何如此复杂，赵金付师公解释道：一方面是想让"词"成"歌"，若是不进行重复、不加入衬词，单凭歌本中两句七言体，无法组成歌曲；另一方面重复以便听的人能够通过重复而听清歌词的内容，四句词即为一个小故事。

歌娘盘运妹老师已经70岁了，通过两天的学习，笔者已经能够帮助歌娘用铅笔指着书上的文字进行演唱了，想到这儿，笔者的内心是十分激动的，本以为非常难懂的瑶语，但听多了，其实也是能够找出其中的规律的。因为师娘所演唱的语音许多与汉语是相似的，这也是笔者能找到大致方向的原因吧。当然对于瑶语、方言的学习仍然是我们团队所有成员需要加强、攻克的内容。

第四，不同语境中《盘王大歌》口头文本对比。此次我们的课题，2020年度国家社会科学基金冷门绝学研究专项项目"中国与东南亚瑶族《盘王大歌》系列传世唱本整理与研究"有关湘南《盘王大歌》的录制是一种抽离语境下的完整采录，它与"还盘王愿"仪式中的《盘王大歌》必定是存在一定的区别的。在真正的"还盘王愿"仪式中需要请盘王、接盘王、送盘王。而在单独采录的过程中，由于脱离仪式语境，这些步骤都是不能进行的。因此，《盘王大歌》的开始部分与上册的结尾部分在缺乏仪式语境的情况下都是不可以演唱的。

第五，《盘王大歌》中存在"瑶音汉标"现象。在对歌本进行扫描以及聆听演唱过程中，我们发现许多字存在于句子中解释不通。例如，在上册结尾部分"途路"中出现的两个"京"字，第一个"京"代表地名，第二个"京"要与瑶语"jin"同音，意思是私房。赵金付师公提到，歌本中类似的情况很多，比如某一本《盘王大歌》由他人进行抄写，而抄写的人由于不会唱《盘王大歌》，就会导致歌本中存在因不了解或者疏忽而出现的错字现象或"瑶音汉标"现象。这对于我们在后期经书校对与整理时都是要特别注意的。

在采录《盘王大歌》的过程中，由于时间紧、任务重，经书中不断有新的问题没有来得及与师公、歌娘进行交流、访谈，还有许多问题有待于后期再田野。

第一，关于歌娘的口头文本的演唱诸多方面仍然十分模糊。首先，歌娘在"还盘王愿"仪式中担任陪唱的角色，虽是陪唱，但也有进行单独演唱的部分，例如"黄思歌""游愿""围愿"等。通过与师公交谈得知：在仪式中，歌娘与师公是同时进行演唱的。但这次为了配合采录，选取的是分开录制的方式，即师公、歌娘轮流进行演唱。其次，歌娘所演唱的内容以及顺序，暂时没有找到特定的模式，笔者观察到歌娘并不是按照歌娘书从头到尾进行演唱。所以对于歌娘的演唱顺序以及演唱内容，包括与《盘王大歌》演唱的区别和联系都还有待考察。

第二，我们仅仅了解了《盘王大歌》是如何进行口头表达的，但没有问清楚他为何这样唱。为何口头文本的演唱模式会如此复杂，是什么原因造成了书面与文本的不一致，种种疑问都值得我们继续深耕田野。我们可能会因纠结于细节、关注微观而忽略整体、宏观的把握。在田野中我们应该时刻提醒自己，需注意多角度、多方位地观察研究对象。

第三，本次的田野考察学习重点集中于口头演唱程式，而疏忽了《盘王大歌》各章内容之间的联系。虽说对文本程式有了一定程度的掌握，但在对于内容的理解层面却是有欠缺的，需要通过对歌本进行反复的阅读、解读与研究，还需与师公、歌娘不断进行沟通才可能对其内容达到较为整体的认识和掌握。

《盘王大歌》是一部瑶族历史诗歌总集。两天的学习，我们团队所了解的可能也只是冰山一角，仍然有许多未知等待探索。本次采录过程中笔者学习收获了许多，第一次通过"面对面"，通过在完全的实践中进行学习，比起在课堂中、在书本中的学习，笔者认为，此次的田野知识让笔者领悟得更深刻。尤其在与师公、歌娘的交往中，我屡屡被他们的质朴所打动，被他们对于我们的耐心讲解所打动，结束采录的那一刻，送他们离开的那一刻，内心是五味杂陈。

4月13日11：45，蓝山县《盘王大歌》田野考察第一阶段完美收工！至此，蓝山县汇源瑶族乡湘蓝村《盘王大歌》采录第一阶段——《盘王大歌》唱本完整演唱全部完成。此次采录资料相对来说较为完整，不仅是对歌本的采录，歌本中无法记录的念词、衬词以及歌娘演唱部分也完整收录。一间客房、一张小圆桌，围坐在桌子旁的三位民间艺人，共同完成了三天两夜的《盘王大歌》的完整采录。一时间我们团队六人非常激动、兴奋，这几天的苦与乐难以言表！此次田野考察任务的顺利完成不仅得益于团队良好的团结协作，更离不开师公、歌娘的辛勤付出，离不开当地瑶族文化研究会的大力支持。

写到这儿，本应收笔画上句号了，此刻已是凌晨两点，笔者的脑海中却几度浮现出12日的傍晚，在1019房间团队所有人围着三位艺人，聚精会神地看着歌本听师公演唱《盘王大歌》的情景，有时候我们仅仅为了弄清楚两句词的演唱规律，会与师公、歌娘展开讨论；师公也毫不保留，为我们耐心讲解，直到我们听懂为止。他们的这种忘我、无私的品质令我们起敬！

作为执笔者，一直担心自己匮乏的语言无法表达内心丰富的情感。此次田野一直在被深深地感动着；此次田野让笔者更加了解居于深山

图 3 采录结束后合影（2021 年 4 月 13 日赵喜兰摄于蓝山县维也纳智好酒店）

中的瑶族人的历史，了解他们是如何生活、如何表达情感的，也更加理解他们的文化，更加感受到了少数民族音乐文化的博大精深。此次田野工作的结束，正是笔者对瑶族文化再研究的开始。

（周心雨，湖南师范大学音乐学院 2021 级民族音乐学硕士研究生。）

谷雨时节　踏乐而至
——湖南蓝山汇源瑶族乡田野文化志

房　珩

2021年4月10日,笔者第一次跟随团队进行田野考察,内心十分激动。这一次我们团队将在湖南蓝山汇源瑶族乡湘蓝村进行为期八天的田野考察,团队一行人在湖南师范大学"中国南方少数民族音乐文化研究中心"(以下简称"中心")主任赵书峰教授的带领下主要进行考察蓝山汇源瑶族乡的民族文化以及针对《盘王大歌》的录制、经书整理的工作。

一、湖南蓝山汇源瑶族乡地理环境

2021年4月10日,团队一行人驱车前往湖南蓝山汇源瑶族乡,大概5个小时才到达此地,这里被大山包围着,交通并不是很便利,可能正是由于地理位置相对偏僻一点,所以使得蓝山汇源瑶族乡音乐文化以及民俗节庆等方面都保存得比较完好。前行的一路上景色优美,一座座大山映入眼帘,云雾缭绕仿佛处在仙境一般,一路的美景洗涤

图1 赵书峰老师（左二）与传承人赵金付（左一）沟通田野事宜（2021年4月10日王爱红摄于蓝山汇源瑶族乡）

了疲惫的身躯。这是笔者第一次来到蓝山汇源瑶族乡，之前只是从网上略微了解过瑶族文化，所以非常兴奋与激动。这里的村民非常热情，会主动与我们交谈，他们大部分是瑶族人，少部分是汉族人，有的穿着当地的瑶族服装，有的带着瑶族头饰，非常好看，很有民族风情。这个村子里姓赵、盘的居多，听当地人说这两个姓都是瑶族大姓。沿着村里的小路而行，只见这村子里大部分是老人与小孩，年轻人很少，笔者跟随团队来到了蓝山县汇源瑶族乡湘蓝村非物质文化遗产传承人赵金付老师家里。赵金付老师与我们赵书峰教授是十多年的老朋友，之前赵书峰教授为了博士学位论文考察此地文化时，就住在赵金付老师家中，住了有一年之久，且后来也多次前往。这次赵教授与金付老师一见面都非常激动，这种激动之情也感染着笔者，心中羡慕赵教授与民间艺人淳朴的友谊。在寒暄之余，赵教授也把此次团队的考察重点与赵金付老师沟通交流，并与之商议《盘王大歌》录制的相关事宜，主要包括：录制时间、录制人员以及录制地点。

二、湖南蓝山汇源瑶族乡民俗文化

（一）对歌活动

团队一行人与赵金付老师闲谈之时，突然听到村子的另一头仿佛有唱瑶歌的声音，于是便向金付老师询问是不是村子里面有什么活动，金付老师说："应该是在对歌。"优美的声音旋绕在耳边，大家按捺不住想前去观赏的心，于是与金付老师做简短告别后，大家便顺着歌声找去。犹如天籁一般的歌声回荡在山谷的上方，与优美的瑶山风景融为一体，给人一种心旷神怡的感觉。走了大概10分钟，远远看到了一群身穿瑶服的中年歌手正在对歌，他们的歌声高亢嘹亮，具有很强的穿透力，这就是为什么这么远也能够听到他们的歌声。走至活动现场，笔者发现他们对歌的形式分为两种，分别是女女对

图2 对歌活动现场（2021年4月10日赵书峰摄于蓝山汇源瑶族乡）

歌和男女对歌，用瑶话进行演唱，他们的演唱娱乐随性，让人忍不住想加入他们一起演唱，非常有感染力。对歌结束后，笔者上前询问此次参与对歌活动的原因，得知他们的这次对歌其实不是大家自发性的演唱，而是村子里有老人过81岁生辰大寿，对歌是为了把附近来参加生辰宴的客人送走，即送客回家，这次的对歌也可以叫送客歌。

（二）烧尸

下午14:45，笔者在对歌现场跟随王爱红老师认识了冯荣军老师。冯荣军老师看起来年龄很大，鬓角已经花白，他向我们推介了很多的瑶族文化，着重向我们讲述了有关汇源瑶族乡烧尸的风俗。他说烧尸其实现在很难遇到，因为"烧尸一般是要烧那些'不干净'的人，比如上吊而死的人，所以一般是很少遇到的，有的时候两三年都不一定碰到一

次"。笔者当时满腹疑惑："即便不正常去世，为什么要烧尸呢？目的是什么呢？"冯荣军老师这样解释："烧尸就是为了让'不干净'的人死后可以投胎，除此之外，也会怕自家这种不好的东西传给下一代，所以就会进行烧尸。"据他说，烧尸的时候会连同棺材一起烧掉。

（三）送瘟神

与冯荣军老人家交流谈话后，大家热情地邀请冯荣军老师与我们一同前往赵金付老师家中。15：35，大家坐在赵金付老师家门口稍做休整，这时冯基华老师也来了，他见我们坐在房门口，于是便坐下与我们交谈起来。冯基华老师是市级"非遗"伞舞传承人，他向我们讲述瑶族的"送瘟神"文化。"送瘟神"意为把"瘟神"送走。"送瘟神"举办的时间一般为正月，举行仪式时会把装有"瘟神"的龙船烧掉，有祈求瑶家人平安健康之意。在过去，汇源瑶族乡每年要举办四次"送瘟神"，但随着时间的变迁，加之各方面的原因，变成了一年一次。

（四）度戒

冯荣军老师还向我们介绍了有关蓝山汇源瑶族乡这边的"度戒"仪式。"度戒"实际上属于道教的一种，在"度戒"时不能杀鸡、狗，也不能吃野味和鱼，不过猪肉是可以吃的。冯荣军老师说在1989—2008年搞"度戒"的次数还是挺多的，不过在2008年后就很少再有搞"度戒"了，之所以举办次数少，是因为"度戒"仪式需要的时间长而且耗费的经费比较大，想要举办困难很大，听到这里笔者为之感到非常惋惜。

不知不觉聊到晚饭时间。大约17：00，赵金付老师已为我们做了一大桌子香喷喷的饭菜，大家边吃边继续交流。关于民族文化传承的相关问题，冯基华老师说："他们这些瑶族文化的传承人是有在当地的小学教学的，但是这些学生毕业上初中后，就再也不会有这样的学习机会了。"笔者接着问道："我们在来的这一路上看到这里基本都是老人与小孩,年轻人不是很多,那有没有一些年轻人学习这里的民族文化呢?"冯基华老师回答道:"很少,他们这些年轻人嘛,大多都想走出大山去外面看一看,要打工挣钱的,很少有人去学习。"与老师交流以后,笔者看到冯基华老师眼含惜悲的神情,不由得心中感慨,现在这个社会,很多人会更关注一些偏潮流音乐文化的东西,而忽略了自己本民族传统的音乐文化,这是一种非常普遍现象,正是由于这样,所以就会使得有关当地瑶族传统的音乐与文化不能够很好地传承下来,这一点是非常可惜的,同时也是值得我们去深思的。

三、湖南蓝山汇源瑶族乡《盘王大歌》

(一)《盘王大歌》录制前期工作

当晚19:00,我们与赵金付老师商量了明天的具体安排:1.关于《盘王大歌》的全程录制时间;2.参与录制的师公、歌娘都有哪些;3.关于《盘王大歌》的全程录制地点;4.关于《盘王大歌》的全程录制设备的准备;5.录制过程中考察团队的分工等。此次录制,赵书峰教授高度重视,他针对录制工作的每个细节都进行了详细部署和叮嘱,一项重大工程即将启动。

跟赵金付老师告别之后我们就驱车开往住宿的地方,因为当天夜色已晚加之天气不好,下着小雨,回去的路上无比的惊险。山里雾气特别大,山路又非常的狭窄,加上下雨,道路湿滑,汽车行驶在弯弯曲曲的道路上,可见度不超过5米,每个人的精神都高度集中,手心攥着一把汗。这陡峭的山路,弯弯绕绕,笔者真正感受到了所谓歌曲中的"山路十八弯"。舟车劳顿后,终于在晚上的21:05分,平安抵达驻地——湖南蓝山县维也纳智好酒店,这里也是我们开展相关《盘王大歌》录制与经书拍摄的地方。

4月11日一早"中心"团队马上着手准备为期七天的《盘王大歌》采录的相关工作。"中心"团队本着"严谨、高效、激情"的六字方针，对录制《盘王大歌》所使用到的相关设备进行一再调整，期间"中心"成员多次进行试音、听音并反复校准，以求有个高质量、高标准的录制成果。团队一行人在"中心"主任赵书峰的带领下，分为两组，一组负责录制工作，另一组负责经书拍摄，大家分工明确，各司其职。

（二）《盘王大歌》经书文字

4月11日下午16:45，笔者与"中心"小组部分成员进行瑶族经书的拍摄工作，此次《盘王大歌》经书拍摄工作，用时两天完成。笔者第一次看到这些经书，非常震撼，每一本经书都带有非常厚重的年代感，有很多经书里面的页张大都被虫子啃食过，经书的每一页都是由两页粘合在一起的，线订本的泛黄经书又为瑶族的音乐文化添上了神秘的色彩。经书的拍摄要求非常严格，不能吞字、漏字，与此同时

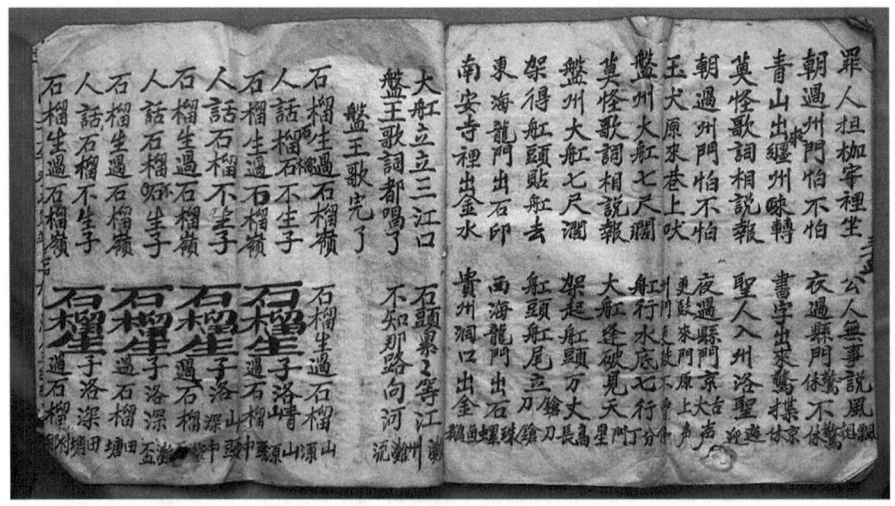

图3 大歌书一本上册"途路"篇（2021年4月11日房珩摄于蓝山县维也纳智好酒店）

对灯光要求也非常严格，所以经书的拍摄都在白天进行，每拍一页都要仔细校准，为的就是避免出现任何纰漏。当笔者翻开一本本陈旧的经书，当瑶族古老的歌谱文字再次呈现在眼前，既有一丝丝感叹之情，同时也充满着对于古谱文字代代流传下来的敬畏之情。在演唱《盘王大歌》时，歌谱翻页会从右边起开始翻页演唱，说明这些经书流传已久。经书的文字书写非常工整优美，有的页码中所记载歌谱字迹周围会溢一些墨渍，为经书又添上了一笔古旧的色彩。

（三）《盘王大歌》唱词特点

笔者翻阅《盘王大歌》的经书唱本发现里面内容都是用汉字去记写，在演唱时师公会说某个字记写错误。瑶族有着悠久的历史和灿烂的民族文化，但因其是一个无文字的族群，所以其历史文化主要是靠口述的形式得以传承（民间流传的口述故事、经书等都是我们去探究瑶族文化的重要媒介），因此经书里的文字是采用与瑶话同音的汉字来记写。《盘王大歌》唱本里面有很多都是用瑶音汉字去记写的，且在演唱时，每段、每句间的衔接都会有衬词，这些衬词并没有记录在唱本上，又因瑶族无文字，所以笔者记写时就用拼音来记写部分衬词，如"enbai""swa"等，但是这些衬词并无实际意义，只是起到为了让歌曲听起来不那么平仄乏味，更具连贯性、艺术性的作用。其唱词除了有以上特点之外，在唱本中也会出现采用讲故事的逻辑顺序去进行演唱，以《大歌书一本》（上册）中《途路》篇两列歌词的演唱顺序为例，这两列歌词并不像往常曲篇中那样为由上往下去念唱，而是采用以第一行右边字开始为起点，最后一行左边字结束为终点的S形的念唱顺序。

在《途路》篇中，歌词的念唱顺序是与之所讲故事为一一对应的关系，故事内容大概是这样的：源头为山，山出去是埂，埂出去是岐

（书中的"旗"应为"岐"），岐下面有一个崩，山崩下面有一个排，山排下面有一个洞，洞出去有一条河，河出去有滩，滩出去是坝，坝出来有一丘田出来又一道沟，下到京、州，之后到乡村，紧接到街、苑，再继续到楼，进楼后进门，之后进厅，进厅后紧接去到私房，私房里面有个桌子，桌子里面有个箱子，箱子里面有一本书，这本书就是下本的书，之后拿那本书再回来。

《大歌书一本》（上册）最前面的部分是不唱的，因为唱了会请"盘王"出来，只有在"还家愿"时才会演唱。正因如此，《盘王大歌》里面的部分唱词，在采录时并未演唱。此外唱词有时会有很多重复的部分，这个并不是要遵循什么规定，而是为了方便别人听清楚唱的是什么，唱到了哪里。

四、心得与反思

这是笔者第一次加入这个团队，在这短短的八天田野之旅中，笔者感受到了团队每个人的热情与温暖，大家齐头并肩一起去解决田野中遇到的问题，相互帮助一起攻克难关，可以说这对于笔者是一份温暖的收获。另一份收获，那就是团队严谨的工作态度，团队在赵书峰教授的带领下，分工明确，有序地进行着一个又一个工作，这让笔者学习到了很多。汇源瑶族乡风景如画，空气清新，阵阵的鸟鸣清脆悦耳，仿佛置身仙境一般，在这儿不由得会想静静地跟随着当地人们的步伐去生活，就仿佛可以把一切烦恼都抛之脑后。这里人们热情、好客，他们很愿意和我们一起去交流当地的民族文化。通过交流，笔者直观感受到汇源瑶族乡的传统音乐文化原来是如此丰富，有各种各样的民俗仪式，如上述中提到的度戒、烧尸、送瘟神等。因为田野时间较短，笔者对这里的民俗文化只是做了粗略了解，一些更深入的东西虽并未挖掘，但为笔者以后的田野提供了方向。这是笔者第一次来到这里，短短几天的田野经历让笔者非常想融入其中，想以"局内人"的身份和视角去学习、去了解当地的文化，希望以后有机会可以在这里与当地人同吃、同住、同劳动，切实地以他们的视角去感受当地的民俗文化，因为只有全面了解他们这里的吃穿住行，了解传承人的生活点滴，才能去深入了解当地的民族文化。这也是笔者在田野中的感悟。此次是笔者第一次下田野，经验不足，深知有一些谈话内容并未记录完整，还需要在民族音乐学方法论和音乐民族志深描文本形式的书写能力方面继续加强训练，为以后的田野打下基础。这一次的田野收获了很多，学习了很多，对于笔者以后继续研究瑶族文化是非常宝贵的经验与财富。在这里要特别提出感谢，感谢导师赵书峰教授给予成长的平台，感谢团队，感谢团队每一位成员对笔者的照顾，初涉田野，好温暖！

（房珩，湖南师范大学音乐学院2021级民族音乐学硕士研究生。）

九嶷山下瑶乡情

——九嶷山瑶族乡第二届宁远、蓝山"六月六"民俗节庆仪式田野文化志

王爱红

农历六月初六是瑶族同胞的传统节日，因瑶族的分布区域特别是支系的不同，人们对该传统节日的叫法也有所不同，有叫"半年节"的，也有叫"尝新节"的，还有叫"晒服（福）节"的。"尝新"是说过去由于庄稼收成少，一到农历六月六这天旧粮用尽，新粮即将产出，瑶人会到田地里将成熟最早的水稻、苞谷、蔬菜等采摘回来，煮成新禾米饭敬祖、敬神，然后全家进食，因此叫作尝新节。之所以"六月六"又叫"晒衣节"，是因为这天是一年中最正中的日子，也是日头最辣的时候，是晒衣服、晒棉被最好的时候，凡是这一天晒过的东西不起霉不发虫，所以这一天家家户户都会把压箱底的新衣新鞋子拿出来晒，大家都来比比看谁家晒的"服"多，"晒服"谐音"晒福"，从而成为瑶家人晒幸福的日子。尤其现在党的政策好，拿出来晒的全是好衣被，家家都来晒幸福。[1] 基于这样的美好愿景，2020 年 7 月 26 日在蓝山县

---

[1] 时光君. 江华桐冲口村把这个节日过成了"凡尔赛"节，邀你一起来晒福 [OL]. (2021-07-09) [2021-08-22]. https://mp.weixin.qq.com/s/prhynuWL7MYvKX—T7CgyMw.

汇源瑶族乡湘蓝村举办了首届蓝山、宁远"六月六"瑶族文化交流活动。当地的蓝山县汇源瑶族乡、九嶷山瑶族乡的瑶族同胞们欢聚一堂，共同庆祝，寓意极其美好，大家共同祝愿岁月风调雨顺。

第二届"六月六"两县瑶族文化交流活动定于今年的7月15日17：00在宁远县九嶷山瑶族乡凤凰村盘江湾风情小区进行。笔者带领课题组成员：衡阳师范学院创新创业学院副院长魏文生，音乐学院艺术实践部主任、副教授崔少博，音乐学院青年教师王铁，黔南民族师范学院学科教学音乐方向硕士研究生刘雪妮一行五人于7月14日8：30从衡阳师范学院出发，自驾前往宁远县九嶷山瑶族乡对此次活动进行田野考察。时间和空间的变化能否收获不同的惊喜，我们非常期待。

当天13：12团队一行首先到达九嶷山瑶族乡九龙村村委会，对此次活动的前期筹备及节目展演之一《瑶耕风韵》的排练进行提前采录。信息提供人宁远县第五完全小学盘华胜老师针对九嶷山瑶族乡承办这届"六月六"两县瑶族文化交流活动谈了很多的感想。他认为作为村里的年轻人，传承瑶族文化他们责无旁贷。同时他邀请我们参与了他们的表演节目的排练。

据九嶷山牛头江村赵万全讲，《瑶耕风韵》的创作灵感来自他们对江华、郴州莽山瑶族表演的同类节目的观摩，在此基础上，赵万全与盘华胜、盘国军三人一起进行了二次创作和编排，他们根据自己的实际情况，把瑶民劳动过程中的十一个劳动场景[1.锄田埂；2.犁田；3.耙田；4.造田埂；5.点种；6.薅田；7.割谷（演出时会把割好的谷子先放舞台上）；8.打谷子；9.背竹篓（装稻谷）；10.打粑粑；11.装粑粑]分别艺术化地呈现于观众，成为一部非常详细具体地展示瑶族人民传统农耕文化的情景剧。

在九龙村村委会院子里，参与表演的村民激情似火，尽管大伏天天气非常炎热,但大家表演得非常投入,誓要通过这个节目展示出瑶族先民的劳动风采。排练过程中,每个人都很谦虚,能够及时认真听取我们的指导意见,及时调整表演动作和状态。他们边表演边讨论,每一个场景的演员都很重视仪态和精神面貌。尽管他们没有经历过专业训练,还是在尽力追求高标准,让自己的表演既能贴切生活实际,又要力争艺术性,真正在践行"艺术来源于生活又高于生活"的道理。排练过程中,我们也乐享其中,为他们出谋划策,对节目音乐的选择、每个场景的衔接、表演动作都给予了整体性调整和指导。我们的舞蹈老师王铁不停地以身示教,我们的崔少博主任、魏文生副院长不停地为"演员们"讲解,从如何出场、如何下场、如何走路、如何站位、如何把生活中的劳动动作表演得艺术化,每个场景如何衔接等细节都分别进行了细抠。排练大概持续了三个半小时,节目演出效果越来越令人满意。

7月14日18:24,傍晚的瑶山风景如画,落日余晖为清秀的大瑶山披上了五彩的霞衣,我们一行应邀走进九嶷山大地坪村盘秀成老人家里。盘老是当地的草龙舞的传承人,笔者曾多次在湘南瑶族民俗节目展演活动中,看到他老人家带领团队表演的草龙舞,非常值得我们探究。为了迎接我们,盘老不顾排练辛苦,与儿子盘华胜一起杀鸡择菜好一顿忙活,不一会儿一桌丰盛的饭菜就备好了,瑶家人的古道热肠令我们感动。

晚餐后19:52,我们对盘秀成老人进行了有关"草龙舞"问题的采访。话题从笔者的提问"您是如何与'草龙舞'结缘"开始谈起。据盘秀成老人讲:九嶷山瑶族草龙舞源自元朝千家峒祭祀祖先活动。相传当年湘南大旱,瑶民的粮食即将绝收。瑶人遂以稻草扎龙,祈求龙王显灵降雨。后来,瑶人在干旱季节和遇到病虫灾害时,就经常以这种扎草龙的方式，驱赶瘟神、祈求风调雨顺，继而成为一种反映瑶民农耕文化的民间艺术。笔者又问道："'草龙舞'一般有多少人跳？都有哪些步伐？"盘老干脆把这次演出已经扎好的草龙摆出来给我们展示。他讲道："瑶族草龙舞为圆龙，有龙头、龙身、龙尾三部分，三部分是独立的，并不是连接成的一个整体，也无草绳相连，形断神连。整条龙节段通常为单数，一般为五、七、九节，龙头一节，龙尾一节，龙身若干，表演时一人手持一节。每年的正月上旬耍新年和祭盘王必有草龙舞。草龙舞的表演套路很丰富，盘、滚、游、翻、跳、起、伏、抢等一系列动作，具体称作：跳龙门、过龙桥、拜四方、走龙云、穿龙肚、圈龙脊、寻龙珠等套路。表演过程中会有蛟龙漫步、金龙钻裆、首尾齐钻、蟠龙吐彩、金龙串柱、火龙摆尾、游龙戏浪、一柱擎天等系列造型。"不知不觉，访谈已至23：30，盘老依然兴致勃勃，还提议带我们到他的老宅参观布龙的一些相关道具。凌晨的大瑶山，寂静而安详，偶尔可以听到山涧的溪流哗啦啦地流淌着；远处的天空，繁星点点，既像一双双明亮的眼睛，又像一盏盏亮闪闪的银灯，陪伴着我们行走在蜿蜒崎岖的山路上。擅长摄影的崔少博老师不时拿出相机拍摄出银河奇观来，这个夜晚充实而美好！

7月15日6：00，团队成员纷纷起床，因为盘秀成老师家的地势较高，风景优美，据说海拔有一千多米，因此，昨晚约定起早在这里看瑶山日出。哪知崔少博老师早已把设备架好，随时准备拍下这人间奇观。我们几个目不转睛地盯着东方连绵不断的山峰，生怕错过了这象征着希望和生机的美景。6：22山峦周围的白云渐渐地向四周游动，东方天际浮起一片鱼肚白，只见太阳缓缓升起，四射的光芒为整个瑶山披上了华丽的红装。笔者为这一奇特景观激动不已。日出，新的一天的开始，万物生机，朝气蓬勃，预示着今天的田野必将收获满满。

怀揣着兴奋期待的心情，我们于7：00驱车下山赶往活动举办地点——九嶷山瑶族乡凤凰村盘江湾风情小区，大约一个半小时后到达目的地。我们首先直达活动地点，看到演出舞台正在搭建，活动现场还在紧张地布置中。于是我们便开车在小区大致浏览一番后把车停至凤凰村部，准备与相关领导或文化站的负责人针对盘江湾的移民搬迁情况做些大致了解。

据村部宣传栏了解，盘江湾生态扶贫移民村位于九嶷河西侧，东接凤凰岩，南临仙子山地质公园，占地约104亩。这里地势开阔，环境优美，安置房就建在九嶷河的两侧，共有房屋218套，其中安置易地搬迁对象150户，用于民宿旅游开发64套。所有房屋均为联排式两层小楼，住房外部风格和内部结构统一设计，统一朝向，而且每户门前都有6米宽的街道，特别方便日常车辆通行。由于我们去的时候村部主要领导外出，我们稍稍停留一下就继续到村里去考察了。一栋栋整齐漂亮的安置房一点儿也不比城市差。笔者试着与路边的村民聊天，他们讲这里安置了12个村的搬迁户，大多是瑶族同胞，曾居住在三亩田、牛亚岭、文武冲等大山深处，以前出山进山一趟非常不易，现在搬迁过来住到了这里，生活便利了很多。问起房子大概要出多少钱时，他们讲大概一套房子出万把块钱的样子，按人口来的，每个人约2500块钱。这是当下我国扶贫攻坚工程为百姓谋福利的重要举措。当地瑶民表示感谢政府，感谢党和国家的好政策。漫步于凤凰村，秀美的瑶山，流淌的九嶷河，错落有致的二层小楼在蓝天白云的映衬下宛若一幅美

图1 活动地点——九嶷山瑶族乡凤凰村盘江湾风情小区（2021年7月15日崔少博拍摄于九嶷山瑶族乡凤凰村）

丽的图画。

上午9∶46，正当陶醉于眼前的"风景画"之时，远处传来了嘹亮的歌声，在村部办公室内，为了展示瑶族特有的待客之道，盘华胜老师已经在组织十三四位迎宾女士学唱《敬酒歌》。盘老师激情满满，他先用汉语分句教唱，后又用瑶语分句教唱，一遍又一遍，大家学得非常认真，时不时还提出一些问题一起讨论，办公室内歌声、笑声、欢呼声此起彼伏，大家情绪高涨，气氛热烈。

谱例1

10∶16，盘华胜老师对此次活动迎宾仪式中的两项内容：敬酒方式——高山流水以及礼仪待客方式分别进行培训。所谓高山流水就是

图 2 活动前盘华胜教唱《敬酒歌》
(2021 年 7 月 15 日王爱红拍摄于九嶷山瑶族乡凤凰村)

由三五个瑶家妹子每个人手持一节用竹子做好的盛酒器皿从高到低重叠连接形成一条斜线，最高一节处专门有人端着酒壶负责倒酒，最低处一节直接与碗连接，客人盛情难却，坐在凳子上只能乖乖张口喝了由上而下流入碗中的酒。伴着这些瑶家姑娘唱着优美的敬酒歌，酒就像源源不断的小溪流入碗中，歌声不断，客人喝酒就不能停。如果不胜酒力或者不懂喝酒技巧的人，接了"高山流水"后很有可能"咣当"倒下。这样的敬酒方式会为长桌宴席增添许多清脆的嬉笑声，把活动喜庆热闹气氛推向高潮。10：45，迎宾礼仪培训在室外不远处的一条长廊上进行，盘华胜、赵万全两位年轻人细致到怎么端酒杯、怎么走路、怎么与客人交流等细节都与迎宾的姑娘们进行了指点和要求。以上这些是为了服务好 17：00 到来的各方嘉宾所做的准备工作，足以看出咱们瑶家人的待客之道：热情、好客、实诚。

7 月 15 日 15：30，此时透蓝的天空悬着火球般的太阳，云彩也都消失得无影无踪了，然而所有工作人员都已经动了起来，人人穿上了节日盛装，为做好迎宾来回忙碌着。筹备组在演出广场附近的小道上设置了两道关卡：第一道入口处是各代表队测量体温及签到；第二道入口处就是隆重的迎宾仪式了。迎宾仪式很丰富很热情，拦门酒、吹打乐队、长鼓舞队，各项目人员分道路两边一字排开，毕恭毕敬，亲切迎接每一位远道而来的朋友，我们衡阳师范学院代表队此次也受到了筹委会热情的招待，不胜感激。

图 3 活动迎宾仪式（2021 年 7 月 15 日王爱红拍摄于九嶷山瑶族乡凤凰村）

17：30 现场来宾基本就绪，交流活动正式开始。首先是高规格的开幕式。其次是颁奖环节：对宁远县民族团结进步行·走进九嶷山"感党恩跟党走"建党 100 周年瑶族创作及展演赛分别进行颁奖，具体情况已经在另一篇民族志中有详细描述，不再赘述。

18：16，文艺表演正式开始，一曲热烈、欢腾、充满喜庆的歌伴舞《幸福新瑶家》拉开了全场演出序幕，曲目、曲风与歌词都特别与当下活动主题吻合，现场观众为之振奋，气氛热烈。期间演出节目形式品种多样，传统舞蹈、现代舞蹈、独唱、小合唱、情景剧等几乎涵盖了所有瑶族特色，节目展演将传

图 4《瑶耕风韵》演出（2021 年 7 月 15 日王爱红拍摄于九嶷山瑶族乡凤凰村）

统与现代交织在一起,很具有民族性、地域性、现代性。结尾以一首反映瑶族先民农耕劳动场景的情景剧画上了圆满句号,令人回味无穷。整场一共十二个节目,历时近一个小时,台下观众座无虚席,尽管烈日炎炎,人们依然为每一个精彩节目给予热烈掌声与喝彩声,这真是一场难得的瑶家视听盛宴!

表1 第二届宁远、蓝山"六月六"瑶族文化交流活动表演节目单

序号	节目名称	表演形式	表演者	表演单位
1	《幸福新瑶家》	歌伴舞	盘凝、盘华胜、赵喜兰等	宁远、蓝山瑶学会
2	《千万莫忘党恩情》	独唱	盘日妹	瑶歌原创二等奖获得者
3	《长鼓声声颂党恩》	舞蹈	周湘蓝等6人	蓝山县荆竹瑶族乡江源村
4	《红莲花粉香四方》	歌伴舞	赵开新等5人	瑶歌原创一等奖获得者
5	《瑶族伞舞》	传统舞蹈	赵金付等7人	蓝山县汇源瑶族乡政府
6	《瑶歌颂党恩》	小组唱	黄军昌、赵姣古等6人	瑶歌原创二等奖获得者
7	《幺妹住在十三寨》	舞蹈	谢春姣、李万英	宁远县瑶协会
8	《回故乡》	独唱	盘正古	棉花坪瑶族乡棉花村
9	《瑶乡情》	歌舞	冯兴旺、盘六妹等10人	凤凰社区代表队
10	《百年华诞颂党恩》	合唱	赵六妹、盘土妹	宁远县瑶协会
11	《瑶岭连北京》	舞蹈	赵喜兰、赵晓屏等8人	蓝山县犁头瑶族乡政府
12	《瑶耕风韵》	舞蹈	盘秀成、盘国军等11人	九嶷山九龙村代表队

如果您来参加少数民族节日盛会，一定不要错过宏伟的长桌宴，这是他们待客的最高礼仪形式。长桌宴通常用于少数民族的接亲嫁女、满月酒以及村寨的民俗节日联谊等活动，一般左边是主人座位，右边是客人座位。主客相对，敬酒劝饮并对酒高歌。

当晚19：30，在交流活动结束后我们就体验到了瑶族壮观的长桌宴。长桌宴沿着民宿街一字摆开，两边已经坐满了吹鼓演奏人员、受邀领导和嘉宾、演员、当地村民、其他兄弟瑶族乡朋友以及部分游客，约近千余人。长桌宴可谓是饮食大工程，大家按照瑶族习俗有序入座，吹鼓乐奏起，赵飞会长带头唱瑶歌，民间艺人盘秀成老师给予对应，长桌宴在对歌的海洋中把人们带到另一种氛围中。此刻，已经不分主客，每个人都已经融入其中，与此同时，穿着统一瑶服的姑娘们一桌一桌走上前，向远方的贵客敬酒，高昂的《敬酒歌》，豪放的饮酒方式，瑶家的"高山流水"在嬉笑声中进行着，大家共同举杯，齐声高呼"好酒"，千人长桌宴被淹没在欢乐幸福的海洋中……

20：30当我们还沉浸在长桌宴的美食之时，篝火晚会在小区广场已经开始，我们到现场的时候已是人山人海。舞台上，蓝山县民族中学赵喜兰老师为了热场，正在带领她的表演团队跳长鼓舞。她们这一跳不打紧，引来了《瑶族竹竿舞》《传统瑶族长鼓舞》《草龙舞》的精彩表演。尤其是《瑶族竹竿舞》，大大激发了现场观众的兴趣，姑娘小伙儿纷纷上台排队，踊跃参加，只听得主持人盘华胜喊着口令："开开合、开开合……"最富于地域特色的还是数《传统瑶族长鼓舞》和《草龙舞》，二者都是从瑶家人的生产实践和生活习俗中提炼出来的精品，反映了瑶胞的美好愿望，现场精彩的表演迎来台下阵阵喝彩。此时此刻，象征着瑶族人民日子红红火火的篝火已经燃起，火焰直冲云端，今晚注定要"足之舞之蹈之"，大家手牵手围着篝火跳起民族大团结舞蹈……身处其中，心中突然无限感慨，五十六个民族就像石榴籽一样紧紧地团结在一起，大家亲如一家。感恩我们的党，感谢我们的祖国为我们创造了今天的太平盛世，创造了幸福新瑶家。

表2 篝火晚会节目单

序号	节目名称	表演形式	表演者	表演单位
1	《瑶族竹竿舞》	互动节目	所有参会人员	宁远县瑶协会
2	《传统瑶族长鼓舞》	传统舞蹈	赵石永、陈小军等6人	宁远县瑶协会
3	《草龙舞》	自由表演	盘秀成、盘国军等	宁远县九嶷山瑶族乡九龙村代表队
4	《民族大团结舞》	互动节目	所有参会人员	全体参会人员

在瑶族的民俗节庆活动中，坐歌堂是一项不可缺少的民众交流活动。这天晚上21:40，在村民家里设置有三个歌堂同时进行。最先进入状态的是三号歌堂（17栋103）：蓝山县犁头瑶族乡女队、九嶷山瑶族乡男二队。两队人员服饰整齐，男女对歌人员层次搭配均衡，虽是夜晚，室内光线较暗，但依然是一道挡不住的靓丽风景，由此笔者决定和团队成员刘雪妮重点采录第三歌堂。我们把采录设备架好，与歌堂队员一同坐下，便于及时请教问题。据同在现场的歌手赵喜兰讲，男女歌队都有自己的歌头，歌头的作用是用来提点歌词，引导队员对歌的。坐歌堂中的瑶歌旋律基本是相同的，只有歌词都是即兴发挥的。坐歌堂要先从起歌堂唱起，感谢主人的招待和服务。接着进入对歌状态，如：

九嶷山瑶族乡男二队："你们来这边，我们没有招待好。"

蓝山县犁头瑶族乡女队："你们已经招待得很好了，我们来这里很开心，你们真的是太热情了。"

九嶷山瑶族乡男二队："你们唱歌是老手，我们都是随便唱一唱，没有什么水平。"

蓝山县犁头瑶族乡女队:"从小没有来过贵地,贵地是个好地方,你们为了这次活动操了很大的心,我们不会唱歌,坐在这里陪陪大家。"

…………

诸如此类对话对歌,一来一回,来来回回,讲不完的嘘寒问暖,诉不尽的深情厚谊,双方谦虚有礼,关爱有加,很好地促进了瑶民间的情感交流。在湘南一带,坐歌堂一般至少持续一天一夜,多则三天三夜,具体看现场对歌情况而定。且对歌中间,会有夜宵安排。夜宵作为一个分水岭,夜宵前对歌双方显得较为矜持,夜宵后随着对歌双方的熟悉程度加深,大家彼此逐步放开,气氛越来越活跃,对歌程序的连贯性渐次加强。

九嶷山瑶族歌堂程序范例[1]:1.入园;2.起歌堂;3.催客唱;4.客接歌;5.对歌;6.消夜;7.消夜后谢主歌;8.消夜后连转歌;9.换物歌;10.收歌;11.留客送客歌。

表3 坐歌堂具体安排

序号	对歌地点	房主	对歌参与人员
第一个歌堂	18栋103	李桥古	蓝山县汇源瑶族乡男队、九嶷山瑶族乡女队
第二个歌堂	17栋101	赵运保	蓝山县汇源瑶族乡女队、九嶷山瑶族乡男一队
第三个歌堂	17栋103	盘友发	蓝山县犁头瑶族乡女队、九嶷山瑶族乡男二队

至此,由笔者带领的团队五人行之第二届宁远、蓝山"六月六"瑶族文化交流活动田野考察接近了尾声。7月16日清晨,笔者和团队

---

[1] 盘华旺.九嶷山瑶族歌堂夜范例[M]//湖南省宁远县民族事务委员会.九嶷瑶歌,第二部.[出版者不详],2013:1—25.

成员吃过早餐后，再次漫步于凤凰小区中，不时微笑着与路上的瑶民打招呼，再次感受这片土地的变化，感触良多。

首先，两县"六月六"瑶族民俗节庆日作为一个被建构的节日被赋予了丰富的内涵，尤其此次第二届宁远、蓝山"六月六"瑶族文化交流活动专门成立组委会，围绕活动主题对活动的开展制定了具体的活动方案；对活动议程给予了非常细化的安排：第一阶段喜迎嘉宾（17：00—17：20）、第二阶段开幕式（17：30—19：00）、第三阶段盘王宴（19：00—20：00）、第四阶段篝火晚会（20：00—21：00）、第五阶段坐歌堂活动（21：20—次日6：00）。活动过程中呈现出的内容极其丰富、扎实，涉及面广，几乎集所有瑶族传统文化于一身，向人们展示了一个文化底蕴深厚的瑶族大型民俗节庆日。

其次，两县"六月六"瑶族民俗节庆日两次举办体现出多元化的特点：传统与现代，现代与流行，政治与娱乐，官方、民间、学者等多方共谋。"六月六"围绕活动主题内容，现场既呈现了瑶族的传统文化元素，又彰显出全球化、现代

图 5 三号坐歌堂（2021 年 7 月 15 日王爱红拍摄于九嶷山瑶族乡凤凰村）

化、城镇化语境中的瑶族经济、社会、文化生活的新时代风貌。[1] 整个活动内容的安排与策划既离不开国家与地方政府部门的主导推动，也离不开民间艺人、高校学者以及旅游摄影等广大民众的积极参与和支持。正如有学者讲到，在经济全球化和信息技术高度发达的现代社会，

---

1 赵书峰．传统的延续与身份的再造——瑶族"盘王节"音乐文化身份研究 [J]．中国音乐，2020（1）：30．

开放的社区、流动的人群、中西方文化、不同民族和社区文化的碰撞与交融让传统节日在短短几十年间呈现出多样性的"传统"新变。[1]这种"新变"正是指受当下社会经济、政治、文化等语境的影响，在传统元素的基础上拓展出具有现代性、流行性、政治性的"传统的发明"的"新"的民族文化，因而呈现出越来越多元化的特点。

最后，借瑶族"六月六"民俗节庆活动，宣传新农村，发展旅游业。盘江湾凤凰风情小区是当下打赢脱贫攻坚战的大社会语境下，易地扶贫搬迁的大工程。所谓"搬迁搬出新天地，搬迁搬来好生活"。此次活动地点设在盘江湾凤凰风情小区，政府有其特别用意，通过瑶族"六月六"民俗节庆仪式活动把盘江湾村推向市场，让人们走近她，了解她，从而以旅游业带动当地经济的发展，造福百姓。

据当地党支部书记何莉华（负责网络）前期接受记者采访时介绍：这里不只是作为易地搬迁扶贫新村来建设，该安置点选址时，考虑到该地的地理位置优势，规划了污水处理厂和观光农业项目，亭台、水系等一些基础设施正在建设，具有瑶族特色的民宿正在装修，待项目开发成熟后，可就近吸纳部分贫困户就业。按照总体规划，结合鲁观风情小镇建设，县里还计划在盘江湾安置点打造建设田园综合体及舜耕瑶宿康养生态谷，建设一个占地 30 亩的垂钓中心、占地 60 亩的采摘园，依靠九嶷山旅游资源带动周边民宿、农家乐等发展，让盘江湾风情小区不只是安置点，还可以让游客在这里养生、休闲，为搬迁点居民提供稳定的就业岗位。[2]

---

1 萧放，贺少雅．仪式节庆类非遗保护的经验、问题与对策 [J]．中国非物质文化遗产，2020（1）：102．
2 刘思宁，欧阳友忠．九嶷风景入画来——宁远县九嶷山瑶族乡盘江湾风情小区安置点变身记 [N/OL]．永州日报，（2020-06-02）[2021-08-01]．http://www.yzcity.gov.cn/cnyz/xqcz/202006/6337cf270bc24b2187adcaf4c49de430.shtml．

可以看出,"六月六"传统节庆活动的举办有着特殊的魅力,它不光是通过当地民族文化展现地方特色,传承和弘扬地方传统文化,逐步构建传统节庆品牌。同时基于该传统节庆日活动可以打造很多的新旅游项目,从而吸引投资,解决当地瑶民的就业问题。如此可以充分发挥传统节庆所代表的特殊文化价值,将其与当地旅游资源进行融合,形成新的旅游景点,并增强当地旅游产业对游客的吸引,从而为拉动当地经济发展贡献重要力量。[1]

表4 第二届宁远、蓝山"六月六"瑶族文化交流活动议程

时间	活动事项	活动阶段	负责人
7月15日 16:00—17:00	嘉宾报到		筹备组
17:00	迎宾入场,瑶族唢呐迎宾、拦门酒喝瓜箪酒	第一阶段 喜迎嘉宾	筹备组
17:30	1.九嶷山瑶族乡政府领导致辞 2.蓝山县委统战部副部长、民族宗教事务局局长黄敏慧讲话 3.永州市瑶文化促进会赵飞讲话 4.宁远县委常委、统战部部长李玲讲话。	第二阶段 开幕式	主持人: 盘华胜、 盘凝
17:50	下一届举办方: 蓝山县犁头瑶族乡党委副书记、乡长赵巾英讲话		
17:55	宁远县民族团结进步行·走进九嶷山 "感党恩跟党走"建党100周年瑶族创作展演颁奖仪式		
18:00—19:00	瑶族特色文艺节目表演		

---

[1] 王晨笛.传统节庆旅游文化内核与创新发展研究——对比南京秦淮灯会与日本仙台七夕祭[D].南京:南京师范大学,2018:14.

(续表)

时间	活动事项	活动阶段	负责人
19：10	瑶族长桌宴，唱瑶歌祝酒 地点：活动现场旁	第三阶段 盘王宴	筹备组
20：00—21：00	地点：活动现场 参加人员：全体参加活动人员	第四阶段 篝火晚会	盘华胜、盘凝、宁远瑶协会
21：20— 7月16日6：00	一号坐歌堂：蓝山县汇源瑶族乡男队 VS 九嶷山瑶族乡女队 （地点：18栋103 房主：李桥古） 二号坐歌堂：蓝山县汇源瑶族乡女队 VS 九嶷山瑶族乡男一队 （地点：17栋101 房主：赵运保） 三号坐歌堂：蓝山县犁头瑶族乡女队 VS 九嶷山瑶族乡男二队 （地点：17栋103 房主：盘友发）	第五阶段 坐歌堂活动	筹备组
8：00	活动结束		

（王爱红，衡阳师范学院音乐学院副教授，湖南师范大学"中国南方少数民族音乐文化研究中心"特聘研究员，主要从事民族音乐学研究。）

资江流域篇

共享·互文·场域
——新化县红旗新村梅山师公"抛牌奏职"仪式音乐文化志*

杨声军　李祖胜

本文以 2018 年 9 月 25—27 日在梅山核心区域的新化县上梅镇红旗新村举行的师道"抛牌奏职"仪式为个案，通过考察其仪式音声，解读梅山地区祭祀仪式的当下生态结构和师道共存的内在法则，揭开梅山文化的神秘面纱。

自 1988 年在武汉提出梅山文化[1]的概念以来，学术界关于梅山文化的研究成果涵盖了民俗学、宗教学、美术学、民族音乐学等多个领域。梅山文化作为湖湘区域文化的重要组成部分，从民族音乐学角度关注梅山文化可以追溯到 20 世纪 60 年代中国艺术研究院音乐研究所主编的《湖南音乐普查报告》[2]和 80 年代的《中国民族民间器乐曲集成·湖

---

* 本文原载于《贵州大学学报（艺术版）》2021 年第 4 期，本书编写时略有修改。

1　1988 年 5 月，来自湖南新化县的周少尧和冷水江市的童丛在武汉举行的"中国长江文化研究会"上首次提出湘中地区存在一种神秘古朴的文化——"梅山文化"。

2　中国音乐研究所. 湖南音乐普查报告[M]. 长沙：湖南人民出版社，2011：416—418.

南卷·新化资料本》[1],一直到后来的袁征[2]、肖琼芳[3]、陈征南[4]、石萍[5]、邓文利[6]等,以上系列成果都是从音乐本体出发来关注梅山音乐文化;赵书峰教授从梅山文化的道教仪式音乐[7]、梅山文化与瑶传道教仪式音乐的比较研究[8]、梅山教仪式音乐研究[9]、梅山文化"酬还都猖大愿"仪式音乐研究[10]、梅山文化"和娘娘"音乐文化研究[11]、梅山音乐文化研究的现状与反思[12]以及结构主义符号学与"在地化"[13]等跨学科思维对梅山文化进行了系统的个案研究与宏观研究。但是,对梅山文化的研究依旧呈现出三个方面的不足:一是从整体上对梅山文化的关注度不够;二是外来学者对梅山文化的关注者不多;三是从音乐本体研究的诸多,而结合文化人类学、民俗学、结构主义符号学、宗教学等跨学科理念研究的只有寥寥几篇,且成果主要集中在赵书峰教授等几位专家身上。

源于远古巫傩传统并流传于古百越地区的师教是一种相信万物有灵的民间信仰,地处"沅湘之间,自古信鬼而好祀,其祠必作歌乐鼓

---

1 湖南新化县文化馆.中国民族民间器乐曲集成·湖南卷·新化资料本[M].[出版者不详],1987.
2 袁征.孕育于古老蛮荒的一枝奇葩——梅山歌谣初探[J].云梦学刊,2000(1):54—58.
3 肖琼芳.湖南梅山民歌初探[D].长沙:湖南师范大学.2009.
4 陈征南.简析湖南娄底民歌的地域特征[J].中国音乐,2008(2):130—132.
5 石萍.湖南新化县广阐宫傩仪音乐研究[D].长沙:湖南师范大学.2010.
6 邓文利.梅山歌谣的音乐性浅析[D].长沙:湖南师范大学.2011.
7 赵书峰.湖南新化民间道教仪式的音乐民族志考察与研究——以奉家镇报木村民间丧葬仪式音乐为例[J].黄钟(武汉音乐学院学报),2010(2):88—99.
8 赵书峰.湖南瑶传道教音乐与梅山文化——以瑶族还家愿与梅山信仰仪式音乐的比较为例[M].北京:民族出版社,2013.
9 赵书峰.梅山教仪式及其音乐的文化阐释[J].民族艺术,2013(2):127—132.
10 赵书峰.祭、戏的互文——湘中新化县"酬还都猖大愿"仪式音声解读[J].民族艺术研究,2015(5):102—108.
11 赵书峰.湘中地区"和娘娘"音乐文化研究[J].云南艺术学院学报,2015(1):30—37.
12 赵书峰.梅山音乐文化研究的现状与反思[J].星海音乐学院学报,2018(2):65—74.
13 赵书峰.湘中民间仪式音声的"在地化"与互文性研究[J].民族艺术研究,2019(5):91—101.

舞以乐诸神"[1]的梅山地区不仅是南方师教"一体多元"中的重要一支，而且是南方师教的重要源头。兼容儒、释两教之精要的道教在历史上成为中原王朝的正统宗教之后，随着梅山地区汉民的不断迁入，尤其是宋代"开梅山"[2]之后，瑶苗原住民大量往西南迁徙和汉民的大量填充，道教在梅山地区逐渐落地生根，与师教在梅山并存且逐渐在相同场域共同构建梅山的信仰体系，彼此互文，共享神性空间。作为师道共存的仪式操持者，道士与师公也往往合二为一，一人兼具两种身份。两教新传弟子学成出师，道教要传度奏职，师教要抛牌过印，往往也是合二为一，一场仪式既要抛牌又要奏职，形成梅山地区独具特色的宗教信仰仪式。那么，师道两教在长期同处梅山这"一片屋檐"下，彼此究竟是一种怎样的共生状态呢？

在人类文化"思想—行为"的二元认知架构中，祭祀仪式所体现的信仰体系由属"思想"范畴的"信仰"和属"行为"范畴的"仪式"组成。仪式音声是仪式行为的一部分，是仪式主体观念的外化形式。"对'仪式中音声'的研究，从'音声'切入，置'音声'于仪式和信仰的环境中探寻其在信仰体系中的内涵和意义"[3]，在整体认知和探究祭祀仪式的能指、所指、意指的过程中能发挥非常积极的作用。

一、仪式及仪式音声概述

（一）仪式地点

上梅镇建镇始自宋熙宁五年（1072）开梅山，已有近千年的历史，

---

1 〔宋〕洪兴祖. 楚辞补注[M]. 北京：中华书局，1983：55.
2 〔宋〕吕中. 宋大事记讲义[M]// 文渊阁四库全书（第686册）. 台北：台湾商务印书馆，1986：343.
3 曹本冶. "仪式音声"的研究：从中国视野重审民族音乐学[J]. 中国音乐学，2009（2）：27.

据宋欧阳忞《舆地广记》卷二十六"荆湖南路"载："望新化县，皇朝收复梅山，以其地置新化县，属邵州。"[1]上梅镇是新化自宋代设县以来的县城所在地，属上梅地区梅山文化的核心区域。红旗新村位于上梅镇的西北郊，北纬27.76°，东经111.25°。从地形地貌来看，红旗新村位于"从琅塘起，南下横阳、炉观、洋溪、上梅，至冷水江，再到娄底的涟滨，再转向双峰县，呈S型分布的带状盆地"之中，"西部、北部为雪峰山主脉，东部为低山或深丘连绵；南部为天龙山、桐凤山环绕"[2]。因地势平坦，人口相对密集，经济情况比盆地周边的山地乡镇要好。

（二）仪式时间

2018年9月25—27日（农历八月十六至十八日），共三天两晚。

（三）仪式缘由

师道两教的弟子要出师行教，必须要举行隆重的仪式，向师祖和三界神灵奏请授予道职神位，名登天曹（道教），抛授"牌经"和"雷印"（师教）。这样新坛弟子才可以获得与神灵沟通的法力和调度"猖兵"的兵权，以后行教可不再依附师父，有独立的收入，并可开坛收徒。"抛牌奏职"大典举办成功与否，直接关系到新坛弟子日后香火的好坏。因此都非常重视，仪式过程一般为三天以上，仅靠新坛弟子和师父，很难完成，必须邀请多名法师，共同帮忙才能得以完成。

本次"抛牌（奏职）"仪式是新化县游家镇建丰村易君坛掌坛师易著义的两位弟子王世光（1992年出生）、伍波（1993年出生）和曾家镇袁君坛掌坛师袁名华的弟子周鹏辉（1988年出生）共同的出师

---

1 〔宋〕欧阳忞.舆地广记[M].成都：四川大学出版社，2003:759.
2 新化县主要地形地貌及地质结构[EB/OL].(2017-04-22) [2019-05-19].https://wenku.baidu.com/view/a3e61586bb0d4a7302768e99-51e79-b8968026-82b.html.

大典。

(四) 仪式过程

本次仪式在新坛弟子王世光的家中及家旁边的平地上举行，离河边不远，家旁也有竹林，便于仪式砍取立幡的竹竿和"请水开坛荡秽"。整个仪式过程由师、道两教穿插进行：

第一天：

请水（90分钟，道教）

开坛荡秽（30分钟，道教）

借地监幡（60分钟，道教）

劄司命、劄香火（50分钟，道教）

下马（20分钟，师教）

发预报（道教93分钟，师教20分钟）

晚朝进玉皇表（50分钟，道教）

借地、结界、封禁（85分钟，道教）

拜家书（100分钟，道教）

停鸾歇驾（11分钟，道教）

第二天：

二早降师荡秽（47分钟，道教）

发功曹、召将、出幡、结幡（122分钟，道教）

接幡（10分钟，道教）

午朝发伍师申（53分钟，师道合一）

造桥（30分钟，师教）

踩九州、会兵、交兵（71分钟，师教）

晚朝进老君表（50分钟，师道合一）

搬演《送报郎君》（25分钟，师教）

搬演《开山小将》（20分钟，师教）

搬演《挖路郎君》（25分钟，师教）

停鸾歇驾（56分钟，道教）

第三天：

三早降师荡秽（60分钟，道教）

早朝进雷祖表、元皇表（49分钟，师道合一）

穿九州坛（33分钟，师教）

祭刀、上刀梯（28分钟，师教）

传法解卦（32分钟，师教）

安神、化钱（5分钟，师教）

在三天两晚的仪式过程中，举行仪式共27场，道教奏职仪式主要集中在前一天半，到接幡仪式基本完成；师教抛牌仪式主要集中在后一天半，到"传法解卦"基本完成。两教仪式以分为主，以合为辅，穿插进行。

（五）仪式音声

"其祠必作歌乐鼓舞以乐诸神"的梅山民间信仰仪式，仪式音声贯穿仪式始终，基本上由器声和人声构成。器声包括法器音声和乐器音声，道教法器音声主要由三清铃、木鱼、五雷号令、海螺、铛子等器物音声构成，而师教法器音声主要由牛角音声表达。

表1 道教各法器功能解读

法器名称	法器功能	使用方式	宗教与文化内涵
三清铃	《上清灵宝大法》：振动法铃，神鬼咸钦。	一般在请圣、洒净时使用，手持摇动，发出清脆的声音	道教三清尊神原型与铜铃上象征三清的"山"字形铜柄"互渗"[1]，使铜铃具有三清道神的法力，法铃所发音声即是三清道神的号令
木鱼	《无上秘要》："木鱼清磬，振醒尘寰。"	吟唱经文时有节奏敲击，发出空灵的声音	木鱼之声与"振醒尘寰"构成符号学的能指与所指，民间仪式场域中，空灵的木鱼之声所营造的虚静之境可能成为其更具仪式感的所指意义
五雷号令	持以役使雷神，护卫道坛并能驱逐邪祟	一般在发奏、召将时使用，手持撞击桌面发出"啪"的惊响	其形上圆下方以象天地，令牌的正反面、两侧边印的三清和二十八星宿名讳、五雷符、官将像等通过与其原型互渗，具备原型法力。仪式操持者亦与令牌互渗具备法力，发声形成号令
海螺	称为"法螺"，召集神灵、祛除妖氛之用	在一段仪式开始或结束时吹奏，发出空幽之声	海螺作为佛教法器的历史非常悠久，作为吉祥圆满的象征在佛教中广为应用。佛道合一后，道教用海螺的声音，向神灵传达信息

---

1 "互渗律"由法国人类学家列维－布留尔（Levy-Bruhl）提出，在他撰写的《原始思维》一书中认为，原始人与文明人具有不同思维，原始人生活和行动在拥有神秘能力的存在物和客体中间。随着历史的发展，人类从"无穷尽的""可怕的无形存在物"的包围中挣脱出来，但依然通过一些拥有神秘能力的"存在物"来与"另一个是不可见、不可触的、'精神的'实在体系"沟通，"任何画像、任何再现都是与其原型的本性、属性、生命'互渗'的……由于原型和肖像之间的神秘结合，由于那种用互渗律来表现的结合，肖像就是原型……从肖像那里可以得到如同从原型那里得到的一样的东西"，三清铃就是这样一种通过器神互渗而拥有神秘能力的"存在物"。参见 [法] 列维－布留尔. 原始思维[M]. 丁由，译. 商务印书馆，1986：58，60，72.

(续表)

法器名称	法器功能	使用方式	宗教与文化内涵
牛角	召集将士兵马,也是歇息的号令	依据表达不同信息的需求,发出类似"五岳""玉皇"声调的音调	牛角最初是远古巫师(部落首领)传达信息的器物,依交感巫术[1]和互渗思维原理,牛角成为师公与师祖交流的媒介,音声穿越人神界限

　　法器是仪式操持者进行人神沟通的器物媒介,其音声及其所指和意指内涵构成强有力的仪式符号,在人神之间传递仪式信息,成为仪式场域音声环境的重要组成部分,强化仪式场域的神性空间感。

　　仪式中的乐器主要有大锣、大鼓、大钹、中钹、小钹、小锣、的锣、竹笛,其中大鼓和大锣师道两教公用,小锣只用于师教。

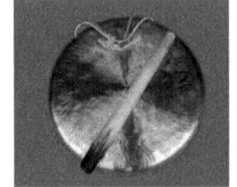

图1 大锣

图2 大鼓

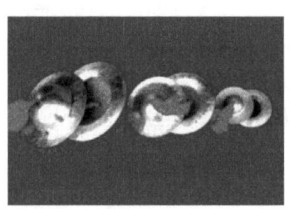

图3 大钹(左)、中钹(中)、小钹(右)

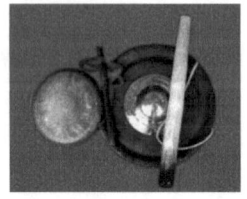

图4 小锣(左)、的锣(右)

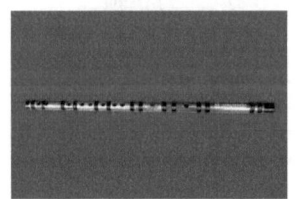

图5 竹笛

---

1 交感巫术由英国人类学者弗雷泽(James George Frazer)提出,他认为原始巫术可分为两种形式:一种是以"相似律"为基础的"顺势巫术"或"模仿巫术",在这种巫术中,巫师仅仅通过模仿就能实现任何他想做的事;另一种是以"接触律"为基础的"接触巫术",施行这一巫术也就是通过曾为某人接触过的物体而对其本人施加影响。弗雷泽把这两种巫术统称为"交感巫术",因为它们都建立在这样的信念基础上,即认为通过某种神秘的感应,就可以使物体不受时空限制而相互作用。参见[英]詹姆斯·乔治·弗雷泽.金枝[M].赵昀,译.西安:陕西师范大学出版总社有限公司,2010:87—88.

道教乐器音声主要有两种奏乐形式：一种用一个大鼓、一副大锣、一副大钹、中钹（数量不限，通常有三四副）在仪式主持者吟唱经文、牒文的间隙或默声时配合奏出热烈的锣鼓乐；另一种用一个大鼓、一个小钹、一副大锣或的锣配合竹笛（四支左右）吹奏的音调节奏为主持的道士吟唱经文、牒文伴奏，形成相对柔和、舒缓的吹打乐。师教乐器音声一般只用一个大鼓、一个小锣和一副大锣为主持的师公伴奏，不被管弦。两教相比，前者音色丰富，声场厚实，依据仪式内容而有不同组合，仪式音声氛围营造相对细腻；后者音色层次比较简单，变化少，声场相对单薄。

作为乐器，主要用来娱乐，从而达到审美的目的。上述乐器在非信仰仪式性的嫁娶、节日庆典等民俗场合广泛得到应用，尤其在现代社会，被应用于专业舞台。然而，在民间信仰仪式的神性空间中，这些乐器却被蒙上了一层神秘的色彩。如，鼓的声音被认为具有通神和辟邪的作用。王小盾认为，"傩祭仪式中所用的火和鼓，实际上是针对蚩尤族的蛇图腾的法器。古人驱蛇出洞，常用火把和鼓点。有一种说法是：蛇穴居山中，受山神管辖，而山神烛阴之子又名为鼓（参见袁珂《山海经校注》页四三），所以驱蛇用鼓"[1]。《太上助国救民总真秘要》中有云："凡建醮道场行法事时，必先鸣法鼓"，奏出"风云雷雨"般音响。可见，在上古时期，鼓就是傩祭时的法器，且广泛运用于后来的宗教仪式中。金属材质的钹锣类乐器在民间也普遍认为具有辟邪作用。笔者家乡（梅山核心区的安化县）的民间俗语说："手中有得四两铁，鬼窝当中可借歇（借宿之意）。"可见，用于民间信仰仪式的乐器大都既是法器又是乐器，其音声不仅可强化仪式场域的神性，更可通过极富节奏和韵律的音乐之声达到娱神娱人的双重目的。

---

[1] 王小盾.戏剧历史、现状五人谈[J].戏剧艺术，1990（3）;37.

仪式中的人声主要包括师道两教依科仪文本的念诵、韵唱和表演唱。道教的偈、颂、赞、咒四类仪式语言，咒是纯粹的念诵，颂是语言性很强的吟诵，偈和赞是音乐性很强的韵唱。师教表演的傩戏是表演唱，傩祭语言则一般是语言性很强的韵唱。对于"旧不与中国通"的梅山地区，在开梅山之前，民间信仰主要是承继本土远古巫傩系统的师教体系，尽管可能已有佛道两教的渗入，但早已得到中原王朝认可，成为汉文化正统宗教的佛道两教堂而皇之地进入梅山地区则是在开梅之后。尤其是梅山原住民——瑶苗族群的大量外迁及江西为主的汉民的陆续大量迁入，自成体系和风格的道教音乐，其演奏形式、乐器组合、音乐特征都依然可以保持原有风格。如新化和江西的道乐相比，两者音调和旋法很相似：

谱例 1

香赞

演唱：康朝文
记谱：杨声军
录制时间：2019 年 5 月 21 日
录制地点：新化县城康朝文家

谱例 2

闻山点兵[1]
（江西奉新县）

演唱、演奏：张从扬
采录、记谱（简谱）：应耀良
转五线谱：杨生军

这两个谱例尽管节奏形态不同，但旋法、衬词等音乐风格很接近，同属道乐系统。而师教音乐则具有鲜明的本土特色：

谱例 3

搬挖路
（傩戏）

演唱：杨学吾
记谱：杨声军
录制时间：2019 年 5 月 21 日
录制地点：新化县城康朝文家

---

[1] 本谱例转自简谱，简谱谱例见《中国民族民间器乐曲集成》全国编辑委员会，《中国民族民间器乐曲集成·江西卷》编辑委员会. 中国民族民间器乐曲集成 江西卷. 北京：中国 ISBN 中心，2006：977.

谱例 4

小小画眉小小莺

演唱：张先铁
收集整理：邹荣先、邹鹿英、张贻灿

师教仪式中的傩戏唱腔"搬挖路"与新化小调《小小画眉小小莺》的调式同属湘中地区最常用的羽调式，旋律主干音由 la、do、mi（首调唱名）构成，是典型的湘中山歌风格，体现出鲜明的地域特色。

所以，师道两教的仪式唱腔展现出本土和外来的明显差异，从而彰显出两教不同的历史渊源。在道教强势进驻梅山数百年之后，师教音乐文化能固守着自身传统，在同一场域依然能保持自身独立性，凸显出梅山地区族群强烈的区域文化认同。

二、仪式音声的结构分析与阐释

音乐是文化的载体，同时音乐本身也是文化的重要组成部分。仪式音声参与构建民间信仰文化，而民间信仰文化结构也通过仪式音声的承载而外化为音响状态，所以，民族音乐学学者倡导从音乐中看文化的思路，成为文化研究的重要途径之一。师道两教的"抛牌奏职"仪式将两教出师庆典合二为一是梅山地区民间信仰文化当下的独特现象，仪式音声的共享性、互文性及其凸显的场域结构关系为我们了解梅山地区民间信仰文化的生态结构打开了一扇窗户。

（一）仪式音声的共享性

民间信仰民俗活动往往集神圣性与娱乐性于一体，在民俗主体看来，神灵并不是不食人间烟火，需要为其供奉牛、猪、羊等牺牲，需要供其娱乐，求得神灵庇护的方式就是酬神、娱神。所以，神灵是构建的、人化的神灵，信仰仪式要达到众神欢乐，人神共享。

1. 众神欢乐

在社会生产力低下的中国古代社会，靠天吃饭的农耕生产方式使得老百姓从现实利益出发，相信万物有灵，生产生活的各个方面都可以求得不同神灵的庇护，形成多神信仰，并在历史发展中不断丰富多神体系。

屋内仪式核心区域的师道两教神系，包括儒、释两教神灵在内的道教天、地、人、水四界神灵和师教师祖神灵，和屋外悬挂的数十个以"相衣"画像为标识的师道两教神灵。师道两教神灵共处同一个仪式空间，本属不同地域和风格的仪式音声由两教神灵共享。如师公表演的傩戏主要以先祖生产生活场景为表演对象，通过戏谑，引起师祖共鸣，达到娱神目的。对于外来的道教神灵来说，相当于接受本土文化的"洗礼"。而相比古朴、粗犷的傩戏音乐而言，道教音乐相对雅致、细腻、厚实的音响就像使本土的师教神灵欣赏了一场"交响乐"。

2. 人神共享

仪式中的音声之所以能娱神，其实是因为它能娱人，神是人化的神，仪式主体其实是按照娱人的标准来娱神。仪式中的打击、吹管乐器同样运用于非祭祀性民俗活动，并作为现代民族管弦乐队的打击组乐器，登上现代专业舞台。道乐来自老百姓在茶余饭后消遣娱乐的民间小调，师教仪式唱腔来自本土老百姓在野外抒怀的山歌。所以，仪式音声尽管看似主要为了娱神，但娱人也是情理当中。比如，在仪式中，傩戏表演是用来酬神娱神的，而仪式现场的人群既是观众，又突破时空局限担当着故事中被戏谑的对象即傩戏参与表演者。在傩戏《搬开山》中，师公头戴傩面扮演的剧中人物开山小将通过与坐坛师一问一答的形式来推动剧情的发展。开山小将手拿柴刀，从主家大门慢慢进入坛场，坐坛师就会问他姓名、从哪里来、到哪里去、带柴刀干什么等，开山小将会一一作答，并和在场各位以戏谑的方式打招呼，以故意结巴、听错词语等方式逗趣，并讲述自己一路所见所闻。整个表演过程活泼滑稽，内容夹杂诨语，打情骂俏，即兴性强，和观众互动环节轻松有趣，唱腔都是山歌小调，连说带唱，边歌边舞，娱乐性很强。仪式现场观众看得津津有味，人化的众神自然也乐在其中。

3. 西乐共娱

代表"现代性"西乐在仪式现场的出现，与仪式中传统的音声形成了双重语境，但是此时它们是一种关系性、关联性的存在。"现代"与"传统"的音声共享打破了原有的藩篱，久而久之形成了一种习惯性的"传统"，也就是"传统"是"现代"的一种"发明"。[1]

---

[1] [英]E.霍布斯鲍姆，T.兰格.传统的发明[M].顾杭，庞冠群，译.南京：译林出版社，2004:2.

图 6 红旗新村女子军鼓艺术队　　图 7 上梅镇永恒铜管乐队

(2018 年 9 月 26 日李祖胜拍摄于湖南省新化县上梅镇红旗新村)

　　两支现代西乐队都是由当地退休干部、家庭妇女、个体户等人组成，在当地政府的支持下，组建乐队一是因为业余爱好而在乐队中可以快乐生活，二是为了丰富当地业余文化生活。据现场采访调查，两支乐队进入仪式场域是自发前来祝贺。当地以往的民俗，哪家有婚丧嫁娶等庆典活动，好友都会组织传统的吹打乐队前往祝贺，只是现在换成了西乐队。在整个仪式过程中，两支乐队只在仪式开始阶段和仪式完成主家大摆筵席庆祝时两个时段在仪式场域进行表演，且一直在户外而不进入屋内的仪式核心区域。其来的目的是娱人而非娱神，但其音声实际上也进入了仪式的神性空间，客观上产生了人神共娱的效果，尽管神灵们不一定喜欢！

　　在历史发展中，梅山民间信仰音乐文化从本土师教音乐文化独据，到师道合一音乐文化共表，再到当下传统祭祀音乐文化与现代音乐文化共在，展现了梅山民间信仰音乐文化的发展轨迹。当传统遭遇现代，仪式主持者自发带上扩音设备，自发录制和转发自己的仪式表演，表演意味更浓。在全球化语境下，我们对"传统"的语境进行不断的建构，这不仅是时代的需要，更是一种"全球地方化"[1]的活态展现。

---

1 张应华.地方全球化——黔东南苗族民俗节庆音乐文化的守望与"发明"[J].中国音乐，2020（1）:33—43.

（二）仪式音声的"互文性"

正如当代法国人类学家朱莉亚·克里斯蒂娃（Julia Kristeva）所说："每个文本都是作为一种源自其他文本的马赛克图案而建构，是在对其他文本的吸收和转化中间形成的。"[1] 也就是说文本与文本之间通过不断的借用、参照、转化等方法将原来的（原始的）文本不断地丰富与更加地开放。信仰仪式是信仰观念的行为化状态，是在历史的长河中逐渐形成的一套象征意义丰富的行为模式，一种相对稳定的行为文本，仪式音声是仪式行为的一种表述方式，也构成仪式音声的文本性特征。法国社会学家罗兰·巴特（Roland Barthes）认为："在同一文本之中，不同程度地并以各种多少能辨认的形式存在着其他文本。例如，先前文化的文本和周围文化的文本。"[2] 梅山师教源自巫傩，其"先前文化的文本"主要指向原始巫傩文化和荆楚祭祀文化，其"周围文化的文本"则主要指向外来的儒释道文化，体现出必然的互文性（intertextualitè）特征。

师教承袭本土原始巫傩文化和荆楚祭祀文化，在"旧不与中国通"的时代，保持着独立的自身观念与行为，遵奉自然万物神灵及灵魂的崇拜。"开梅山"后，随着梅山原住民——瑶苗族群大量外迁和汉民的大量迁入，佛道两教以中原王朝正统宗教之尊成为梅山地区的主流信仰文化，本土师教为了求得"合法地位"，将自身建构为道教的一支，将道教神系纳入自身遵奉的神系，形成师道合一的信仰观念和行为，构建新的仪式文本。从师教头扎神像就可以看出，中间是道教三清尊神像（有的是法祖像），两边是师教祖师像，师教已经融入了道教信仰文本。道教要在梅山地区求生存，也必须得到本土民众的支持，认同师

---

1 Kristeva J.The Kristeva Reader.Oxford:Blackwell, 1986:39.
2 罗兰·巴特. 从作品到文本[J]. 杨庭曦，译. 外国美学, 2012（0）:337—343.

教为道教的一支。师道两教为了能在同一片地域长期共存，彼此认同，从而产生互文。不仅师道两教合二为一的"抛牌奏职"仪式本身实证了两教的互文性，而且仪式中的"发伍师申""进老君表""进雷祖表和元皇表"等具体的仪式环节也是师道合一，也充分彰显了师道两教仪式观念和行为的互文性。

仪式音声作为仪式行为的组成部分，也体现了师道合一的互文性特征。师教的仪式音声不仅唱腔一直保持着本土山歌风格，乐器也坚守着本土传统。所用锣、鼓两类乐器，鼓源自远古傩祭，前文有述。而锣类乐器据考古考证，也源自以金属冶炼而著称的古代西南百濮人和江南百越人。1978年，从广西贵县（秦汉时称布山县）罗泊湾一号墓，曾出土了一面西汉初期的百越铜锣，该锣近圆形，锣面横径32.1厘米、纵径33.4厘米，锣脐直径22厘米，锣边铸有拱线纹一道，拱弦上系了三个等距的活环，锣面上刻铭文"布"字。这是中国目前已知年代最早的铜锣实物。[1]说明锣在我国已有两千多年的历史。《旧唐书·音乐志》在"铜拔"条中有："铜拔，亦谓之铜盘，出西戎及南蛮。……南蛮国大者圆数尺。"这个"铜盘"就是指铜锣。南蛮之地的"梅山蛮"可能早就将锣鼓作为自己的仪式乐器。可见，师教所用锣鼓两类乐器一直保持着的自身历史文本。秦汉以后，锣传入中原，锣鼓逐渐成为道教乐器，成为道乐的"周围文化的文本"。从巫傩民间信仰文化和道教文化形成的时间顺序来看，也吻合文化发展的历史逻辑。当然，道乐的"周围文化的文本"不仅来自南蛮之地的巫傩文化，其在仪式中使用的钹类乐器就来自从南北朝时期传入中原的古代西域乐器，唯一属于自身历史文本的是竹笛——可能由河南舞阳贾湖出土的具有九千年历史的骨笛发展而来。

---

1 潘汁."布"铭三环耳铜锣[J].民族艺术，2017（3）:35.

道教音声作为师教音声的"周围文本",其影响主要体现在仪式行为当中,如在仪式第一天的"发预报"环节中,道士和师公先后穿戴各自教门服饰、鸣奏各自教门仪式音声向尊奉的神灵和师祖启奏仪式相关事宜,而最后的烧化两教文疏过程则全由师公吹牛角,敲铛子,奏道乐,吟唱科仪文本完成,师道两教仪式行为及音声的深度互文可见一斑。

(三)仪式音声的场域结构

所谓"场域"(field),是由当代法国著名社会学家布迪厄(Pierre Bourdieu)提出的,指的是网络或强加在个人中介者身上的、客观地位之间关系的形貌,是权力分布的结构,是个人赖以获得利益的空间范畴和个人地位间客观关系的领地。[1] 作为社会学家,布迪厄将场域定义为一种社会空间,是人与人之间因在经济、政治、文化、信仰等各方面联系而形成的各种关系之网。人类社会由各种经济的、政治的、文化的、宗教的、权力的场域构成,是社会高度分化后形成的社会现象。场域是可以分层多级的,一个大场域可以有多个小场域构成,不同层级、不同类型场域内的人会形成各种不同关系。笔者以为,尽管"场域"是一个纯粹的社会学概念,不是一个实体存在,而是一个在个体之间,群体之间想象上的领域,但与汉语表达的实体"场合"这一概念存在某种契合,或者说有针对"场合"运用场域理论进行阐释的可能。在中国人的理解中,场合既是一种社会空间,也是一种地理空间。在一个地理空间聚集的人群一定是因某种主动或被动的目的聚合而成。在这样的实体场合,也同样存在各种社会关系,形成一个"社会小世界",而"这些社会小世界就是具有自身逻辑和必然性的客观关系的空间,而这些小世界自身特有的逻辑和必然性也不可化约成支配其他场

---

1 王铭铭. 西方人类学思潮十讲[M]. 桂林:广西师范大学出版社,2005:214.

域运作的那些逻辑和必然性"[1]。

民间信仰仪式场合是一种宗教性场域，以信仰为核心形成各种关系链，相互交织构建起一种社会关系构型。在梅山师道两教的"抛牌奏职"仪式中，神灵、师祖、道士、师公、观众等各种角色之间所存在的政治、文化、经济等方面的相互耦合、互制、平衡等关系构建起仪式生态结构，也通过仪式音声体现出来。

从政治关系来看，师道两教的话语权是不平衡的，道教作为中原王朝的正统宗教在梅山地区的话语霸权首先体现在其庞大的神系功德画在仪式现场全方位覆盖式的布置，梅山师祖的木雕神像在现场显得微不足道。师教只有通过构建与道教的师承渊源关系（梅山神张五郎学艺于太上老君）来获得正统地位。从师道两教音声状态也可看出两者区别，道教锣鼓乐由于使用乐器可多达十多件，乐器声部配合讲究，声场厚实，十分震撼。与师教三件锣鼓乐器的简单击奏相比，彰显出道教的"霸气"！而加入竹笛的吹打乐和着道士柔和、优美韵唱，又彰显出道教的"文气"！师教单薄的锣鼓音响和师公粗犷的唱腔，与道教音声相比，显得古朴、原始。所以说，师道两教的音声关系也体现了二者在同一场域的不同政治地位。

从文化关系来看，师教作为一种处于弱势地位的信仰文化，具有强烈的自我文化认同和危机意识，这从师教所用乐器一直坚守自己的历史文本，仅用大鼓和大小锣三件乐器可以认知。笔者在回访康朝文师傅（本次师道抛牌奏职仪式的仪式主持者之一，兼做师道两教）时，有意问他在演唱师道两教科仪文本时是否有相同之处，他非常强烈地表达：两者完全不一样。从前文对师教唱腔的音乐分析也可认知，师

---

1 [法]布迪厄,[美]华康德.实践与反思——反思社会学导引[M].李猛,李康,译.北京：中央编译出版社,1998:134.

教唱腔和所用乐器都坚守着自身传统，坚守着对梅山区域文化的文化认同，也即是对道教音声的"认异"，这看似与师教对道教神系的认同相矛盾。实际上则体现了师教在"开梅山"后为了求得"合法身份"而对道教神系"认祖归宗"的无奈！

从经济关系来看，师道两教的认同与认异在很大程度上取决于两教信仰文化作为文化资本的经济利益获取。经济利益是一种生存资本，师教对道教的认同就是想获得"生存权"。道士与师公身份的合二为一，也是为了获得更丰厚的生存资本。尤其随着当下民间民俗信仰文化逐渐式微，民间信仰文化能提供的经济资源越来越狭窄，道士和师公身份的合二为一更为多见。师教仪式音声对自身传统的固守仅仅是一种"惯习"，失去对传统的体认，传统的发明随时都可能发生。

结　语

仪式音声作为民间信仰文化的载体，是其观念和结构的外显状态。所以，对仪式音声的解析是研究民间信仰文化的重要途径。师道两教的音声共享、互文及其场域结构的耦合、互制是在梅山地区独特的自然、历史、社会语境中形成和发展的。梅山地区由于在地形地貌、生产生活、族群结构、方言俚语等方面具有大同小异的区域文化特征，也构成了梅山地区民间信仰文化的"一体多元"格局。据笔者调查，在梅山核心区域的安化县和新化县，新化县属于以盆地为中心，四周为山地的地貌，东边通过涟水、西边通过溆水与外界相连。外来文化的渗入更便捷，受外来的道教影响更大。而安化境内全是山地地貌，境内的资水落差极大，不便通航客运，导致封闭性更强，民间信仰文化巫风更甚。本文仅为个案研究，若要全方位地通过仪式音声解读梅山文化，则需采用多点民族志、线索民族志的理论和方法以及"跳出"梅山看梅山的学术理念,进行更系统和全面的调查与研究。基于目前梅山文化的研究态势,需要从整体上、宏观上对梅山文化进行解读,运用历史民族音乐学的思维来审视梅山文化,在"新文科"[1]的大背景下全面观照与解析梅山文化。

---

[1] 2018年8月,在全国教育大会召开之前的半个月,中共中央提出"高等教育要努力发展新工科、新医科、新农科、新文科"(简称"四新"建设),正式提出"新文科"这一概念。2019年4月29日,教育部、科技部、财政部等部门在天津联合召开"六卓越一拔尖"计划2.0启动大会,标志着国家"四新"建设工程正式开启。

演变中的文化记忆
——"还都猖大愿"仪式田野文化志比较研究

喻馨怡

新化县是梅山文化的中心地区，是多个民族的融合之地，洋溪镇地处新化县西南部，距县城15千米，交通便利，如今已发展为中国的文印之都，也成为新化县经济最发达的乡镇。据仪式表演者所言，只有经济条件好的主家才会向韩王许愿、还愿，这也是"还都猖大愿"在洋溪镇上演频率最高、保存最完整的重要原因。在经济的推动和各种外来文化与本土文化的融合下，"还都猖大愿"仪式正在不断演变。在梅山文化研究会田彦老师的帮助下，笔者分别于2017年11月9日与2018年9月30日前往新化县洋溪镇对两场"还都猖大愿"仪式进行田野考察。笔者进行田野考察的目的在于将两次亲身田野考察与2006年法国学者范华（Patrice Fava）录制的陈德美坛"还都猖大愿"仪式影像志进行比较研究，了解该仪式在12年间的变迁情况并分析背后的原因。

一、仪式背景及举行缘由

"还都猖大愿"仪式起源于汉高祖时代有名的"楚汉之争"，刘邦登基后担心韩信谋反便将其害死,韩信死后其冤魂指使妖怪缠着汉高祖,使其身患重病、无药可医,于是张贴皇榜四处求医,一名叫朱鹤的法师揭了皇榜并前往江西龙虎山天师府求助,天师府的神仙让他设坛并宰杀一头猪、一头羊、一头牛作为祭品请出乌风峒内十大都猖及雄兵猛将为其降妖,并将妖怪斩杀献与韩信。仪式结束后,汉高祖病愈,封韩信为韩王,并让所有百姓信奉他,此后,凡事得偿所愿的信众,都要举行还愿仪式来酬谢韩王与十大都猖。

在三场四天四晚的"还都猖大愿"仪式中,陈德美坛的仪式缘由是为陈德美的父亲陈扬文承包工程一事还愿;秦国荣坛的仪式缘由是为曾姓主家父亲申请技术专利改变了家庭经济条件而还愿(曾姓主家如图1);广传宫坛的仪式缘由则是由多个家庭一时兴起而举行,之前并未许愿,这在当地十分罕见。

图1 参与田野调查的专家学者、笔者与主家人合影(2017年11月13日路人拍摄于洋溪镇曾姓主家屋前)

二、仪式举行的场域

陈坛的表演，选在了陈德美自己的普照雷坛，而秦坛的表演，将表演场地选在了曾家二儿子的家中，广传宫在掌坛师孙小平自己家中，仪式前一天下午开始布置坛场、填写文疏，准备纸钱、香烛、鞭炮、公鸡、斋油、供品、猪、羊、牛、令旗、米、米升、方箱、师杖、乐器、法器、各种衣服、帽子和面具等。在对秦坛与广传宫的实地调查以及观看陈坛表演视频的过程中，笔者认为仪式的表演场地也是十分讲究的，本文特将陈坛与秦坛两个场地进行比较研究：

表1 陈坛与秦坛场地比较

比较点	相同之处	不同之处
大门外香案	左右两边设立"皇坛"二字竖立，摆放韩王圣像两尊与五岳圣帝、皇后夫人，韩王圣像的斗座上插有金瓜钺斧和两面令旗，香案旁站立着一匹韩王的乌棕马，大门上悬挂了十大猖神像、五大猖兵神像、土地公公与判官神像，并张贴榜文。	秦坛比陈坛多摆放了两对圣公圣母。
堂屋上方	悬挂上清天尊、太上老君、天皇大帝、雷祖大帝、王母仙娘、法主宗师、圣主三娘、观音大士、卢工真人、包公师主、王天君、殷天君、玉清天尊、玉皇上帝、中天星主、老祖天师、土黄大帝、张赵二郎、掌愿仙官、龙王大帝、玄天上帝、祝融大帝、天符大帝、马天君、赵天君等神像。	1.秦坛的布置是面对正墙从左至右分别悬挂了皇后夫人、南山圣母、韩王、东山圣公、五岳圣帝，而陈坛的布置则刚好相反。 2.据研究者的粗略统计，陈坛在堂屋内悬挂了数量过百的神像，而秦坛相对较少。

(续表)

比较点	相同之处	不同之处
瑶台	竖起四根竹竿，插竹子六根作为藏兵大殿，挂上两个面具，左边是判官，右边是土地。	1. 瑶台上陈坛摆放的是玉清、上清、泰清、玉皇和天皇，而秦坛摆放的则是天皇、道德、元始、灵宝、玉皇。 2. 瑶台中间陈坛摆放的是王、殷二大天君牌位，太上三元法主宗师牌位，五狱圣帝皇后夫人牌位，太上三曹王母仙娘牌位，马、赵二大天君牌位，而秦坛则摆放的是申天师、许天师、张天师、葛天师、萨天师。
堂屋内香案	摆上供品、香、蜡烛、酒等。	1. 香案上的米升中还摆放了北斗、哪吒、玉皇、韩王、南公、五狱六位神灵的牌位，这是陈坛中没有的。 2. 秦坛在香案下方的米升上，还摆放了张五郎的牌位以及供品，而陈坛没有。

从场地布置的相同点不难看出，无论仪式表演者是否师从一派，他们在"还都猖大愿"仪式中的大部分场地布置都相同，笔者认为这跟三个傩坛之间的起源相关，且场地布置的方式也是师传过程中十分重要的一个科目。而在仪式表演的场地布置出现不同的原因，笔者认为有三点：第一，场地受限，导致了悬挂神像数量不统一；第二，掌坛师的个人习惯，导致了物品摆放的位置不一样；第三，师传不同，不同门派所传授的表演方式存在差异，导致了神灵牌位会出现不同。

在场地布置完后，整个场域充满了神圣感，将屋内与屋外隔绝。

三、班社成员及师承关系

表2 陈坛仪式表演成员

职能	表演人员
掌坛师	陈德美（法鸿，86岁）[1]
道士	陈衡美、陈扬勇、陈代礼、邹屹山、邹今球、罗忠益[2]（法谦，42岁）、吴镜吾、曾利清、王红兵、王小龙、邹梅生、曾梦熊、王崇发、邹序仪、邹缎练、肖平奇、万益林
鸣锣	陈律美
香祝	罗何农

表3 秦坛仪式表演成员

职能	表演人员
掌坛师	谢慧南（法优，52岁）[3]
道士	秦国荣（法显,90岁）、谢和平（法理,31岁）、谢梦南（法演,58岁）、谢晋南（法晋,54岁）、罗忠峰（法忠,38岁）、罗忠益（法谦,42岁）、刘晋斌（法清,42岁）、曾国华（法钢,48岁）、杨理超（法诚,42岁）、袁盛洪（法洪,45岁）、蔡景忠（法景,47岁）、秦俊辉（法潭,31岁）
鸣锣	邹家万（58岁，未学仪式，专门负责敲小锣，具有可替换性）
香祝	曾令光、邹家友

表4 广传宫仪式表演成员

姓名	出生年份	法名	住址	传承关系
秦国荣	1927	法显	白塘村	祖传
孙小平	1974	法泽	红星村	师传（秦国荣）
王洪斌	1982	法洲	槎溪镇	祖传、师传（陈德美）

---

1 表2、表3中括号里的名字均为各位师傅的法名。
2 罗忠益师傅是中间唯一一个参与了三场仪式的表演者。
3 表3中师傅们的年龄均为笔者2017年前往新化洋溪镇采风时的年龄。

(续表)

姓名	出生年份	法名	住址	传承关系
王松发	1974	法达	槎溪镇源竹村	师传（秦国荣大弟子）
王带球	1998	未奏职	槎溪镇源竹村	父传（王松发）
邹今球	1982	法波	槎溪镇	师传（陈德美）
曾稳	2003	未奏职	红星村	师传（孙小平）
陈代礼	1973	法逸	槎溪镇	师传（陈德美）
罗忠益	1976	法谦	中一村	师传
罗忠峰	1980	法忠	龙潭湾	师传
秦青云	1970	法迢	白塘村	祖传（秦国荣弟弟）
谢和平	1987	法理	建荣村	师传（秦国荣）
谢永峰	2005	未奏职	建荣村	父传（谢和平）

法国学者范华曾于2006年采访过陈德美，得知了陈坛的师承关系。新化道教的起源和发展都离不开玉虚宫，玉虚宫的创始人是元朝的曾公如寿真人，他在龙虎山住过8年，后到湖南传播道教便在新化创立了玉虚宫。陈德美所学师教来自曾法奇一脉，曾法奇是山东人，自唐朝时期陪同朝廷特使开梅山，治邪除怪，一直传承至今。陈德美是新化县玉虚宫分支洋溪镇普照雷坛的掌坛道士，道名陈宽忍，法名法鸿，他的道教和师教都是祖传，曾任新化县道教协会会长。2006年"还都猖大愿"仪式中的表演者皆为陈德美的徒弟，他们有各自的道坛，并单独主持法事。

《上梅广阐宫傩事》一书由秦国荣自行编写，里面详细介绍了广阐宫的师承关系。广阐宫位于新化县洋溪镇白塘管区官渡村，宫门口就是集市，交通便利，广阐宫的创始人是秦国荣的曾祖秦修身，秦国荣的父亲14岁时由于祖父的逝世转投了洋溪镇普渡宫道长曾求顺，自行香火后，便将祖辈的老香火也一同继承。秦国荣从小对父亲所做的法事耳濡目染，5岁开始便跟随父亲出席法事并当其帮手，他的两个亲弟弟也跟着父亲一同学习师、道两教的法事，在1948年他们的父亲为三兄弟举行了隆重的"抛牌奏职"典礼。在秦坛本次的表演中，既有亲兄弟，也有秦国荣自家的亲戚，都是洋溪镇本地人，还有从其他坛出师的师傅，比如杨理超、袁盛洪、蔡景忠三位便是从隆回县高坪村赶过来参与演出的，其中，杨理超和蔡景忠都是祖传的师、道两教，这是仪式中秦坛与陈坛的班社成员中最大的区别。

在2018年10月份广传宫的"还都猖大愿"仪式中，秦国荣依旧以参与者的身份出现在坛场，谢和平、罗忠峰、罗忠益三人作为表演者也参与了此次仪式，且仪式中出现了一位"90后"和两位"00后"未抛牌的小师傅，分别是王带球、谢永峰和曾稳，他们学习自行手抄师傅科仪本上的理论知识，但是更多的是师傅对他们的"口传心授"，在理论学习的基础上，还需要通过跟随师傅到处参演仪式，不断演练，不断实践，将所学运用得更为灵活。通过采访得知，由于家中父辈认为这是一门好谋生的职业，所以从小便让家中的男孩拜师学艺。

四、仪式程序[1]

仪节一：启首、喧帖、请水、请圣

陈坛表演者为掌坛师陈德美；秦坛表演时间为第一天6:00—6:55，表演者为掌坛师谢慧南；广传宫表演时间为第一天6:30—7:35，表演者为掌坛师孙小平。座坛师[2]击鼓，众班吹奏横笛、响牛角、

---

[1] 由于陈德美坛表演的影像志被剪辑过，当时表演的具体时间无法确定，不记入文中，且影像志中记录不够完整，可能会出现纰漏。

[2] 仪式中敲鼓的师傅被称为"座坛师"。

鸣海螺、燃鞭炮，"神灵"将至，已然进入了一个神圣的场域。表演者"请圣"时书紫薇讳。本仪节结束前，表演者进行跪拜、做手诀。

仪节二：开坛荡秽、告开坛符

陈坛表演者为陈扬勇；秦坛表演时间为第一天 7：04—7：54，表演者为罗忠峰；广传宫表演时间为第一天 7：45—8：40，表演者为王带球。座坛师击鼓，鸣锣，表演者手持朝板鞠躬、跪拜于蒲团之上心诵。本仪节结束前，表演者要做手诀，并与主家人作揖、道贺祝福。

仪节三：发预报、喧帖

陈坛表演者为陈代礼；秦坛表演时间为第一天 9：00—10：05，表演者为袁盛洪；广传宫表演时间为第一天 9：08—10：22，表演者为王松发。鸣锣击鼓，焚烧纸钱、表演者走罡步、做手诀。本仪节中，有三处需要燃放鞭炮，分别是仪节开始前、《发预报》中表演手诀和走罡步时、发预报时，秦坛与广传宫的表演者会吹响牛角，提醒各界神灵接收预报。

仪节四：伍师申、引导、喧申

本仪节中需要三位表演者，陈坛表演者为陈衡美，与他配合的是吴镜吾和陈代礼；秦坛表演时间为第一天 13：30—14：28，表演者为蔡景忠，与他配合的是刘晋斌和罗忠峰；广传宫表演时间为第一天 11：37—12：53，表演者为罗忠益，与他配合的是罗忠峰和邹今球。表演者手持朝板与摇铃，鼓声响起。

在本仪节结束时，陈坛和广传宫都会让信主还香敬神，并奉上香火钱；而秦坛在本仪节中，都未曾让信主出现在仪式中。

仪节五：荡秽、洒净、先天召练、发奏申

陈坛表演者为邹屹山；秦坛表演时间为第二天 7：22—8：13，表演者为谢梦南；广传宫表演时间为第二天 6：58—9：05，表演者为王松发。两个坛的表演时间有明显出入，原因在于：《发奏申》有四奏四申，四奏为九宸奏、七宝奏、诸星奏、王母奏；四申为四京申、三省申、五狱申、掌愿申。

仪节开始，表演者需手持天蓬尺呼雷召将，走罡步并心诵，在进入仪式的表演者眼中，天蓬尺是天蓬元帅济世斗穹的法器，威力无边，令牌又称五雷诰令，天蓬尺与令牌两端都刻有生、煞二字，将天蓬尺与令牌放在一起，上加两米，可用来率将，表演者用天蓬尺抒天罡讳，左手做手诀，用令牌在香案上敲击三下表示下令，然后将米撒向空中。

在马天君降临坛场时，表演者书完马天君讳后，右手持天蓬尺，左手端起香案上的瓷碗，饮圣水，吐出，恭迎天尊。紧接着，陈德美在韩信的香案前宰杀雄鸡，并将鸡血洒在已经写好的符箓上，而后，将所有的符箓都插在韩信的神案上（法事圆满后，掌坛师会将十猖符分给十大都猖的扮演者，其他的符则分给所有信众带回家，保佑家主、亲戚、老幼安康）。

在《发奏申》众班唱诵完毕，方箱与奏申都焚化后，燃放鞭炮，本仪节结束。

仪节六：造桥

此仪节的表演者需要两位，秦坛表演时间为第二天12：10—13：07，表演者为秦俊辉和曾国华；广传宫表演时间为第二天11：42—12：58，表演者为陈代礼和邹今球。

仪节开始，一名表演者点燃纸钱，全场只有紧密的锣声，鞠躬，手持两面令旗，另一名表演者手持师刀与瓷碗，将圣水洒于已经准备好的"长生大桥"四周，走罡步，在不同方位画符，并洒上圣水，此时，屋内加入了碗锣与鼓伴奏，且碗锣与鼓的击打都由座坛师一人完成。画完符箓后，两人放下手中所有物品，开始绕桥做手诀、走罡步。在将"长生大桥"上的神灵请回瑶台前，两名表演者首先带领主家人绕桥鞠躬，随后轮流与主家人面对面口诵祝福的话语，这些祝福句与句之间的方言用词都是押韵的，接着，互相鞠躬，主家人会奉上数额可观的香火钱，本仪节结束。

仪节七：韩王表、喧表文、迎词、迎銮接驾、上篆、喊礼、奏朝、求讨阴阳、游湖赛海

陈坛的表演者为陈扬勇；秦坛和广传宫的表演者均为谢和平，秦坛的表演时间为第二天14：30—17：05；广传宫的表演时间为第二天13：48—17：19。

仪节八：封茶山峒、造竹、陪前人

陈坛的表演者为陈德美；秦坛的表演时间为第三天18：30—21：13，表演者为谢和平，《陪前人》的表演者为谢慧南；广传宫的表演时间为第三天18：29—20：35，《陪前人》的表演者为王松发。

仪节开始，表演者手持令旗与猖竹，另有十名师傅手持猖竹参与本仪节表演，唱元皇教[1]地方神的神话，并请出张五郎领导大家进行祭祀。

仪节开始，燃放鞭炮；将张五郎请至坛场、念诵完梅山大教主和孟公三兄弟的神话故事后，燃放鞭炮。

在《封茶山峒》时，表演者需做一系列手诀，并打卦；且十大都猖的扮演者都要依次前往茶山峒打卦，阴卦表示神灵同意他们的参加该仪式的演出。

打卦结束后，斩杀公鸡。

仪节九：起马差猖

陈坛的表演者为陈衡美；秦坛的表演时间为第四天10：05开始，表演者为谢和平；广传宫的表演时间为第四天9：32开始，表演者为

---

1 道教有很多法派，其中元皇教是盛行于梅山地区的道教法派之一。

谢和平。

仪节开始，表演者手持手炉香和兵牌，请十大都猖、天兵率将前去拿妖，祭祀韩王，地上放置香案，用雄鸡血酒祭祀十大都猖、城隍土地、天兵率将。

请各路神灵下凡时，打卦。

念诵结束，燃放鞭炮。

五、仪式音声的分析[1]

在三场"还都猖大愿"的表演过程中，无论是乐器、法器的使用，还是表演者的唱腔和口诵，或是法事与法事之间的串联，都存在异同，且表演者口诵过程中出现的不同节奏、音高、强弱等要素，这些便是区分不同法事以及法事中不同表演情景的重要标志。

仪节一：启首、喧帖、请水、请圣

1. 喊

三个坛在《开坛》的表演中掌坛师都会喊道："一声锣鼓震天台，韩王五狱下凡来，起鼓，震三通，万神咸集。"表演者喊礼时声音坚定沉稳，气若山河，这是为了告知各路神灵与众人，仪式开始。

2. 念

三个坛的表演者登场，宣读意旨，将一切事宜通报三界四府神灵，宣读结束后对神灵进行叩拜，接着表演者用纸钱对香案瑶台上书紫薇讳，口中念念有词，不论是观看影像志还是现场聆听，都能明显发现近距离也无法听清楚他们口中发出的声音。表演者手持朝板和手炉香跪在蒲团上口诵《请圣科文》，其内容为："请各类诸神下驾皇坛，领

---

[1] 本文中所有的诵词内容皆来自法国学者范华拍摄制作的影像志。

受祭祀，高功诚心执仪，闭目官神，袂宴所有的神灵。"将神灵请下凡后，表演者需变身为统兵统猖大元帅，还要将仪式傩坛变为不同的神殿，并继续心诵："此殿不是非凡殿，置起铁茶山一帐，立起五狱华山大殿，掌管都猖大殿，又为总兵大殿，存变包公师主大殿，齐备红罗大帐，排起旗枪花号，鸣锣金鼓，刀枪弓箭，弟子华为统兵统猖大元帅正身，左手掌发东路总兵，右手掌发南路总兵……"

心诵之时，表演者始终手持朝板站立在瑶台之前，心诵内容严格按照科仪本上已经分好的句节来诵。

3.唱

在《请水》的表演过程中，表演者演唱《请水词》，旋律如谱例1所示：

谱例1

请水词

记谱：喻馨怡
采录地点：新化县洋溪镇红星村
采录时间：2018年10月1日

由谱例1可知，演唱的旋律是一直在中低音区的五声音阶，节奏多采用大切分，音调、节奏更加趋向于歌唱性，旋律感更加宽广，一二句旋律完全重复，第三句在前两句音乐素材的基础上变化了节奏织体。在演唱本段旋律前，表演者需要步行至请水处，此间其他器乐的节奏需要与行走步伐相统一，演唱时的旋律节奏是直接沿用步行时的节奏。

表演者继续唱诵："北方黑帝涌水龙王，中央皇帝涌水龙王，五湖四海龙王大帝，竣汲傲宫之上，沧冥浪苑之中。"而另一名师傅在铮子的节奏声中念诵意旨。

4. 奏

陈德美口诵前，另有几位师傅便站列有序地围绕在他周围吹奏〔老君笛〕，一名师傅念意旨，此时全场仅敲击锣为师傅口诵进行伴奏，此过程中的不同之处在于陈坛使用了大鼓和大锣进行伴奏，秦坛使用的大锣和碗锣进行伴奏，而广传宫则三者并用，它们的共同点是表演者轻微的口诵声被伴奏乐器声淹没。

在《请圣》中掌坛师独自口诵时，使用了横笛合奏，此处不同的是秦坛与广传宫都会首先使用摇铃作为一个引导，紧接加入镈进行合奏，重复三次，最后出现了横笛的声音为表演者演唱的旋律进行伴奏，在《请圣》与《请水》仪节中，秦坛的表演者分别使用了摇铃和牛角这两件法器，摇铃的使用在《请圣》中对其他乐器起到了引导的作用，而牛角则是起着连接这两场法事的作用，《请水》时三个坛都使用了器乐合奏，香祝走在队前，表演者手持摇铃走在队伍最后，由轻缓的鼓点指引，配有横笛吹奏散音行至"请水"处，但三个坛在运用器乐过程中最大的区别是：相同人数的队伍中，除去小锣、小鼓与钹外，陈坛的师傅使用了六把横笛，广传宫的师傅使用了八把横笛，而秦坛的师傅则使用四把横笛并携带两把牛角，将"圣水"请回堂屋后，使用了铮子为表演者的口诵进行伴奏，铮子敲击的节奏十分平均，每一个节奏点都能与表演者的口诵节奏相吻合。

仪节二：开坛荡秽、告开坛符

1. 念

在秦坛的表演中，刘晋斌退场后，罗忠峰手持朝板闭目、开始心诵《荡秽请圣科文》，接着，众班跟着一起唱诵，表演者拿起香案上的意旨继续唱诵。在此仪节中，秦坛的表演者进行了较多次反复唱诵。

2. 唱

在点燃开坛符时，陈坛除表演者进行口诵外，无其他师傅唱诵，而秦坛和广传宫则是表演者和另一名师傅进行唱诵，唱诵旋律如谱例2所示：

谱例 2

告开坛符

记谱：喻馨怡
采录地点：新化县洋溪镇红星村
采录时间：2018 年 10 月 1 日

如谱例 2 所示，本段旋律速度较快，首先以四四拍开始，紧接着转至四二拍进行，第 3 小节结束后又转回至四四拍继续进行直至结束，旋律多以 ×××× 和 ×× 节奏型为主，节奏流畅，五声调式，句尾常落于 E 音，使旋律更加明亮。第 3、4 小节是在第 1 小节素材的基础

上进行变化，第11、12小节是对第6、7小节的完全重复，表演者在中低音区演唱着平稳的旋律，且带有拖腔和倚音。本仪节相当于仪式中的正式开场，是要告知众人、众神仪式表演即将开始，因此会使用一个比较轻快明亮的旋律节奏进行带入。

3. 奏

广传宫在表演之初会吹奏海螺，这是它与其他两个坛的不同之处，三个坛都在口诵过程中使用摇铃，但秦坛和广传宫的表演者使用摇铃的频率相较更频繁，且在表演者个人的唱诵中，全程仅使用了摇铃给予最简单的节奏进行伴奏，并使用摇铃从碗中蘸取圣水洒在堂屋四周。在仪节最后，表演者会提高唱诵的音量，同时敲击五把钹、大锣、鼓。

仪节三：发预报、喧帖

1. 念

在陈坛表演者的唱诵与横笛的配合结束后，开始此仪节中的《喧帖》，也称为《发预报帖》，表演者单独进行口诵，其内容为："召迎功曹，传香达信，预报苍穹，各衙晓谕，知闻阐事，处处通传，方方知悉……"

在秦坛《发预报》的表演过程中，表演者手持天蓬尺敲击香案，座坛师一边击鼓一边与高功一唱一和，在此过程中，表演者与座坛师发声，堂屋内仅留有鼓声，而表演者在表演手诀与罡步时，堂屋内则充满了锣声、鼓声和钹声，在秦坛《喧帖》的过程中，另一名师傅跪在蒲团上，一边口诵意旨一边敲击令牌，一字一拍，同样有座坛师一边击鼓，一边与其进行一唱一和。

《喧帖》中，表演者将主家人之愿向神灵说明后，乐器声随之响起，表演者随着器声伴奏手拿令牌画符箓进行口诵："家堂土地，神之最灵，通天达地，出幽入冥，为吾传奏，不得留停，有功之日，焚书上清……"

2. 唱

在第三出法事《发预报》的表演中，表演者手持朝板开始唱诵，如谱例 3 所示：

谱例 3

发预报（选段一）

记谱：喻馨怡
采录地点：新化县洋溪镇红星村
采录时间：2018 年 10 月 1 日

由谱例 3 可知，表演者一直在低音区演唱旋律，干净利落，平稳而诚恳地将"预报"中所包含的内容一项一项传达给各路神灵。

谱例 4

发预报（选段二）

记谱：喻馨怡
采录地点：新化县洋溪镇红星村
采录时间：2018 年 10 月 1 日

在表演者欲将预报发出时，如谱例 4 所示，将音调提高，演唱出歌唱性更明显的旋律，仿佛是在告诉神灵，已将预报发出，希望神灵接收。

3. 奏

仪式开始，表演者使用摇铃，紧接着便是钹、锣、鼓的合奏。在秦坛表演者唱诵的过程中，座坛师进行帮唱，使用了横笛、鼓、碗锣和小钹进行伴奏，同时表演者使用摇铃。在表演者做手诀、走罡步时，全场响起了钹、鼓、大锣、碗锣的合奏，而后，表演者在口诵中使用天蓬尺拍在香案上并抒写符箓。

当陈坛的陈代礼前往屋外空地发预报时，除了锣、鼓这两样乐器的伴奏，还使用了铮子，这些都是为表演者的唱诵给予节奏支撑。

仪节四：伍师申、引导、喧申

1. 喊

在《请圣科文》结束后，表演者提高音调，开始喊礼，先喊道："祖师"二字，接着旋律如谱例5所示：

谱例5

喊礼

记谱：喻馨怡
采录地点：新化县洋溪镇红星村
采录时间：2018年10月1日

表演者使用散板曲调进行喊礼，旋律处于中音区并带有拖腔，速度缓慢，每一字都喊得铿锵有力，十分清晰，除了表演者喊外，身旁有其他师傅帮腔。

2. 念

在陈坛表演中，表演者手持朝板口诵《请圣科文》："孙系天师府门下，谨依天台品格敕旨旌封，奏受上清三洞，五雷经箓，九天金阙，玉真土部尚书，行先天元皇兼南北二院，考判三界不正鬼神事，小臣陈法鸿,谨请奉师修因,酬赛都猖情困奏申光前裕后,保泰求吉下凡,信主……"

3. 奏

在秦坛的表演中,表演者口诵《请圣科文》时伴有鼓声与碗锣声,口诵完毕后响起镈声。而后,表演者开始心诵,做手诀、走罡步,全场响钹声、鼓声、锣声。接着,刘晋斌手持三炷香和摇铃,开始与表演者一起进行唱诵,在此过程中,堂屋内有横笛声,且座坛师同时敲击小钹与鼓。

仪节五:荡秽、洒净、先天召练、发奏申

1. 念

表演者完成心诵后开始与座坛师进行一唱一和的口诵:"火师一震流金铃,轰雷擎电响大清,敢有后至光灭形,吾奉天皇上帝敕,先天雷祖令,火师张公真人,法旨宣召,先天一气使者,火雷阳谷张天君,法旨宣召。"

待表演者向南方完成画符与手诀后,回到香案前,手持令牌敲击一下香案,与座坛师继续念诵:"吾奉先天道祖,元阳上帝律令,祖师西河救苦,萨翁真人,法旨宣召,先天玉枢首将,三五火车王天君,法旨宣召。"

表演者第三次来到香案前手持令牌多次敲击香案,并与座坛师进行口诵:"唵吽吽,岁君猛吏,统领众神;(分号为击打令牌处)黄幡前引,豹尾后随,七十二侯,二十四炁;恶煞当先,凶星翊衡,黄钺诛精,金钟击祟;五方使者,役毒万灵;助吾大道,诛斩妖精,玄都律令,杀伐无停,吾奉中天星主,北极紫微大帝律令;金鼎妙化,申公真人,法旨宣召,北帝御前,地司大岁,武光上将,土府赶煞殷天君,法旨宣召。"

表演者再次回到香案前手持令牌与座坛师进行口诵："不论远近，速赴坛场，吾奉老祖玄天上帝律令，宣召斗口吽神；文魁进士马天君，法旨宣召。"

此仪节中的《发奏申》，表演者需跪于蒲团心诵，另需要四位师傅配合一起念诵："天阶得到天尊，臣系万法老祖，天师府门下，谨依天台品格敕旨旌封，奏受上清三洞，五雷经箓，九天金阙，玉真土部尚书，行先天元皇兼南北二院，考判三界不正鬼神事，小臣，陈宽任顿首俯拜"，接着跪于蒲团上，继续念诵："上言臣闻，不避斧诛，冒干天造，今述湖南省新化县洋溪镇紫龙甲庙王人士……"而后，将所念奏申放入信封内插入方箱，准备焚化。

在此仪节快结束前，表演者使用了摇铃为其口诵进行伴奏："伏以，香焚水噀，十方秽咒以皆通，身法足罡，乃百万雄兵之交会，纳此献芹之礼，监齐回贺之诚，功曹下马，有酒在壶，连斟三献。"

2. 唱

将奏申焚化之前，另一名师傅手持令旗开始唱诵，小鼓声、钹声、碗锣声响起，横笛为师傅所唱旋律伴奏："与吾传奏通三界。"表演者手持令牌画开天符、书神功讳，而后，走罡步，表演者手持朝板和摇铃，口中念念有词，在焚化的过程中，旁边加入一名师傅吹奏海螺，声停，用天蓬尺沾圣水书神水讳、念神水解秽咒；书天地自然讳、念天地自然咒；书玉皇讳、念玉皇诰；书三官讳、念三官诰；书土地讳、念土地诰。念诵后，吹响海螺，众班开始唱《四世功曹》《城隍土地送帖诰》如谱例6、谱例7所示：

谱例 6

城隍土地送帖谐

记谱：喻馨怡
采录地点：新化县洋溪镇红星村
采录时间：2018 年 10 月 2 日

谱例 7

四世功曹

记谱：喻馨怡
采录地点：新化县洋溪镇红星村
采录时间：2018 年 10 月 2 日

由谱例 6 和谱例 7 可知，g 与 c^1 构成四度，g 与 d^1 之间、f 与 c^1 之间、g 与 c 之间三次构成五度，g 跟 e^1 之间构成六度，g 与 g^1 多次构成八度大跳，这些跳进都能让旋律显得更加豪放有力，同时，二度、三

度的级进作为旋律的主体，始终保持其稳定的性质，级进中穿插跳进，使音乐充满激情，两者相中和，使这两段旋律表演明朗而平稳地进行。两段旋律唱词十分规整，句尾押韵，两段旋律无太大变化，节奏型统一，呈现了"一曲多词"的现象。

3. 奏

当表演者与座坛师的口诵结束后，用令牌击打一下香案，紧接着表演者面朝南方烧纸钱用天蓬尺书写符箓，做一系列手诀，如大金刀诀、小金刀诀、金金光诀、银金光诀、三朵旗诀、白鹤诀、桥诀等，此时，堂屋内第二次响起锣声、鼓声、钹声。

在表演者与座坛师的第二次口诵结束后，右手持天蓬尺，代表王天君的剑，左手持一炷香，代表王天君的金鞭，用天蓬尺书王天君讳，此时，堂屋内第三次响起锣声、鼓声、钹声。

在表演者与座坛师的第三次口诵结束后，左手持天蓬尺，右手持摇铃，请殷天君身降皇坛，此时，全场第四次响起锣声、鼓声、钹声。

随后降临坛场的是马天君，表演者手持天蓬尺书马天君讳，此时，全场第五次响起锣声、鼓声、钹声。

法事最后，表演者手持天蓬尺像插在韩信神案上的所有符箓书张天君、王天君、殷天君、马天君等人的心印，此时全场仅有碗锣声与鼓声。

整个唱诵过程中，吹海螺三次；整个口诵结束后，击鼓三声。

在广传宫的《发奏申》中，笔者采录了横笛吹奏《伴音》的旋律，如谱例8所示：

谱例 8

伴音

记谱：喻馨怡
采录地点：新化县洋溪镇红星村
采录时间：2018 年 10 月 2 日

如谱例 8 所示，旋律由 #g^2 开始，形成 #g^1–b^1–#c^2–#d^2、a^1–b^1–#g^1–a^1、e^1–#f^1–#g^1–#c^1、低音 b–#c^1–e^1–#d^1 的上下级进回绕进行，整段旋律都以这四组旋律规律为基础变化进行，最后落在 #c^1 结束。

在广传宫的本仪节过程中，笔者参与了钹的击奏，其中三人与另外三人节奏错开，在表演者准备念诵前，座坛师给予节奏：×× o ××，所有钹的节奏变为 ××× 结尾。

仪节六：造桥

1. 念与奏的互文

本仪节中笔者参与了大锣的演奏，与座坛师配合，当座坛师手持一根鼓棒时，笔者不敲击，当座坛师手持两根鼓棒时，给予节奏：o ×× ×××，笔者在弱拍先击奏一下，再连续击奏 ×××，并反复三次。

在此仪节中，两位表演者各手持一面令旗站在瑶台前鞠躬，开始口诵，锣、鼓、碗锣的节奏跟师傅们的口诵配合得极为巧妙。在表演者的第二段口诵中，除了手上的令旗外，其中一人手上敲击铮子，和鼓为口诵进行伴奏，表演者们回到瑶台前，其中一人停下口诵，将令牌连续击打三次香案，继续念诵。下一轮口诵中，两人手中持有器物不断发生改变，将桥上的器物逐渐请回瑶台上，一人手持令旗，另一人则手持宝剑，两人相视轮流进行口诵，速度极快，中间仅有零碎的鼓声和一声锣响，中间伴有手诀；接着，分别将师杖与师刀放置瑶台前，口诵始终未间断；再接着是兵牌；在最后需要把神灵请回瑶台，需要反复做手诀、走罡步、焚烧纸钱、吹奏牛角。在本仪节演出中时常吹奏牛角，作为一个停顿，起到连接两段不同口诵内容的作用。

仪节七：韩王表、喧表文、迎词、迎銮接驾、上纂、喊礼、奏朝、求讨阴阳、游湖赛海

1. 念

在堂屋外悬挂皇榜，上面主要内容是赞颂韩信的功绩和成为神灵的事迹，表演者将其进行口诵："韩王千岁，在天之灵，在天为星辰，再低为河岳，在幽为英灵，是可以裁天地之化、知盛衰之运，共生也不苟其身有所为，然而弃楚为汉，肖相三符登坛，南陈城西，香生两灵，十万貔貅，扶拥登台，受高皇之拜，敕以金印，权悃外之治，专铁钺之权，明修栈道，暗度陈仓，三秦卷席赵燕克时，长沙潦水十面埋伏，逼楚乌江拜名阙庭……"

在《上纂》中，韩信头身合一后，众师傅开始唱："弟郎再借一匹乌棕马，搭乌鞍，扯乌旗，韩王千岁马上骑。"

2. 唱

在表演者口诵结束后，座坛师开始领唱，其他师傅伴唱，并开始敲打大鼓与碗锣，伴奏如谱例9所示：

谱例 9

迎词

记谱：喻馨怡
采录地点：新化县洋溪镇红星村
采录时间：2018 年 10 月 2 日

注：记号 ° 表示鼓边，其他未标记的表示鼓心。

从谱例 9 可以看出，击打鼓心和鼓边两种不同的演奏手法，将座坛师所唱的旋律起伏、音色明暗、节奏缓急凸显得更加淋漓尽致，使音高不明确的旋律在鼓声的伴奏下形成对比，层次鲜明，更加突出仪式表演通神的效果。

零碎的铙声后，座坛师继续唱诵。

将韩信与众神从宝殿请出，《游湖赛海》开始，表演者需一路唱诵五狱的出身、功绩和神话：

> 张李成婚一个月，怀胎一孕在娘身，怀胎三年六个月，不知鬼怪在其身，回家祖宗前许愿，叩许宝香降生身，混沌年间五月五，午时生下五弟兄，十年之后藩王反，五人商议救朝廷，从此大朝封官位，封为五狱佩夫人……

3. 奏

碗锣与零碎的鼓声响起，表演者手持朝板跪拜，起身，手持摇铃开始心诵。在《喧表文》的口诵中，表演者手持摇铃使用十分频繁，伴奏中还有横笛声与零碎的鼓声、小钹声。

迎请韩信下坛时，表演者做手诀，比如：五郎诀、旗诀、龙头诀、五猖诀、九头狮子诀、黄斑恶虎诀、泰山诀等，在此过程中，大锣与大鼓的伴奏声不间断，手诀结束后，开始《上纂》的表演，前往韩信神坛，同时吹响三把牛角，表演者将韩信的神像从神坛上取下，在堂屋内表演韩信被砍头后天上飞来神鸟将韩信的头与身体合在一起的故事，整个表演过程中，采用了大锣、大鼓和牛角合奏的形式。头身合一后，需要为韩信点睛开光、配兵配将、送旗送剑，并向神灵求讨三次阴卦，以求韩信通灵显应，给韩信佩戴符箓、书讳，而后，将韩王千岁送回宝殿，在此，还会将东山圣公、南山圣母、五狱圣帝、皇后夫人一起拥护韩王，在此表演中小锣声一直持续，伴有零碎的鼓声。

在表演者口诵韩信功绩时，座坛师会敲击木鱼配合高功的口诵。口诵结束后，其余师傅吹奏横笛，座坛师打击鼓与小钹与表演者共同唱诵。

仪节八：封茶山峒、造竹、陪前人

1. 唱

本仪节中请张五郎下凡，唱："鸣角一声连二声，三声角号透天门，莫说三声牛角响，弟郎拜请是何神，奉请翻坛倒峒张五郎，祖本二师降坛场，一十二岁去拜法，三十六岁转回乡，行至龙虎山前过，思量无个好歇场，东正山前安齐宿，望见峨眉天大光，此个屋场生得好，不如将我立坛场，山中有棵黄樟树，鸣角樟树叶翻黄，就将竹篮来挑水，竹篮挑水洒坛场，家家坛里有名字，处处坛内烧宝香，不怕神坛并社庙，哪怕师郎降坛场，左脚头上顶碗水，右脚头上顶炉香，左手拿把飞毛剑，右手提鸡祭五猖……今宵虔心来奉请，惟愿五郎祖师亲降临。"

又请梅山大教主："祖师启教立元皇，师在坛内烧宝香，祖师领兵兴法教，师流万代永传扬，奉请梅山大教主，梅山汉武大将军，头戴包巾花蓝色，身穿青衣短蓝裙，左手执斧明日月，右手拿锁锁妖精，或在山中降猛虎，又在法坛行教门，父姓扶，母姓赵，李家抚养得成人，今宵虔心来奉请，惟愿梅山亲降临。"

最后唱孟公三兄弟的神话故事："鹤鸣山前道法兴，杨祖桥前拜老君，从此万民皆瞻仰，法传流教到如今，奉请王爷都总兵，孟公大尉三弟兄，身穿紫袍金腰带，身高万丈捉邪精，欺我神者遭恶败，敬我神者保家门，扶头功事莫请我，铜锤铁炮不容请，捕山赶猎为第一，求财买卖旺家门，今宵虔心来奉请，惟愿孟公兄弟亲降临。"

《陪前人》中，主家人与所有师傅坐在一起进餐，表演者自行击鼓、碗锣并唱诵："三十三天天外天，天天外外有神仙，此处就是神仙地，学得老君真妙法，回家不叫门自开。"

2. 奏

本仪节中以唱诵居多，座坛师同时敲击大鼓和碗锣进行伴奏。如谱例10所示：

谱例10

锣鼓经

记谱：喻馨怡
采录地点：新化县洋溪镇红星村
采录时间：2018年10月3日

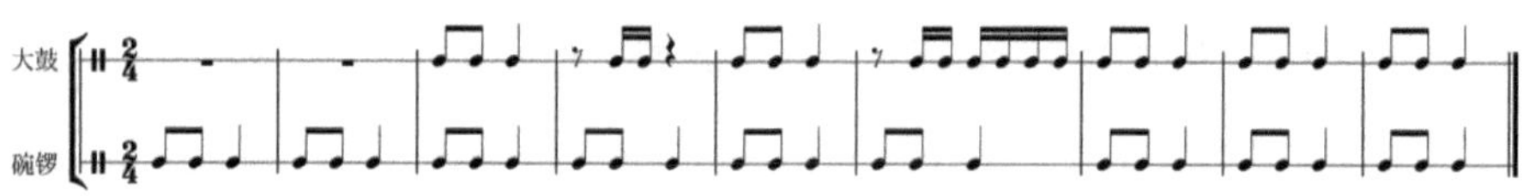

本仪节开始，吹奏牛角；将张五郎请至坛场、念诵完梅山大教主和孟公三兄弟的神话故事后，吹奏牛角。将茶山峒封好后，吹奏牛角。

仪节九：起马差猖

1. 念

开始念诵，仅留座坛师击打鼓边给予节奏："禁头猛将，当年大岁，至德尊神，桃源硐府，神斧钢班，仙娘姐妹，侍奉下坛，长生兴隆土地，瑞庆夫人，招财童子，进宝郎君，梅山院内，当今名山，五狱皇帝，皇后夫人名下，掌保酬还都猖大愿一堂，叩许以后，叩保信人，即谢洪恩，以此谢前，颁恩保后，财源广进，万事清安，人口清吉，百病消除，火盗双消，是以意旨诉明了，讲自清来话自明。"

表演者继续念诵："敲动牌头千兵到，敲动牌尾地兵齐，敲动中间颁我爹爹伯爷原身到，敲得响，叫得应，敲一声，应一声，击鼓鸣锣即来临，求请猖兵下个马。"念诵完后，打卦。

表演者手持两面令旗，第三段念诵开始："二点南方丙丁火，杀，火城兵马统三军，三点西方庚辛金，杀，金城兵马统三军。"表演者诵："抓手臂，现原打，取落帽子，现方巾，猖兵。"猖兵答："有。"高功诵："送你金牌头，银牌头，打进黄河水逆流……"

2. 奏

在本仪节中，在念诵中给予了节奏支持，使用的器物是大锣、大鼓、碗锣，节奏与仪节八中一样。每一段念诵结束，大锣、碗锣与鼓声同响，且在念诵过程中，表演者会使用卦板击打兵牌，与诵词相吻合。

六、仪式背后的文化内涵

通过观察分析三场"还都猖大愿"仪式发现在多年的传承演变过

程中，仪式表演的主体部分保存得很完整，笔者认为主要的原因有以下三点。

第一，该仪式的历史渊源导致仪式的主体不能出现太大的变动。（道光）《辰谿县志》卷十六"风俗"："又有还傩愿者，遇有祈禳，先于家龛焚香叩许，择吉醮还，至期备牲牢，延巫至家，共疏代祝，鸣金鼓，做法事，扮演桃源洞神、梁山土地及孟姜女等剧，主人衣冠随巫跪拜，或一日、三日、五日不等，其名有三清愿、朝王愿、云霄愿、白花愿之属，亲友送贺分掷钱赏巫曰歌钱，又掷里有病互为饮钱，延巫列各祈祷曰保福。"[1]

（同治）《安化县志》卷首之五"公典·祀典三"记载，"祭前一日净廊设次教官具祝版恭书祝词书主，祭官及各官各执事生姓名榜奉至学宫……"[2]，"行释奠礼，执事者各司其事，鸣钟，声鼓，鼓初严，鼓再严，鼓三严……迎神，举迎神乐，奏昭平之章，上香，主祭官旨，先师香案前，跪，叩首，与三上香……"[3]

从上述记载中可知，如今在"还都猖大愿"仪式中存在的器乐合奏，以及在法事表演中出现的乐器安排、演奏规律等，在乾隆期间的府志中则将其具体化，记录了还傩愿的仪程、缘由等方面。而表演者在仪式过程中的跪拜、上香、击鼓次数等习俗也是沿袭旧时的规矩，不仅如此，在仪式中的器乐演奏还有十分详细的讲究，比如鼓吹乐，它按照不同用途又有不同的划分，不同仪式中会用不同的音乐形式与鼓吹乐进行配合。

第二，表演者在固定的基础上再创新的传承方法。笔者发现在仪

---

[1] 中国地方志集成·湖南府县志辑60·乾隆辰州府志（二）·道光辰谿县志[M].江苏古籍出版社.2002：347.
[2] 中国地方志集成·湖南府县志辑86·同治安化县志[M].江苏古籍出版社.2002：98.
[3] 中国地方志集成·湖南府县志辑86·同治安化县志[M].江苏古籍出版社.2002：99.

式过程中大部分的仪节表演，表演者都是手持科仪本进行对照演出，在这个过程中，唱诵段的节奏划分，手诀的图示表达等，仪式中的主题或是最核心的部分始终被表演者们小心地保持着，表演者都需要严格按照科仪本上书写的要求进行，不得进行其他的创新，这也是为什么所有的表演者在表演过程中都存在很多相似性的原因，但是小部分的仪节表演中，也有一些被表演者自己改变或添加的表演内容，但是如果不是对照科仪本或者不懂当地方言，这些细微的出入不易被察觉。

"还都猖大愿"仪式中的音乐都是互相影响、互相融合的，它们可以是单独有曲牌的音乐，也可以是不分宗教的"共同体"音乐。新化县的道教源于江西龙虎山道教一脉，传入洋溪镇后，与洋溪镇当地留存的佛教音乐、新化山歌、傩戏等音乐元素不断融合，逐渐形成了具有新化特色以及符合当地群众审美的仪式音乐。

第三，当地信众的信仰崇拜作为仪式强有力的支撑。仪式中最重要的功能在影响着当地人们的实际生活，给他们带去安全感，通过采访得知，信众认为"还都猖大愿"仪式会请来诸多神祇，它们可以起到正面积极的作用，如保佑老人身体健康、驱除小孩病灾等。从采访中得知，对于作为整个县城经常能举行"还都猖大愿"的唯一乡镇，当地民众的内心对此存在一定程度上的骄傲心理，尽管不同傩坛在仪式表演中存在些许差异，但是仪式给人们带去的积极向上的精神、对神灵的信仰崇拜、最终所要达到的仪式效果等，这些最精髓的成分依然存在。

"还都猖大愿"仪式中所包含的内容博大精深，在一代代的传承过程中，如今的"还都猖大愿"仪式已跟过去的仪式大相径庭，我们无法得知它的原貌，但是通过历史的记载，以及对不同傩坛仪式表演过程的仔细观察和分析，可以发现"还都猖大愿"仪式中的许多细节在逐渐被改变和创新。笔者认为，它还有值得继续研究的价值，不仅是民族志的观察、描写、分析，更要进一步思考音乐与其背后的历史文化间的深层关系，而且在之后的研究过程中，也可尝试将梅山文化圈中更多的仪式进行比较研究，尽可能地不断还原、挖掘仪式背后的"真相"。

（喻馨怡，湖南娄底潇湘职业学院讲师。）

湖南隆回花瑶音乐文化田野民族志考察

杨声军

2020年4月2—3日，笔者与湖南师范大学音乐学院赵书峰教授，湖南第一师范学院音乐学院张应华教授，长沙学院音乐学院刘小标副教授一起前往邵阳市隆回县，对隆回花瑶地区的乐舞文化展开了一个初步的调查，主要目的是对国家级非物质文化遗产——呜哇山歌[1]与省级非物质文化遗产——七江炭花舞[2]进行实地调研。

我们从长沙出发，一路平坦。待车过涟源市，周边山势逐渐陡峭起来，天际间的雪峰山脉似一条巨龙横亘在眼前，资江在其胸间蜿蜒奔腾。我们穿梭其间，时而缓慢，时而疾速，时而急转，宛如一部跌宕起伏的著作，令人时而平静，时而沸腾，时而惊喜，似乎少了一分疲惫，多了一分享受。不知不觉间，我们就到了新化县城。新化是千

---

[1] 花瑶八大曲调，即咚咚调、啰喃调、麻溜溜调、连罗连调、溜溜调、呜哇山歌、龙潭调、噻罗调。其中呜哇山歌唱法独特，成就最高，被列入第二批国家级非物质文化遗产名录。（2020年4月2日戴田生老师口述）

[2] 隆回县七江炭花舞始于清道光年间。为了丰富花瑶地区的文化旅游，戴田生老师前往七江乡学习炭花舞。2009年，七江炭花舞被列入第二批湖南省非物质文化遗产名录，戴田生老师为省级炭花舞传承人（2020年4月2日戴田生老师口述）。

年古城,是梅山文化的核心区域,也是"苗瑶故里。"

据《资治通鉴》记载:"宋熙宁五年(1072)开置新化县,在邵州东北二百五十里。"自北宋设立新化县后,隶属于宝庆府(今邵阳)管辖。另据《宋史》卷八十八"地理志·四"记载:"新化,望。熙宁五年(1072),收复梅山,以其地置县。有惜溪、柘溪、藤溪、深溪、云溪五寨。""望"在古代一般指大县,也就是地域广、人口多。今天的新化也是人口大县,柘溪这个地名保留至今,惜溪等其他地名已经不可考,但依旧有很多都带有"溪"的地名,如洋溪、油溪、白溪等。我们特意去了资江边县城老街,几栋歪歪斜斜的老房子见证了老街曾经的繁华,古朴的墙壁上镂刻着时代变迁的沧桑。学术界普遍把新化看成是"梅山文化"的核心区。[1] 当然,我们今天将要考察的隆回花瑶,因其与新化的奉家镇山水相依,他们的生活习俗、语言文化完全相同,所以隆回花瑶也属于"梅山文化"的核心区。

一、花瑶概述

行驶在312省道之上,一路向南,过隆回金石桥后,再往西,经过两个小时的颠簸,我们到达了花瑶古寨——桐木凼。桐木凼历史悠久,树木参天、巨石随处可见,民风古朴粗犷。花瑶是瑶族的一个分支,主要分布在隆回县西北部小沙江镇、虎形山瑶族乡与溆浦县东南部的葛竹坪镇的山背村一带,人口有一万多。花瑶最具特色的地方就是当其他的瑶族在"还盘王愿"、跳长鼓舞、唱《盘王大歌》的时候,他们

---

[1] 郭兆祥. 梅山文化概述[M]. 香港:香港天马图书有限公司. 1992:12.

却过着自己的"讨念拜"[1]与"讨僚皈"[2]节庆活动，唱着声振林樾穿透岁月的呜哇山歌[3]，跳着令人目炫的七江炭花舞。

桐木凼是花瑶人民近些年举行"讨僚皈"的指定场所，由于花瑶人民没有自己的文字，只有语言，所以花瑶的族源到现在为止还没有形成一个统一的认识，总的来说，可以分为外来说与本土说两种观点。

外来说主要以《奉氏族谱》为依据，族谱记载："花瑶祖居洞庭湖一带，后迁徙至江西吉安。元末明初，历遭朝廷官军的驱赶杀戮，被迫辗转迁徙，逃进深山老林，以狩猎和耕种为主。"[4]

本土说认为花瑶地处古梅山的核心区，在宋代以前这里聚居的主要是"梅山蛮"，不管时代变迁，瑶族人民一直都生活在这里。现在一般称呼梅山地区为"苗瑶故里"，故认为是"梅山蛮"的后裔。[5]

笔者认为，隆回花瑶属于"梅山蛮"的后裔更可信。首先，笔者在湘南等地调研时，看到很多瑶族的家谱记载是从江西吉安等地迁徙过来，而且他们有一个共同的特点，就是都信奉盘王为祖先，跳长鼓舞等；

---

1 "讨念拜"是瑶民节日，意译为月半所过的节日。每年农历五月十五至十七日，在瑶汉杂居的小沙江地区的虎形山水洞坪地方举行。节日源于明末，万历年间，明朝统治者派兵镇压溆（溆浦）、邵（邵阳，今隆回县境）瑶民，瑶民组织起来奋勇抵抗，因众寡悬殊，瑶民死伤甚众。后定此节，以纪念死难瑶民，由奉姓主持集会（隆回县志编撰委员会编.隆回县志[M].北京：中国城市出版社，1994:599）。

2 "讨僚皈"是瑶民节日，意译为逃脱凶恶的菩萨。每年农历七月初二至初四日在小沙江区茅坳瑶族乡的茅坳举行。源于元末，当时聚居于江西吉安的瑶民先祖，受当地统治者的民族歧视，遭到镇压而被迫外逃。走不动的老弱妇孺，情急力竭，躲于黄瓜、白瓜棚下暂避，幸免于难，后以出事时间为纪念日。由刘姓主持集会，并约定每年需挨到七月初二后，方吃黄瓜、白瓜（隆回县志编撰委员会编.隆回县志[M].北京：中国城市出版社，1994:599）。

3 白水洞村村部宣传栏这样定义呜哇山歌：是一种高腔山歌，多为成年男子用真假声结合演唱，节奏自由，声音高亢，有较长的甩腔，常加有"呜哇呜哇……"等衬祠。

4 材料来源于2020年4月2日杨声军拍摄的虎形山瑶族乡白水村村部宣传栏。

5 铁鹰.梅山文化区的一幅原始生活画卷——湖南隆回花瑶婚俗点滴[J].民主与科学.1997（1）：43.

反观隆回花瑶，其信仰、习俗与花瑶之外的瑶族传统完全不一样。其次，"开梅山"后，梅山地区的瑶人整体上呈向南岭走廊迁徙，也就是说以从北往南迁徙为主，梅山"核心区"已经不适合瑶人居住，除非改变族性。根据史料记载，当时在新化地区的瑶人也有改变族性而留下来定居的。因此笔者推断，花瑶就是梅山核心区的瑶人不愿意改变其族性，但是改变了其瑶族符号与信仰的族群，在当时可能是一种生存的策略。

桐木凼村中心小学，是七江炭花舞的一个校园传承基地，因疫情原因，学校还没有开学，难以看到学生对"非遗"的传承，也算是一种遗憾。好在学校的宣传栏上，留下不少关于七江炭花舞的介绍。观名思义，看着这个名字不禁想入非非，恍惚间一群瑶族人民手执燃烧的木炭翩翩起舞，好不欢快……"七江炭花舞是一种古老的民俗舞蹈，源于梅山峒民深夜狩猎时照明的火把发展而来，后又借鉴夜晚照鱼用的碳灯改造而成，是梅山地区渔猎文化的见证。"[1]这段文字应该是介绍了炭花舞的起源。至于如何表演，只能从县志中找寻答案了。好在《隆回县志》对炭花舞有详细记载："炭花舞由两人表演，元宵灯会时在龙灯队前开道。炭花用'枞树膏'或栗树炭皮作燃料，装入用铁丝编成的小网笼中。表演时，将炭花点燃，表演者双手紧握系网笼的竹竿，用劲甩动网笼起舞，火星四溅，若游龙翻腾。此舞流行于七江、鸟树下一带。舞蹈动作有雪花盖顶、黄龙缠腰、双龙抢宝、'8'字回纹、扫地莲花、朝天三炷香等。"[2]看到这段表述，瑶民翩翩起舞的形象似乎越发明晰而丰盈起来。看来，这份遗憾得找机会弥补回来，比方说，去白水村的省级炭花舞传承人戴田生老师的家。

---

1 2020年4月2日在虎形山白水村戴田生老师家里时口述。
2 隆回县志编撰委员会．隆回县志[M]．北京：中国城市出版社，1994：509．

二、白水洞里山歌情

去戴田生老师的家可不是一件容易的事,道路弯多坡陡,人烟稀少,我们经过个把小时的跋山涉水,终于到了今天的目的地——虎形山瑶族乡白水洞村。这里距离隆回县城130千米,平均海拔1000多米。居住的大部分是瑶族,整个村子

图1 白水洞村(2020年4月3日戴田生拍摄于白水洞村)

呈簸箕形,垂直高度达500米,村子的山顶曾经有瀑布,形成了白水洞天的自然景观,但是20世纪90年代修建了小型水电站,白水村从此有洞无水。自上而下的梯田一直延伸到山谷,错落有致,形态各异。放眼眺望,山脊梯田如长龙入海,山坳梯田如深渊探宝。

戴田生老师是七江炭花舞的省级传承人,也是我的老朋友。戴田生老师深受其岳父陈世达先生的影响,练就了一身绝活。陈世达先生是"呜哇山歌"国家级的传承人,他演唱时声音高亢嘹亮、声震林木,在花瑶地区是一个响当当的歌星,遗憾的是他2019年已经去世。笔者曾在2018年1月11日特地拜访过他老人家,同行的还有福建师范大学的蓝雪菲教授,中南林业科技大学的李祖胜教授。当时虽然已是寒冬腊月,但陈老师看到我们一行的到来,执意要唱"呜哇山歌"给我们听,而且是到房子外面的田间地头里去唱,陈老师说:"呜哇山歌在家里唱,那不叫作呜哇山歌了,也唱不出那个感觉来。"[1] 唱"呜哇山歌"得有伴。陈世达老师不辞辛苦,不一会儿工夫就喊来了他的老搭档戴碧生老师,

---

[1] 2018年1月11日在虎形山草原村陈世达先生家里时口述。

还有他的女婿戴田生老师。深冬时节，陈老师的腿脚有点不方便，尽管走起路来有点儿瘸，但看到陈老师脖子上挂着鼓，腰上系着锣一步一步地小心翼翼地走向田埂处时，仿佛一个虔诚的信徒正要参加一场庄严的仪式。见此情境，我鼻子似乎被什么东西堵住了似的，莫名的酸楚涌上了我的心头，不得不惊叹于一个民间艺术家把自己的演唱看得如此的神圣。陈世达老师用坚定的眼神看着远方的群山，左手将锣槌高高扬起，兀的一刹那，一个天籁之音喷薄而出，响彻行云，那绵长、辽远的呼喊，我仿佛惊呆于此时高音的穿透力，似乎凝固成天空中最美的云彩。"陈老师这是用心在歌唱啊！"不知是谁发出由衷的感叹，生命中能听到最美的歌唱不过是"呜哇山歌"。在笔者看来，生命中折服于人的莫过于陈老师的歌唱，歌唱就是生活，生活就是歌唱。

依稀记得，第一次见陈世达是在2012年的国庆节期间。那是大学同学组织的一次聚会，当时我们听隆回籍的同学夸张地说："隆回花瑶地区的'呜哇山歌'充满了神奇的魅力，对于一个学音乐的人而言，如果不能深入品味，那就是一种罪过。"大家一听都跟打了鸡血似的，一同慕名前往。遗憾的是，那时候学业水平有限，不能体味其中的精妙。况且，当时的初衷只为写歌词去寻找素材，在听完陈老师的演唱后并没有进行深入的学习与探讨。现在想来，我与"呜哇山歌"的这段情缘注定会留下残缺。令人宽慰的是，陈老师将他的毕生所学传承了下来。女儿陈月娥和女婿戴田生两位老师在陈老师的潜移默化之下，夫妻俩的呜哇山歌也是唱得非常的地道，多次参加各种演出并获奖。

微风轻抚，仿佛是陈老师的歌唱在山间回响，令人沉醉，又令人惆怅。夹杂着这份思绪，我们一行在不知不觉中来到了白水洞村的戴田生老师家里，戴老师一家人热情地接待了我们。各色佳肴都难以掩饰展示台上那耀眼的光辉，我们看到了他们两口子诸多的荣誉，其中大

图 2 采访戴田生老师（2020 年 4 月 3 日刘小标拍摄于白水洞村戴田生家）

部分是"呜哇山歌"的各种比赛证书。一说到"呜哇山歌"，戴老师便像开了闸的洪水，有说不完的话，神色飞扬。他从"呜哇山歌"的起源谈到他岳父怎么教他演唱以及他们在隆回、城步、邵阳、长沙、北京、台湾等地演出的各种逸事。

在晚宴开始前，陈月娥老师说："按着我们瑶家的风俗，喝酒前要先唱敬酒歌。我呢，首先给大家唱一首。"话音刚落，陈月娥老师张开清脆的喉咙，真情地给我们唱了一首《敬酒歌》，酒歌悠长且朗朗上口，伴着律动的节拍，我们也都不约而同地跟着哼唱起来。

三、清早起来长精神

第二天清早，我们来到云雾缭绕的茶山，茶园青翠入眼，茶叶长势喜人。在这个时节，真所谓是三月的雨洒满天，谷雨的茶长出尖。戴老师说，呜哇山歌只有在田间地头才能唱出它的气魄与辽远。我记得，戴老师刚才这句话，陈老师也说过。既然来到了田间地头，触景生情，我们不约而同地跟着戴老师在茶园一起"呜哇呜哇"起来。

一路上，戴老师告诉我花瑶有八大调加一个腔：它们分别是呜哇调、龙潭调、洒克溜溜调（又名塞罗调）、咚咚调、呱咚呱调、溜溜调、啰喃调、唸啰唸调、本地腔，其中的呜哇调又称"呜哇山歌"。村部的宣传栏上如是介绍："国家级非物质文化遗产——花瑶呜哇山歌是瑶族最古老的山歌，一般由2—8名男性合唱，并伴有锣鼓敲击声，由劳动号子发展而来。其声高亢激昂，很有穿透力，表现了花瑶同胞粗犷豪放的性格。"[1]

陈月娥老师对"呜哇山歌"也有自己的理解，她说所谓"呜哇山歌"就是音乐在演唱时经常有"呜哇呜哇"，所以叫作"呜哇山歌"，一般在干活劳动的时候演唱。出于好奇，当问及她怎么学习呜哇山歌的时候，她也毫不保留地说："一般在家里小声地哼唱，而且小声哼唱很轻松，在家里几乎不大声歌唱。"其实，按我们局外人的表述，笔者认为在家里的哼唱其实就是声音的"头声"有了高的位置，所以外出演唱时，一开声就是"高位置"的声音。

事实上，歌唱就是花瑶人民生活的一部分。他们在家里干活时就是小声哼唱，在和戴老师的聊天中得知花瑶姑娘一个人纳鞋底儿、绣花或者两个人甚至多人在一起就是喜欢小声哼唱。多人在一起时唱歌就是聊天，聊天就是唱歌。由于笔者老家离花瑶地区不远，他们用赣方言演唱时，笔者是完全能够听懂的。

看到我和戴老师唱得如此起劲儿，湖南第一师范学院张应华教授和长沙学院刘小标教授也忍不住了，他们俩一边采茶一边唱起了《采

---

[1] 材料来源于2020年4月2日杨声军拍摄的虎形山瑶族乡白水村村部宣传栏。

茶姑娘》。两种不同类型的歌唱在山间交织着,似乎别有一番趣味。

四、拦门酒里醉人心

听说今天中午有客人过来,陈月娥老师换上了节日的盛装。陈老师不无自豪地说现在她身上穿的这一身是花瑶新娘的嫁妆,全部是自己手工完成。可见,花瑶姑娘心灵手巧,从小便学会了挑花。今天隆回花瑶女子的服饰上交缠着五彩斑斓的挑花头巾,上着蓝色圆领衣,腰系挑花彩带,下穿彩色挑花筒裙,腿扎挑花绑带。在她们的头巾、衣领、裙口、绑腿、小孩背带和筒裙等地方都是挑花。除筒裙后片以外,其他地方一般是彩绣。筒裙后片则是在藏青色的直纹面布上用白线挑出各种图案。明洪武元年(1368),花瑶从洪江迁往龙潭定居隆回后,一天,瑶族姑娘在岩壁上玩耍,突然发现岩壁上丛生绿色花朵,十分漂亮,她们便模仿挑刺成挑花服饰,这就是流传至今的花瑶挑花基本图案"杯干约"[1]。从此,挑花制作水平和技法日益成熟,能以简练生动的手法,表现出复杂的自然形象和抽象的人类思维理念,且不用描图设计和模具绣架。

中午时分的"拦门酒"让我们见识了花瑶人家的热情,一群来自溆浦等地的游客走进寨门时,身着盛装的花瑶姑娘们唱起了热情的"拦门歌",盛满甘甜的"拦门酒",每个游客至少要喝一碗,还需要吃一块大的腊肉才能进门。腊肉以肥肉为多,这就难倒了许多的女游客,尤其是喝"山高水长",让我们望而生畏,而且此时此情是歌不断酒不停。此环节足以显现花瑶人们的豪爽气概,大碗喝酒,大块吃肉是花瑶人的实诚,也是他们对待来客的实诚。

---

[1] 湖南省政协文史委员会. 湖南瑶族百年[M]. 长沙:岳麓书社,2000:375.

近几年，隆回花瑶被县委、县政府作为重点扶贫区和旅游开发区，花瑶传统文化得到了有力的挖掘、保护和发展，一批"非遗"项目被逐步推出山门，搬上了媒体、荧屏，并登上了国家、国际艺术殿堂。

五、花瑶乐舞文化的族群书写与认同

隆回花瑶地处雪峰山腹地，所以文化保存得相对完好。近年来，随着旅游业的兴起，花瑶乐舞文化发生了一些嬗变，主要表现在音乐文化的主体性、传承场域的变迁而导致族性的变迁上，就"呜哇山歌"而言，现在都称为隆回花瑶"呜哇山歌"。如果把花瑶看成一个地理概念，也可以理解为花瑶地区的呜哇山歌。那是属于花瑶地区的瑶族"呜哇山歌"，还可以理解为花瑶地区汉族的"呜哇山歌"。但是，在地方政府、地方精英以及传承人的"共谋"中，对外宣传花瑶，"呜哇山歌"就是地地道道的瑶族山歌了。蓝雪菲教授认为："从当下非物质文化遗产保护、当地经济发展、民族团结进步的典型来看当无可厚非，然从学术角度而言，作为非遗主管部门不应见'利'而为，媒体不应起哄炒作，学人不应不负责任地帮着去确认被改变了的真实，非物质文化遗产的权威性应该得到维护。"[1]

"呜哇山歌"的歌词、表演皆为汉式，旋律似混融有个别过山瑶音乐基因，但仍应来自江西的汉族山歌。汉族"呜哇山歌"因为宣传效益的需要认同了花瑶身份，花瑶因为身份被冒用声名鹊起，也认同了这本属于汉族的"呜哇山歌。"这是属于共谋下的"认同"，在全球化、城镇化的进程中，在当前文旅结合的新时代大背景下，花瑶传统乐舞

---

[1] 蓝雪霏，李祖胜. 湖南"呜哇山歌"的身份认同研究[J]. 中国音乐学，2019（2）:60—71.

文化正在进一步的嬗变以及"传统的发明"。

　　隆回花瑶几乎是一个被学界所遗忘的族群,直到21世纪初才引起学界的关注。花瑶地处雪峰山脉的腹地,山高路远,平均海拔1300多米,交通极为不便。但花瑶人五彩斑斓的"挑花";高亢的"呜哇山歌";眼花缭乱的"炭花舞"却让人久久难以忘怀。花瑶虽说是瑶族的一个分支,却不知道盘王是谁,也没有瑶族文化的代表性符号——长鼓,更没有所谓的过"盘王节",但是语言上却属于汉藏语系苗瑶语族的瑶语支。从民族音乐学的角度看,花瑶丰富的乐舞文化在全球化的背景下发生了变迁,在多元文化的耦合下,"非遗"文化在政府、民间的"共谋"下进行了众多的前所未有的"发明",其族性也被建构了起来。

　　田野是民族音乐学的立身之本,就算是疫情当前,我们的田野也永不止步。在这次田野中,我们收获了隆回花瑶人的热情,对"呜哇山歌"与"七江炭花舞"进行了初步的了解,为下一次居住式的田野打下了基础。

都梁王城府　窃窃丝弦音

余 媛

武冈于公元前179年建置，在两千多年间，它先后被称为都梁、武冈军、武冈路、武冈州、武冈县，至1994年设立县级市。武冈是历朝历代的军事战略要地，首先得益于它的地理位置，"位于湘西南部的雪峰山东麓、南岭山脉北缘、资水上游，地处邵阳市西南五县中心，县境属祁邵丘陵区，三面环山，中部为连片溪谷平原。区域地形复杂，地貌多样，以山丘为主，素有黔巫要地之称。"[1]历史上著名的奉天府争夺战，就是清军与南明军队为了争夺武冈这一战略要地而展开的战役。其次，武冈在公元前124年置都梁侯国，1423年建岷王府，它们的先后出现推动了当地的商业、政治、文化的繁荣发展。在清朝之前整个县域富贵荣华，其财力、物力较丰厚，这也是反叛者抢夺武冈的原因之一。但随着连年战争与自然灾害，清朝之后武冈县逐渐衰败，不仅出现百姓缺米少粮，发动暴乱的情形，而且曾经辉煌的建筑多数被毁，只剩下断壁残垣。如今，武冈市经济、文化、政治等正在迅速发

---

[1] 武冈县志编委会.武冈县志[M].北京：中华书局，1996：3.

展，许多古文物、古建筑也逐渐受到政府的重视，正在抢修与保护中。

人类学家拉策尔（Friedrich Ratzel）认为，世界上没有一个民族是孤立行动的，每个民族都受到他周围邻居民族的种种影响。各族间的联系，包括诸如战争、贸易、通婚、迁徙等，都能导致各种文化现象的转移。[1] 由此可见，文化的变迁过程受到它所存在环境的影响，地理环境、历史人文、风俗习惯等都成为影响各族群间文化涵化的重要因素。2020年8月22日，湖南师范大学音乐学院赵书峰教授带领其硕博生共六人走进武冈市，对当地的历史、乐舞、古建筑等进行考察。

一、石羊桥——文化的传播与流变

8月22日16:00，团队一行到达武冈市石羊村，对村内石羊桥进行考察。到达时，桥边一片寂寥景象，夏日连续不断的蝉鸣声更加突显出当地的宁静。河水两岸的村里，有些房屋已改建成砖瓦房，有些仍旧是颤颤巍巍的木房。村里来往的路人寥寥无几，偶见几位老人坐在自家门口闲聊。据县志记载："石羊桥位于石羊乡石羊村，始建于宋。现存桥梁为清雍正初重修和道光十年补修六孔等跨半圆联拱石桥，全长98米、宽5.5米，桥廊已圮。"[2] 石羊桥又名济川桥，是进士李友直按其父姓名命名，为便于通车，桥上凉亭在1958年拆毁，在1981年被列为武冈市级文物保护单位。村里总户数660户，总人口2616人，有唐、徐、吕、刘、熊、林、杨七姓，村里的每家每户中堂设神龛以奉祖先与神灵。

石羊桥跨资水而建，桥边的石板路连接靖州与武冈，是水、陆来

---

[1] 黄淑娉，龚佩华. 文化人类学理论方法研究 [M]. 广州：广东高等教育出版社，2004：59.
[2] 武冈县志编委会. 武冈县志 [M]. 北京：中华书局，1996：614.

往过客沟通交流的纽带。现居住于石羊桥边的杨光明老人回忆[1],过去石羊桥上人来人往,川流不息,村内也是一片繁华景象。伙铺、布铺、药铺、杂货铺、盐铺等店铺兴起,地方会馆成立,阳戏、祁剧、渔鼓、

图1 石羊桥(2020年8月22日余媛拍摄于石羊村)

舞龙、舞狮等乐舞表演都曾在这里大放异彩。因此,便利的交通不仅带动了村内的商业发展,还为伴随着流域与古道流传到此地的乐舞文化、梅山文化提供了有利条件。由此可见,这座桥对文化传播与流变的重要性就不言而喻了。

二、滩里水龙灯——文化的现状与传承

到达邓家铺镇石龙兴村时已是在武冈的第二天上午,这里的居民以张、周姓居多。村里有龙福寺、关风桥等古建筑,还有远近闻名的滩里水龙灯表演。为了保护与传承滩里水龙灯,村里成立了滩里水龙灯协会。协会中心墙上陈列了过去滩里水龙灯表演的照片,这是当时针对滩里水龙灯表演而举办的一个摄影比赛。展览的这些照片色彩饱满、灯光柔和、角度极好,将滩里水龙灯的表演活动生动地记录下来。在照片里面,不仅可以看到表演这一天的场景,还能看到龙灯从材料搜集到手工制作等程序。虽然是以照片的形式呈现出来,但内容丰富,看完照片便能了解滩里水龙灯这一习俗表演的全过程。

"耍龙灯,也叫'龙舞',是汉民族传统舞蹈形式之一,龙的形象

---

[1] 2020年8月22日石羊村杨光明老人家中口述。

各有特色，一般用竹、木、纸、布扎成，节数不等。每节内燃蜡烛的称'龙灯'，不燃蜡烛的称'布龙'。此外，还有用荷花、蝴蝶组成的'百叶龙'，用长板凳扎成的'板凳龙'等多种形式的龙舞"。[1] 武冈县志中也曾记载："春节时城乡舞龙灯、耍狮子欢度春节。"[2]

据武冈市"非遗"中心主任介绍，滩里耍龙灯俗称耍"水口龙"，是因为邓家铺地处盆地，四面环山，龙江河自南往北流过滩里村后，就进入了百里峡谷，滩里院子正好位于峡谷的"水口"位置，上游的凶吉祸福都要进"水口"，当地百姓借水口位置将厄运带走，于是滩里水龙灯应运而生。[3] 龙灯从制作到表演主要有以下几个程序：选材、制作、扎龙、请龙、表演、收龙、化龙。制作材料主要有本地竹子、白蜡、特制皮纸、棉花、红绸布、白麻布、麻绳、彩纸等，从农历十月开始选材，到制作完成需要四个月左右。

目前滩里水龙灯在当地传承较好，而且也有许多青年人加入表演行列，表演场面热闹非凡。滩里水龙灯传承人张昌湘介绍，龙灯表演时间为大年初三至正月十五。这一民俗节庆活动分为表演前、表演时及表演后三个程序。表演前，先在家庙中祭龙，然后去庙中举行盛大的请龙仪式，包括龙公、龙母、龙子及龙孙。主持者唱"出灯歌"，"出灯歌"毕，锣鼓声起，意味着真龙已附灯身。随后舞龙者上竹排，四条水龙灯在竹排上缓缓转动，欲做热身活动。在岸上的游行队伍中，还有许多制作精良的虾、鱼、蟹等形状的动物小灯，跟随着竹排在岸边移动，舞龙队伍直到担水坝（地名）上岸。表演时，鞭炮锣鼓齐鸣，舞龙队伍前有一人持宝灯做引导，持灯者根据锣鼓节奏快慢带领队伍

---

1 梁全智、梁黎. 古今中外节日大全[M]. 山西：山西人民出版社，1985：47—48.
2 武冈县志编委会. 武冈县志[M]. 北京：中华书局，1996：672.
3 2020年9月2日笔者微信回访"非遗"主任的文本信息.

前进，有时还会出现双龙抢宝的场面。当日表演结束后，需在家中举行家祭，之后的每天晚上都在村庄周边进行表演，直到元宵节结束。

石龙兴村滩里水龙灯表演融工艺、绘画、舞蹈、音乐、民俗为一体，每种形式分工明确，最重要的是仪式表演呈现较完整，每逢过年参与的人越来越多，这一民俗活动接近人民的生活气息，受到大家的欢迎。当日张湘昌老师在关风桥上为大家表演了出灯歌，但由于舞龙的年轻人大多在外，没有欣赏到滩里水龙灯表演，颇感遗憾。

三、浪石村——时间与空间景观的结合

10：30，团队到达浪石村古民居群。还未走近村落，便能感受到这深山小巷中的古朴民风。《武冈乡镇简志》中记载："浪石村因周围群山环抱，山峰起伏似浪，中间坐落几座石山，故称'浪石'。明弘治三年（1490）祖清公王政海自龙口井头山迁来此定居，至民国初期，该地域内修建大量青砖瓦房，为全国文明的古民居建筑群，获'中国古楹联第一村''中国传统村落'称号。"[1] 并在2011年被评为湖南省省级文物保护单位。

迈进小巷，两边是鳞次栉比的砖木房，脚下的石板路流转着岁月，不尽的小巷承载着时空的痕迹。时间与空间景观的结合，将浪石村的文化与精神折射出来。从时间来看，浪石村古民居群已有数百年的历史，它的建筑保留了明代以来的风格，融合了各个时代的艺术特色，不少古代风俗都在这些建筑中有着体现。从空间来看，这一古民居群建筑古香古色、错落有致。房屋布局规整合理，屋檐相接，横向排列，充分体现了现代美学与传统文化的结合。一行人行走在小巷中，门框

---

1 武冈市史志办编纂. 武冈乡镇简志[M]. 长沙：湖南人民出版社，2019：315.

图 2 浪石村古民居群小巷（2020 年 8 月 23 日徐花拍摄于浪石村）

上的木雕活灵活现，穿着打扮与各样神态尽显于雕刻之中，是浪石村民众生活缩影。各色各样的楹联十分显眼，尤显特色，家家户户的楹联各不相同，有"浪静水清行龙卧，石奇风香藏虎踞"的藏头诗，有"万里前程从此起，一生大业看将来"的豪迈气概，也有通过描景来寓意家庭兴旺的"一轮秋月光凝户，十里春风香到门"。这些楹联不胜枚举，寓意丰富广博，楹联刻字也有阴阳之分，这些都是本地村民的智慧结晶，无不体现着古人文化的博大精深。

据浪石村负责人王永乐介绍，繁华时期的浪石村居民众多，读书、祭祀、戏曲、生产等活动在这里成为日常[1]。随着村庄发展，浪石村修通了通往邵阳、新宁、隆回、邓家铺、武冈等地的石板路。笔者认为，这些道路的开通不仅给当地的经济带来了生机，也促使了乐舞文化在当地的传播。小巷九曲回肠，远处乐声悠扬，原来是村里的老人肖祥华拉起了二胡。老人热情好客，专门为我们表演了阳戏、山歌、祁剧、

---

[1] 2020 年 8 月 23 日浪石村王永乐口述。

花鼓戏片段。肖老今年已80岁高龄，但表演起来仍心中有火，眼里有光。采访中了解到老人的花鼓戏学于隆回县，阳戏学于邓家铺，恰好反映了古道上乐舞文化的流传现象。

四、武冈丝弦、板凳龙——传统与现代的融合

8月23日下午，团队一行到达武冈市国家级非物质文化遗产武冈丝弦传承基地，在这里欣赏了精彩绝伦的武冈丝弦、板凳龙。

"19世纪中期，洞庭湖和湘、资、沅、澧四水沿岸的长沙、湘潭、邵阳、益阳等地，已是商业比较发达，人口比较集中的口岸。期间，戏曲在湖南的繁荣，对丝弦的影响很大。"[1] 所以武冈丝弦产生的原因主要有两方面：其一，当地流域与古道的发展，使得乐舞文化伴随着商业的繁荣得以传播，在流传过程中与武冈当地的音乐、语言进行融合；

图3 考察组与演员合影（2020年8月23日工作人员拍摄于武冈市丝弦传承基地）

---

[1] 中国曲艺志全国编辑委员会. 中国曲艺志·湖南卷[M]. 北京：新华出版社，1992：63.

其二，据了解，当时珉王府在此建成后，到各地广纳歌伎，于是江浙一带的丝弦音乐传播至此。所以，武冈丝弦可以说是在武冈民间小调、本地方言以及宫廷音乐基础上融合而成的。民国十三年（1924）至民国十六年（1927），邵阳丝弦音乐兴盛，相继成立了宝庆丝弦班、都梁丝弦委员会、武冈丝弦演唱组等民间组织。

武冈丝弦已有数百年历史，传统的武冈丝弦由表演者环抱乐器坐式演奏，边弹边唱，乐器类型主要有琵琶、三弦、二胡、笛子等。当日武冈丝弦艺术团表演了四首乐曲，分别是《武冈是个好地方》《阳春三月》《湘绣天下美》《武冈美食香喷喷》，伴奏乐器为二胡、琵琶、笛子等，与传统武冈丝弦不同的是鼓的加入，此乃现代丝弦音乐创新方式的体现之一。随后还表演了一首传统的武冈丝弦曲目《西宫词》，由表演者手抱琵琶独唱。武冈丝弦曲调婉转、旋律轻柔、唱腔舒展，加之与武冈的民间小调相结合，深受当地人的喜爱。在采访艺术团成员刘坪时了解到，他们在学习乐曲时，先由老师逐句教唱，然后再自行根据曲谱练习，弹唱者需先练熟演奏部分，之后加入演唱，演唱用的是武冈城里方言。除此之外，武冈丝弦在城外的其他镇、村中流行甚广，而且语言也不尽相同，有些民间艺人的演奏水平高超，令人折服。

谱例1

武冈是个好地方（部分）

作曲：刘新华
改编：邓星艾、邓子鹤
配器：肖子和

  这首作品在旋律的发展上多使用变化重复与承递的手法，环环相扣的旋律与歌词的语言节奏紧密结合，笔者认为，这与当地的语言习惯有着密切的联系。旋律多二度、三度的平稳进行，偶尔出现七度、八度的大跳，既有柔美、恬静之意，又可以感受些许跌宕起伏的情感。环绕式旋律特征明显，常围绕一个音进行上下二、三度的环绕。多使用交替调式，本曲并非是单纯的围绕某一个主音建立的调式体系，但可以明显感觉到整个旋律的骨干音以宫、角、徵为主，歌曲旋律呈现出多元的变化。歌词描绘了武冈的风貌特色，展现了武冈人民对自己家乡的热爱，通过音乐的形式表达出来。这些丝弦音乐作品与家乡文

化相结合，不仅充分展示了武冈文化的多样性与丰富性，也有利于武冈本地文化走向中国、走向世界。

板凳龙则属于舞龙文化的一种，据表演者张旭介绍，武冈的板凳龙较早用于早期庆丰收的祭祀仪式之中，最初只有两条板凳来模仿龙，寓意五谷丰登。但随着社会经济发展，板凳龙逐渐退出"历史舞台"，它在生活中的实用功能逐渐丧失。如今，表演者将板凳龙与舞台表演进行结合，加入了戏曲、舞蹈、武术中的动作与身韵，萌生了一种全新的表演形式。表演仍然按照原来的仪式进行，有祭祀等过程，不同的就是将以前生活中的舞龙场景搬到了舞台，表演规模宏大，气势磅礴。当前板凳龙的舞台创新，正体现了表演空间边界的模糊。民众多元化的生活，正在将生活与表演艺术逐渐融为一体。

五、武冈古城墙——"文武"双全的见证

8月24日8:30，团队到达武冈古城墙济川门。清晨伊始，城墙周边早已人声鼎沸，附近公园里阳戏爱好者正在排练曲目，城楼上京剧票友们也在进行日常训练。这种氛围使笔者感受到，武冈音乐文化深厚的历史底蕴，也足以表明戏曲音乐深受武冈百姓喜爱，充分体现了武冈的音乐文化发展具有广泛的群众基础。

武冈古城墙从宋代始筑，至今已有千年历史。据县志记载："武冈县城为历代军事重镇。汉桓帝元嘉元年（151），遣窦应明伐蛮筑城守御。宋时为军署治所，夯土墙围城，元代为武冈路总管府所在地。元末，城墙被兵燹所毁，明初重修。"[1] 因其地理位置优越、财力物力丰厚，加之苗族、瑶族、土家族、白族等多个少数民族盘踞城外，造成武冈动

---

1 武冈县志编委会编. 武冈县志[M]. 北京：中华书局，1996：62.

荡不断。据县志记载，武冈大大小小的民众起义和外族入侵约有十八次，其中少数民族起义十二次（见表1）。于是统治者们为了防止外敌入侵，加强内部统治，便修筑武冈城墙，设立千户所。

表1 历史上武冈少数民族起义汇总

起义时间	起义过程
汉桓帝元嘉元年（151）	武陵少数民族詹山等4000余人起义，被镇压，始筑城墙
五代梁太祖开平四年（910）	叙州少数民族首领潘金盛、杨承磊等攻武冈，被镇压
五代梁乾化元年（911）	吕部进击飞山峒，擒潘金盛等3000余人，斩于武冈
元泰定帝泰定四年（1327）	武冈峒民起义，县尹欧阳元谕降
元顺帝至正六年（1346）	靖州吴天宝率瑶民起义军攻陷武冈城，被击退
明洪武四年（1371）	峒敏杨清甫等起义，被江阴侯吴良镇压，增筑旧垒为城并与1373年置武冈守御千户所
明洪武二十四年（1391）	武冈苗民起义，州判徐彝被杀
明成祖永乐十一年（1413）	武冈苗民起义，宝庆卫镇抚康信被杀
明代宗景泰二年（1451）	广通王朱徽煠、阳宗王朱徽焟联合苗民反抗朝廷被击败，后徽煠旧部蒙能率苗民2000余人，攻州城未遂，遁入广西自称蒙王
明景泰六年（1455）	蒙能复攻武冈，在平溪卫城战死
明孝宗弘治十四年（1501）	苗民首领李再万率众起事失败
清道光十六年（1836）	新宁瑶民蓝正樽率义军攻武冈州城未果

注：本表参考《武冈县志（1996年版）》大事记内容制作。

武冈古城墙现仅存四门，其一为济川门。在古城负责人的带领下，团队一行首先研究了济川门前刻有武冈州城图的石碑，据图所示，城内建有文庙、育婴堂、关帝庙、书院、文昌宫、青石拱桥等建筑，让我们对整个城墙内的空间格局、建筑位置有了初步了解。宣风楼屹立于济川门之上，门楼上牌匾刻有"宣风雪霁"四字。文庙位于宣风楼西北方向，其建立与陶渊明的祖父陶侃相关，相传自文庙出现，武冈便考取众多进士。而武冈在历史上曾被称为武冈军，是专门研究军事的战略要地，有了"一文一武"的护佑，无论历史怎样变迁，不论时代如何更替，也从不影响武冈钟灵毓秀、人才辈出的事实。从文化的传播来看，文庙的出现不仅奠定了武冈文庙文化的基调，而且作为湘西南地区最早出现文庙的地方，武冈不仅是儒家文化向湘西南渗透的重要一站，也是文庙文化向湘西南辐射的中心点。

六、百年祁剧——多元文化的大众舞台

8月24日10：20，团队一行到达武冈小芙蓉剧院欣赏当地的戏曲音乐。剧院与古城楼相隔不远，装潢虽已有些年头，但大门内的牌匾却是近年才挂上去，上面刻有"百年祁剧"四字。剧院牌匾与舞台背景虽都以祁剧为主，但是，其他戏曲也经常在此地表演，是一个齐聚多元戏曲文化的大众舞台。向剧场内望去，人头攒动，上座率较高，戏曲音乐在武冈已深得人心。舞台两边的演员平均年龄40—50岁，有男有女，正在精心装扮。县志中记载，武冈有祁剧、傩戏、木偶戏、阳戏、板凳戏等戏曲音乐，当日表演虽未将这些戏曲一一表演，但也欣赏了部分的戏曲种类（见表2）。笔者认为，这些戏曲音乐大多应是古时跟随商业发展、人口迁徙等途径传播到此。因为通过表演能看到，有些戏曲音乐还保留着原始元素，有些则由外地流传过来并与当地环境进行了融合与创新。

表2 武冈市小芙蓉剧场表演节目单

类别	曲目	表演者	伴奏乐器
祁剧折子戏	《断桥》	汤小仁、蒋纪鸾、周美艳	司鼓、主胡、三弦、锣鼓、京胡、钹
傩戏	《扫殿》	夏佩成	无伴奏
阳戏	《打开东门求财宝》	祝和平、肖爱玉	二胡
祁剧折子戏	《四郎坐宫》	郑红旗、邓美玲	司鼓、主胡、三弦、锣鼓、京胡、钹
蚌壳舞	无	祝和平、肖爱玉、李时红、李兰玉	二胡

注：本表参考当日表演节目顺序汇总。

祁剧在武冈境内相当流行，这与当时的文化历史相关。清代境内有来自各地的祁剧戏班来武冈表演，随着表演增多，一些内容逐渐被当地群众吸收与学习，他们在武冈境内也创立了科班，并常年在乡村演出。当天祁剧表演了折子戏《断桥》和《四郎坐宫》，有角色扮演，伴奏乐器有司鼓、锣、二胡、三弦、钹等。祁剧的伴奏场面热闹，乐器较多，伴奏随着戏曲的剧情发展进行变化，某些表演与伴奏结合起来时尽显祁剧的宏大与震撼。随后，还欣赏了傩戏与阳戏，这两个表演都较为简单，傩戏由一人戴面具边唱边舞，无伴奏乐器。阳戏为一男一女表演，有说有唱，伴奏为二胡，题材具有浓厚的民间生活气息。

蚌壳舞是一种较为幽默、诙谐的舞蹈表演。两名女子饰蚌壳精，身背彩布制作的大蚌壳，颜色艳丽，蚌壳内部两边分别有一把手，利于表演者收放蚌壳，生动地模仿了蚌壳形象。蚌壳前有一男子，穿着、打扮、动作尽显滑稽，与蚌壳相互逗趣、嬉戏。三人只舞不唱，跟随着二胡伴奏进行表演，表演者、剧情、动作、伴奏叠加起来，使整个场面极其诙谐、有趣。蚌壳舞作为全场最后的表演，使大家在欢快的氛围中结束观看，让人意犹未尽。

《庄子·秋水》说"物之生也，若骤若驰。无动而不变，无时而不移"。其对世间万物有一种认知，即有形之物，非一成不变，万物无时不在变化中。短短的两天时间，领略武冈的多元文化。石羊桥、浪石村、武冈城墙等古建筑群作为静态的研究，能感受到建筑学、美学、史学等跨学科知识与乐舞知识之间千丝万缕的关系。同时在流域、通道、走廊的动态视角上，能体会到武冈丝弦、祁剧、阳戏、傩戏、板凳龙等乐舞文化跨区域、跨族群的交融。最后，研究主体在经济追求、文化认同、政治认同等影响下，对文化客体进行不断的创新。这种非时间性的文化运动，正是笔者从人类学层面认知武冈的切入口。

（余媛，湖南师范大学音乐学院2020级民族音乐学方向博士研究生。）

沅水流域篇

叭叭隆隆花轿到　土家巧伴"得配当"
——坡脚田野行*

向　婷

　　土家族打溜子，又叫"打挤钹"，土家人称"家伙哈"，是土家族乃至全国都极具特色的清锣鼓形式。主要盛行于龙山县的坡脚、靛房、农车；永顺县的对山、柏杨；保靖县北部的龙溪、昂洞、普戎、拔茅等地，其主要的响器"家伙"由大锣、马锣、头钹、二钹四件乐器组成，这些乐器全由熟铜手工制造，与汉族戏曲乐队中所使用的小锣、云锣、大锣不论材质、外形与音色上都有很大的不同，因而产生了湘西土家族独特的"旋律"与"和音"效果。在乐队组合方式上四人溜子使用最为广泛，乐器在三人溜子的基础上加入了马锣明快清脆、音色多变，民间艺人常有这样的比喻："头钹二钹相挤对话，大锣故意从中打岔，只有马锣狗跳猫跳，到处找些空子来插。"

---

* 本文发表于《歌海》2017年第4期，本书编写时略有改动。

一、坡脚生态文化概貌

坡脚位于湖南省湘西土家族苗族自治州龙山县的东南边陲。东南与永顺县的对山、西歧乡和保靖县的普戎、拔茅乡接界；西与县内隆头、苗儿滩镇相连；北与靛房乡毗邻。坡脚是典型的土家族社区。据2000年统计，坡脚全乡人口6557人，户数1730户，其中土家族约5900人，约占总人口的89%。坡脚乡是土家族典型的姓氏宗族村落，全乡彭、田、向是大姓，三姓人口约占全乡总人口的80%。汉族约600人，约占全乡总人口的10%。坡脚为土家语是汉语音译而来，是一个合成词，直译为"放和赶"，意译为"放狗赶野兽之地"或"放养牲畜之地"。根据湖南省保靖县拔茅乡首八峒沙湾里的八部大王庙中的碑文记载，坡脚这一地名为土家人先祖留下来的，至少也有一千年的历史了[1]。改土归流以后坡脚设立坡脚里，隶属龙山县，管辖现今坡脚和靛房全乡、他砂乡的部分行政村以及保靖县的部分地区。1912年，坡脚里改为坡脚乡。中华人民共和国成立以后，成立坡脚人民公社，下设9个大队，后撤销公社并乡，坡脚乡下辖联星、万农、苏竹、卡柯、多谷、石堤、松林、吾拉、报格9个行政村，共计29个村民小组。2005年坡脚乡并入靛房镇。

坡脚是典型的土家族聚集村落，与土家族其他地区相比，既有共性也有其特殊性。其中主要特殊性在于坡脚是现今土家族中仍完全使用土家语交流的村落之一。中国土家族约有800万人口，现仍然会说土家语的约有10万人，其中有9万多人聚居在湘西州酉水流域，而酉水流域许多乡镇和村寨，如龙山县的苗市、里耶镇以及永顺县的双凤村、保靖的普戎乡等地的土家族都认为自己的祖先是从坡脚迁徙出去的，认为坡脚的土家语是祖先遗留下来的。所以，土家语是土家族诸

---

1 参见坡脚乡人民政府.坡脚乡志[M].[出版者不详]，2002：1.

多民族文化特征中的一个文化符号，同时也因为其特殊的语言背景，为坡脚保存众多土家族古老的音乐、舞蹈、文学、戏剧等艺术种类提供了较好的环境与土壤。

坡脚土家族人们生活的文化生态环境，首先，从生产方式上来说，坡脚是典型以姓氏聚族而居的形式。据史籍《后汉书·南蛮西南夷列传》中记载，古巴郡的"南郡蛮五姓"中，有巴氏、樊氏、瞫氏、相氏、郑氏五个大的氏族群体，但这几个姓在当今土家族中是小姓，巴姓、瞫姓、相姓几乎没有了。取而代之的是田、向、彭、覃、冉等姓氏，而现今的坡脚主要以彭、田、向三姓为主。其次，从民俗节日上来说，土家族的婚俗状态自古以来都比较自由，青年男女多通过一些风俗性聚会如摆手节、唱情歌等自由选择。改土归流以后，受汉族文化的影响，开始实行包办婚姻，媒妁之言。新中国成立后，除了严格禁止同姓婚姻和近亲婚姻外，人们以自由恋爱为主，坡脚的现状跟上述相似。坡脚土家族在改土归流以前多为火葬习俗，丧俗仪式由当地的"土老司"梯玛主持，改土归流后改为土葬，丧俗仪式由道士主持。坡脚的民俗节日一般与其他土家族村寨大致相似，都有"舍巴日""赶年""四月八""六月六"等。最后，从音乐文化上来说，坡脚由于其特殊的语言条件和地理环境，在其村寨中保存许多历史悠久的土家族原始音乐形式。如"咚咚喹"，一种单簧竖吹乐器，是土家族妇女儿童闲暇时的消遣工具。"吹木叶"因其就地取材，简单方便，也是当地人们较为喜爱的一种吹奏乐器，其乐曲短小精练，多为即兴吹奏。"吹打乐"又叫"五支家伙"，是受汉族吹打乐影响而形成的土家族的器乐合奏形式，其曲牌现在还多保留汉族曲牌〔安庆调〕〔将军令〕等。"梯玛歌"，主要是当地土家族宗教仪式梯玛中所使用的音乐形式，而凡是在梯玛仪式中所用的音乐统称为梯玛调或梯玛歌，梯玛歌包括摆手歌和梯玛神歌，两种形式主要以声乐为主。"打溜子"是一种清锣鼓打击乐合奏形式，在坡脚及其周边的靛房、农车、他砂等乡镇流传较广，保留较为完整。下面笔者将以湖南省湘西土家族苗族自治州龙山县坡脚为定点个案，具体分析当地土家族打溜子的传承现状、曲牌特征、文化内涵等。

二、坡脚打溜子音乐文本特性

坡脚地区打溜子的响器"家伙"由大锣、马锣、头钹、二钹四件乐器组成，这些乐器全由熟铜手工制造，与常规汉族戏曲乐队中所使用的黄铜类小锣、云锣、大锣不论外形与音色都不相同，乐器材质的不同形成了打溜子特有的和音效果。

（一）坡脚打溜子响器形制特性

大锣：又叫填锣，比汉族京锣、苏锣大得多，但比筛锣小，直径为 35 厘米，重量在 1500 克左右，锣面平坦而光滑，中部无凸，发声洪亮深沉，敲击时发出"仓""当"等声响。在整个溜子乐队中为低声部乐器，起断句、扫尾、转换点子的作用。

马锣：相较于汉族打击乐器，比云锣大，比小锣小，直径为 19 厘米，边高 2.5 厘米，重量在 400 克左右，锣面较薄，平面光滑，发音清脆而透亮，敲击时发出"呆""单"等声响。在溜子乐队中属高音声部乐器，具有领奏的作用，常与大锣对答而构成对比。马锣是四人溜子组合加入的乐器，本地称之为"绞子闷"。

头钹：钹面平滑，碗大拱平，直径约 23 厘米，高 3 厘米，边宽 7.5 厘米，约重 700 克。钹边微翘，头钹略大于二钹，由于乐器制作工艺不同，厚度大小各地有异，在溜子乐队中属中音乐器，敲击时发出"七""其""得""去""令"五种声响。头钹在打溜子曲牌中多击重拍或节拍之首，具有稳定节奏节拍的作用。

二钹：形状与头钹相似，但钹碗、拱高及叶面都小于头钹，直径约 22 厘米，边宽 7.5 厘米，约重 600 克。钹边向外翘的幅度大于头钹，因而发音清凉，传播性较好。在溜子乐队中同属中音乐器，敲击时发出"卜""配""丹""各""干""可"六种声音。二钹在溜子的演奏中

图 1 土家族打溜子乐器，从左至右为：马锣、大锣、头钹、二钹（2015 年 12 月 26 日向婷拍摄于坡脚）

居重要地位，跟头钹一起挤钹演奏形成"对话"，在加花挤奏中起连接、断句的作用。

（二）坡脚打溜子曲牌特性

坡脚现为打溜子曲牌保留较为丰富的村寨之一，历来都以艺人口头流传，即口述念习"当、提、呆"等字谱，师傅前面念，徒弟后面跟读，直至念熟记牢为止。由于无文字的记载，土家族打溜子的曲牌总体来说失传较多，不上百支，且多为单曲，能完整保留下来的套曲更是少之又少。而坡脚现能收集的曲牌有联星村的〔八哥洗澡〕〔锦鸡拖尾〕〔燕摆姿〕〔鲤鱼飙滩〕〔狮子头〕；万农村的〔大梅条〕〔小梅条〕〔半尾料子〕〔小纺车〕〔单击头子〕〔四进门〕〔小一字清〕〔喜鹊闹梅〕〔双龙出洞〕〔龙王下海〕。坡脚打溜子的曲牌主要出自联星、万农两个村落，其曲牌分属行进曲、拜堂曲、出门曲、闹房曲等。从坡脚打溜子曲牌的搜集和整理中发现，其曲牌数量共十五首，虽然相较于靛房、农车的曲牌量要少一些，但从知名度而言坡脚曲牌要高一些。最早是在田隆信、米先万、杨文明、尹忠胜四位先生组成的溜子队参加了国内外的演出，如索斯诺维茨国际民间歌舞联欢节、乌兰牧骑式演出队文艺会演、全

国农民艺术节等，当时表演的曲牌包括〔八哥洗澡〕〔双龙出洞〕〔喜鹊闹梅〕等，及新创曲牌〔锦鸡出山〕，所以就土家族地区所流传的溜子曲牌而言坡脚打溜子可谓是"老字号"，而〔八哥洗澡〕现今多为打溜子表演中的保留曲目。

谱例 1

八哥洗澡（部分）
（闹房曲）

整理：田隆信
打谱：向婷

坡脚乡曲牌的结构较其他地区而言，有其自己的风格。曲体结构分"头子""溜子"两大部分，与其他地区相比坡脚的"溜子"部分中又分为"新溜子""老溜子""半溜子"等变体，在上述变体内部又能分出若干的乐段。节拍方面，四一、四二、四三拍子的交替组合，在内部乐句的演奏法设计上多为"对比重复"和"变化重复"使乐句在流畅而富于变化的行进中，又带有向上的趋势，极具个性特色。在坡脚除了打溜子以外，还流行一种从汉族传入且与打溜子形制较为相似的民间吹打乐。现今在整个龙山及少数民族地区都颇为盛行。其乐队

建制，一般由唢呐、小锣、头钹、二钹、大锣、堂鼓组成，多用于民间的婚丧嫁娶仪式中，表演时分"行堂"与"坐堂"，曲牌丰富：有〔将军令〕〔安庆调〕〔朱相臣〕〔恨梁山〕〔万年欢〕等。而从曲牌的名称可以看出其应多出自汉族戏曲曲牌。原因有二：一是，土家族早年为土司时期统治较为闭塞，而在现今的一些打溜子曲牌中能发〔安庆调〕等汉族曲牌，但在历史上汉族的音乐要广泛地流行于土家族地区只能在雍正"改土归流"以后。由此可以看出，坡脚打溜子在后期的发展过程中受到了汉族吹打乐的影响。二是，在改土归流以后汉族吹打乐进入土家族地区，由于较为齐全的功能场合的使用，对原先只能使用在娱乐及喜庆场合的本土打溜子带来了极大的冲击，这也是打溜子在老艺人口述中相传曲牌为三四百首，而现今搜集整理却不足百首的重要因素之一。

三、坡脚溜子王——田隆信口述访谈实录

"口述史"作为学术研究方法兴起于20世纪40年代前后，到六七十年代开始在西方广泛传播，改革开放以后引进中国，并在国内学术圈子中引领了一种口述研究风潮。口述史，是以搜集和使用口头史料来研究历史的一种方法。其研究的目的从对往事的简单再现深入大众历史意识的重建，把关注的焦点从"真实的过去"转移到"记忆的过去"的认识深度[1]。针对上述土家族文字缺失，打溜子文献稀少的历史现状。笔者于2015年2月26日，到访龙山县田隆信先生家中，对在坡脚田野过程中遇到的诸多问题向先生请教。先生1941年6月出生于坡脚，从小学习打溜子、咚咚喹等多种土家族乐器，现为土家族打

---

1 定宜庄，汪润. 口述史读本[M]. 北京：北京大学出版社，2011：1—12.

溜子国家级传承人。下述为根据田隆信[1]先生采访实录整理而成：

小时候在乡下，就是坡脚村，那个时候的生活条件很艰苦，每天都要干活，也没有什么可供娱乐的项目。但村里经常能看见打溜子，这成了我们这些孩子最开心的时刻，但当时"打溜子"并非叫"打溜子"，当地人叫"呆配当"，小孩子叫"当当"。从小我对当地的乐器、歌什么的都特别着迷，后来我就跟着表舅向积黄学习打溜子。就打溜子而言，从老辈那儿相传它的历史沿革，大概是分三个阶段：首先是早期远古时期，土家祖先生活的这一地带都是崇山峻岭，而当时生产力低下，一些作物总遭兽害，为了驱赶这些野兽一种方法就是声吼，还有一种就是敲"竹杆杆""石块块"。日复一日年复一年这种竹竿和石头所发出的"信号"声响开始出现了变化，山这边的人"咔咔咔……"山那边的人"壳壳壳……"开始形成了音乐的节奏。所以我们远古时期并没有打击乐而是先出现的击乐敲击的节奏。随着生产力的发展，农具代替了原先的石块、竹片等，像薅锄、挖锄这些农具在土家语中叫家伙，人们开始敲击家伙的下半部分的青铜金属材料，所以打溜子最早的名称叫作"家伙哈""挤钹哈"（哈，即土家语：打）。中期应该为清代之前（包括清代），这一时期开始有文献记载了主要是在文人的竹枝词里面，我小时候都背过："溪州之地黄狼多，三十五十藏岩窝。春种秋收都窃食，只怕土人鸣大锣。""迎亲队伍过街坊，小儿争相爬上墙；'叭叭''隆隆'花轿到，唢呐巧伴'得配当'。"[2]

---

1 田隆信：1941年6月11日，出生于湖南龙山县坡脚。土家族著名的民间音乐家，多年来活跃于基层搜集、整理土家族民间音乐，尤其对"打溜子"的传承与推广方面做出了重大的贡献。2008年2月，被文化部授予"国家级非物质文化遗产项目代表性传承人"称号。
2 两首竹枝词均收录在，清代编本的《龙山县志》中。

这里的溪州是隋唐包括土司统治时期湘西地区的名称，所以这个大锣已经在本地广泛使用开了，最正式的是第二首词，已经能看出这一时期"得配当"已经用在娶亲中了。近期是指现代，这是发展时期，我们"打溜子"的名称就是1949年后改的，因为"打溜子"的主干部分叫"溜子"，老百姓不会写也不会叫，干脆就叫"打溜子"了。这一时期主要的发展是作品创作，打溜子传承下来的曲牌不少，但随着时代的发展应该有更多带有我们土家特色的作品出现。1985年，我们龙山的溜子队被应邀参加联邦德国、意大利、荷兰、瑞士四国艺术节引起了国外友人的强烈反响；继而1986年又应邀在美国纽约演出，1993年参加了"93柏林世界打击乐艺术节"。当时我们带去的作品，就是我根据多年经验积累而创作的新作品《锦鸡出山》。后来，此乐曲被中央音乐学院作为"建国后海内外有影响的中国民间乐曲"收藏；后来结合新的形式主创溜子锣鼓《毕兹卡的节日》并由我自己担任主奏，1987年出国演出，1988年还获"湖南省建国以来优秀文化成果奖"，2006年又获"中国锣鼓邀请赛"金奖；每一次得到了国家和同人的肯定对我来说都是莫大的鼓舞，也是激发我创作的源泉。趁着这股子打铁的劲儿又主创并参与表演了土家族溜子说唱《岩生左阿》，2004年获"第二届全国少数民族曲艺展演"一等奖；随着多媒体的发展对土家族的音乐艺术的传播起到了巨大的推广作用，现在经常有外地的学生、同人找我来学习打溜子技艺，你就是其中一个呀！2012年3月去北京你来看我，我就是应邀去中央音乐学院从事"田隆信'土家族打溜子'大师班"示范教学，对于能受到中央音乐学院师生们的肯定我很荣幸，到目前为止在全国各地授徒应该有250多人了吧。好多人认为我做了贡献，其实我自己从来不觉得，我从咱们土家族母体文化中汲取的养料，远远比我上述的付出要多得多。

已到古稀之年的田隆信先生，用尽自己的毕生心血，为传承土家族民族民间文化做出了巨大的贡献，但自己却不以为然。凭着对本民族文化的热情做着他认为值得做的事并一直坚持着，他告诉我，自己不是奉献者也不愿意当一个奉献者，他只是带着使命的一位土家文化的传承使者。

四、坡脚打溜子传承现状

2015年1月至2016年6月笔者先后共四次深入龙山县坡脚、靛房等乡镇及下属村落进行打溜子曲牌和传承情况调查。从调查收集的文献资料、音乐本体资料等案头分析可以看出，坡脚当地的土家族打溜子传承特征、文化内涵更多呈现出族性与村落传承特性。龙山县坡脚被誉为土家族打溜子的保留地，因其独特的地缘环境、语言特征及本族宗教等因素的影响，为打溜子的传承提供了适合的保存环境。

表1 坡脚打溜子传承谱系统计

姓名	出生（年）	民族	从艺年龄	系属
田仁贵	1927年	土家族	9岁	坡脚联星村溜子队
田义锦	1951年	土家族	11岁	坡脚联星村溜子队
田义文	1949年	土家族	14岁	坡脚联星村溜子队
田德旺	1949年	土家族	15岁	坡脚联星村溜子队
田官忠	1960年	土家族	12岁	坡脚石堤村溜子队
彭 云	1968年	土家族	10岁	坡脚石堤村溜子队
彭南成	1968年	土家族	11岁	坡脚石堤村溜子队

(续表)

姓名	出生（年）	民族	从艺年龄	系属
彭　顺	1969 年	土家族	9 岁	坡脚石堤村溜子队

从表1来看当地传承的特征。首先，以家族为最小单位的传承模式。家族是社会历史发展到一定阶段的产物，它是一个历史概念。其产生和婚姻关系、血缘关系、生产力发展紧密相连。如在表1中能发现，如田义锦、田义文等传承人不仅同姓，其中间的字也相同。这就是在前文中有涉及的，坡脚等一些土家族乡镇一般是以姓氏为单位聚居，而中间的"字"一般表示一个姓氏家族的辈分。《坡脚乡志》记载坡脚坪的田姓字辈有："学成宗德永隆昌，大启文明世泽长。国正天心顺，官清民自安。仁义礼智信，文武定安邦。"所以打溜子在当地一般都以同姓宗亲为最小单位传承。

其次，以家族单位为聚合基础的村落传承模式。村落，是由家族、亲族和其他家庭集团结合地缘关系凝聚而成的社会生活共同体，也是社会的基本单位[1]。早期时，个人喜好、家族的风俗习惯，只有得到村落集团的承认，才有可能向社会传播，变为社会的普遍民俗，并受到接受和传承。从表1中的系属一栏中可以分析得出，在大的行政单位划分下，打溜子都是以下属级别的村落为单位组合的，如原坡脚乡的下属辖区石堤村溜子队、联星村溜子队、靛房镇的下属辖区百型村溜子队等，这种传承方式主要以家族为组成单位，但更多的是以居住的地缘环境为界线的，也是现今土家族村寨自发性的主要传承模式。

最后，以行政区域划分的传承模式。现今兴起的这类形式是为了配合国家关于民族民间艺术的统计及保护传承工作。管理方式由上至下，从文化广播电视新闻出版局（原来的文化局），向下到县文化馆，

---

1 陶立璠. 民俗学概论[M]. 北京：中央民族学院出版社，1987：159.

再向下到乡镇级的文化站，如坡脚文化站、靛房镇文化站、农车文化站等，每一级部门根据职能及当地所现存的艺术类型即打溜子、摆手舞、雕刻、吊脚楼修建技术等。制定适合于当地传承模式同时为传承艺人提供场所、经费等帮扶。所以说现今土家族打溜子的传承主要是以上述三种模式并用的复合型传承特征。

结　语

土家族打溜子萌芽于先民"击石围猎""击竹而歌"的原始劳动和生活场景，通过不同时代乐人对于劳动生活行为的不断加工演绎，创造出有组织、有节奏、有曲牌的"民间交响"。本文以笔者的音乐体验为切入点，全文贯穿"内"与"外"/"主"与"客"的双视角观察方法，着重运用了民族音乐学理论与方法，定点考察，关注打溜子在不同场域的转化，融入当地的生活及社会环境并搜集所需要的一切资料，梳理音乐事象在当地人们生活中的功能、价值及与文化的关联。在书写过程中从"局内人——微观"视域出发，意在呈现立体的土家族打溜子音乐文化景观，并从其流变过程中对打溜子史料缺失现状进行补充和完善，将集体记忆梳理为展现土家族打溜子的音乐过程，并进一步说明村落状态下打溜子生存模式背后所展现的族性文化特征。

（向婷，女，土家族，湖南师范大学博士后，吉首大学音乐舞蹈学院讲师。）

生与死之间
——三棒鼓，为生者而唱的歌

向　婷

土家族是一个历史悠久的民族，信奉原始宗教、祖先崇拜，千百年来形成了独特的"哭婚喜丧"的生死观念。现今在湘鄂西土家族丧葬仪式中以鄂西巴东、建始的跳丧，湘西永顺、泸溪的道士超度，湘鄂西交界地区龙山、来凤的三棒鼓，最为典型。龙山县，位于湖南西北部，东与桑植、永顺接壤，西连重庆酉阳、秀山，北与湖北来凤、宣恩交界。地处武陵山脉腹地，境内山峦重叠，河流纵横，全县面积3131平方千米，现辖民安、新城、华塘3个街道，里耶、洗车河、靛房等31个乡镇。据全国第六次人口普查统计，全县总人口约57.3万，其中土家族约占55.07%，形成了以土家族、苗族、汉族为主体的多民族杂居地区。[1]当下中国土家族人口有800多万，现仍然会说土家语（毕兹煞）的有10多万人口，主要聚居在湘西州酉水流域，而酉水流域许多乡镇和村寨，如龙山县的苗市、里耶镇以及永顺县的双凤村、保靖的普戎乡等地的土家族都认为自己的祖先是从龙山坡脚迁徙出，认为坡脚的土家语是

---

[1] 龙山县民族宗教事务局编.龙山县民族志[M].北京：学苑出版社，2018：1.

祖先遗留下来的，因此龙山县因其特殊的地理位置和语言环境，保存了较为完整的土家族风俗习惯与传统音乐文化。

一、龙山县三棒鼓音乐形态特征

龙山县土家族三棒鼓所使用的相关乐器及道具有鼓、鼓架、马锣、花鼓棒、尖刀5件。

鼓：小圆鼓，直径约30厘米，高11.5厘米，用木头、牛皮、竹钉等原料制成。鼓身边缘绘制有"龙凤呈祥""富贵牡丹""二龙戏珠"等传统图案，有些围上一圈自制的土家织锦锦须加以装饰，鼓身两侧镶嵌铁环双耳，便于艺人携带，双耳根据仪式场合的不同系红/白布绸。表演时根据唱腔的发展，有重击、轻击、边打等演奏。花鼓棒：三根，用坚硬的核桃木削制而成，长短一致，长约25厘米。棒上刻有"台台花""棱形花"等民族特色花纹；每根棒不同侧面锉有三个孔，每个孔内嵌有四枚铜钱。

马锣：铜质，型号有大小之分，大马锣直径17厘米，小马锣直径6.5厘米，高度都为3厘米，配木质锣锤长约8厘米。演奏时左手持锣，左手掌贴靠锣沿，以配合右手捂音，左手时紧时松地捂锣沿，控制马锣的余音。

鼓架：由六根小手指粗细、约1米长的竹棍或胶棍交叉以红线串联而成。早年间三棒鼓以站唱为主，20世纪70年代，龙山三棒鼓艺人何梦萍因腿脚残疾将鼓架降为约50厘米高度坐着击鼓演出，后来在湘鄂西地区红白仪式时间较长，坐唱三棒鼓的形式流行起来。

尖刀：铁质，有木质柄把，长约26厘米。一般为三把。有的还配置链刀、斧头、杀猪刀等，多者达十二把。

连绞棒：共三根，一根木质，长约 120 厘米、直径 10 厘米，两头稍大如纺锤形；两根竹竿，长约 80 厘米，小手指粗细。

土家族三棒鼓乐队组合模式与演唱方式相辅相成，一人或者两人演唱，另有击鼓独唱者。最初较为正规的是四人表演，以抛棒者为主演，其前置一小圆鼓，边抛边打边唱，另外三人，一人敲马锣，一人抛刀，一人耍连绞棒。现今湘西地区最常见的乐队组合是四人（两鼓、两锣）的对唱模式和五人（两鼓、两锣、一人抛刀）的表演对唱模式。除此以外，三棒鼓根据当代商业广告宣传造势的需求也可成倍数叠加至六人组合、八人组合、十二人组合等。而每逢大型节日庆典，三棒鼓艺人结班演唱，除敲锣打鼓者外，其他人分别抛丢刀、叉、瓜、果、镰刀、斧头、藤圈、苞谷等物，气势宏大，相得益彰。

三棒鼓唱词四句称一板，多为"五五七五"句式，四句均押韵。每板唱完后可换韵，每句间隔均有锣鼓。唱词与旋律基本对应，一字一音居多，每字对一拍，唱腔调式多徵、羽、宫三种，唱腔随声调的不同走向而变化。演唱时，可一人唱、众人帮唱，也可独唱和轮唱，有时也分角色对唱。除固定唱本外，更多的是表演者即兴演唱，随口便答，风趣幽默，灵活机巧。

谱例 1

雷府拜寿（部分）

演唱：肖昌永
记谱：向婷

土家族三棒鼓表演以吟唱为主，说白为辅，锣鼓伴奏，其中锣鼓节奏在整个表演中至关重要。节拍运用规整的四二拍、四四拍，每一板节奏节拍较为固定，程式性较强。二拍子一板（四句唱词）小节数 3+3+4+5 或 3+3+4+7，多运用于"平调""喜调"唱腔中；四拍子一板小节数 3+3+3+3，多在"悲调"唱腔中使用，一般每句最后一小节无旋律，多用锣鼓伴奏，此类四拍子在土家族三棒鼓中运用范围较局限。节奏总体属于"韵律性"节拍，即可以解释为节奏的长与短、轻与重的特定组合，这种在唱腔旋律上带有吟唱性，节奏组织相对规律性的音乐形态，属于我国曲艺音乐的基本形态特征。

三棒鼓自流传到湘鄂西土家族地区以来，以其说唱相间、文辞通俗易懂、锣鼓伴奏兼有抛刀棍的表演技艺的特点在民间流通极广。因而在当地除了保留早期汉族花鼓传入的传统故事话本之外，还创作了多种运用于人们日常生活中的曲目，丧葬类、婚俗类、本土故事类、商业类等。

表1 土家族三棒鼓唱词文本分类

类型	曲目	创编/收集者	文本句式	备注
传奇故事类	《三打华府》	宁国胜、杨紫山	五五七五句式	土家族三棒鼓传奇故事类文本中，主要涉及汉族文人书写四大名著小说、汉族传统民间故事、汉族民间爱情故事等内容。由此观之，三棒鼓从汉族地区本土传入至今，传统曲本在土家族地区的流行仍然较广
	《诸葛亮吊孝》《风波亭》《错断狄龙案》《重阳儿落难》《秦雪梅吊孝》	朱锦全		
	《四郎探母》《花鼓词源》	肖泽贵		
	《江流娃报本》	范平安、田开云、肖泽贵		
	《聚义除奸》《三借芭蕉扇》《雪耻青云楼》《英雄救美浴血记》	田延江		
	《宝钗记》《思凡恋情》	李叶胜		
	《孟姜女寻夫》	陈庭有		
	《比武招亲》	彭梅花		
	《孔繁森的故事》	肖泽贵、肖泽润、肖贵芝、宁国胜		
礼仪功能类	《参亡词》	肖泽贵	五五七五句式	礼仪功能类唱词文本，在现今湘鄂西土家族地区使用最为普遍，多用于丧葬、婚俗、贺寿、进新房等场合
	《歌颂家先花鼓词》《十月怀胎》《十二月花》	杨妙勤		
	《卖身葬父》	魏先龙		
	《目连救母》	田永龙		
	《天仙配》《仙姑送子》《八仙庆寿》《聚宝盆》	佚名		

(续表)

类型	曲目	创编/收集者	文本句式	备注
教育类	《劝世文》《劝君莫赌博》《生雨启蒙》《劝诫刁钻妇》	肖泽贵	五五七五句式	这类唱词文本，主要是在民间宣扬礼、仪、信、智、孝，具有一定的教育意义
教育类	《夫妻之间》《父子婆媳之间》	田延江	五五七五句式	
教育类	《劝孝》	肖昌永、唐宏胜	五五七五句式	
宣传类	《森林防火宣传》《普法知识宣传》	杨志义	七字句 三字句 五五七五句式	这一类唱词文本政治性较强，从土地革命起至今多为宣传时政，因此唱词结构较为灵活
宣传类	《房地产税征管宣传》	杨妙勤	七字句 三字句 五五七五句式	
宣传类	《宣传宪法》《八荣八耻宣传词》	肖泽贵	七字句 三字句 五五七五句式	

注：上表收录的三棒鼓作品均为现今湘鄂西地区较为代表性的曲目，民间即兴演唱的三棒鼓曲目由于数量较多未收录。

二、龙山县丧葬仪式三棒鼓个案实录与音乐分析

时间：2017 年 7 月 20 日

地点：龙山县城三桥社区

性质：丧葬仪式三棒鼓

2017 年 7 月 19 日，龙山县杨妙勤三棒鼓团队接到丧葬出活的通知，前期杨妙勤老师先做了基础道具的盘点和准备，确定明天参与孝家仪式的团队人员，同时询问了孝家的整体家庭情况及逝者生平和场地大小，为明天的丧葬仪式活动做前期准备。

仪式实录如下。

2017 年 7 月 20 日，6：00 逝者田陆胜的家人开始布置丧葬灵堂，

死者家为弄堂三层小楼由于室内空间局限，因此在屋前消防通道内搭棚，房屋大门左右放置花圈，死者棺木置于房屋正前方，棺木上方覆盖丧罩子，前方摆放纸糊灵屋，下设案摆放死者照片，白烛置左右，中间摆放蜂窝煤一块（代替香炉）、纸钱若干，案下放一口锅（代替烧纸钱的火盆），三个跪垫棺前一字排开，供孝子祭拜所用。与棺木对立左面两个方桌拼成长案，为三棒鼓队唱台，中间摆放话筒两支，芙蓉王烟若干，袋装大米一包，白面一小包，茶叶一包，电热水壶一个。唱台外围按照圆弧形放置几十个塑料凳、麻将机四台、牌桌若干供街坊邻里及客人参加丧会守夜所用。

晚上19:17，杨妙勤的三棒鼓团队锻炼、杨永龙、吴燕琼（女）、向邦应、刘广、鲁伟一行七人，到达龙山县湘鄂路三桥社区，逝者田陆胜家。杨妙勤先再次向孝家确定死者的生平及去世原因，然后回到

图1 仪式现场的棺椁（2017年7月20日向婷拍摄于龙山县三桥社区）

唱台前摆置"家伙"，中间放置鼓两架，主唱两位居中，左右为锣手，考虑到场地的局限，此次三棒鼓选择不带抛刀棒的三棒鼓坐唱表演，主要分唱生平、逗客调侃、讲故事、谢孝家四个部分。

19:30三棒鼓白会演唱正式开始，首先为传统的三人组合模式，由杨妙勤担任主唱自击鼓，帮唱为锻炼同时击鼓，向邦应为锣手，20:00，副锣手鲁伟加入组成四人，这一段为三棒鼓白会"唱生平"，主要交代逝者因肾病逝世，享年45岁及生平的一些事迹，尤其是为家庭或者家族内部做的那些好事，会着重即兴编唱，唱腔缓慢悲切，伴随歌声家人同时要配合哭灵、烧纸、祭拜：

谱例2

头板（部分）
（悲调）

演唱：杨妙勤
记谱：向婷

注：唱词第一句中"造孽"为当地方言口语，意为可怜。

  龙山县丧葬仪式三棒鼓一般都是以夜场表演为主，上述谱例2为第一场头板进入，"叙事型"演唱，其中音乐运用"悲调"起腔烘托气氛，这是三棒鼓特色唱腔之一，多运用于丧葬场合中的劝孝，寿宴场合感恩父母及缅怀伟人、烈士宣传等曲目当中。演唱时要求艺人的唱腔略带哭腔，表达惆怅之感，发音低沉，全曲速度相较于"平腔"而言要放慢一倍。在仪式中，悲调唱词引导了孝子哭丧的情绪，配合整场仪式的发展，现场逝者的妻子及儿子也因曲调的渲染，绕灵痛哭，整个过程锣鼓伴奏速度缓慢，尾音哭腔较长，一个曲调循环，唱词多是强调孝家悲切感念及祈愿逝者一路走好，再世顺遂。

  22：00，帮唱替换为吴燕琼，锣手分别替换为刘广、杨永龙，这一段主要为三棒鼓"逗客调侃"，乐曲节奏明显加快，朗诵性较强，多为互相调侃、吹捧、抬杠、拆台，娱乐性较强唱词也多为现场即兴，观众参与观赏性较强。23：00，主唱休息，开始放夜宵，到场的亲朋邻里每人一碗面，鼓锣不停，按照当地三棒鼓表演的流程，此时应该开始三棒鼓耍唱与抛刀、棒的表演，但是由于孝家场地限制，只单独进行了耍唱。次日00：00，演唱继续，杨妙勤主唱，吴燕琼帮唱，杨永龙、鲁伟锣手，这一段主要以唱吉利话为主，表演者会针对孝家每个不同辈分的人唱

图 2　三棒鼓"散花"（2017 年 7 月 20 日向婷拍摄于龙山县城三桥社区）

一段吉利话，俗称"散花"，被点到名的孝子，在乐队唱完祝福、奉承自己的一段词后，要在唱台上放上自己的心意（即人民币），如果放得少了，乐队主唱也会即兴编词笑话孝家，所以一般都是以百元心意散花，不封顶。这也是丧葬三棒鼓仪式中最具特色的一个环节，同时也是乐手们最卖力和创收的项目，因散花环节收入不包括在仪式工钱中，所以往往一些三棒鼓技艺较高的乐队散花收入会远远高于这次仪式的工钱收入。散花环节各地顺序不同，有的地区如旁边的来凤县一般放在仪式最后一部分谢孝家，有的则在中间环节演唱，也有的仪式中嫌孝家散花小气，在仪式中间和最后都要再唱一遍。

第二阶段"逗客调侃型"三棒鼓表演中，两鼓两锣四人组合，变头合尾式"平腔"对唱，以 D 宫系统中的 A 羽调终止。由唱词来看，四句句式为"五五七五"，一板押一韵，前两板分别押诸如韵（u）、凌罗韵（ing、o），内容从伤感哭孝，开始转向仪式观众的互动中，"调侃型"是三棒鼓丧葬仪式音乐中变化最为丰富的一场，因为要配合"散花"仪式的需求，从音乐变化、技巧难度、唱词等方面要求较高。喜调唱腔，多用于烘托气氛的场合，往往以对唱形式，如男女对唱、师徒对唱、

父子/女对唱等为主，唱词多为即兴编唱，互杠（方言称"臊皮"）、互吹（方言称"吹牛皮"）等。仪式中首先平腔进入，不断上板后，锣鼓伴奏逐渐加快，"喜调"唱腔，全场曲目速度完成了从慢板—中板—快板—急板的变化，同时唱词根据仪式环境即兴编唱，如对唱时，杨老师就将当天笔者到场采访临时编入曲中，如下：

谱例 3

喜调（对唱）

演唱：杨妙勤
记谱：向婷

2:00，师傅杨妙勤休息，由锻炼主唱，吴燕琼帮唱，鲁伟、刘广锣手，后半夜演唱了三棒鼓经典曲目《三打华府》，这一段一般以历史故事为主，即"讲故事"，由于凌晨过后年轻人守夜的较少，多是一些直系亲属和老人，所以需要唱一些长篇的神话、传说、历史故事吸引大家。第三场传统"故事型"三棒鼓表演，多为后半夜进行，观众只剩本家孝子亲邻守夜，因此，三棒鼓曲目的互动性减弱，领队杨老师休息，由其弟子表演，传统长篇故事《三打华府》，唱腔运用"平调"中速，曲调无限反复，唱词不同，音乐与头板相似（参见谱例1）。

4:50左右，主唱换上杨妙勤，吴燕琼帮唱，鲁伟、刘广锣手，开始进入第四个阶段"谢孝家",也是仪式的结束段,主要围绕孝家女主人不易及夸赞其为家庭的付出,并祝福家庭和孩子一切顺遂,末句还向孝家表示了感谢。音乐形态整体与第三部分近似。直至早晨 6：00 三棒鼓乐队结束演唱,当地三棒鼓乐队一般是不跟随丧葬队伍上山,接下来孝家打扫场地,准备抬棺上山大葬。

从上述龙山县三桥社区整个丧葬仪式来看,土家族白会三棒鼓(即丧葬三棒鼓)在长期的发展过程中已经成为湘鄂西地区使用较为广泛的功能性表演,各地一般除了表演时长不同(如在城区白会三棒鼓多为一晚,而在村落多为两晚),在音乐及表演形式上均形成了较为固定的程式性标准与流程。

三、生与死之间：当代土家族丧葬仪式的变迁与转型

丧葬习俗是土家族文化中最为重要的礼仪,是人生最后一个阶段的"告别",既是对逝者的体面交代,也是对生者的告慰。齐柏平曾撰文称土家族的丧葬形式大致经历了野葬—土葬—岩葬—火葬—土葬等不同阶段。[1] 根据现有的历史文献记载,土家族在"改土归流"以前,普遍实行的是火葬与岩葬(悬棺葬)。1973 年湘西自治州考古队,在保靖县四方城,发现一座元代古墓,墓中有一陶碗装有骨灰,由此可见,元代时期土家族地区就已经在实行火葬了。岩葬,又叫悬棺葬主要集中于峡江地区和湘西沅水、酉水流域土家族聚集地,一般多为将棺椁藏于岩壁的洞穴中,或者在较为光面的岩壁上打桩将棺椁悬挂于岩壁上,故又称悬棺葬。早在唐代就已经有很多诗句、文献记录或描写土家族岩葬的情况,如孟郊《峡哀》诗："树根锁枯棺,孤骨袅袅悬。"唐

---

1 齐柏平.鄂西土家族丧葬仪式音乐的文化研究[M].北京：中央民族大学出版社,2006：59.

张鷟《朝野佥载》中记载："五溪蛮父母死，于村外搁其尸，三年而葬……尽产为棺，于临江高山半肋凿完以葬之。自山上悬索下柩，弥高以为至孝，即终身不复祭祀。"[1] 直至清雍正年间，各土司势力盘踞于西南一带，恐其成为王朝统治的隐患，雍正四年（1726）时任云贵总督鄂尔泰连续四次上疏奏请命，开始大规模的"改土归流"。改土后在土家族地区开始大力推广汉族地区的农业种植技术，引进汉族地区的农作物，对土人进行劝课农桑，鼓励他们进行垦殖活动等。而在丧葬等生活习俗上，当地人也逐渐开始摒弃火葬、岩葬等，改为汉族地区的土葬形式，据《来凤县志·风俗志》载："从前土民间同姓为婚及停丧火化等恶习，自改设以后，土民劝勉，今皆革薄从忠。"[2] 由此可见，改土后汉族文化对土家人社会生活、风俗文化等都带来了极大的影响，同时也对后来土家族各传统音乐种类的变迁、发展埋下伏笔。

黑格尔说："人具有两种特性：有生也有死。但对这事的真正看法应是，生命本身即具有死亡的种子。"[3] 对于土家族人民而言，原始时期先祖们崇尚万物有灵，认为亲人逝世而灵魂不灭，有泽被后代的福音，至孝至亲虽不舍悲伤，但对于丧葬仪式的举行大多隆重而体面，尤其是对高寿老人逝世，在民间更是有喜丧之称。中华人民共和国成立后土家族地区仍然实行土葬，只是在仪式中过去由土老司或道士主持的丧葬仪式，开始逐渐被地方三棒鼓团队或称花鼓团队替代，并形成了一套湘西土家族地区的殡葬产业链。以龙山县为例，笔者跟踪调查的三个三棒鼓社团仅 2017 年 5 月至 2018 年 5 月这一年间承接丧葬仪式

---

1 曹毅．土家族的丧葬习俗及其内涵 [J]．湖北民族学院学报（哲学社会科学版），1997（1）：37．
2 左怡兵，程莉．土家族丧葬习俗变迁初探 [J]．文学教育，2013（1）：112．
3 黄亦君．生命与仪式：教育人类学视阈下的湘西土家族丧葬文化 [J]．教育文化论坛，2014（3）：126．

活动就有近百场，可见其在土家族地区的认可度颇高。1997 年国务院颁布了《殡葬管理条例》，进一步实行全国殡葬法制化管理，尤其是提倡推行火葬，节约耕地，节俭办丧的新风尚。2000 年，恩施市人民政府颁布了《恩施市殡葬管理暂行规定》，截至 2009 年，火化区域不断扩大，覆盖城区及城郊 30 多万人，火化率达 50% 以上[1]。相较于鄂西地区的殡葬改革，湘西土家族地区的殡葬改革制度显然要迟缓得多。现今中国土家族约有 800 万人口，其中仍然会说土家语（毕兹煞）的约 10 万人口，几乎全部聚居于湘西州西水流域，如龙山县的坡脚、苗市、里耶镇以及永顺县的双凤村、保靖的普戎乡等地。因此，当地传统文化习俗根深蒂固，尤其是对于落叶归根，入土为安的丧葬观念有着极其强烈的习俗认同，所以至今本地区 90% 以上仍然实行土葬，而在一些城郊或者村落几乎全部实行土葬。直至 2020 年 4 月 9 日，吉首市人民政府才颁布《吉首地区殡葬管理实施办法（试行）》，要求公民要按照"两集中一统一"（集中治丧、集中安葬，统一火化）的规定，坚持火葬，改革土葬，倡导节地生态安葬，规范殡葬行为，革除丧葬陋俗，提倡文明节俭办丧事。条例的试行也标志着湘西各地区土葬改革的开始，此后的花垣县、龙山县等地也纷纷出台文件。

土家族三棒鼓为多元文化融合下的产物，从族性而言，混合汉族、土家族的民族特质；从艺术形式而言吸收了歌舞、曲艺、民族音乐；从区域而言复合了平原、山地等多种地域文化因素。因此，在不同的社会结构下三棒鼓形成了实用、教育、宣传、礼仪等多种功能。而进入 21 世纪受到新文化、政策方向的影响，其发展形势、文化功能势必有所转型，就其丧葬仪式中的三棒鼓表演而言，未来如何适应体系化、

---

[1] 曹毅. 土家族的丧葬习俗及其内涵[J]. 湖北民族学院学报（哲学社会科学版），1997 (1)：113.

标准化、模式化的现代火葬殡葬服务，不论是在表演方式、音乐形态、唱词内容等各方面对于艺人而言都是一个严峻的挑战。

结　语

　　三棒鼓作为汉族—土家族传统文化混合发展的产物，其文化内涵涉及音乐体验者、时间、地点等多种因素，在不同的历史时间下又受到社会结构、政治制度的影响，相继衍生出实用、教育、宣传、仪礼四种常见功能。改革开放后，地域开放、人口移动频繁（即土家族外出打工、汉族人口进入等），导致三棒鼓文化功能逐渐由过去专场专演的单一性，越来越向以商业性和娱乐性为主旨的功能显现。本文以仪式音乐表演民族志的路径进入，通过定点、定时的聚合型仪式的观察来获取表演过程中的仪式行为与仪式声音，结合仪式所处的自然环境与社会环境，试图呈现当下土家族三棒鼓在丧葬仪式中的演进模式，同时试图揭示在当代社会的发展过程中"国家在场"对于地区传统文化发展的暗示及隐含影响。

（向婷，女，土家族，湖南师范大学博士后，吉首大学音乐舞蹈学院讲师。）

历史·认同·重构
——旅游背景下的岩脚侗寨琵琶歌田野考察

肖志丹

一、琵琶歌的历史文化语境

靖州苗族侗族自治县位于湖南省西南边陲的怀化市南端,湘、桂、黔三省(区)交界处,系湘西南通往贵州、广西的咽喉。县境东临本省绥宁、城步,北接会同,南毗通道,西连贵州黎平、锦屏、天柱。侗族琵琶歌主要流传在湘、桂、黔三地交界地带,流传区域内的侗族琵琶歌既有共性,又有不同地方的差异性,形成了多元一体的音乐特征和风貌。流行于侗族地区的琵琶歌,属于浔江河流派,侗语称为"嘎贝巴",因以侗族工匠自制的琵琶为伴奏而得名,弹唱形式一般分为自弹自唱、男弹女唱等,歌曲体裁有"抒情歌""叙事歌"。琵琶歌历史悠久,流传广泛,其歌唱内容涵盖了侗族社会历史、神话传说、生产劳动、婚姻恋爱、民俗民风等多方面内容。

靖州侗族语言与通道、广西三江和龙胜、贵州黎平侗族属于同一语系,历史上侗族没有文字,但却以"歌传志"的方式记录了侗族的历史与文化，如《找歌的传说》《侗歌的来历》《四也挑歌传侗乡》《琵琶的传说》等，千百年来侗族人民把这些歌不断传唱的过程，也就不断地记载了历史与文化，将其当成先祖遗训，教育后代。在侗族琵琶歌的早期发展阶段，明弘治《贵州图经新志·黎平府·风俗》记载："侗人暇则吹芦笙、木叶，弹琵琶、二弦琴……以为乐。"这一阶段侗族琵琶歌只有男女青年行歌坐夜唱的抒情琵琶歌，叙事琵琶歌还处于萌芽阶段。到了清代雍正年间，侗语南部方言地区改土归流已经基本完成，社会相对稳定，历史上有名的侗族歌师开始出现，少数接受了汉文化教育的歌师也开始借用汉字来创作和记录侗歌，民间"月也"（集体做客和集体迎客社交活动）频繁，民间的歌唱活动十分活跃。清李宗昉《黔记》记载："在古州，男弦女歌最清美。"这里的"男弦女歌"就是指侗家人演唱的琵琶歌。这一阶段抒情琵琶歌走向了成熟，叙事琵琶歌开始兴盛，一些有经验的中老年歌手用琵琶、果吉（牛腿琴）来伴奏叙事歌，受到人们的欢迎，先后涌现出了一批有影响的民间艺人。据传光绪年间湘黔四十八寨地区高孖寨，出现了一名叫固岚（学名杨枝曜）的侗族文人歌师，首创了男女歌手进歌堂对歌的演唱形式，继承和发展了四十八寨琵琶歌，推动了侗族琵琶歌的发展。[1] 这些历史文献资料记载及传唱至今的侗歌，证实侗族音乐文化沉淀已久，有着多年的流传历史渊源和较广泛的群众性。可见，侗族的民间音乐折射出其历史文化的变迁，历史变迁过程也影响着音乐发展的多样化、多向化衍生过程。

---

[1] 靖州苗族侗族自治县非物质文化遗产保护中心. 第五批市级非物质文化遗产代表性项目申报文本——琵琶歌[M].[出版者不详]，2015:4.

二、岩脚侗寨琵琶歌田野考察实录

2018年7月12日下午16：00，我们十几名湖南女子学院师生组成的考察队伍到达靖州苗族侗族自治县寨牙乡的岩脚侗寨。古侗寨建于宋朝，大山环绕，流水乡间，据说有着神秘悠久的母系文化、质朴厚重的驿站历史、浓郁独特的民风民俗、宛如仙境的山水田园，学生们第一次参加这样的活动，心情雀跃，驱车的疲惫消散无影。游客服务中心只见当地居民，而游客无几，木屋特色建筑很多地方有被修缮的痕迹，在新、老木材修饰下也不免形成一种新的建筑景观。广场小卖部老板和邻居在打牌，楼上是自家经营的民宿，老板见我们一群人涌来就开始招呼着。得知我们要来，吴妹凡夫妇和杨富国两家人也早早地在游客服务中心的广场等候着。从服饰看，吴妹凡是精心准备了一番的，她一见到我们非常高兴，开始给我们介绍寨子的一些基本情况。学生们也进入状态，音乐生围着吴妹凡夫妇交谈起来，新闻学专业生忙着拍摄和记录。

（一）情系侗歌：吴妹凡和吴勇德的故事

今年50岁的吴妹凡，还清楚地记得她小时开始学歌的情形，每次当她到姨妈家去玩时，总能听到姨妈和姨父在各种场合演唱的侗歌，气氛活跃，娓娓动听。从那时起，美妙的侗歌就深深地烙在她记忆深处，而更令她没想到的是，这一结缘就是一辈子。她从14岁时开始跟随师父（姨妈）正式学习侗歌，为了认真学歌，她几乎每天晚上都会去师父家，让师父手把手一字一句地教自己唱，有时候学得太投入，干脆直接睡在师父家，第二天早上刚睡醒还没来得及洗漱时，都要先练几遍歌再做其他的。她说在学习的过程中，要是遇到了比较难唱的歌曲，会想尽一切办法，要是今天没有学好，第二天会放下一切事情，先想着向师父学好这首歌。

吴勇德是吴妹凡的丈夫，他带着由他本人制作的侗琵琶，很热情地为我们介绍并弹唱。吴勇德谈起自己与妻子的故事一脸笑容，他们也因歌结缘，1987年，19岁的吴妹凡参加了当年的县庆演出，台上的她年轻而又富有活力，尤其是她那美妙动听的歌声给当时年轻的吴勇德留下了深刻的印象，吴勇德对她一见钟情，从那之后，两人开始有了频繁的往来，相互对歌、唱歌更是家常便饭。而这一唱就从认识唱到了结婚，唱到了现在。对于现在的吴妹凡来说，这份因琵琶歌而产生的爱情和婚姻是很幸福的，因为吴勇德一家三代都爱唱琵琶歌，所以他们生活的各个方面都与歌有关，歌也成为联系这个家族的一条最重要的纽带。

图1 吴妹凡（右三）、吴勇德（右四）表演中（2018年7月12日张婷婷拍摄于岩脚凉亭）

吴勇德平时也会根据自己的心情，在不同场合以不同的内容来创作，如今他也记不清这些年自己创作了多少首歌曲了，他只是不断地在写、在唱，将自己内心的情感通过侗歌一点一滴地记录着。此外，夫妇俩还介绍了对歌、酒歌、开台歌、琵琶歌、侗戏、侗族大歌等的区别和不同场景的运用。吴勇德说，在侗寨是一定要理解这些音乐的内涵，才能适应不同场合的生活。他认为，侗族琵琶歌的创作总是会随着时间推移、事件的变化而有所不同，比如刚刚唱的这首赞歌，是他为了表达对党和国家的感谢，在新的时代从心底唱出来新的感受。琵琶歌很多情况下往往是以即兴的方式开始，每一次表演的过程也是即兴创作的过程，表演语境的不同会产生不同情绪和内涵的歌，即不断生成新的文本的过程。

（二）族群符号：自发情境中齐唱的琵琶歌

18:30左右，我们的考察小组还没吃完饭，小卖部就已经自发地聚集起一堆人拿着琵琶开始弹唱起来，我们匆匆放下碗筷，不愿错过这个时刻。此时的琵琶歌群体演唱与我们下午的采访场景不同，完全是一种他们生活中非常自然、即时的场景流露。歌者们包括吴勇德、吴妹凡夫妇，还有小卖部老板娘伍健等左邻右舍的大概十二个人，年龄相仿，50岁上下，男、女声混合，伴随着侗琵琶的节奏和韵律，他们演唱的声音显得非常整齐、和谐。欣赏过程中我发现有一位女歌者是没有带琵琶的，但是却用手整齐地跟着节奏弹奏，可见，她在平时无数次的弹唱中，身体的各个部位和动作已经形成一种对琵琶歌韵律的自然默契和习惯，因此她需要借助肢体动作，跟随侗琵琶的节奏和音型，使自己能更好地融入集体表演的场景中。即便是经常被旅游者、来访者、购物者等各种现代化的社会交往和生活所渗透，侗家人这种来自他们生活中茶余饭后自发的、即兴的表演场域，应该是这个村寨中左邻右舍不可或缺的一部分，是局内人的一种价值观行为，是他们在自己的民俗语境中的一种族群认同行为。

为了更加深入地了解侗族文化，我们的队伍开始向歌者们学习琵琶歌，从语言的咬字发音到音乐的旋律节奏，再到侗琵琶的演奏技巧的学习，无不对我们的"双重语言能力"有非常大的考验。琵琶歌的唱词一般为七字句、九字句，开头往往会用三字句、五字句，琵琶歌的唱词格律也受汉语诗的影响，对唱词的平仄、韵律也有严格的要求，结尾句的押韵叫"外韵"，还有"内韵""腰韵"（也叫中韵）。吴勇德从侗琵琶的定弦[定弦关系为（简谱）5 6 6 3]到弹奏技巧，再到具体歌曲的弹奏都非常细致耐心地给我们讲解，他说琵琶的伴奏一定要学好几个固定的"过门",很多歌里面都可以用到。从他不厌其烦地教授中可以看出,他对我们的学习充满兴趣和激情,他说他迫切希望把这些文化传承下去,但是现在的年轻人都出去打工赚钱,没时间和精力去学习这些,留在家又没有谋生手艺。这都是非常现实的境遇,甚至留在村寨的这些中老年人,自己都需要去种田、做工赚钱,传承琵琶歌是他们骨子里的热爱,一种对族群文化自觉形成的责任。

(三)历史记忆:随处可见的青石碑和青石板路

第二天6:30,我睡醒后立马爬上民宿三楼,感受了薄雾中侗寨的静谧和清凉,一丝鸟语偶尔轻声试探,鸭群在池塘的冷气和晨光中穿梭觅食,山谷中的侗寨民宿里,夏天的空调成了多余之物,夜间睡觉需裹着棉被。趁考察小组还未起床,我又沿着乡间小道走了一圈,村寨的一切都慢慢苏醒,一位农夫已经背着一捆柴回来。我们居住的这家民宿门前是几口池塘,沿着池塘的路都是青石板铺成,池塘旁有棵一百多年的大樟树,一块大青石碑立于其下,从碑文字面意思来看应该是块功德碑。据村民说,村里这样的青石板路、青石功德碑

图2 岩脚村民宿门口的古树、古碑、古道(2018年7月13日肖志丹摄)

比比皆是,嘉庆年间、乾隆年间的都有。

这里是连接靖州和通道(县)、打通广西和湖南的重要"咽喉",明朝时,是"南方丝绸之路"的重要分支——湘黔古道和湘桂古道的连接线。在当年交通不便、工具落后的情况下,修建这些青石古道应该是极为不易的。从如此多的路和碑中,可以看出当时途经岩脚的客

商之多和经济文化之繁荣，也促进了古道上音乐文化的相互交融和吸收，广西三江、龙胜地区与湖南的靖州、通道形成区域性的文化圈，侗族琵琶歌也通过古道在文化圈不断地融合、流播，折射出音乐与"路"文化之间有着密切的内在关系。沿着古道我又继续往山间走去，在山上俯瞰整个村寨，四面环山，竹木青翠，古木房依山而建、飞檐翘角，人们傍水而居，颇有一种世外桃源的意境。

（四）"非遗"传承：坚守传统文化的杨家人

早餐过后，我们一行出发去往琵琶歌市级非遗传承人杨灿权家。杨老的大儿子杨富国领着我们参观了一楼的侗琵琶，红砖水泥建的乐器制作间，挂满了刚刚上完漆的成品。杨富国给我们介绍了侗琵琶的制作材料和工序，他说制作侗琵琶木材一般有梓木、樟木、梧桐木三种为主，梓木最佳，做出来的琵琶声音洪亮，经久耐用。琵琶的制作过程看似简单，但要完全做好得经过描、劈、凿、锯、刨、烙、钻、漆等十几道工序。墙上有块黑板，标题写着《开台歌》，七字句的歌词工整地写满了整块板，杨富国介绍说这是他们平时用来教演员唱侗歌的道具，为了方便，歌词用汉字发音代替侗族发音。

随后，杨富国将我们领到二楼，他的父亲杨灿权老人得知我们要来，已等候多时。杨老先生是侗族琵琶歌的市级"非遗"传承人，今年已经75岁了，原来是靖州县和平剧团演员，后因"文革"时期戏班倒闭，便回了乡，开始从事地方文艺宣传工作。但从杨富国口中得知，此时的杨老身体非常虚弱，已经是肺

图3 杨灿权（左二）、杨富家（左三）接受访谈（2018年7月13日张婷婷拍摄于杨灿权家）

癌晚期。知道我们要来，他坚持要等着跟我们见面，由于杨老沟通交流的不便，我们全程的访谈在他的小儿子杨富家的解释和传达下进行。

采访时间：2018年7月13日 10：30

采访地点：杨灿权家中

受访者：杨灿权、杨富国、杨富家、

采访者：肖志丹、曹金、刘丹洁

肖志丹：杨老师您好，很高兴今天您能接受我们的来访。

杨灿权：……好……（微弱的声音，用手打招呼后点头示意）

肖志丹：您从事琵琶歌工作有很多年了吧

杨灿权：……（点点头）

杨富家：从我父亲开始就是这个怀化市级的琵琶歌"非遗"传承人，我们县里的职中、中学、小学很多都请我们去教他们，现在起码有好几百人（在学）。我父亲原来是县里和平剧团的演员，后来回乡就一直从事一些文艺宣传工作，搞了一辈子这个。

肖志丹：那杨老真是文艺能手，村里是不是很多文艺活动都离不开他呢？

杨富国：是的，那个时候，村里有任何事需要宣传的，都是我父亲策划安排的。因为当时村里大部分的侗族人还不会普通话，所以对于党和政府一系列政策和新闻都无法懂。针对这种情况，我父亲就想到了一个办法，他将这些政策和新闻都用村民们最熟悉的琵琶歌的形式弹唱出来，让他们在听歌的同时，又了解到了国家的政策信息。

曹　金：那到您这一代是第几代传人了呢？

杨富国：我们是第三代了，我父亲从他父亲那一辈还有吴家良老师那里传下来，到我们现在就是第三代了，我们杨家在这里生活至少一百多年了。

杨富家：我们还只是传人，不是"传承人"，这个"传承人"可不是那么容易，你说我是"传承人"我就是了？不是那么回事，包括下面那个吴老师（吴勇德）他们也都还不是，虽然我们已经学了很多了，也传播了很多年，这个是需要申请界定的，目前我们这里唯一一个就是我父亲。

曹　金：那您刚刚说的那个吴家良老师是您什么人呢？

杨富家：是我父亲的上辈，父亲就是跟他们学的，都是亲戚嘛，我们都是住在一起嘛，那时候侗家的住在一个地方，汉族的住在一个地方，苗族的又住在另一个地方嘛。所以就每天能够在一起生活，学习到这些东西。

肖志丹：那您有关于琵琶歌的一些爱情相关的故事吗？

杨富家：有啊，我们这里不会唱琵琶歌的就找不到女朋友、讨不到老婆的，你会讲，就看你会不会唱咯，到目前为止，我们岩脚村还有一百多位单身汉没有找对象的。现在我们要他们来学习这个琵琶歌，就是让他们有这个才能，才方便找到女朋友嘛，对不对。

刘丹洁：那您是不是也是因为会唱琵琶歌才找到您对象的呢？

杨富家：对，我是从18岁开始就经常出去对歌啊，就是在侗族地区，把农活干完了，就会经常出去走亲戚啊，三五个人一起约着去玩啊，听说哪个地方的几个女子很会唱歌，我们去会会啊，那时候也没有自行车，几十里路都靠走的，各村各寨就是去对歌嘛，有些就比较有缘能看上的，时间一长，就熟悉性格了，再勤快点的话，一来一往就好上啦。

曹　金：您刚才唱的那首歌一般是什么时候唱的呢？

杨富家：那个就是我父亲写的谱，那个词有很多年了，这首歌就是不论什么场合首先要唱的就是这首。

肖志丹：这边的琵琶歌和广西侗族的琵琶歌有什么区别吗？

杨富家：我们以前也是从广西那边迁过来的，像现在的三江、龙胜这些地方跟我们这里隔得很近的，我们就是在一个地区嘛，其实就是一家子人，我们讲话唱歌都跟那边是一样的。

肖志丹：您现在应该是作为琵琶歌传承的主干力量了吧？

杨富家：是的，我大概2001年从外面打工回来，村里呢就抓着我说，要我组织一些人来，把这个侗族文化搞起来，后来我就接了这个事，需要组织人，我就到处"抓"人，年轻人都出去打工了，都只剩些中老年人了，搞了五年直到今年上半年，我就不搞了，为什么不搞了呢，这个一言难尽啊。这些年我所带的队伍比赛拿过很多次奖，我那时候组织了个女子芦笙队，到县里比赛获了一等奖，还奖了8000块钱，后来邻村的很多人都来问我要这个经验，问我怎么搞起来的，就是些外乡的各个领导啊，都来这里"取经"。其实现在政策都很好，我付出了5年，什么酒水、饭菜都在付出，把我都搞穷了，因为我组织几十个人嘛，大家都来了，我就要做饭啊，所以会有好多开销啊。不过我认为我现在把这个事情做起来了，还是很不错的，该穷就穷啦，我也高兴的，哈哈。

曹　金：那唱侗歌一定要用侗琵琶吗？

杨富家：对，用别的什么琴、吉他啊感觉不是那个味，就这个琵琶才是这种感觉。

曹　金：那是不是侗族人都会这些，都有这个天赋呢？

杨富家：也不是这么说，这个也有很多侗族人不会，这个就是有爱好这个，有天赋就来学，跟汉族一样嘛，有会的，也有不会的。

肖志丹：好的，谢谢您接受我们的采访。

杨富家：不客气的。

表1 琵琶歌师传承谱系

琵琶歌师	亲缘	姓名	出生时间	民族	传承属性
寨牙岩脚侗寨琵琶歌师杨灿权传承谱系	曾祖父	杨维新	不详	侗族	家族传承
	祖 父	杨通怀	不详	侗族	家族传承
	父 亲	杨焕斌	1901年出生	侗族	家族传承
	传承人	杨灿权	1944年出生	侗族	家族传承
	儿 子	杨富家	1966年出生	侗族	家族传承
	女 儿	杨丽英	1968年出生	侗族	家族传承
平茶镇铁炉侗寨琵琶歌师杨崇斌传承谱系	曾祖父	杨廷远	不详	侗族	家族传承
	祖 父	杨国胜	不详	侗族	家族传承
	父 亲	杨家宝	1930年5月	侗族	家族传承
	传承人	杨崇斌	1948年4月	侗族	家族传承
	大儿子	杨振文	1968年3月	侗族	家族传承
	二儿子	杨振武	1970年1月	侗族	家族传承

注：本表信息来源：靖州苗族侗族自治县非物质文化遗产保护中心.第五批市级非物质文化遗产代表性项目申报文本——琵琶歌（内部资料）[M].2015：10.

从以上口述访谈我们可以看出，杨家父子对琵琶歌的传承付出了非常多的精力和想法。杨家人对琵琶歌的坚守与创造，不论是从侗族琵琶的制作还是琵琶歌的传承传播都付出了毕生的精力并一直坚持着。尤其在岩脚打造旅游文化的大背景下，杨家人将琵琶歌作为岩脚音乐文化符号，一次次不厌其烦地展现在游客和来访者面前。杨富家认为侗歌以前是比较古老比较单一的，只有一个腔调，没有太多变化和表演的。要发展和弘扬这些少数民族文化就必须进行一些改变，要能写出来、唱出来才能传播、发展。近十几年来，政府在政策上给予支持和引导，乐器制作、唱词和语言、音乐旋律都有很多的变化。因此，现在见到的琵琶歌文化是在国家主导的旅游文化和"非遗"背景下创造的新传统。琵琶歌的文化不仅体现在音乐艺术方面，也包括一些民间口头传说。比如，笔者问起琵琶的定弦为什么是四弦三音[（简谱）5 6 6 3]的问题，这其中有何特别的寓意。杨富家就开始说起这个来源于一个传说故事。传说很久以前，有一位非常爱弹侗琵琶的单身汉，四五十岁了都没有娶到老婆，所以他只能将自己全部的乐趣都寄托在琵琶上。有一天，一位女子过去听他唱歌时，就问他："你的琵琶怎么只有三根弦呢，因为你的琵琶弦是单数，所以你才单身这么多年，你一定要把琵琶做成四根弦，让它成双成对，你不这样做，整个寨子的人天天都听你的歌，到最后都会成为单身……"顿时，他恍然大悟："啊，原来是这样！"他一个人是单身没有关系，但不能害得大家都跟他一样是单身，所以他就将琵琶再加了一根弦，但还是原来的三个音。可见这个口传故事实际上也代表着某种民间口头传统的寓意，一种对美好事物的精神寄托和渴望，琵琶歌作为族群音乐文化认同的外在媒介，在民间传说中也扮演着实现个人美好爱情和幻想的象征符号。

图 4　全体参与合拢宴与多耶舞
（2018 年 7 月 13 日张婷婷拍摄于杨灿权家）

采访结束已到午饭时间，为了招待我们，杨家人特意准备了侗家合拢宴，饭桌上准备好了侗家自酿的米酒，由几张桌子在过道上摆成长长的一整席。杨富家的性格与其兄相比更加开朗活跃、幽默善谈，不论是采访还是表演，他显得非常有激情和富有表现欲。开饭前，杨富家又领着我们围着桌子跳多耶舞，一手搭肩，一手端杯，一唱众和的形式，使歌、舞、情在此时融入每个人的心底，热烈欢乐的气氛下，我们考察队的师生们也举起酒杯纷纷献唱，以表达今日一行对杨家人的感谢。

（五）内部"东方主义"特色的旅游展演品牌建构

7月14日下午，我们听说游客中心有《丝路女儿国》的实景演出，便早早来到中心等候着，中心的一个门口写着"女儿国民俗表演公司"，演出时间：周六、周日16：00，联系人：杨顺现。不一会儿吴妹凡夫妇和他们的节目组成员就换好服装在等候了，见我们也在等着，大家又开始聊着天、唱着琵琶歌，等待着演出的开始。吴妹凡说他们这个组的节目叫《哈拉秀》，是一个以侗族各种民间元素编成的舞蹈表演，参与的人数为二十个，有五个男的，民族以侗族为主，但也有五个汉族人。《丝路女儿国》是当地政府打造的大型原生性实景演出剧，是以南方丝绸之路的商道文化和古代"女儿国"的母系文化为历史文化背景，以古代马帮途经岩脚侗寨"女儿国"的故事为线索，集侗族歌舞表演、乐器演奏、侗族劳作工具展示及侗族祭祀、婚嫁、宴请等礼仪呈现为一体的大型实景剧。这种对自我文化的特色化打造，让旅游者见到一种具有异域风情的"女儿国"形象，以及对侗族女性表演者和表演中的侗族女性角色的一种好奇和幻想，这具有浓重的内部"东方主义"色彩，在国家"非遗"背景和旅游经济的大环境下，这种对地方文化旅游展演产品的建构和打造也愈演愈烈。

表2 节目《丝路女儿国·哈拉秀》演员信息

姓名	年龄	民族	性别	姓名	年龄	民族	性别
伍　健	51	侗族	女	伍梅	50	汉族	女
吴国云	51	侗族	女	吴祥燕	49	侗族	女

(续表)

姓名	年龄	民族	性别	姓名	年龄	民族	性别
吴尚柳	47	侗族	女	龙海正	46	汉族	女
吴能柳	49	侗族	女	莫戍蓉	50	侗族	女
曾新秀	50	汉族	女	杨培细	46	侗族	女
石凤英	50	侗族	女	吴培细	48	侗族	女
杨玉林	56	侗族	男	陆星亮	56	侗族	男
杨政和	56	侗族	男	杨云州	53	汉族	男
舒相华	48	汉族	女	吴祥爱	48	侗族	女
吴勇德	55	侗族	男	吴姝凡	50	侗族	女

注：本表信息由吴姝凡整理提供。

吴姝凡跟我们说，这些节目一般会在节假日、周末演出，参与者都是 50 岁左右的本地村民，年轻人都出去打工赚钱了，也不愿意守在家里搞这个，参加演出的村民每个月有 600 元补助，一方面能够丰富村里的文艺生活，另一方面也能作为文化旅游产业带动一点经济，大家都还比较支持。所有演员都是本土村民，基本上是侗族，但也有几个汉族，在人员紧缺的情况下，能有人参与演出支持本村寨的文艺活动已经很不错了。由此可见，这种现象也比较普遍，汉族与侗族人相互生活在一个区域，生活习惯和民俗相融相吸，汉族人穿上侗族服饰、表演侗族音乐文化，共居共事、共同参与民俗事象，体现出一种族群边界的变化，即在政府、社会建构的旅游文化背景下形成了文化的跨族群传播，即"移动的边界，身份的变色龙"[1]。

---

[1] 赵书峰. 族群边界与音乐认同——冀北丰宁满族"吵子会"音乐的人类学阐释[M]. 北京：知识产权出版社，2017：55.

结 语

　　岩脚侗寨的音乐文化、族群民俗、建筑景观和历史记忆都体现出该地区作为典型的侗族传统文化村落而受到重视和保护。尤其笔者在学习和体验弹唱琵琶歌、跳多耶等活动时，能深刻感受到他们作为侗族人对自己文化的自信和骄傲，包括吴勇德、吴妹凡夫妇和杨灿权、杨富国、杨富家父子，他们对琵琶歌的坚守和创造过程既是当下国家对"非遗"的建构的过程，也是国家经济文化快速发展背景下打造旅游文化的过程。表达着族群精神寄托和审美情操的琵琶歌，是一种岩脚侗族人的音乐文化符号，其传承变迁的现状也体现着岩脚地区的文化旅游名片和族群音乐文化生存发展状态。琵琶歌作为岩脚侗寨具有特色的音乐文化符码，经历着文化再造和变迁的同时，也承载着历史记忆和族群文化认同的作用，岩脚侗寨多元多样的旅游文化活动和建筑景观也不断丰富着游客对这个寨子的记忆。总之，琵琶歌从传统的民间口传艺术，经过政府、民间艺人、旅游公司、游客的多重共建打造和重塑下，既经历着文化的纵向濡化传承过程，也导致其文化的横向涵化、变迁过程，这种变迁也促进着侗族人的身份认同。一方面，形成了地方极具特色的旅游文化和族群标签，为地方的经济文化发展起到积极的推动作用；另一方面也促进了该地区多族群的文化交流和互动，共享着侗族文化事象，凝聚着侗族和汉族等多族群的情感。

　　（肖志丹，男，湖南师范大学2021级民族音乐学专业博士研究生，湖南女子学院音乐与舞蹈学院讲师，湖南师范大学"中国南方少数民族音乐文化研究中心"特邀研究员。）

进入洗车河镇　洞察梯玛文化
——观土家族舍巴日梯玛仪式有感

罗娅玲

2019年6月6日，早晨6：00起床，脑子仍迷迷糊糊。6：30，我们的团队集体出发，三三两两踏过崎岖漫长的青灰色石板路，石板路下的捞车河上缓缓浮动着乳白色的雾气，青翠的河面若隐若现。视线前端，捞车河上坐落着一座古朴而不失精致的长廊式木桥，此桥名为凉亭桥，由桥心向河畔放射出三条长廊。不一会儿，我们自其中一条长廊进入，从另一条廊口鱼贯而出。

行驶途中，层峦叠翠。脚下的这条路紧贴着山脚，而另一侧沿着洗车河，很是逼仄，勉勉强强能并行两辆车，沿途没有几个分岔路口。这里的人出行很不方便吧！7：00，我们逼近洗车河镇中心。远远望去，各种车已经连成一条小火车了，杨声军老师说："这里隔镇中心还有一千米多嘞。"渐入镇中心，人声鼎沸，大街上川流不息，人们的脸上洋溢着喜悦，眸子里都流淌着满满的期待。我逐渐被这种喜庆的氛围感染，瞌睡虫也无影无踪了。

虽然来得早，但是我和李祎学姐一直没有看见我们要等的人——

梯玛法师。我们向观台坪上的节目表演人员打听情况，问了好几个人，他们都说不知道，或者是我们听不懂他们在说些什么。最后，一位在当地居住几十年的叔叔告诉我们国家级梯玛传承人是一位留着一撮白胡子的老人。8:30，叔叔突然指着大摆手堂下的那群人，说道："你们看，穿红衣服的就是梯玛，留着长胡子的就是老梯玛。"他们都坐在那边了，我们竟然还没有察觉。如果没有询问当地人，恐怕我们还得费一番工夫才能找到他们。

顺着叔叔的指向，我们望见一群红衣服的人蹲坐在大摆手堂的屋檐下，格外醒目。他们头上戴的是五佛凤冠，凤冠上刻画的是天上的神仙，从左往右数第二位是李天王，玉皇大帝居中，第三位是太上老君，这三位是五神中的主神。其他两位神仙的名号，传承人含糊其词，大约他们自己也记不清楚，也许是我们双方不太熟稔，传承人不愿透露更加详细的信息。由于梯玛本身的身份是"连接天地"的使者，五佛凤冠是表明身份的绝佳标签，故梯玛们将其系戴在头上，寓意"天

图 1 梯玛法师接受各界人士拍照（2019 年 6 月 6 日罗娅玲拍摄于大摆手堂前）

人合一"。他们身穿的是八幅罗裙，罗裙后背印的是太极图，我采访的一名老梯玛称八幅罗裙为"华衣"。梯玛们右手拿使刀，左手执八宝铜铃。"使刀非刀"，而是铁质的环状物，外加一根铁把手，铁环上有三个5厘米和三个3厘米大小的铁环。八宝铜铃构造简单，却不乏精致，由一根木桦连接六个暗金色的铜铃，两端各三个，其中一端系有五色织锦，据了解，五色织锦用于做法事时扫堂扫殿、除去邪气，有帮助主家祈求祥瑞平安、健康幸福的作用。[1]

  向叔叔道了谢，我和李祎直奔梯玛传承人。首先，给梯玛法师团队拍摄了合照，随后我们直接采访国家级梯玛传承人——彭继龙法师。彭继龙法师已经72岁了，他从12岁就跟随父亲学习相关法事，已有六十年的法师阅历了，在所有梯玛中，他最年长，也是梯玛团队的"领头羊"。据彭法师讲述，如果不出意外，每年芒种日的9:18开始舍巴日的祭祀。他还说，改革开放之前，梯玛传内不传外、传男不传女，改革开放之后，梯玛开始外传，也有女性学习梯玛法事。当采访另一位梯玛传承人——彭继勋法师时，他是极其热情的，给我们提供了很多有价值的信息。我万万没想到他竟然是彭继龙法师的亲弟弟，将他们的长相相对比，明显感觉年龄相差太大了，容貌也不甚肖似。在后来的采访中得知，彭继勋法师今年冬天满52岁，他们的母亲年龄较高时才生育的他。最令我惊讶的是，彭继勋法师八九岁时就开始学习梯玛法事了。

  询问彭继勋法师，梯玛传承是否有特殊仪式，他说并没有，梯玛法师间不存在所谓的"拜师学艺"的说法，都是自然而然地代际相传，先跟在父辈身后学习简单的事仪。他说，起初他自己做这个还害怕嘞！毕竟年龄太小了。现在自己也不清楚自己是第几代传承人了。他还说，

---

[1] 由梯玛传承人彭继勋讲述。

如果一个梯玛学徒要成为真正的梯玛法师，这个人必须能够独立完成一次法事。他们称这种法事叫"迁职"。然而，从学徒上升为真正的梯玛法师极其困难，由于梯玛神歌的内容复杂繁多、迁职的一系列程序也很复杂，这些因素大大增加了晋升成为一名"真梯玛"的难度系数。其中，最年轻的梯玛法师是彭继勋老师的侄子——彭林，今年27岁。观察到今天祭祀的梯玛法师一共九个，我便询问今天的人数是否和往年一样，彭继勋老师说往年都是八个，增加的就是他的亲侄子。接着，我又询问这支队伍是否都是彭家人，他说其中有七个姓彭，且都是里耶镇人。

谈及传承中遇到的最大的困难，彭继勋法师说："那当然是资金问题了，有了钱什么都好办。"确实，如果想扩大梯玛的规模，必须有强大的物质基础，梯玛也是人，需要吃喝用度，需要生存，没有生活，何谈学习梯玛法事。对于今天的梯玛祭祀活动，看了节目单后，结合梯玛传承人的解说，我明显感觉到，相比原生态的祭祀活动，今天的梯玛祭祀程序已被大大简化了。今天的活动只表演了三个片段，分别是：请神、迎神、造魂。彭继勋法师说，真正的造魂有很多层次、具备的意义很广泛，三言两语是说不清的，要仔细观看全过程才能够深刻体会造魂的含义。这种形式化、碎片化的弊端与政府介入的原因密不可分。政府出资，作为节日活动的主办方，但是要让完整的法事流程办完，投入自然又会加大很多，原本就要对社会的诸多方面进行资助的政府是否会加大祭祀仪式的资金投入则有待探讨；况且各级领导代表也没有那么多的时间、精力和兴趣观看完整场表演仪式。单单唱梯玛神歌就需要三四天的时间！出于这些直接的客观原因，祭祀仪式出现形式化和碎片化的现象也是必然结果。

对于"梯玛文化"的传承岌岌可危的现状，加大传承与宣传力度刻不容缓，这需要三方面的力量共同助力梯玛文化的保护、传承和弘扬。第一，对于梯玛本身，他们需要提高自身"业务"能力；此外，梯玛们作为第一当事人，他们了解"梯玛文化"的内容，可以在他们的帮助下，协同专业学者著书来传播"梯玛文化"；梯玛们还可以开设班级，招纳学习人才。第二，对于四面八方前来"取经"的学者，我们需要拿出更为负责的态度深入了解"梯玛文化"，参透其中的来龙去脉与实质，做出实际的行动与措施来关注它，保护它，发扬它。第三，政府的帮助必不可少，需要政府促进土家族传统活动的举办；简化某些冗杂的手续；出台更多鼓励政策来扩充传承人队伍。

之后，彭继勋老师还和我们讲述了梯玛们的日常"工作"。我们得知，梯玛在土家族民誉崇高的原因与其"日常工作"的内容息息相关。他们经常帮许愿的人家作法事，多数人许愿前来求子、求财或治病，求愿之后，梯玛会到求愿者家里作法。例如，有求治病的人家，基本上是医院检查不出的病症。他们祈求梯玛法师作法，驱赶邪祟。梯玛们大多使用"神药结合"、符咒驱邪、心理疗法等方式治病。据彭继勋老师说，他们的这种方法非常有效，那些奇怪的"疾病"有的被他们治好了。这简直太神奇了。治疗成功之后，求愿人会来还愿。而最隆重的环节，就是还愿仪式，长达三天三夜。这样一来一回，大大提高了梯玛声誉和名望，难怪土家族人对梯玛的信仰深深扎根心间。彭法师还说："梯玛受尊重，与我们的经济有关，以前这里十分落后，没有什么医生。"我顿时联想到沿途的情景：一座座山，一条狭长的水泥路。可想而知，以前的交通条件更加落后！在交通闭塞、经济落后的年代，这里的人们生病了，能找谁医治呢？当然是懂医的梯玛们了。

对于八宝铜铃，我非常好奇，既然称"八宝"为何没有八个铜铃，反而少了两个。据梯玛解答，传说，古代土家族由八个部落发源而来，每个部落都有一位首领，他们被人们称为"八部大王"或者"八部大神"。后来，因为八部大神先后战死，土家人为了纪念首领们，精心制作了八个铜铃。并且，梯玛们穿着八部大神当时穿的八幅罗裙，手摇铜铃，翩翩起舞，吟唱《梯玛神歌》，祈求八部大神庇佑，也通过这种形式缅怀先祖。"八宝铜铃"因此而来，这种舞蹈顾名思义为"八宝铜铃舞"。起初，这项追念活动只在土家人中进行，

图2 八宝铜铃（2019年6月6日李祎拍摄于大摆手堂前）

古话叫"黄铜不沾铁，土家不沾客（客家，指外族）"，但后来，由于土家族、苗族和汉族共赴国难，抗击外寇入侵，结下了生死友谊，于是，土家掌堂师赠予苗家掌堂师一个铜铃，也赠予汉家老司一个铜铃，所以如今的"八宝铜铃"只有六个铜铃。[1]

不知不觉聊到9:18，梯玛法师们要开始祭祀仪式了。

梯玛们由老梯玛（彭继龙）领队，排成一竖队穿过街道，向河上游走去，他们左手拿八宝铜铃，右手抓使刀（右手掌抓住大铁环与铁柄的连接处）。他们一边走一边摇动八宝铜铃和使刀，铜铃"叮叮"作响，使刀的大铁环与小铁环相互碰撞，"当当"不断，"叮叮当当"交相呼应。梯玛们身后紧跟着六个着黄衣、五个着红衣的中年男人，其中，九人打锣、一人吹唢呐、一人执一根长约及肩的棍子；红衣人后

---

[1] 熊晓辉. 土家族土司铜铃舞的民间演绎与祭祀阈限[J]. 青海民族大学学报（社会科学版），2017，43（4）：107—117.

面接着八个穿蓝衣手执棍的中年男子，再后面连着三十个穿蓝衣或者青衣的人，其中一个蓝衣中年男子打锣，四位中年男子执约手臂长的木尺，余下的人全是执木尺的中年妇女。他们基本两两并排，紧随梯玛，行至上游河畔的神坛，这个神坛三面封口，只留了一个对河面的口子，三面密封的塑胶墙上挂有八部大神画像。

采访刘能朴老师时，他跟我们讲述了酉水流域八部大神的传说。相传从前有一位年过半百的老人没有子女，于是他上山求子，遇到一个白胡子老头，白胡子老头送给老人一包茶叶，老人带回茶叶给妻子泡茶喝下，妻子怀胎三年零六个月诞下八子，即后来的八部大神，也是八个部落的首领。由于婴儿怪模怪样，便被抛弃于山野。后来东方飞来一只凤，西方飞来一条龙，由龙哺乳、凤遮阴，长成八个顶天立地的人。他们后来回到了家，父母给他们取了名字，老大叫敖朝河舍、老二叫西梯老、老三叫西呵老、老四叫里都、老五叫苏都、老六叫那乌米、老七叫拢比也所耶冲、老幺叫接也飞也那飞也。[1]并且，八部大神的名字在"梯玛神歌"里面可以找到，并非凭空捏造。民间祭祀八部大神，一为纪念他们，二为乞求祥瑞安康。刘能朴老师补充道，约明代永乐年间，里耶镇长潭乡县着落湖的大摆手堂有对联云："守斯土，抚斯土，斯土黎民感恩戴德，同歌摆手；封八蛮、佑八蛮、八蛮疆地风调雨顺、共庆丰年。"这显示出"八峒"（即"八蛮"）的历史渊源古老，从中可以感知土家族人们对八神的强烈心理认同感与崇敬感。

在"请神"坛中，九位梯玛一边唱"请神"词，一边舞动八宝铜铃和使刀，2分钟左右，梯玛们陆续上船，梯玛们都站在每一艘船的最前端，随后八部大神的神像也被分别"请"上船，每艘船上十人左右，

---

[1] 庹继光. 传播学视阈下的土家梯玛及其神歌[J]. 西南民族大学学报（人文社会科学版），2013（11）：142—145.

一边吹打，一边向下游的大摆手堂方向驶去。

从大摆手堂出发，到神坛做仪式，最后抵达下游的"迎神"河畔，这一系列的过程就是"请神"。最终到达"迎神"河畔，岸边人山人海，人们翘首以待，迎接八部大神的到来。船靠岸，梯玛们上岸，神像就这样被迎进大摆手堂的堂屋中挂在墙上。

紧接着，梯玛到堂屋前面又唱又跳。而下方提前摆好了"造魂"的用品，一方木桌，桌上有一个盛了半碗水的瓷碗，一沓拳头高的淡黄色符纸，一个金灿灿的檀鼎，鼎里面插着燃烧的红烛与香支。木桌下有一个装有许多玉米粒的大团箕，一个三四十斤的石磨，以及一只雄赳赳的公鸡。桌前放有一席棉被。老梯玛唱完"安神"词后，来到木桌前，点燃几张符纸，把符纸灰撒入碗里，抱起公鸡，左右舞蹈，时不时地摸摸公鸡头，最后老梯玛咬了一口公鸡的冠尖、吐掉，放下公鸡，含了一大口符水喷洒在地面上。接着，老梯玛左手晃动八宝铜铃，右手摇晃使刀，围绕棉被唱"造魂"词。2分钟左右，老梯玛躺在棉被上，另外两名梯玛将团箕放在老梯玛的腹上，再把石磨放在团箕中央，

图3 梯玛法师造魂仪式（2019年6月6日罗娅玲拍摄于大摆手堂前）

在老梯玛的两侧磨玉米，这时，其他的梯玛也加入了"造魂"的队伍，围绕着团箕边唱边跳。这一系列的过程便是"造魂"。

其实，不论是"请神"歌、"迎神"歌，还是"造魂"词，它们都是来源于梯玛神歌，对于史称土家族"荷马史诗"的梯玛神歌来说，这些只是梯玛神歌的一小部分。梯玛神歌被用于行法事的时候，此时梯玛是人类与鬼灵的媒介，上传人类的美好祈祷，下达神灵的寄语。祭祀歌是它的原始雏形，代际相传、口耳相传，祭祀歌可以追溯到原始社会。人们认为万物皆有灵，认为人与鬼神共存，鬼神可以支配人类，且基于对鬼神的敬畏，所以用祭祀活动的形式讨好鬼神，祈求消灾驱邪、平安幸福。也正是因为土家族自古以来孕育着肥沃的祭祀文化土壤，滋养了梯玛神歌。后来，梯玛神歌加入了祭祀先祖的内容，刘能朴老师说，这与汉文化传入有关，汉族儒家长幼有序、崇拜先祖、孝顺长辈的理念融入土家族文化，这些理念逐渐融合于梯玛祭祀仪式中。

并且，梯玛神歌囊括歌、舞、诗、乐于一身，通过载歌载舞、吟诗唱乐的形式表情达意；它集土家族的风俗民貌、历史文化、社会价值观、天文地理、生产劳作、种族起源、宗教信仰于一体，规格宏大，包罗万象；它还涵盖舞蹈、文学、历史、音乐、宗教等多方面的知识，具体包括请神还愿、祭祖拜神、辟邪消灾、祈祷风调雨顺五谷丰登、盼望金玉满堂儿孙发达等诸多方面的内容。所以说，梯玛神歌是土家族的"活史诗"。[1]

另外，梯玛神歌属于原始宗教型土家族长篇史诗，而梯玛祭祀用汉语来说是"土家跳神"，但梯玛却又不同于汉族道教的道士。梯玛仪式主要分为两大板块：一部分是"服斯妥"，即"请愿、还愿"，汉语

---

[1] 彭荣德. 梯玛与梯玛歌[J]. 湖北民族学院学报（哲学社会科学版）.1989, 8（1）:65—70.

称之为"还土王愿"，这种法事以"还愿"为主。例如，某一家主人很久没有生育，向先祖求子，"请愿"当年主人家就会生小孩，生了小孩以后就必须要"还愿"。除了这类求子愿，还有普遍的求财愿、祈求风调雨顺、久病不愈而祈求健康的心愿。其中，最隆重的是"还愿"，这个环节一般举行三天三夜。中午，梯玛到主人家来，至神堂作法。做法事时，梯玛会吟唱神歌来帮助主人求福、求子、求财或驱邪，这时的歌调属于经过乐家改编过的梯玛调，完全不同于土家族的山歌调。另一部分是"杰洛方"，"杰"是手的意思，"杰洛方"即"做手诀"。例如，"白虎诀"用于"赶白虎"，关于各类"手诀"的含义的详细记载，刘能朴老师的《梯玛》一书中有详细说明。刘能朴老师说，"杰洛方"可用于治病。以前的医疗水平有限，人们缺医少药，需要依靠做一些"手诀"给病人治病。例如，有小孩受惊吓、口吐白沫，人们认为是"白虎"在作祟把小孩吓成这样，这时需要请梯玛"作法"，"驱赶白虎"。但是同是土家族人，不同地域的人信仰不同，对"白虎"的态度大相径庭，洗车河的人们，人体抱恙是"白虎作怪"，当地也因"射杀白虎"（即"赶白虎"）而著称；然而长潭县的人们却是信仰"白虎"的。

在舍巴日结束之后，我们大家一起采访了刘能朴老师。谈及土家族的"猎神"，刘能朴老师说，"猎神"与"赶白虎"密切相关。相传，"猎神"是一个裸体女神，因地方上有"白虎"作祟，女神为民除害，驱赶"白虎"时被"白虎"抓得遍体鳞伤，因而衣不蔽体。最后为了除掉"白虎"，女神抱着"白虎"一起坠崖。土家族人为了纪念女神的丰功伟绩，尊称她为"猎神"，人们在打猎前都会祭拜"猎神"，希望"猎神"庇护自己，以避免野兽、毒蛇等秽物的侵袭。

当天夜晚，躺在床上静思，感觉自己收获颇多，不虚此行。同时，也对自己的田野考察进行了反思。第一点，人的价值贵在坚持。田野期间会遇到各式各样的困难，能坚持到最后的人，就是大有收获的人。第二点，田野采访需要把握好分寸，不仅是语言态度上的分寸，时间上的分寸也至关重要。热情与真诚才能换得被采访人的信任，掌握好访谈的时机才能如愿获得重要的信息，这些都是为了创造一种舒适感，而舒适感就是给予被采访者最好的尊重。另外，做事宜早不宜迟。如果没有充分利用梯玛传承人的空余时间采访他们，那么宝贵的机会便与我擦肩而过（据了解，梯玛法师结束今天的舍巴日祭祀仪式，马上就会赶去吉首和湘潭表演）。最后，细致地思考才能发掘背后的奥秘，唯物辩证法是最佳的解决方法。课堂知识与田野实践密切结合，将从前和现在关联，选择性听取不同人的叙述内容与建议，慢慢就能从中捕获最真实、最有价值的东西。

（罗娅玲，女，湖南师范大学文学院 2018 级汉语言文学专业。）

里耶酉水码头上的"说书人"*

向 婷

作为人—地—水互动的复杂系统，流域是连接村落、社区、族群文化之间的纽带，记录着民族迁徙、文化传播的脉络。2020年7月1—7日，笔者带领北京理工大学在读博士生张伟、湖南师范大学音乐学院研究生徐花一行沿着龙山县酉水流域段进行了为期一周的田野考察。此行的目的是对酉水流域现存的土家族曲艺音乐进行搜集整理，同时探寻当代土家族地区里耶渔鼓的发展现状及传播路径。

里耶镇位于湖南省湘西土家族苗族自治州龙山县南部边陲，湘、鄂、渝三省交界处，濒临酉水，连荆楚而通巴蜀，地理位置独特。"里耶"系土家族语，即"拓土"之意，因土家祖先在此由渔业转向农业垦殖而得名。里耶古镇，远在新石器时代就有人类在此劳作、生活和繁衍。现今全镇以土家族为主，与苗、汉、白等民族杂居，总人口约有45000人。其中，土家族有约有32000人，占全镇人口的71%，属

---

* 本文2020年7月23日发表于南方少数民族音乐文化研究中心微信公众号。

亚热带季风性气候，境内温差较大，高寒山区夏季多云雾，冬季有薄冰。里耶镇历史文化积淀丰厚，民族风情古朴浓郁，山水风光奇特秀丽。沈从文曾在其文章《白河流域几个码头》中提及："白河上游商业较大的水码头名'里耶'。川盐入湘，在这个地方上税。边地若干处桐油，都在这个码头集中。"文中提到的白河，即酉水河，里耶因酉水而生，也因酉水而旺。据史载，夏商时期，酉水河就有槽船通行，得楫舟之利。康熙年间始有墟场，很快便成为湘川黔的边贸重镇，同时码头上坊肆茶馆遍布，戏班鼓曲艺人走街串巷，土家山歌、小曲声声不息，因此，里耶镇也成为汉族、土家族传统文化交融的集散地，是湘西"四大名镇"之一，素有"小南京"之美誉。

一、湖南渔鼓溯源

渔鼓，是流行于湖北、湖南、四川、山东、广西等地的民间曲艺形式。可上溯至唐代"道情"。道情，源于唐代道教在道观内所唱的经韵，为诗赞体。宋代后吸收词牌、曲牌，衍变为在民间布道时，演唱的新经韵，又称道歌。南宋始用渔鼓、简板伴奏，故又称道情渔鼓。到了元代，渔鼓已广为传唱，"诸民间子弟，不务生业，辄于城市坊镇，演唱词语，教习杂戏……击渔鼓，惑人集众"[1]。渔鼓在明末清初时就已流传入湖南各地，当时著名思想家、爱国者王夫之(1619—1692,字而农，号姜斋，因晚年隐居衡阳石船山，人称船山先生)曾于清康熙十年(1671)仿元末明初湖北武当山著名道士张三丰之《四时道情》《五更道情》《无根树》等，发挥丹道修养之说，戏作《愚鼓词》二十七首，借以抒怀。

---

1 龙华. 湖南曲艺讲座——四、湖南渔鼓[J]. 湖南师范大学社会科学学报.1978（3）：118—128.

其《遣兴诗》有云："珍重智灯逢室暗,凄凉愚鼓被人敲。"愚鼓系渔鼓之谐音,为诗人自谦之意。[1] 清朝后期,湖南地区广泛流行唱花鼓戏,其中在剧目《韩湘子》中有一段《湘子服药》的〔渔鼓调〕与现今湖南流行的"渔鼓腔"大体相同,由此可见,当时渔鼓已经开始被广泛吸收于其他艺术品种当中。新中国成立以后,各类文化艺术百废待兴,大量专家学者、民间乐人纷纷投入渔鼓的创作与发展中来,涌现出一大批新创作品,如1958年,衡阳渔鼓艺人伍嵩皋在首届全国曲艺会演中,演出《齐昌栋》[2]以及湘西渔鼓作品《小红军》等,在当时起到了积极的宣传作用。至此后,渔鼓开始在湖南衡阳、邵阳、常德、湘西等地广泛流传。

2014年12月,湖南渔鼓成功申报第四批国家级非物质文化遗产,此后以湖南省文化馆为保护单位,先后进行了两次较大规模"湖南渔鼓"专题调研。从考察成果来看,现今湖南地区渔鼓,主要以各地语言声调的不同区分,将湘江流域中、南部的湘方言地区,称之为"南派"渔鼓,如衡阳渔鼓、邵阳渔鼓等;澧水、沅水流域,北方官话西南方言区域的是"北派"渔鼓,如常德渔鼓、湘西渔鼓等,分布于湖南三十多个县市区。就其各地传承人分布现状而言,祁东渔鼓的发展较为成熟的,全县渔鼓艺人四百余人,其中国家级传承人一人,市县级十余人,年均演出唱次一万五千余场[3],有非常好的群众基础。相较于祁东渔鼓,湘西地区的渔鼓传承较为薄弱,湘西永顺、古丈、保靖、龙山四县,过去作为沅水、酉水沿线的重要集散地,中华人民共和国成立前作为

---

1 中国曲艺志全国编辑委员会. 中国曲艺志·湖南卷[M]. 北京:新华出版社,1992—10:67—68.
2 龙华. 湖南曲艺讲座——四、湖南渔鼓[J]. 湖南师范大学社会科学学报.1978(3):116.
3 胡敏. "湖南渔鼓"生存与保护现状调查报告[J]. 文艺生活(艺术中国),2019(5):107.

湘西与外界主要的交通运输线，因此水路往来便利，码头密布，往来走唱卖艺者甚多，大量渔鼓艺人遍及于此谋求生路。中华人民共和国成立以后，湘西土家族苗族自治州因地形复杂往来交通不便，成为武陵山区连片集中特困区之一。在国家攻坚扶贫近二十年间，湘西地区在经济、交通、文化等方面都有显著提高，其中陆上交通网的全面完善建设，也加速了过去水陆经济的衰落，沿途码头繁荣的市民文化也慢慢消失。湘西渔鼓首当其冲，从在册登记的艺人数量来看，永顺县二人，古丈县六人，保靖县一人，龙山县三人，且传承人大部分为70岁以上的老人。针对这一传承现状，笔者将本次的田野调查地点，设定于湘西酉水河沿线，秉持以"人"音乐事项主体为线索，追溯湘西渔鼓过去的音乐形态以及当下受本地土家族文化影响后的新发展。

二、里耶镇渔鼓（道情）田野实录

2020年7月3日10：00，笔者一行人来到里耶镇中孚社区土家族花灯传习所，采访渔鼓艺人李明武老师。李明武，男，1949年2月出生，8岁跟随父亲学跳花灯，出于对花灯的热爱，于2006年成立自筹组建里耶中孚社区花灯艺术团，现为土家族花灯州级传承人。除此以外，李老师也是现在里耶镇上唯一一位能唱渔鼓（道情）的艺人。

走进传习所，李老师正在誊写一些陈年的手抄谱。我也并没有打扰老师，

图1 李明武老师表演中
（2020年7月3日向婷拍摄于里耶镇中孚社区花灯传习所）

环顾四周，除了展柜里多了一些奖杯和荣誉证书，其他的道具摆设和陈列与我两年前来时差不多。相比第一次采访，这一次显得驾轻就熟，10：20李老师落笔，原来老师知道我们要来了解一些渔鼓的音乐，所以提前将一些渔鼓调重新抄写，以便于讲解。许久未见，笔者与李老师相互寒暄，了解了近年来花灯艺术团的发展，10：40开始长达近三个小时的里耶渔鼓访谈：

笔者问：李老师，您是何时开始学习渔鼓，师从何人？

李老师答：我除了是土家族花灯传承人外，还精通渔鼓、莲花落等曲种。最早是偷师里耶码头上的汉剧演员杨胜博的渔鼓表演，他那时已经快80岁了，而我也才七八岁，后来杨师傅觉得我确实热爱且有天赋开始正式教授我，我还记得他教我唱的第一首渔鼓调"四四方方是豆腐，耳朵竖起是猪头；半盆盆没满是烧酒，糊糊塔塔是桐油"，这首渔鼓曲调我到现在还在配新词演唱。

笔者问：李老师，为什么我听您老是把这个渔鼓叫道情，这两个名字有什么区别吗？

李老师答：那还是大有区别的，过去从上游码头下来的渔鼓艺人主要是行乞讨饭的时候唱的，而道情主要是在茶馆还有唱堂会的时候演唱的，所以我在学唱后没有去街上（行乞）唱过，不能叫渔鼓。

笔者问：李老师，这么些年了渔歌在里耶有受到土家族音乐的影响吗？

李老师答：影响改变还是很大的，因为我自己是土家族，这些年来创作的一些作品，主要还是针对当地的观众的，所以我前几年新编土家族曲目《里耶秦简》《里耶是个好地方》等十几首，都是根据土家族山歌曲调进行加工创作的，反响都非常好，一会儿我专门唱一段。

笔者问：现在里耶的道情和湖南其他地区的渔鼓有什么区别吗？

李老师答：因为现在里耶镇唱道情的人几乎没有了，近几年来也是靠我自己再琢磨，如果说跟湖南北边还有中南边的区别的话，就是在伴奏乐器上比较明显。湖南很多地方的渔鼓有丝弦乐器伴奏，例如三弦、二胡等，它的总体演唱很好听，表演的形式也是比较丰富的。但是我们这的道情除了渔鼓和简板就没有了，好几次我在创作新曲子的时候也想加入一些乐器，最后都没有成功。一是因为里耶找不出会弹三弦的艺人，二是本土观众的局限，当地人好像更喜欢故事性强的作品。

笔者问：那么我们里耶镇有唱渔鼓的艺人吗？除了您现在唱的道情，本地还有哪些说唱曲种？

李老师答：里耶镇除了我唱道情以外，没有再唱渔鼓的了，在龙山县城，还有一些从外地回来唱渔鼓的艺人。当然我们本地除了道情以外，还有一些莲花落和霸王鞭。像莲花落我也会唱，早年间我们里耶有一些行乞的艺人在唱，我经常听慢慢有印象。有一首莲花落曲子叫《唱菜》："一拜青菜为皇帝，二拜白菜为孔明，摘个冬瓜为大炮，扯根豇豆做火芯，轰轰隆隆几大炮，打的汉菜血淋淋……"这是从我父亲李清贤处习得，他是（20世纪）60年代我们这里的山歌王。

笔者问：李老师，里耶镇跟您学习道情的人多吗？

李老师答：现在跟我学习道情的人非常少，你也知道我这里是花灯传习所，现在社团一般都是学习花灯的比较多，大概有二十人，基本在40岁左右，都是镇上喜爱这门艺术自发过来的。至于道情也是我平常演出或者自娱自乐，我以后还有没有会的，有没有人继续传承就不晓得了。

除上述整理的几个比较有意思的问题以外，李老师还为我们详细介绍了现今里耶镇的渔鼓，主要以七字一句，上下句押韵，以演唱为主，中间夹白，语言简洁流畅，道白风趣优雅。表演时有说有唱有对白，借鉴当地汉剧的功夫，如喜、怒、哀、愁等情绪来塑造角色，一般演出汉族传统故事较多，有《杨家将》《杜十娘怒沉百宝箱》《西厢记》等，新创曲目有《里耶是个好地方》《里耶秦简》等。

　　　　　　　　里耶是个好地方，
　　　　　　　　上有鲤鱼来镇潭，
　　　　　　　　下有婆婆把滩栏，
　　　　　　　　前有金石玉岩板，
　　　　　　　　后有八面大靠山。
　　　　　　　　关帝宫狮站门前，
　　　　　　　　万寿宫内把戏演，
　　　　　　　　北方有林长久间，
　　　　　　　　雅鹿庙内有和尚，
　　　　　　　　秦汉古墓到湾塘，
　　　　　　　　柳坪坝内摆手堂，
　　　　　　　　婆婆庙内铃铛响，
　　　　　　　　苗儿有座土城墙，
　　　　　　　　春雷八声震天响，
　　　　　　　　里耶古镇出秦简，
　　　　　　　　埋藏土里几千年，
　　　　　　　　今日考古才发现，
　　　　　　　　里耶是个老古城，

战国时期都有咯，

文物古董样样有，

加减乘除出文人。

——李明武《里耶是个好地方》歌词选段

伴奏乐器有渔鼓和简板两种。渔鼓，筒身长约 64 厘米，形制为竹制，鼓口蒙皮（或者橡胶塑料膜），直径为 11 厘米，演奏上多使用手指进行"击""滚""抹""弹"等指法。简板，由两根细长毛竹片组成，长约 90 厘米，底端用麻绳或胶带缠绕，顶端竹片向外翻翘形成弹性角度碰撞出声，中部镶嵌两颗铜铃，增加色彩音响效果。湘西、湘北的渔鼓一般除用渔鼓筒与简板伴奏外，有些地方还加上小镲。近年来，李老师在渔鼓筒、简板乐器形制方面做了很多改良，也可以说是里耶渔鼓向本土化转型发展的最好佐证。首先，传统渔鼓筒，筒口多蒙蛇皮、猪尿泡等，由于湘西地区较为潮湿，导致乐器鼓面松塌不出响声，为了解决这一问题，李老师反复试验多年，最后选择医用橡胶手套，绷面为鼓，解决传统渔鼓音色不稳定的问题。其次是在简板上，一般传统简板是没有任何装饰的，李老师在简板前后增加两颗铜铃，而这铜铃选用的是土家族梯玛祭祀中的法器，一方面丰富简板单一音色，铜铃碰撞形成双声伴奏；另一方面也较为符合当地土家族受众群体的审美特征与文化认同。

虽然李老师一再强调里耶地区的渔鼓为道情曲种，但笔者从音乐形态的比较而言，除了表演与语言道白较强以外，其余特征与湘西地区渔鼓差别不大，故而在文中笔者以里耶渔鼓来称呼。中华人民共和国成立之前由于此地交通不便，水路运输发达，渔鼓曾在里耶码头听众云集，民国时期里耶文人陈和有诗云："烟笼寒水月笼沙，水上灯火近万家。挤向围听道情处,鼓声咚咚蝉声哑。"[1] 从此次的田野中能发现,里耶渔鼓(道情)要重拾往日的繁荣已然是强弩之末,所以未来关于当地渔鼓(道情)的再发展,也势必只能从地区民族音乐间的融合与作品创作方面寻求新的出路。

三、里耶镇其他曲艺音乐发展现状

从这次里耶镇渔鼓(道情)的定点田野中,笔者深刻感受到土家族曲艺音乐在实践应用中的两极化发展,如靠近龙山县城地区的三棒鼓曲种,分布密集,从艺人数多,受众群体广泛,其传承教学、商业走穴等模式自成一派。而里耶镇作为过去土家族人民与外界的交通要道,码头上坊肆茶馆遍布,戏班鼓曲艺人走街串巷,土家山歌、小曲声声不息的繁荣景象已不复存在了。就其当下里耶镇渔鼓(道情)的分布与传承现状来看,其曲种逐渐走向没落或最终被历史遗忘也只是时间上的早晚。虽然李明武老师,在汉族曲目基础上做了本土化的改革及曲目上的创新,但跟当下受众群体审美习惯的改变及多元化文化发展的洪流相比,无疑是螳臂当车。因此,关注与记录当下土家族曲艺音乐的存见状态也是民族音乐学中音乐民族志书写的重要任务。当然,除了对渔鼓(道情)的定点田野以外,笔者在里耶镇还了解到一些其他的曲种,如九子鞭、莲花落等。

九子鞭,又称金钱棒,竹制,长约100厘米,分三节,两端镶嵌10—20枚铜钱(各地数量不等),表演时撞击出声,是土家族地区流行的一种歌舞小戏类型的曲艺形式。在里耶镇多是在逢年过节的时候才能遇见,表演时一边拍打九子鞭,有单手拍肩、拍手臂、拍脚,也有

---

[1] 龙山县民族宗教事务局编.龙山县民族志[M].北京:学苑出版社,2018:245.

双手绕颈、肩、胯互拍，难度大时甚至有相互配合抛鞭，多人走八卦、踩十字等，同时一边唱小曲配合，一领众和，和乐相伴。其音乐多为单曲，即一个曲调反复地演唱和反复地歌舞，句式则是上下句结构，节奏有一拍子、二拍子等，曲目多为《二十四孝》《梁山伯与祝英台》等汉族故事。从田野中笔者了解到，当地的九子鞭在曲目的演唱以及本土曲目创作方面已经很少涉及了，现在主要作为老人健身或广场舞的需求较大，因此，对于其身体形态方面的舞蹈动作编创较多，如"雪花盖顶""双龙出洞"等。

莲花落，汉族的一种说唱曲种，源于唐宋僧侣化缘时所唱的散莲花，明清时期一直是流浪行乞者所唱，遍布民间。而莲花落传入土家族地区是清中期"改土归流"之后，时任清廷废除了土司时期订立的"汉不入境、蛮不出峒"条例，大量汉族移民进入武陵山区，并带来了鼓曲、莲花落、三棒鼓等曲艺音乐。现今土家族地区的莲花落，多为一人，自说自唱，表演时左手拿一片10厘米左右的竹片，右手拇指系竹板，双手配合有板有眼，调式多样如平调、悲调等，板式变化丰富，有四拍子、快四拍子、一拍子等。里耶镇演唱的莲花落在表演形式上差别不大，多是快板书式。但在笔者采访李明武老师的过程中，他向我展示的当地莲花落曲目《唱菜》则使用四拍子，具有较为明快的性质，句式不同于常规的上下句，而是七字的四句体特色。笔者认为，当地莲花落虽然流传性不高，但在发展过程中仍然是受到当地土家族音乐文化影响较大，尤其是在音调和四句体乐句结构方面与当地土家族山歌结构近似。李明武老师在采访中说《唱菜》是从自己父亲李清贤处习得，其父曾是里耶镇有名的山歌王。可见，当下里耶莲花落的个性化发展亦是有上述因素的影响。

曲艺，是中华民族一切说唱艺术的总称[1]，在中国已有两千多年的历史，现存五百多个曲种。而关于将曲艺作为一门独立的艺术门类，则是在1949年7月第一次中华全国文学艺术工作者代表大会上才得以确认的。在其后五十年的发展过程中，中国曲艺研究迈出了"承前启后"的一大步了，尤其是1986年中国北方曲艺学校、中国艺术研究院曲艺研究所等教学研究机构的成立，《曲艺概论》（侯宝林）、《中国曲艺音乐集成》等学术专著的相继问世。进入21世纪，中国曲艺发展迎来了黄金期。在高校教育培养方面，中国艺术研究院从2002年起招收曲艺方向硕士、2009年开始博士方向的培养；在本科教育方面，由中央戏剧学院、北京电影学院、辽宁科技大学等八所高等院校开设曲艺专业方向；在曲艺学学科建设方面，2015年，中国曲艺协会主席姜昆先后在两次全国政协会议上提案"应该在艺术学门类下设立'中国曲艺学'一级学科，在部分高等院校试点，并逐步开展曲艺本科乃至研究生教育，用两条腿走路，开拓出曲艺传承与创新的康庄大道"[2]。同年，首届全国高等院校曲艺教育论坛召开，并集体发出《关于建立曲艺学学科的倡议书》。后学界提出建设包括曲艺学、曲艺史、曲艺音乐、曲艺表演、少数民族曲艺、曲艺文学与创作六个研究方向的学科体系，率先拉开了高校曲艺学学科建制的实践大幕。

相较于汉族地区曲艺音乐研究的体系化发展，少数民族曲艺音乐及口头文学艺术的研究尚处于起步阶段，大部分研究成果集中于各民族学者的搜集整理与探索空白的过程中，如张越《说唱的艺术 诗化的叙述——〈江格尔艺术论〉之五"叙事论"》[3]、李晓艳《土汉曲艺音乐文

---

1 中国曲艺家协会编. 中国曲艺发展简史[M]. 北京：高等教育出版社，2017：8.
2 董耀鹏. 关于建设中国曲艺学学科体系的构想[N]. 中国艺术报，2016-05-13（3）.
3 张越. 说唱的艺术 诗化的叙述——《江格尔艺术论》之五"叙事论"[J]. 新疆师范大学学报（哲学社会科学版），2001（3）：63—69.

化交融渊源与流变的轨迹略考——以鄂西长阳南曲为例》[1]、罗成《社会学视野中的藏族〈格萨尔〉曲艺音乐》[2]、李继昌《水族"双歌"(旭早)——曲艺音乐个性的萌生及其流变》[3]等。所以从宏观而言，当下少数民族曲艺学学科体系化的建立任重而道远；从微观来言，各民族曲种的搜集、整理及谱系化的分类研究也是不可忽略的重点难题。

结　语

改土归流以后，土家族地区"脱蛮入儒"，在观念上，国家意识开始取代族性意识，文化上同样也面临上述外来文化的传入、传统文化的裂变等，社会结构的一变再变，文化观念的一转在转，培养了土家族文化较强适应力，同时也催生了一批具有土汉跨族群、双重语境泛化而导致的"混生"艺术品种，如土家族曲艺中的土家族三棒鼓、湘西渔鼓、恩施扬琴等。因"外来种子本地长"的现状，导致土家族地区一些民间乐人的文化身份还处于混淆过程中。而渔鼓则是在清中期经由沅江、汉水、酉水、清江等水运交通传入湘、鄂、渝、黔四省交界的武陵山土家族聚居地，经过与当地音乐文化的不断融合与发展逐渐形成了具有模糊边界的地方曲艺品种。大河流域是人类文明孕育的摇篮，在族群与水的互动过程中，也保存了千百年来族群生活文化的活态景观，作为土家族花灯传承人又精通渔鼓（道情）的李明武老师应该就是这酉水河上最好的证明。从上述的田野过程中，笔者能感受到

1　李晓艳．土汉曲艺音乐文化交融渊源与流变的轨迹略考——以鄂西长阳南曲为例[J]．贵州民族研究，2015，36（2）：198—201．

2　罗成．社会学视野中的藏族《格萨尔》曲艺音乐[J]．西藏艺术研究，2009（4）：54—56．

3　李继昌．水族"双歌"（旭早）——曲艺音乐个性的萌生及其流变[J]．贵州民族研究，1990（2）：166—172．

乐人对于文化身份与定位十分在意，同时也观察到当下里耶渔鼓因艺人"地方性知识的建构"而努力向土家族本土化转型的发展过程。因此，笔者认为一切民族音乐学的研究都是当代史的研究，只有关注到当下传统音乐的"动态"转型方向，我们才能洞悉未来传统的发展。

（向婷，女，湖南师范大学博士后，吉首大学音乐舞蹈学院讲师。）

湘西龙山县田野考察基地挂牌活动实录

徐 花

　　湘西土家族苗族自治州主要是土家族与苗族的聚居区，而龙山作为土家语保留较完整、土家族音乐文化资源蕴含丰富的县城，具有重要的考察价值。因此，2020年7月5日，湖南师范大学"中国南方少数民族音乐文化研究中心"（以下简称"中心"）一行人来到里耶镇与靛房镇进行田野考察基地的挂牌工作。

一、里耶概况

　　里耶镇位于湘西土家族苗族自治州龙山县的南部，东临咱果乡，北接内溪乡，西连酉阳、秀山两县，南交保靖县清水坪镇，整体的空间布局为典型的沿河带状分布，古镇旁边流经的河流便是土家族的母亲河——酉水。酉水古名白水河，又名酉溪，位于武陵山区境内，是洞庭湖水系中沅江的最大支流，里耶镇则居酉水河中游。据符为霖《龙山县志》载："白水河源有二，皆在湖北宣恩……入龙山北境……至石隈三十里至里耶……下界来凤大溪口界酉阳秀山……"由此可见里耶镇发展水运的独特优势。另外，里耶镇作为土家族聚居区，伴随着清雍正年间改土归流政策的实施，大量汉族逐渐涌入该地经商，"移民文化"发展迅速。据民国《永顺县志》卷六"风俗"载："改土后客民四至，在他省则江西为多，而湖北次之，福建、浙江又次之。在本省则沅陵为多，而芷江次之，常德、宝庆又次之。"由此可见，大量汉族得以涌入当地经商主要的原因是便利的水运条件，就在这种流域文化的承载下，不仅给少数民族聚居地带来了商业交流的机会，也使得两个民族之间的风俗、语言等相互影响而潜移默化地发生改变。因此，此次龙山县的第一个田野考察基地选点定在里耶，不仅方便了日后"中心"的硕博成员对土家族音乐文化进行调研，也期待日后他们可以结合流域、通道、走廊等从多维视角思考音乐与"路"文化间的互动关系问题。

图1 里耶古镇（2020年7月5日由徐花摄于里耶镇）

二、里耶镇田野考察基地挂牌

为进一步感受酉水河与里耶古镇的魅力，7月5日早上5:30，我们一行人便来到酉水河畔，此时河畔四周还是雾茫茫的一片，只能依稀看见几艘渔船。走在街道上，原本热闹的商铺也都未开门，只有一些早餐店开始陆续营业，就这样走走停停中，我们一行人与龙山县文化馆向文健馆长会合了。了解完此次挂牌的基本情况后，我们便与向馆长一起来到跳花灯传习所进行考察基地的挂牌工作。

跳花灯传习所主要由跳花灯传承人李明武负责，里面不仅有许多土家族的服饰与乐器，如茅古斯的服装、梯玛的法器等，而且墙壁之上也挂满了该团队参加各种比赛的合影与荣誉奖状。当我们到达传习所时，里面聚集着许多演出人员的同时，还有其他非演出人员，比

图2 田野考察基地授牌仪式进行中（2020年7月5日由徐花摄于跳花灯传习所）

如抱小孩围观的阿姨、刚从网吧出来的少年，他们不时向我们投来好奇且疑惑的目光，就在这样的注视与关注下，笔者有幸见证了"中心"在土家族地区的第一次挂牌仪式。首先，挂牌仪式在传习所魏秋伊阿姨的发言中开始，随后赵书峰教授、向婷老师、向文健馆长陆续发言，他们都表达了对于此次挂牌的欣喜之情，然后阐述了此次挂牌的重要意义，以及日后如何继续为传承发展土家族文化表达自己的期许。就在这样的几轮发言后，便开始了正式的授牌仪式。

之后，传习所给我们表演了精心准备的《里耶道情》《土家人闹花

图3 李明武表演《酉水号子》(2020年7月5日由赵书峰摄于里耶镇跳花灯传习所)

图4 与跳花灯传习所成员合影(2020年7月5日由张伟摄于里耶镇跳花灯传习所)

灯》《酉水号子》等节目，魏秋伊阿姨说："现在表演的这些节目都是自己的原创，如酉水号子可分为纤号、槁号、桨号、橹号四种形式，即一人领头，引吭高歌，桨声不断，推动船行战险滩、斗恶浪。而编排成节目的《酉水号子》主要模拟了昔日酉水河作为湘鄂渝边区三百万人民生命犹存的黄金水道，船工纤夫们常年在水上运输方面艰辛劳动的情景。"[1]

最后，梯玛传承人彭继勋表演了梯玛仪式中的《捉马》和《制马》片段。虽然预先准备的表演都结束了，但在听到我们还想要继续看表演后，李明武老师又继续即兴演唱了一首山歌——《妹望郎君早归来》，歌词大意为：春天已到桃花开，千里蜜蜂采花来，有心哪怕路千里，妹望郎君早归来。

离别之际，李明武老师不仅表达了对我们来此进行挂牌的欣喜之情，还特地赠送了一套他自己制作的道情和莲花闹（皆为乐器名），希望我们可以更好地对土家族文化起到一个传播、创新作用。

通过在里耶镇挂牌，笔者了解到，酉水河流经的湘鄂黔渝边界其实也是土家族的主要聚居地，因此，酉水河对于土家人来说相当于"母亲河"的存在。因为酉水河的存在，里耶镇得以成为商贸重镇。但由于城镇化的步伐加快，导致里耶镇原生的土家族文化圈与汉族文化圈开始碰撞、交流、融合，在这种碰撞交流中，又因为汉族人数较多，而逐渐成为文化圈中一种主流文化意识形态，不断影响着土家族的语言、文化、音乐、生活习俗等，使得土家族文化在无形中发生变迁。所以目前里耶镇的民族构成主要是土汉杂居，且能完整使用土家族语言进行交流的人并不多。

---

1 采访时间：2020年7月8日；地点：微信访谈；采访人：徐花；被采访人：龙山跳花灯传习所负责人魏秋伊。

另外，在文化与音乐的互动方面，从对李明武的采访中可初步发现二者之间的微妙互动关系，"我的师父以前告诉我，道情主要是从沅陵那边传过来的，这些都是汉族的东西，我们土家族特有的主要是茅古斯、铜铃舞、摆手舞这些。"[1] 由此笔者认为，以往的研究视角主要关注整体文化环境中的音乐，而忽略了从流域、通道、走廊等的角度关注音乐的生成过程，当加入流域文化空间的视角看土家族与汉族文化间的交融时，音乐作为从文化土壤中衍生出来的附属产品随着文化的变迁发生了变化，但这个音乐变迁的过程具体如何发生，土家族人对汉族的文化是否一开始就是认同的态度，发生了何种转变，这些族群之间的互动问题仍是之后有志于研究这一方面的学者需要关注的问题。

三、惹巴拉景区表演活动考察

在里耶镇的挂牌结束后，我们还特地赶到苗儿滩镇惹巴拉景区观看表演活动，惹巴拉景区共有惹巴拉、捞车、梁家寨三个村寨，景区内流经的河流又名捞车河。当我们到达此地时已是中午11：00，由于阴天，虽已接近正午，但捞车河上仍泛有一层薄雾，与远处的山、周边的房屋遥相呼应，四处云雾缭绕，竟在无形中形成了一幅有韵味的"山水图"。在捞车河上建有一桥，名风雨桥，桥上还有许多贩卖小吃的小商贩，在询问了他们关于今天具体的活动安排时，却被告知原本今天要举行的活动由于天气原因临时取消了，但现在还可以去观看彩排。遗憾中又带着惊喜，于是我们一行人连忙向着远处传来的音乐声中跑去，一路追随着到了最终的彩排地点——惹巴拉宫进行相关的拍

---

[1] 采访时间：2020年7月5日；地点：跳花灯传习所；采访人：赵书峰；被采访人：跳花灯传承人李明武。

摄访谈工作。

此次彩排的节目共有梯玛、摆手舞、土家婚俗三个，在彩排的休息间隙，我们采访了相关的传承人。据摆手舞传承人张明光介绍："摆手舞分大摆手和小摆手，他跳的主要是大摆手。以前跳摆手舞时，梯玛与摆手舞都是分开进行的，但是最近几年两者都是合在一起表演的。"[1] 听到该传承人对摆手舞的介绍之后，笔者认为，惹巴拉作为一个以土家族民俗特色为基础打造的旅游景区，其展示的土家族文化传

图 5 惹巴拉宫（2020 年 7 月 5 日由徐花摄于苗儿滩镇）

图 6 摆手舞彩排（2020 年 7 月 5 日由徐花摄于苗儿滩镇惹巴拉宫）

统更多的是为适应当下舞台审美需要而被重新建构发明的传统，这种发明更多是追求一种表演性，以勾起旅游者来此旅游的兴趣。同时这种发明也在盲目追求观众、政府官员的认同后，逐渐失去传统音乐文化的原生性与神圣性。因此，这种在旅游经济主导下的少数民族音乐文化应如何创新发展仍是之后的研究者们需要不断思考的问题。

---

[1] 采访时间：2020 年 7 月 2 日；地点：龙山惹巴拉宫；采访人：向婷；被采访人：国家级摆手舞传承人张明光。

四、靛房镇田野考察基地挂牌

当天14:40，我们一行人来到靛房镇。靛房镇位于龙山县东南方向，东临永顺县对山、西歧两乡，南与保靖县碗米坡镇接壤，西与隆头镇、苗儿滩镇相连，北与他砂乡相邻。该村镇似乎稍显落后，街道仍是由黄土铺就，走在道路上的以老人与小孩居多，抬头远望可发现该镇四面全是山林，中间的村镇就像是嵌在山与山之间的小平原。但让笔者惊讶的是，在听到周围的老人和小孩对话时，发现他们说的话是自己之前都不曾听过的话语，耐不住好奇上前询问，他们用方言表示自己说的是土家语，这里的大部分人都是用土家语交流的。再继续深入了解才慢慢醒悟过来，原来这一带由于受崇山峻岭的阻隔，近代交通建设相对滞后，这种封闭的自然环境却也起到了保护土家族原生态文化的作用，所以这里几乎家家户户都说土家语，也是少数几个现存土家语较完整的乡镇之一，也正是因为这种得天独厚的优势，每年该地都有不少高校师生前来调研。被这种土家族的原生文化所震撼，同时也忍不住感慨以前通过书本无法想象的少数民族语言就这样真实地呈现在自己面前。于是就这样带着对文化的崇敬之感，我们又继续深入靛房镇的坡脚片区与文化站站长田昌华商量具体的挂牌事项。

田站长说自己已经在当地文化站工作二十八年了，这次的挂牌地点在靛房镇坡脚片区的摆手堂内，而坡脚其实原来也是一个独立的行政乡，但于2005年撤乡并入了靛房镇，从靛房镇到其辖区内的其他村落，土家族音乐文化都保存较完整，无形中也形成了一个土家族文化带，在这条文化带上，最大的地方便是坡脚片区，而坡脚片区中土家族音乐文化元素较齐全的就是石堤村，该村生活着茅古斯、打溜子、咚咚喹、哭嫁歌等不同"非遗"的传承人。

在坡脚片区的摆手堂挂完牌后，我们一行人怀着开心激动的心情，出发前往田站长所说的土家音乐文化保存较完整的村落——石堤村。15：30我们到达石堤村的茅古斯传承人彭南京爷爷家中，彭爷爷已近80岁，十分热爱土家文化，自

图7 与田昌华站长（右三）合影（2020年7月5日由张伟摄于靛房镇摆手堂）

己收藏了许多与茅古斯相关的书籍，同时他还告诉我们村子里目前分为多松朝、上寨、下寨、多谷等几个地方，共有6个组，200多户，人数达1000多人。在看到我们有这么多人来时，彭爷爷忍不住感慨道："由于以前我们这里交通不便，经济比较困难，无形中带有一种封闭性，导致我们见不到别人的文化，别人也见不到我们的文化，所以土家语及土家族文化保存最好的就是我们这里，什么梯玛、茅古斯我们这里都是很古老的，也是由于我们这里的土家文化十分丰富，所以每年我都会接待许多外来采访的老师和学生。"[1] 之后，村里的彭英进叔叔见我们到来，还为我们即兴演唱了几首土家族山歌，这也是笔者第一次听见土家族人现场即兴演绎山歌，与之前在学校一直接触的声乐不同，叔叔演唱的山歌情感表演更加自由，且声音一出，便可让人瞬间体会到其蕴含的特色土家族山歌文化元素。

访谈之后，我们在返程途中还遇到了咚咚喹传承人田采和。田采和奶奶告诉我们："咚咚喹作为土家族独有的一种竹管乐，自己从小就是和老一辈的人学习，咚咚喹是有许多不同的曲牌的，一般不同的人

---

[1] 采访时间：2020年7月5日；地点：彭南京家中；采访人：赵书峰；被采访人：国家级茅古斯传承人彭南京。

图 8 与传承人们合影（2020 年 7 月 5 日由张伟摄于靛房镇石堤村彭南京家）

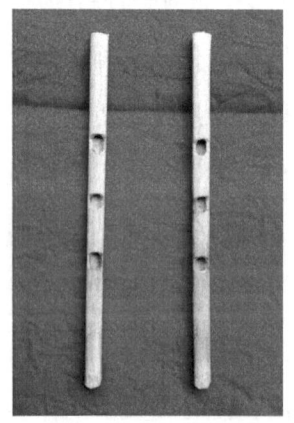

图 9 乐器咚咚喹（2020 年 7 月 5 日由赵书峰摄于靛房镇石堤村田采和家）

图 10 与田采和（左三）合影（2020 年 7 月 5 日由张伟摄于靛房镇石堤村田采和家）

吹的曲牌都是不一样的。"话音未落，随即她就给我们吹了一曲咚咚喹版的《摇篮曲》，只是这首摇篮曲的曲调不是我们经常听的"睡吧，睡吧……"版本的摇篮曲，而是土家族人特有的、平时用土家语哼唱着哄小孩子入睡的曲子。

通过此次挂牌，笔者了解到坡脚片区得以保存如此丰富的土家族文化，其重要原因是，以前这里地处偏僻、交通不便，因此与外来人员进行交流的机会并不多，并且在婚姻关系中也多是土家族族内人之间相互通婚。因此，该村的土家语保存较完整，30岁以上的人基本都可以使用土家语进行交流。另外，在与村里人访谈过程中发现石堤村周围虽有酉水河，但由于与酉水河的距离较远，所以以前酉水河发挥的作用主要是用背篓去河边背秧苗再回村进行栽种，并未起到带动商业经济发展的作用。

从里耶镇与靛房镇两个不同的个案中可以发现一些问题。第一，从流域文化的视角重新审视湘西土家族传统音乐的结构与象征意义的生成问题，虽然水运带动了经济的发展，但其作用是带有双重性的。第二，在汉族与土家族传统音乐的互动与交融问题上，可以结合应用民族音乐学研究的相关理论，进一步思考如何提升土家族传统音乐保护与传承的可持续发展水平。

此次"中心"的田野考察基地挂牌地选在龙山县里耶镇与靛房镇有两个缘由，其一是为了之后"中心"可以更好地开展田野调查工作，方便日后派驻更多的民族音乐学专业访问学者、硕士、博士、博士后等研究人员，针对这里的土家族传统音乐文化进行系统研究，扩大"中心"的学术影响力；其二，此次挂牌，也是从流域文化空间视角探索音乐与文化互动的新尝试，接下来仍期待越来越多的研究者从这一新视角出发，继续思考流域文化空间对音乐造成了怎样的影响以及音乐的具体生成过程。

千里锹寨花苗音　笙笙起舞名远扬
——湖南靖州锹里花苗乐舞田野民族志

符安可

自古以来，湘黔桂边区一直就是一个多族群互动区域，区域面积约 3 万平方千米，人口近 200 万，苗、瑶、侗、壮等族在此处交错杂居，是著名的多族群区域。现湘黔桂边区包括了湘西南的会同、靖州、通道、绥宁、城步，黔东南的天柱、锦屏、黎平、从江，桂北的三江、龙胜、融水等县。而自明末清初以来，由于苗疆的开发和汉文化的辐射，在以湖南靖州苗族侗族自治县三锹乡为核心——历史上的锹里地区，在持续的族群关系互动下积累了大量特色鲜明的民俗文化内涵。其主体既有迁自江西吉安的汉族，还有来自清水江中下游两岸山区北部的侗族以及湘黔边区四十八寨的苗族，有学者称其为三锹族群，在湖南官方统称为花苗或花衣苗，而在贵州则称为三锹人。[1] 这部分群体在特殊的历史背景中汇聚于锹里区域，使得该区域的族群关系处于一种非汉

---

1 余达忠. 近代湘黔桂边区的族群互动和"三锹人"的形成[J]. 贵州师范学院学报，2017（1）:2—9.

非苗非侗的状态，其族群民俗文化也呈现出"和而不同"的文化现象。

靖州位于湖南省西南边陲，东连绥宁，南接通道，北抵会同，西与贵州黔东南苗族侗族自治州接壤，地处多山地带，山地面积占全县总面积的五分之四，山林丘陵交错，地形多样复杂。古称的"锹里"主要包括现在靖州县境内的枫香、菜地、地妙等十多个苗侗村寨。清代光绪《靖州乡土志》卷二中曾记载："苗里，俗名锹里……靖之锹里，由二六团，有苗而无瑶。"而当地也将星罗棋布于山中的村落称之为"锹寨"。聚居于此处的苗族、侗族呈现大杂居小聚居的状态，苗侗之间习俗相近、语言互通，有的还互通婚姻，不仅能讲苗语和侗语，也讲汉语。当地人常用"说苗语唱侗歌"的形容来体现该处民族间的关系。2020年7月21日，笔者团队前往湖南省怀化市靖州苗族侗族自治县围绕靖州花苗的传统乐舞文化展开田野考察活动，以期为今后深入探寻与比较苗侗民族传统乐舞文化提供参考依据。

一、苗侗芦笙节

靖州锹里地区的"苗侗芦笙节"素来有"东方狂欢节"之誉，其以传统音乐和舞蹈等文化表现为载体，在长期传承过程中并未有传统意义上结构性的节日体系或仪式仪程来进行指导，基本上是通过约定俗成的集体记忆形式发展演化，所以其形式变迁也充满了复杂性。2006年，"苗侗芦笙节"被列入湖南省第一批非物质文化遗产代表性项目名录，让这一形式不仅作为被各族群众广泛认同的关键符号，并成为一种"非遗"身份的民族文化品牌，扩大了"芦笙节"的知名度与影响力。当下的"苗侗芦笙节"作为一种综合性文化活动，其文化形式的发展也从固定的活动场所地点到活动的次数以及曲目、舞蹈形式都发生过相当明显的变化。

据了解，一年一度的苗侗盛会"苗侗芦笙节"，俗称"踩芦笙"（又称"踩歌堂"），苗语称为"滴嘎"（"滴"是踩的意思，"嘎"是芦笙的意思）。原本是当地苗族、侗族人民进行敬奉天神的祭祀活动，现在都于每年农历七月十五举行，这一天靖州锹里地区的各民族群众都将着盛装出席。据记载，踩芦笙活动起源于唐宋，兴盛于明清。例如，宋代陆游《老学庵笔记》卷四载："……辰、沅、靖州等地，友仡伶、仡赞……男未娶者，以金鸡插髻……农隙时，至一二百人为曹，手相握而歌，数人吹笙在前导之。"道光《靖州直隶州志》卷十一载："……侗每于正月内，男女成群，吹芦笙各寨游戏。彼此往来，宰牲款待，曰跳歌堂，一曰皆歌。中秋节，男女相邀成集，赛芦笙、声震山谷……"《靖州乡土志》中也描述为"佳日无过春与秋，芦笙场在回山头，前寨逢迎后寨送，一生不解离别愁"，"犪童一队吹龙竹，洞主三锹骖豹文，山顶踏歌风四合，鸾凰飞入遏行云"。[1] 可见当年之盛大，热闹非凡。值得注意的是，这场盛会是由苗族、侗族共同举行的节日，反映着靖州各个民族以及民族社区之间良好的互动关系。

这一天相邻村寨齐聚祭祀场（村寨交汇处的山顶），年年由不同村寨轮流做庄主持祭祀。三团两寨一般有10—20个队伍参加，队伍不限年龄和人数，下至5岁孩童上至60多岁老人都可以参与，队伍人数20—30人或者70—100人不等。团寨包括新资、老里、高营等队伍，村部内自成一队，也可以多村部自行组队。举办的场地就在牛筋岭，位于贵州和湖南的交界处。"芦笙节"汇聚各处苗族、侗族和汉族同胞，几乎涵盖了锹里地区各民族所有的艺术形式，例如以娱神为主的踩芦笙活动，以及歌舞为载体的赛歌等娱乐活动。据史载，靖州苗族"合

---

1 胡宏林. 千里古锹寨[M]. 长沙：湖南人民出版社，2019:242.

芦笙唱歌"是为以"逐草木、奋五谷也"[1]。可见,"吹笙踩堂"主要是祈求风调雨顺、五谷丰登的一种仪式,是苗侗人民在长期农耕生活和稻作习俗中所形成的,以乐舞的形式为载体的祭祀祈福活动,是含有历史、宗教、艺术、商贸等诸多文化内容的传统民间民俗文化。旧时锹里虽然不大,但交通不便利,如果不是走亲访友,相隔几十里村寨的男女青年,可能一辈子都碰不上一面。芦笙节便成了"邻家有女初长成,高山野岭晒一晒"的相亲盛会。笔者在采访过程中对当地的习俗禁忌进行了一定的了解。例如,尽管"芦笙节"是人人都可参与的祭祀活动,但是能到场内参与踩芦笙,跳芦笙舞的只能是未婚女子。并且吹奏芦笙和跳芦笙舞的表现形式仅出现在"芦笙节"当中,当地的红白喜事仪式中皆不使用芦笙。

"芦笙节"有着相对固定的活动仪程:祭祀开始,由道人先生(主持祭祀节的人称为道人先生)上场主持念祭词祭祀开场,抬猪,放鞭炮,而后开始吹芦笙,踩芦笙。祭祀后每人会分得猪肉。祭祀结束后,所有人会去主持那年祭祀活动

图 1 靖州苗族芦笙(2020 年 7 月 21 日符安可摄于靖州苗族歌鼟传习所)

的村寨吃长拢宴(即龙头宴)。[2] 在"芦笙节"中的重要表现形式是芦笙的吹奏及其衍生形成的芦笙舞。首先,在靖州锹里地区的芦笙,属于中芦笙,六根笙苗。最长笙苗(低音)为 105 厘米,吹管加笙斗长为

---

1 胡宏林. 千里古锹寨[M]. 长沙:湖南人民出版社,2019:239.
2 2020 年 7 月 21 日,靖州芦笙舞表演者谢第枝于靖州苗族歌鼟传习所口述,笔者整理相关内容。

53 厘米，最短笙苗为 53 厘米，笙斗长 26 厘米。竹子内置有簧片。声音清脆悦耳，音乐曲调欢快悠扬。吹奏芦笙的传统曲调有直步调、半花调、两边调、六步调、巧花柳调等。

其次，芦笙舞不仅是靖州锹里地区苗、侗两族最喜闻乐见的起舞方式，也是湘西南少数民族最古老的舞蹈形式之一。该舞的主要形式为"男吹女踩"，男子手捧芦笙吹奏，女子左持帕右握扇。表演的队形也通常是绕着圈边吹边舞，顺边走圆，并且一个队伍一个圆。靖州男子"芦笙舞"因需吹奏芦笙，故动作多为脚下，主要以踩、踢、别、翻、踏为基本舞步。据传承人介绍，芦笙舞的舞步分三段，并且按顺序要求不断重复。速度均匀沉稳，体态前倾内含，重心下沉。微屈膝，保持着颤颤的基本动律。手持芦笙，但会在音乐的每小节末尾处从左至右用上身"晃"一个弧线。而其中"晃"芦笙的动作区别于舞步平均动律的刚劲有力，呈现出轻柔慢收的质感，意思是提醒后人要有包容的精神。当地老人常借用《增广贤文》中的"易涨易退山溪水；易反易覆小人心"来告诫后后辈"做万事前先细致思考，三思而后行"。[1]

图 2 龙林强（左）和谢第枝（右）展示芦笙舞（2020 年 7 月 21 日符安可摄于靖州苗族歌鼟传习所）

图 3 笔者（右）采访省级传承人谢科培（左）（2020 年 7 月 21 日赵书峰摄于靖州苗族歌鼟传习所）

---

[1] 2020 年 7 月 21 日，靖州芦笙舞湖南省级传承人谢科培于靖州苗族歌鼟传习所口述，笔者整理相关内容。

二、靖州苗族歌鼟

目前靖州锹里地区的苗族属于花苗，也自称为"锹苗"（花苗、草苗、青衣苗、白头苗、三锹人等也自称锹苗），为靖州西部和西南部的主流族群。花苗是苗族中独具特色的苗族支系，《黔书》载："男女折败布缉条以织衣，无衿窍，而纳诸首，以青蓝布裹头。少年缚楮皮于额，婚乃去之。妇人敛马鬃尾杂人发为髻，大如斗，笼以木梳，裳服先用蜡绘花于布，而后染之，即染，去蜡则花见。饰袖以锦，故曰'花苗'。"[1] 可见，当地花苗首先于服饰上便有着鲜明的民族特性，其特点就是靛蓝色布衣和黑色百褶裙打底，再用形态各异精美绝伦的银饰作为装饰。盛装的传统服饰通常呈现于节庆活动的场域中，有着更为丰富的文化符号意义，伴随其中的乐舞表现形态也更具仪式性。同样，有一部分乐舞表现形式与日常生活习俗息息相关，例如靖州花苗传统音乐文化"苗族歌鼟"。

图 4 花苗女子服饰（2020 年 7 月 21 日符安可摄于靖州苗族歌鼟传习所）

苗族歌鼟是靖州苗族侗族自治县古锹里独有的、用当地方言（酸话）演唱的无伴奏多声部民歌。古锹里苗族人民酷爱唱歌。他们以饭养身，以歌养心，以酒养神。由于苗族没有文字，从稼穑农事到婚丧嫁娶，事事都要用歌来表述，许多优秀的文化传统、生活习俗、社交礼仪等都靠"歌鼟"来传承。"汉人有字传书本，苗人无字传歌声。"对于古锹里的苗家人而言，"歌鼟"不仅仅是一种音乐形式，更是一本民族口

1〔清〕田雯. 黔书[M]. 罗书勤, 点校. 贵阳：贵州人民出版社，1992:19.

传古籍，承载着本民族的历史文化与民族精神。苗族歌鼟的"鼟"字是拟声词，指击鼓的声乐或上台阶的意思。锹里山区多石阶，沿坡而上，步步登高，且锹歌又具有声部由低至高、高低起伏、音域宽广等特点，故取"歌鼟"。苗族歌鼟的演唱方式一般由一人讲歌（作词），明确要唱的歌词内容，再由一人起歌（领唱），确定音调，最后由大家一起和歌（合唱）。歌曲曲目根据时间，在不同语境下分为《茶歌调》《酒歌调》《饭歌调》《山歌调》《担水调》和《三音歌调》等。其歌词大多为七言四句，第二、四句末字一般讲究押韵，通常采取比喻、拈连、拟人、夸张等修辞手法。"当地人借用'歌'来完成记事、交流、教育和传承功能。'学歌'是当地族群彼此认同的生活方式；'对歌'是与外寨交往互动及产生婚恋的途径；'教歌'是自觉记忆并延续族群历史的手段。以歌鼟为必要

图 5 苗族歌鼟《茶歌调》，龙景平讲歌（2020年7月21日符安可摄于靖州苗族歌鼟传习所）

环节的各种民俗活动几乎覆盖到苗家的全部生活空间和细节。"[1] 所以出于文化保护的前提，当地政府自 2003 年便启动苗族歌鼟的"申遗"工作，于 2006 年列入第一批国家级非物质文化遗产代表性项目名录。

透过锹里苗、侗族人家接待客人最高礼仪的酒宴——合拢宴（即龙头宴），可以了解到属于"苗族歌鼟"的真实生活场景。首先，锹里民众必不可少的家常饮食是油茶以及乌米饭。苗家人有句话，翻译成汉话大概意思是："有客到我家，不敬清茶敬油茶。"苗家油茶风味独特，

---

[1] 2020 年 7 月 21 日，靖州县苗学会会长杨桂兰于靖州苗族歌鼟传习所口述，笔者整理相关内容。

图 6 合拢宴（龙头宴）（2020 年 7 月 21 日符安可摄于靖州苗族歌鼟传习所）

制作工艺亦颇有讲究。足有五道工序，先阴米（将大米晒干炒黄），后做茶，再由老茶叶蒸干后冲泡，加上泡软的手工米粉垫底，最后撒上葱、辣椒粉等佐料。苗家油茶通常用于苗族礼节接待，也是当地人偶尔用于治疗拉肚子的偏方。一根筷子用餐是其特点。寓含两层含义：一是告诫主人要一心一意招待客人；二是提醒客人此为茶点而非正餐。在丰涵寓意的油茶仪式中，可以切身感受到别具苗家特色的民俗文化。

《茶歌调》又称《歌谣调》，是苗民在各类喜事活动中，酒席正式开席之前喝茶或主客对歌前所唱的曲调，也就是活动正式开始的"引子"。茶歌、酒歌、饭歌是苗家人在重大喜庆活动和传统节日中宴请客人时所唱的歌曲。大家喝茶时便唱茶歌，饮酒时唱酒歌，吃饭时唱饭歌，主宾之间都通过唱歌拉调的方式相互来往，在浓厚的氛围中能很快增进双方的情感。笔者在体验过程中对"苗族歌鼟"有了更为深入的了解。随着热切的交流，歌师龙景平即兴领头填词讲歌，用一首《茶歌调》作为欢迎宾客的致辞，将氛围推至高潮。另一位歌师谢科培随即起调领唱，众人拉腔和歌，内容大意为："歌鼟一首呈国宝，惊动几多专家来；专家学者来研讨，苗族歌鼟百传扬。"这种曲调嘹亮奔放，激情昂扬，富有气势，旋律如同波浪起。讲歌时口语性较强，听起来近似说话，实为歌师临时编歌。据了解，"苗族歌鼟"可男女合唱，少则几人，多则几十人，甚至上百人，主要分"讲歌""领歌""和歌"三个部分。先由歌师讲歌，一人领歌，然后众人和歌。被尊称为歌师的人均具有

"依声填词"的编歌能力，及长期而稳定的授歌经验、良好的嗓音素质和记忆能力；领歌起到定调作用，领歌者要求嗓音好，记忆力强，主要担任高音声部及中声部的演唱；和歌时由低音歌手在一个主音上依靠循环呼吸的方法唱一个持续低音，高音歌手则带有即兴色彩演唱中、高音，并在中音和高音之间此起彼伏，与低音形成和谐的映衬，要求做到一不从众。声部间相差三至五度不等，所以，又称为"帮腔"。

接下来，便是合拢宴。坐龙头的主人首先会邀请大家起身端酒，以"满圆大发"的"扯扯杯"形式一饮而尽。大家正觉着意犹未尽，身着苗家姑娘盛装的两位女歌鼟传承人，端着酒碗款款走来。再由歌师龙景平讲歌，两位女歌鼟传承人对歌一曲《担水歌》敬上宾。

图 7 "扯扯杯"，每人将酒杯用右手递给下一位，同时左手接上一位递下来的酒杯，然后一起干杯。(2020 年 7 月 21 日符安可摄于靖州苗族歌鼟传习所)

《担水歌调》主要是苗族青年举行婚礼的第二天，新娘到井边担水过程中所唱的曲调。担水时，新娘在"六亲客"（即六位男歌手）和伴娘的陪同下，挑着水桶、唱着《担水歌》缓缓而行，每走五六步，便要停下来男女对唱一段。一路上歌声朗朗，尽管水井近在咫尺，一唱一和至少要一至两个小时才能结束这一活动。演唱时，为一人"讲歌"，二人"和歌"，旋律多为级进。这种曲调优美动听，音韵和谐。此曲调除新娘担水时唱以外，其他社交场合也可以唱和。

两曲过后，现场氛围浓烈，宾客之间交谈甚欢。龙景平老师讲歌，精彩演唱了歌鼟中的《酒歌调》和苗族的情歌《山歌调》。《酒歌调》是苗族人民宴请客人，在宴席上以歌助兴、以歌会友时所唱的曲调，属男声多声部合唱歌曲。演唱时全用真嗓，声音浑厚，情感奔放。而《山歌调》又称《茶棚歌调》《情歌调》，是苗族男女青年"坐茶棚"、"玩山"、谈情说爱、交流感情时所唱的曲调。在靖州"锹里"一带，每个村寨都有一个专供青年男女自由社交的场所，当地人将之称为"茶棚"（由本寨苗族姑娘们亲手用竹木搭建的简易棚子），每逢农历"戊日"（初五、十五、二十五），苗家姑娘便穿金戴银，成群结队在寨边等待外寨小伙子来"茶棚"对歌，"茶棚"成为苗族男女青年相识相知的地方。在"茶棚"里，男女各坐一方，女用歌问，男用歌答，形式有唱有和，韵律有起有落，节奏有快有慢。这种曲调属同声二声部重唱，歌声悠扬婉转，娓娓动听，柔媚而富有感染力。合拢宴上花苗音，声声绕梁。此情此景中笔者深感民族文化的魅力所在，这不仅是一场热闹的宴席，一次欢畅的聚会，更是一种融合情感的升华，一种苗侗习俗文化的传承。

三、靖州传统乐舞文化的发展与变迁

正如前文关于靖州锹里地区的特殊历史社会环境，苗、侗、汉各族在此处经过长期的政治经济来往，频繁的文化交融，包括族际之间通婚等互动行为，使得该区域的民族文化不断发展变迁。例如，靖州苗族歌鼟的演唱语言既不用纯苗语演唱，也不用纯汉语或侗语演唱，而是用一种独特的"酸话"（又称"酸汤话"，当地苗族土语）演唱。而"酸话"是一种与当地苗语和周边侗语皆不同的苗族土语，语音近似于汉语但又略带苗语腔调，极具区域性特色。其分布区主要在湘黔边界线南段的两侧地区，即黔东南和湘西南的交界地带，历史上基本以"靖州"这一行政机构为中心向周边辐射，"酸话"的形成也与历代汉族向湘黔边界少数民族地区的移民密切相关。可见，语言与艺术表现形式是历史文化的载体，透过靖州锹里地区传统乐舞文化的表现样式，彰显着当地民族社会结构、历史传统、精神生活的独特文化内涵，在这里各民族文化相互融合，但又各自发展出兼具民族属性的"新形式"，呈现出独特的区域文化发展形态。

以苗族歌鼟为例，其流传分布主要为靖州三锹一带，与"酸话"的分布区域密切相关。苗族歌鼟所具有的多声部、领歌、和歌、无指挥、无伴奏等艺术表现特点，体现出其与"侗族大歌"有着紧密的联系。侗族大歌广泛流传于贵州省黔东南地区的黎平县、从江县、榕江县等侗族聚居区，演唱语言为纯侗语演唱。苗族歌鼟与侗族大歌的具体表现场域与结构形式上有着一定的区别，一方面从呈现场域来看，苗族歌鼟主要与苗族风俗活动及生产生活紧密相连的内容，表现的场合更具生活性、随意性。侗族大歌是侗民在节庆、走寨等大型民俗民间活动中，通常在鼓楼、场坝或特定场合中进行演唱，更具仪式性。另一方面，从具体结构形式上来看，苗族歌鼟是先由一个人讲歌，相当于作词人，后由另一位歌师起歌定调，再众人合唱。而侗族大歌通常有两种独声众和的表现形式，一种是由多人组成的低声部为主旋律，高声部应和，再由一人或三人轮流在低声部旋律的基础上即兴编创。另一种则是由多人组成的高声部为主旋律，低声部则持续低音应和。可见，靖州"苗族歌鼟"与"侗族大歌"之间有着密切的关联。不仅如此，靖州苗族"芦笙舞"与侗族"芦笙舞"之间亦是相互影响，关联极深。

从这个角度上来看，靖州的"苗族歌鼟"以及"苗侗芦笙节"的形成既有其历史发展的必然性，又有着其发展形成的独特性。这也意味着围绕靖州锹里地区传统乐舞文化的田野考察不能仅从单一的民族归属来进行分析，更应从整体的视角上来探析其文化发展中呈现的独特现象，例如，在文化交融互动的过程中，该区域族际间的壁垒是缘何打破的，以及"文化再造"过程中各族的"在场"与"缺场"分别又是什么，文化保留了什么，舍弃了什么。而这些新生的"文化秩序"又是如何衍变的呢？这些都是值得我们日后深入探寻的对象。与此同时，随着工业化、城镇化的迅速发展，交通网络的改善，人口流动的增多和信息网络覆盖面的扩大等因素，加剧了外部文化渗透民族地区的速度，民族传统文化逐渐趋于边缘化，尽管各级政府采取了各种措施，但仍然难以改变乡村文化式微的局面，芦笙、芦笙舞、芦笙节也同样面临着后继乏人、濒临失传的危险境地。笔者了解到，当地小学都会组织专门吹奏芦笙的声乐小组，例如省级传承人谢科培的本职工作为藕团乡藕团小学的教师，他表示每个星期会在课后安排两个小时的教学工作，他带的小学生团队常能参加比赛并获奖。尽管如此，谢科培仍流露出对于传承的担忧。一方面，当下靖州当地已无制作芦笙的手艺人，靖州所使用的芦笙要从贵州采购，并且贵州地区生产的芦笙与通道县所产的芦笙不同。另一方面，因为特殊的原因，芦笙和芦笙舞曾被停止演奏，导致很长一段时间都没有人吹，也没有人舞。而到了现在，年轻一辈缺乏品赏传统民族乐舞的兴趣与耐心，愿意学习他们手中技艺的人并不多。如何更好地保护、传承和发展传统文化也是当下值得热切关注的议题。

　　总而言之，通过围绕靖州花苗的传统乐舞文化展开田野考察活动，从地理环境位置、民族关系以及区域流传的重要乐舞表现形态等方面着手，对湘黔桂边区以靖州锹里地区为中心的传统乐舞文化表现形式及其发展现状进行了初步的考察与研究，认为还应从人类学、民族学、社会学以及语言学等角度，从区域发展的整体视角上来探析其文化发展中呈现的独特现象，也为今后深入探寻与比较苗侗民族传统乐舞文化提供参考依据。

（符安可，湖南师范大学音乐学院2019级舞蹈编导硕士研究生。）

古道穿岭行　侗歌把酒敬
——靖州县岩脚侗寨传统乐舞田野文化志*

肖志丹

一、靖州苗族侗族自治县历史地理背景

靖州历史悠久，夏商时期即为荆州西南要腹之地，宋崇宁二年（1103）置靖州，历代均为州、府、路所在地。明朝时成为湘、黔、桂三省边界商业重镇。洪武十八年（1385）设靖州、五开（今贵州黎平县）、铜鼓（今贵州锦屏县）三卫，皆隶靖州。民国二年（1913）废州存县，靖州更名为靖县，属湖南省辰沅道。中华人民共和国成立后，靖县先后隶属会同专区、芷江专区、黔阳专区。1997 年 11 月，怀化地区撤销，设立怀化市，靖州苗族侗族自治县随属怀化市[1]。《宋史·西南溪峒诸蛮》记载，"南宋乾道七年（1171）靖州仡伶杨姓"，"沅州生界有仡伶副峒官吴自由"。南宋爱国诗人陆游作的《老学庵笔记》卷四记载，"在辰、

---

* 本文原载《歌海》2021 年第 2 期，第 44—50 页，本书编写时略有修改。

1 靖州概况 [EB/OL]. 靖州苗族侗族自治县人民政府网．（2020–03–01）[2020–07–18]. http://www.jzx.gov.cn/jzx/c116329/singleArticle2020.shtml.

沅、靖州等地，有仡伶、仡览"。这说明侗族在宋代就已经以独立的民族集团聚居、生息、繁衍在靖州山区了。[1]

县境东临本省的绥宁、城步，北接会同，南毗通道，西连贵州黎平、锦屏、天柱。据吴起凤等所修（光绪）《靖州直隶州志》记载："洪武三年（1370），改靖州府设靖州卫，九年改府为州，裁永平县，隶湖广承宣布政使司，领县三，会同、通道、绥宁，万历二十五年（1597），增设天柱县，领县四。清因之康熙三年（1664），分隶湖广湖南承宣布政使司，仍领县四。"可见靖州在明清时期，与周边的会同、通道、绥宁、天柱四县关系甚密，同属于靖州直隶州。靖州与其周边四县的音乐文化、民俗风情也有较深的关联。靖州县内居住的少数民族以苗族、侗族、瑶族为主，历史上北方人口的南迁，大量苗、侗的先民从江西、洞庭湖一带迁居靖州，族群势力不断增长，后形成以靖州飞山地区为中心并向湘、黔、桂、渝、鄂相连地带扩散的苗、侗等少数民族的发源之地。

县境南北纵长58千米，总面积2200.51平方千米。境内有苗、侗、汉等23个民族，总人口27万，其中侗族占26%。山地是靖州的主要地貌类型，东、西、南部高峻，北部低缓，中部有一条狭长的山间盆地。整个地势由南向北倾斜，呈波浪式降低；境内群山滴绿，奇峰耸翠，山高谷深，遥相眺望，终年呈青靛色。此外，就是少量的丘陵、岗地和平原、水域。正是由于这样的山高谷深，重峦叠嶂，以前交通极不方便，因此，历代中央王朝难以有效管理，只得实行羁縻政策。因战争、商贸和移民等原因迁居此地的族群和土著居民之间的融合，产生了极其丰富的文化资源，苗、侗、瑶等少数民族发展较壮大，其后的区域文化扩散至湘西、桂北和黔东南等地区。

竹木青翠，流水潺潺，闲雅静谧，随处可见的青石古道贯穿于村

---

1 黄禹康．走进靖州侗乡——探寻侗族文化渊源及生活习俗[J]．今日民族，2009（6）：16．

寨各个角落，古木房依山而建，村民朴实热情。这是两年前笔者对岩脚侗寨考察时留下的印象，两年后（2020年）的7月21日，随湖南师范大学音乐学院赵书峰教授、谢春副教授、杨声军博士等一行十人再次来到这个寨子，内心依然有所怀念和期待。

二、岩脚侗寨的村落景观

（一）广场建筑的互文与象征

到达岩脚侗寨后，一行人站在广场上都被寨子里古朴幽静的景象所吸引，这样一个环山绕岭的桃源之处，能待上一两天是多么惬意的事。而广场上九层高的侗族鼓楼前镶着一面巨大的LED电视墙，显出一派传统与现代互文的建筑景观。侗寨的建筑景观根植于侗族本土的民俗风情、地域特色和审美追求等元素，LED电视墙和表演舞台作为一种旅游文化所打造的地方宣传和民俗表演的窗口，在侗寨传统的鼓楼、风雨桥、凉亭等建筑景观的底色下，它也是一种现代生活和民族文化相容的景观文本，是解读岩脚侗寨村寨文化的符号之一。村里的文化志愿者伍健热情地接待了我们，首先领着我们到广场上的一口古井处，此时正酷暑当头，大家正好解渴。伍健给我们介绍道，岩脚侗寨是一个四面环山之地，正如一个聚宝盆，古井正位于聚宝盆的中央，颇有汇聚四面八方的财源和好运之意，侗家人认为水即是财富的象征，因此将古井命名为聚财井，并配以铜钱状的井盖，据说凡外出谋生之人，都会在此装满一水壶井水带走，期待给自己带来好运。听完志愿者的解读，我们一行人都忍不住上前饮尝，甚至将自己买的矿泉水倒掉再盛井水带走，这藏于地下千百年的井水，清凉可口，沁透心底。

（二）古道、古碑的历史与当下

村中的古碑刻随处可见，青石古道贯穿着整个寨子，长度约 4000 多米，宽 1.5 米，穿过村寨后顺着山脚往通道县方向去。这里当年是"南方丝绸之路"的重要分支——湘黔古道的南线部分，《湖南古代交通遗存》中有描述："湘黔驿道主要包括三条线路……还有一条自长沙至宝庆（今邵阳）资阳驿，自资阳驿西行，经枫林铺、长阳铺、岩口铺、紫阳铺（设驿站），入洞口龙潭铺、黄桥铺（设驿站），过荆竹铺、石羊铺，至武冈州，再分两路，南行过城步至广西兴安，西行过绥宁、靖州去贵州开泰。"[1] 此地当年还作为"烟银特道"运送"特货"（鸦片和银洋），"云贵鸦片烟土主要从贵州锦屏经星子界入湘境，再走大堡子、堡家脚、岩脚、萧家、王家亭子至商埠洪江，全程77千米"[2]。可见当时岩脚云集了四面八方的客商，商贸经济极其发达。广西三江、龙胜地区与湖南的靖州、通道地区因古道的修建而连通，经济文化的交流互动形成了地域性的文化圈。我们在走古道的途中，还看到很多残缺不全的古碑刻，大部分被毁的就只能随处待着，而相对完整的几块则被村里修建了玻璃隔栏和木架护着。据说沿线有六通清朝碑刻，其中三通保存完整，均立于嘉庆年间，分别为"永远碑记""万代兴隆""修路碑记"，它们都有个共同的特点，即有不少女性名字刻于碑上，说明当地女性的地位较高。走至村尾的后山，

图 1 岩脚侗寨山脚下的青石古道
（2020 年 7 月 21 日肖志丹摄）

---
1 蒋响元．湖南古代交通遗存[M]．长沙：湖南美术出版社，2013：35—36．
2 同上：50．

往山上走的古道保存更加完好，有一段还保留有青石建成的护栏，当时为了商人马匹的安全而建，这一段充满历史感的护栏足以体现出湘黔古道当年行人纷纷的盛况。游客走在古道上，循着历史的足迹以感受当年的商客匆匆，这些古道、古碑俨然成为寨里文化旅游开发最有历史感和文化气息的标志。

（三）"土地庙"的信仰与"女儿国"的标签

沿着古道走到这条路的制高点，这里有座门，上写有"永宁"二字，志愿者说这座门是后来翻修的，但是对于村寨来说也很有意义。寨门的意义对于一个村寨是一种具有归属感和认同感的景观符号，是村里人出门和回家的一种临界点，出门离家讨生活，进门回家兴财旺，多少人的衣锦还乡梦从这道门开始，也有多少人离开就不再回来。伍健给我们说的最有特点的地方也在这，那就是寨门前的古树下，有两座石雕的土地庙，独特于何处呢？她一点点给我们解释，首先，一般的土地庙只有一座，而这里却有两座，这是为何呢？传说当年有个人途经此地，到土地庙烧香叩拜，发誓出门做生意飞黄腾达后一定回来再造一座气派的庙于此。后来此人果然如愿，便修了第二座土地庙在旁边。第二个独特之处就是这第二座土地庙里不只有土地公，还有土地婆与土地公相伴，他们相依而坐，表情含笑，土地婆一手搂着土地公同时摸着他的胡须，这样幸福圆满的场面，恐怕难以找到相同的土地庙了。这个情形就更加表明此地女性的地位之高。

看完土地庙我们依旧沿着古道从山上回村，途中伍健给我们介绍了很多关于岩脚侗寨"女儿国"的习俗和故事，不禁让考察队员们对这个地方更加充满兴趣和向往。这里每年的四月初八也有"姑娘节"的传统习俗，远嫁的女儿要回娘家吃乌米饭，一家人团聚庆祝，而今在地方政府和民间的共同推动下，已经形成一种全村人共同庆祝的节庆仪式和旅游文化。不论是"四八姑娘节"还是夫妻土地庙，以及碑刻上的女性名字的记录，还有房顶的雕凤翘角，都共同说明这个"女儿国"在当下的一种传统的建构，包括旅游项目中打造的情景剧——《丝路女儿国》，也是一种对岩脚侗寨"女儿国"的标签化，通过借鉴历史故事和习俗，结合当下政府和民间的共同行为，将历史与当下互文建构，为当地的旅游文化发展提供了现实的支撑。

三、岩脚侗寨的传统乐舞与民俗

侗族琵琶歌主要流传在湘、桂、黔三地交界地带，靖州侗族语言与通道、广西三江和龙胜、贵州黎平侗族属于同一语系，琵琶歌在这个文化圈中不断发展，结合了当地的语言、风俗习惯形成独特的音乐形态，但不同地方的琵琶歌又有各自的特点。

（一）侗族琵琶歌考察及音乐形态分析

岩脚侗寨主要以传承人杨灿权，吴妹凡两家为代表，因两家不同的家族背景、演唱习惯和个人喜好，也形成了不同的琵琶制作形制。吴勇德制作的侗琵琶长约80厘米，多以樟木、梓木为料，琴箱上有三个音孔，琴码与琴杆同宽，琴箱两边对称，流线型腰身，像极了古代西方琉特琴的形状，显得小巧精致，他制作的琵琶卖到通道那边居多。

吴妹凡、吴勇德夫妇以及其他四位表演者已在风雨桥上坐着等候多时，未等众人坐下他们就已开唱。与两年前相比，吴妹凡略显老了一点，但也可能是未化妆的缘故，吴勇德似乎没什么变化，两人还是很默契地唱着、弹着。为了不打扰他们，我蹲在一旁未去打招呼，但是再次见到他们心里仍然感觉很亲切。夫妻俩人手抱着一把侗琵琶，带着另外四位阿姨一起唱着。表演结束后吴妹凡第一时间就跟我打招呼，寒暄了几句后便开始了我们的采访和拍摄。

吴妹凡、吴勇德夫妇为我们演唱了几首不同场合、不同类型的侗歌,包括敬酒歌、迎客歌、情歌等,他们可以用侗琵琶即兴地给任意一种侗歌

图2 岩脚侗寨的侗族琵琶歌表演
(2020年7月21日肖志丹摄)

伴奏,这些歌曲分别表现出不同的唱腔和情感。琵琶歌相较于其他歌种更容易传唱学习,因其旋律形态平稳,节奏节拍不复杂,易于让大众快速学会,加之侗琵琶的伴奏使歌曲可听性更佳,歌唱者在琵琶的伴奏状态中找到歌唱情感上的共鸣。笔者以《相聚一堂同歌唱》为例,分析其音乐形态特点。

谱例1

1.结构分析。这首琵琶歌为中国传统的"两句体"结构,即上下句(A+B)的曲式结构。由上、下两句单旋律反复变化的回旋句式构成。全曲共九句,上句为徵调式,下句为商调式,一"徵"一"商"形成呼应。整首歌曲演唱都用侗琵琶伴奏,边弹边唱,每唱一句词就弹一个过门,上句的过门与下句的过门旋律不同,即过门a和b。从A到A',最后到A"",歌曲节奏较简单,基本上以四分音符和八分音符为主,节拍为四三和四二相结合,四三节拍主要为每句的前面两小节,三拍子与二拍子形成一种多样的律动,最后走向二拍子的平稳感中。由于歌曲的唱词比较工整,形成了旋律的上下句的对仗,加上简单规整的节奏型,歌曲唱起来朗朗上口,好听易传。

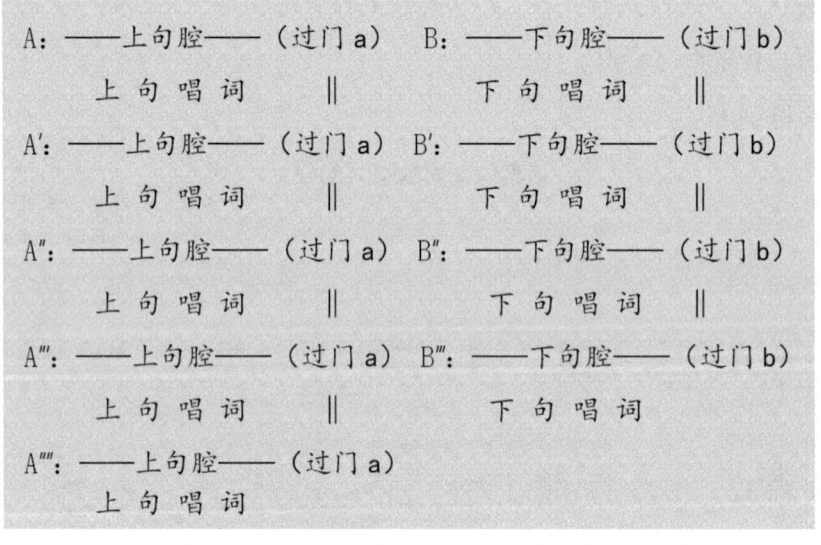

图3《相聚一堂同歌唱》歌曲结构图(肖志丹制图)

2.旋律分析。将所有上句旋律对比可知,旋律的主干音基本是相同的,素材比较统一。如开头几个音(按首调唱名法)"la、do、re、mi"相互变换顺序而形成不同旋律,是一种加花的变化重复手法。后面的旋律中有原样重复的,也有反向变化重复,这种重复既保留了旋律的性格特点又有稍加变化的新鲜感，使歌曲演唱时不显枯燥。所有上句的旋律都是徵调式，结束音都在 A（首调唱 sol）音上，而所有下句都是商调式，结束在 E（首调唱 re）音上，上下句结束音形成稳定的五度音程关系，稳定而不终止。旋律最低音到最高音的距离也不超过五度，基本上以级进为主，旋律线条起伏平缓，情绪表达上则显得活泼愉悦。这种旋律的形态特征以南方传统民歌为多，也体现出侗族人民惬意的生活态度和乐观精神，是当地人内心审美追求的一种体现。

3. 器乐形态分析。侗琵琶的过门旋律实际上是对每一句的结尾句的扩充重复，如人声部分上句的结束小节（第 5 小节）为首调 re、la、sol 三个音，而琵琶的过门紧接着将这三个音扩充成两小节的变化重复旋律（第 6—9 小节），作为一种对尾部元素的强调和下局的衔接。人声部分下句的最后一小节（第 13 小节）是首调的两个 re 音，下句的过门同样将其扩充，加花形成以两小节为单位的变化重复旋律（第 14—17 小节）。

琵琶歌的音乐形态与唱腔、唱词、乐器形制、乐器的演奏技法等因素息息相关，笔者两年前来当地采访时，演唱的同一首歌的旋律，但歌名、音乐形态和歌词略有变化，包括歌唱的调也不一样。这说明同一表演者在不同的时间和场域下会形成不同的表演文本。透过音乐形态和表演符号分析表演者和观众之间的互动关系，以及在官方参与下新的表演场域的建构过程。如吴妹凡和吴勇德将这首《相聚一堂同歌唱》和另外两首《多嘎》《相约贵客同欢唱》非常连贯地结合在一起一口气唱完，这种演绎显然是经过加工选取的，因当地文化部门提前通知他们准备接待我们这批"游客"，所以特地准备的节目形式。这其实体现了音乐背后的社会行为对表演者、表演场域的操控，当然社会行为也是推动音乐能力、表演文本重建的动力因素。正如约翰·布莱金

（John Blacking）所著的《人的音乐性》中所说："音乐是存在于文化的认知过程和人体内认知过程的综合体：它所采用的结构以及对人类的影响，都产生于人类在不同文化环境中的社会体验。"[1] 吴氏夫妇多年来在接待来访者、游客、政府官员等的经历中，其实已经培养了一种新的音乐创作能力，这种能力的生成跟他们的个人体验有关。

（二）作为表演的民俗：合拢宴与敬酒歌

吃合拢宴、唱敬酒歌是体验侗家民俗文化最有代表性的一种特色形式，合拢宴是侗族人接待远道而来的客人最热情的酒宴，由几张木桌首尾相连，桌上摆有侗家人最特色的腊菜和自酿的杨梅酒。据说靖州岩脚侗寨曾举办过世界上最大的合拢宴——千人合拢宴。最让人印象深刻的是被称作"高山流水"的敬酒方式，几位侗族姑娘一边唱敬酒歌，一边将酒壶从高处倒入竹制的"流水桥"往下至碗中，直至游客嘴中，敬酒过程中，歌不停酒不断，以体现出侗族人对客人的好客和尊敬。考察团一行十位被挨个"高山流水"了一番，酒足饭饱，歌声绕梁，算是不虚此行了。在旅游文化的推动下，岩脚侗族人将类似

图 4 "高山流水"与敬酒歌（2020年 7 月 21 日肖志丹摄于岩脚侗寨）

这种原本属于他们生活中的民俗仪式挪至一种设定的表演场景中，这种预设的表演虽然也不乏真情和感动，但是随着旅游开发的进程加快，越是商业气息浓厚的地方，这种真情和感动被许多附加条件所影响，而我所想的，其实不愿意它过度被开发。

---

1 [英]约翰·布莱金. 人的音乐性[M]. 马英珺, 译. 北京：人民音乐出版社, 2007：87.

（三）传统与现代：侗寨的广场舞

20：00 稍过，游客服务中心的广场上已经聚集了一群人在跳广场舞，大家接着兴致也加入当中跳了起来，平日里在城市中嫌吵的广场舞在此刻并不被我们排斥，音乐既有时髦的广场舞经典歌曲，也有一些经过加工的侗族歌曲，舞蹈动作也不拘泥于单一的形式，只要随着音乐动起来，一切都很融洽。在极具传统特色的侗寨广场，响起现代流行歌曲，跳起这个时代"被发明"的广场舞，这就是一种传统与现代的互文，新的传统在现代生活中渐渐产生。其实很多的现代人都会产生这种追溯过往、复兴传统的生活情结，如现代人的婚礼仪式、装修风格、建筑设计等，传统与当下的互文共生于现代社会，处处可见。

四、岩脚侗寨传统乐舞的文化浅释

（一）岩脚侗寨音乐文化的族群边界与认同

根据笔者的采访可知，岩脚侗寨唱侗歌、共享侗族音乐文化事象的不只有侗族，还有少量的汉族参与，汉族人穿上侗族服饰、表演侗族乐舞，共居共事、共同参与民俗仪式活动，这种现象也比较普遍，体现出一种族群边界的模糊和变化，即一种身份的"变色龙"[1]形式游刃于不同仪式场域和族群互动中。在社会经济的发展过程中，对社会资源的利用和竞争日益加剧，族性身份的变化也日益明显。以此形成的音乐文化互动和跨族群传播、涵化过程，导致音乐文化产生变化和重构。广西三江、龙胜地区与湖南的靖州、通道形成区域性的文化圈，文化圈的形成又是族群认同的必要条件，侗族琵琶歌也通过古道在文化圈

---

[1] 赵书峰. 族群边界与音乐认同——冀北丰宁满族"吵子会"音乐的人类学阐释[M]. 北京：知识产权出版社，2017：174.

中不断地融合、流播，是侗族强化其族群认同的重要文化符号，这种族群认同囊括的范围非常广，包括侗族乐器的制作流程、侗琵琶的演奏、琵琶歌的传说故事、琵琶歌表演的仪式象征等都与其相关，尤其在旅游和"非遗"的推动下，岩脚侗寨的村民一方面面临着身份的模糊和变色，另一方面却又从多方面去对自我文化和习俗进行重构，追求侗族的族群身份和文化认同。

（二）古村、古道与琵琶歌文化互动关系

古村、古道作为具有文化空间的物质载体，承载着历史进程中文化交流、经济发展和社会变迁等多种作用，"路"文化与音乐之间会产生什么样的关系？笔者认为，不论是在国家层面的驿道还是民间的商道，道路带动的人口移动自然会引起文化的流播，会串起"点"（古村）"线"（古道）"面"（区域）的流动空间，形成一个整体意义上的文化圈。岩脚村是连接靖州和通道（县）、打通湖南和广西的重要"咽喉"，是明朝时"南方丝绸之路"的重要分支——湘黔古道的线路之一。如此多的青石板路和青石古碑，可以看出当时途经岩脚的商客之多，经济文化之繁荣，也促进了古道上各个点的音乐文化的相互交融和吸收，因此折射出音乐与"路"文化之间密切的内在关联，使音乐文化摆脱一种零散、孤立、静止的解读视角，在一种整体的文化空间概念中得以阐释。

（三）"旅游文化"与"非遗"语境下的文化主体性观念建构

随着旅游经济的开发和"非遗"项目的申报成功，许多地方在"旅游文化"和"非遗"的语境下形成了新的表演仪式和文化形式，一种介于民间民俗与"非遗"之间的被多方建构的"节庆展演性"场域。而侗家人这种来自生活中茶余饭后自发的、即兴的表演场域却被忽略，表演者对自我文化欣赏和享用的主体性似乎被剥夺。如赵旭东所说：

"地方性文化申请非物质文化遗产的过程印证了一种加引号'非遗'的存在，同时也印证了文化帝国主义的一种潜在支配和转型，它成为一种远距离的缺少文化自主性的遗产观念。回到一种既存秩序的彼此互动且又富含文化自主性的文化遗产观显然是这个新时代所急迫需要的。"[1] 真正应该形成的局内人的文化主体性，应该是一种尊重其文化的自发性、自主性规律，能体现局内人的一种价值观行为，在自己的生活习俗语境中的一种族群认同行为。生活中人群自主集中唱琵琶歌，是一种原生语境中建构的一种自主、互动的人群交流，一种近真的表演场域和族群认同，一种"远方的客人请你留下来"的热情流露。

结 语

此次考察对岩脚侗寨的古碑、古道、古建筑进行参观以及侗族传统的琵琶歌、敬酒歌进行记录，侗族琵琶歌是通过古道在这个文化圈中融合和传播，形成了侗族的一种重要的族群认同符号。通过相关的历史记录和形态分析，对侗寨的古道文化与其传统乐舞进行文化解读，分析音乐的形成与"路"文化之间的互动关系，将音乐放置于一种整体的文化空间中进行阐释。通过细致了解侗族人民的生活、行为和仪式，结合对"旅游文化"建构过程的反思，强调侗族文化在"非遗"和旅游行为语境下的文化主体性观念建构。总而言之，每一次的考察都会有不一样的感受和收获，也会启发笔者对于侗族文化多向性、多维度的思考，执笔这篇文章的时候也在不断地反思。田野工作就是这样一个不断再研究、再反思的过程，每一项民俗表演和乐舞文化都需

---

[1] 赵旭东. 文化互惠与遗产观念——回到一种人群互动与自主的文化遗产观[J]. 民族艺术，2019（2）：12—13.

要多次研究，反复田野，这样才能对此做出较为合理的阐释。岩脚侗寨的乐舞文化考察中，也可以发现很多新的研究角度和对象，如对古道、古碑的研究可加强对乐舞文化的历史民族音乐学研究；以"东方主义""内部东方主义"去审视自我标签化的"丝路女儿国"；对旅游文化背景下的传统乐舞表演的文化空间思考等，正如赵书峰教授所强调的"田野是学术灵感的触发地，是检验理论有效性的试验场"，不断地田野才能有不断地思考。

（肖志丹，男，湖南师范大学 2021 级民族音乐学方向博士研究生，湖南女子学院音乐与舞蹈学院讲师，湖南师范大学"中国南方少数民族音乐文化研究中心"特邀研究员。）

临崖鼓楼　侗音盘梁
——湘西南通道侗族传统乐舞田野文化志

宁　晋

徐徐清风轻拂面，木楼依山水湿阶，风雨桥上声声笑，绵绵侗歌攀桥檐。沿着沅江上流之渠江流域继续南下，2020年7月23日笔者一行人抵达素有"南楚极地、北越襟喉"之称的歌舞之乡——通道侗族自治县。

据《通道县志》记载："通道，古黔中地。洪武十四年（1381）始建土城，以卫居民。"[1] 通道位于楚地的最南端，地处于湘、桂、黔三省的交界处，乃"桂之首、楚之尾"。通道县境内青山环绕、大自然的鬼斧神工、精致风雅的侗族古建筑、源远流长的侗族戏剧、古朴奇趣的侗族风情无一不令人心驰神往。历史厚重的"萨岁"[2]文化，萨岁崇拜实则为原始母系氏族社会的余绪，体现侗家人崇拜先祖的传统信仰文化。通道侗族文化是全国首批国家级非物质文化遗产，其中的古建筑文化、

---

[1] 湖南省通道侗族自治县县志编纂委员会. 通道县志[M]. 北京：民族出版社，1999：959.
[2] "萨岁"是侗语音译，"萨"含义为"祖母"，萨岁和萨玛都汉译为大祖母，她是整个侗族共同的祖先神灵的化身。

乐舞文化、节庆文化、饮食文化以及服饰文化等都保存得较为完好，有诸多具有本土特色的文化产业，可谓是"百里侗家，千年底蕴"。

一、于商业文化空间中以"新"谋兴

音乐对于侗族人民生活影响之大，从"饭养身，歌养心"这句脍炙人口的俗语中就可窥见一二。为了解侗族传统音乐在当下社会语境下是如何动态演变的，笔者一行人于7月23日上午来到了位于萨岁广场的通道县民族剧团进行参观考察。萨岁作为侗族祖先神灵的化身，在侗家人共同的信仰体系中具有突出地位，萨岁广场作为通道县的商业、旅游、文化产业的中心，是侗家人节日庆典活动和演出盛会的举办场地，可以说是当地人举办集体活动的中心。而位于此的通道民族剧团，虽成立于2019年，属于当地文化产业的新兴血液。但在现有的二十二位演出人员中就有六位当地的"非遗"传承人。其中包括侗族琵琶歌省级传承人吴永春、石志运；侗族琵琶歌市级传承人石敏帽、吴四海以及两位县级传承人。

通道侗族自治县民族剧团为提升自身商业价值及社会名气，迎合市场需求；紧跟短视频时代，线上线下两开花，不仅在线下组织商业演出，并在网络上不定时更新视频，以侗族特有的服饰、语言、乐舞等文化结合当下流行元素，展现通道侗族青年朝气蓬勃的精神风貌，达到宣传通道民族剧团及推广侗族文化的现实目的。在一定程度上促进了萨岁广场旅游行业的发展，吸引了大批游客来周边游玩，欣赏侗族的乐舞文化。

艺术团常演出根据民间传说改编的传统侗戏，如《刘美》《珠郎娘美》等剧目。侗族戏剧《珠郎娘美》可谓是侗族版的《梁山伯与祝英台》。侗戏艺人把流传百年之久、至死不渝的爱情故事改编成侗戏搬上舞台空间，以本土语言与汉族戏剧融合的艺术形式演绎侗族自由婚恋的文化，阐述侗族人民向往婚姻自由的爱情观；并被摄制成影片《秦娘美》。此外，剧目《歌锣打打》也是经过十多年时间考验的表演剧目。

根据剧团芦笙手艺人杨春格和剧团艺术成员陶永春描述，民间业余人士使用的芦笙大多为三管芦笙，专业芦笙表演者的芦笙至少到八管芦笙以上。图1中绘制的芦笙是较为常见的中型六管芦笙，芦笙中的"种"具有定音器的功能，内置铜片，最长的竹管可达36厘米，最短的竹管为18厘米。

斗芦笙时，竹管可达二至三层楼高，当芦笙体型较大时，斗芦笙时动作幅度小。所谓斗芦笙实际上是比拼制作芦笙师傅的手艺，比拼的是芦笙品质的音色与响亮程度。而斗芦笙的对象也通常是与自己师傅进行比拼。斗芦笙时，演奏者体态微屈，边吹边弯腰大幅度晃身，

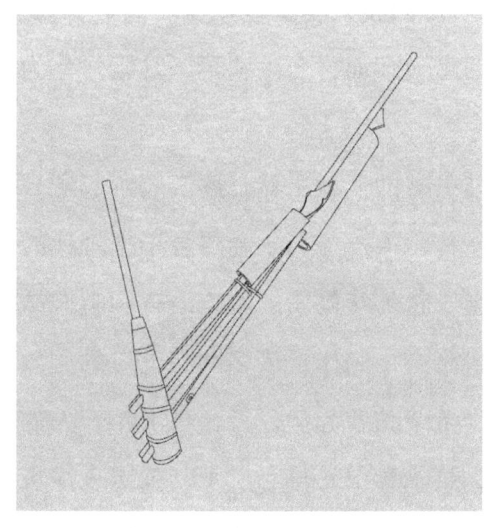

图1 六管芦笙形制绘图

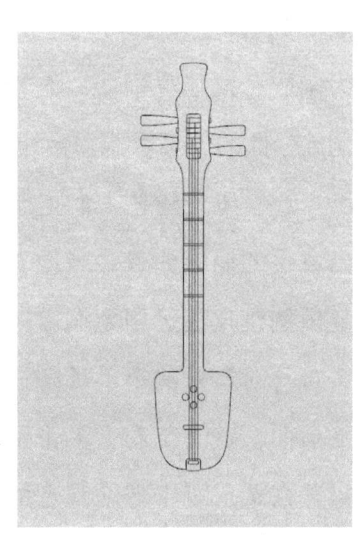

图2 侗族琵琶形制绘图

晃至左右身体做一拍定点。芦笙的演奏与时代紧密结合，如《侗歌向着北京唱》一曲就是在政治话语权下的本土改造。芦笙也在侗戏中用作伴奏乐器进行吹奏，艺术团常常"送戏下乡"，也时常在三省十二县进行展演。

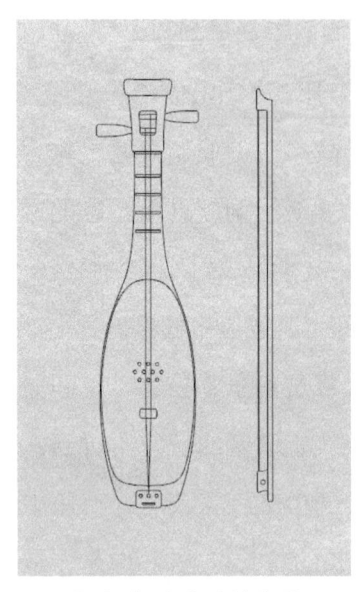

图3 牛腿琴形制绘图

此外，在剧团的一角最常见的乐器莫过于侗族琵琶，侗族琵琶的长宽没有固定的尺寸，长度根据个人身高调节、量身定制，只是音色有所区别。比如男用中琵琶，女用小琵琶，小琵琶的音高于中琵琶。琵琶中间置有四根弦，中间两弦为一个音，为四弦三音。不同琵琶的共鸣音箱有方有圆也有不规则的图形，形状各异，箱体形状全凭个人需求和制作手艺人的喜好。拨片也大多为牛角拨片，也可以用竹片代替。而牛腿琴的尺寸却大致是固定的，长为40—50厘米之间，宽12厘米，厚度在4厘米左右。侗族人唤牛腿琴为"锅给"，作为侗族弓拉弦鸣乐器，因琴身形似牛大腿而得名牛腿琴，其常常作为侗族歌曲的伴奏乐器登台演奏。

意气风发的艺人们抱起早已准备好的侗族乐器，逐一展示起了自己拿手的侗族曲目。当地省级琵琶传承人——吴永春热衷于把现代的音乐编创技法运用到侗歌的创作上，将传统琵琶、本土语言和唱腔结合自身对音乐的审美理解进行有机融合，制作了诸多朗朗上口的侗族新歌曲，歌曲节奏大多张弛有度，情绪跌宕起伏，符合当下年轻人的审美兴趣。对于带动观者的情感，吴永春很是得心应手，弹唱表演极具张力。琵琶词常以即兴形式进行，在现场他也兴致高昂地即兴弹唱了两首迎客歌欢迎考察队伍的到来，表达对于有朋自远方来的喜悦之情。随即，石敏帽手拉牛腿琴与团队成员龙云亮合作弹唱传统的男女情歌对唱曲目《心心相印》，二人视线交汇，一唱一和抒发绵绵情意。

谱例1

在萨岁广场的露天展演舞台上，艺术团成员们盛情邀请笔者一起跳"多耶"[1]，随着左右交替上步的随性舞步，众人搭上前面伙伴的肩膀边走圆边唱和，歌师领唱一句，众人随即跟唱，重复句尾三字或重复整句，多以"呀啰耶！呀啰嗨！"助兴，作为唱句的结束。众人顺时针走圆、唱和，一段结束后再逆时针绕圆。其实在婚嫁等节日庆祝中"多耶"也常伴着琵琶。在考察队伍离开之前，艺术团向我们展示了其近期编排的舞蹈剧目《侗家姑娘爱唱歌》，音乐声响起，姑娘们各自端坐在一排排板凳的一端，手持黑白相间的侗帕，故作扭捏之态，眼角微垂面色含羞。年轻小伙子们时不时上前逗乐，吸引心仪的女孩的目光。女孩们以侗帕为道具，双手各持一条侗帕屈小臂交替打肩，配合踏步的脚下动律为基本元素不断发展；而小伙们则时而前俯时而后仰地弹着琵琶放声高歌，成双成对的侗族情侣你来我往、打情骂俏的场景再现侗族青年男女的谈情说爱的生活画面。把生活化动作也融入舞蹈之中，作品也多以横线出场来进行画面的调度，情节通俗易懂。

可以看出，通道县民族剧团的艺人们在努力寻求传统侗族音乐与现代审美意识的融合，使用现代的音乐创编手法将传统的元素串联起来，把侗族传统的内核包裹上崭新的外衣。把侗族音乐传承置于商业文化空间，在如今主流文化和新兴文化的冲击下，日渐狭隘的受众面以及观众审美兴趣的转移，都注定了侗族音乐为了谋求生存去寻找打破局面的突破口，以推"新"谋求本民族文化兴盛，带动当地经济发展的繁荣。作为侗族共同的文化符号，在当今已不仅仅是本民族的社会身份认同和民族的本真性的符号，更承担起了作为商业旅游文化的

---

[1] "多耶"是侗族音译，"多"是含有"唱""舞"等意义的多义词。"耶"是侗族民歌中集体边唱边舞的品种，"多耶"就是"唱耶歌"，也叫"踩歌堂"。"多耶"是"月也"（即寨与寨之间集体访问做客）的集体歌舞活动。

经济职能。时过境迁，舞台的空间转移、观众审美观念的变化和旅游业的商业需求使得艺术创作的目的不再如往日纯粹，某种意义上来说是对于传统新的建构，但客观上仍极大地促进了经济文化发展和侗族音乐的传播。

二、于侗寨民俗空间里寻"朴"溯源

中午稍做休整后，笔者一行人驱车抵达芋头侗寨。芋头古侗寨形成于明朝初年，因地处于山形形似芋头的"芋头界"而得此名。芋头寨侗族古建筑群作为国家级保护单位，因现存有大量清代中期且种类最多的侗族古建筑，原生态的人文景观得以保留，而被称为"侗族建筑的实物博物馆"。

步入芋头侗寨寨门；仰目是巍巍鼓楼、峰峦重叠；平看那桥檐龙凤，欲飞冲天；垂首是青苔石板、潺潺小溪。许是还没到旅游旺季，寨内还稍显静默。寨内艺术团的杨光团长一路陪同不遗巨细地讲述侗寨里每一处古建筑以及其背后的动人传说：入口处的芋头迴龙桥（2009年重修时得到台湾政治大学和通道各县资助）；鼓楼檐角体现"萨文化"中心的雕塑设计（龙在下凤在上）；高达九层的芦笙鼓楼内有象征四季十二节气的支柱；古朴纯粹的祭坛——萨玛坛；为空出款坪而临崖修建的崖上鼓楼；于乾隆四十二年（1777）修建的最早鼓楼——龙脉鼓楼；用于悬挂物件起到原始警示作用的龙门；体现"天人合一"理念的池塘鱼舍；等等。芦笙鼓楼作为村民集体活动的中心，统领村寨，寨子里几座鼓楼均在龙脉轴线上。鼓楼旁空出的款坪是芋头侗寨用于跳芦笙舞和"多耶"的坪地，常作为当地的芦笙场。在高耸入云、山壁陡峭的山林地带通过建筑智慧空出一块大面积的公共空间，足可见侗族先人对于土地利用的把控能力，而侗寨公共空间的持续不断的生命活力则通过定期举办的民俗活动来实现。寨内民居都以木头为建筑材料，房木上都刷有防腐防蚊的桐油，屋顶铺以青瓦。多为"杆栏式"民居；也有吊脚楼式民居，下层架立中空，上层则用来居住，有防潮防蚊的功效。此外，寨内还伫立着众多诸如此类的凸显古人智慧的历史建筑。

弯弯绕绕青石阶，进进出出双肩挑。世世代代的侗寨人行走在这条历经百年风雨的茶马古道上。饱经风霜的古驿道如同在整个村寨内遍布开来的血脉，给予了这座依山而居的复合型村落源源不断的生命力。作为当地文化交流和保障物资的交通线，它是与外界贸易往来的唯一主干道，它也是侗族文化历史衍化脉络的目击者。未曾想这仅有数尺宽的石板路，却几经烟雨，目睹几多人事悲欢。

传言萨玛108岁时，在此地升天成仙，侗家人修建了108级台阶纪念这位女神，萨玛阶同那简朴的萨玛坛一样都是侗族人"萨岁崇拜"的具体表现。1934年11月，中央红军长征途经此地，在通道"转兵会议"上"最高三人团"第一次接受了毛泽东正确的军事主张，"通道转兵"的决定就此挽救了中国革命的历史，奠定了党和红军转危为安的基础。侗寨小伙杨再能数次帮助红军翻越太平山所用的小马灯如今就放置在恭城书院通道转兵纪念馆内。而怀化市鹤城区阳戏保护传承中心就根据"通道转兵"的故事创编了一部革命历史题材的现代阳戏《侗山红》。

一行人继续沿着蜿蜒古道而上，在鼓楼内遇见一群卖货的鹤发阿萨，经过一番熟络地交谈，热情的阿萨们主动拉起我们的手跳起"多耶"，唱起"多嘎"[1]，边晃手边走圆……时空似乎可以在这古老的乐舞中

---

[1] "多嘎"是侗语音译，有"唱歌"之意；"多嘎多耶"的汉语意思是"唱起来，跳起来"，即唱歌跳舞的意思。

交错。通过"参与观察"[1]的方法，笔者得以深入本土语言环境之中去探究侗族舞蹈动作的背后成因。"多耶"老少皆宜，传承千百年的舞蹈动律如此简单易学的原因，其实通过观察侗乡的自然地理环境就不难理解了。首先，侗族舞蹈动律的发展轨迹受高山峭壁的生态环境所限制；其次，舞蹈的场地空间有限，参与人数众多，个人肢体的运动空间有限；再次，"多耶"是群众性的集体舞蹈；参与的群众多为疲于劳作的普通村民，对于肢体技术和舞蹈的理解程度有其局限性，为了大众参与度，舞蹈动作源于生活动作，动作朴实无华，具有一定的实用性。"多耶"舞蹈是侗族先民劳动生活的产物，村民们聚集在一起，踏歌而舞，膝盖微屈，动作幅度较小，脚下步伐简单重复，少有大线条的肢体动作。由此可见，侗族的舞蹈文化被"技术的历史决定性"以及"自然环境的更深层的限定因素"所限制。[2]

听杨光团长提起，在农历六月初六那天就将有一场侗族的婚俗歌舞演出——嗨族的"帕吼魅"[3]。其中将会有《多嘎多耶》歌舞的演出，《多嘎多耶》是根据歌手春雷同名歌曲改编的大型歌舞剧。其中展演了侗族青年们谈情说爱的习俗——"行歌坐夜"，侗族小伙们在侗族姑娘木楼下竖梯并爬上窗口与侗族女孩对唱情歌，以歌择偶。由此可见，音乐舞蹈的艺术形态往往与当地民间礼俗相依相生。

芦笙鼓楼内，当地歌师杨通湾和杨正秧老人略显拘谨的双手抱膝坐着，但一张口却并不忸怩，一连演唱了四首侗族歌曲，分别是：侗族《十八歌》，主要表达18岁的男孩女孩情窦初开，相互对歌传递情意；侗族歌曲《嘎就》，用来赞美长辈、老人、父辈，诉说感恩之情；《耶歌》，

---

1 阿兰·巴纳德．人类学历史与理论[M]．王建民，刘源，许丹，译．北京：华夏出版社，2006：82．
2 同上：43．
3 "帕吼魅"是侗族音译，汉译过来就是"尝新米"的意思，寓意为五谷丰收。

诉说老人已老，传统需要年轻人来传承的现实，表达对年轻人有所作为的盼望，是描述老人与年轻人传承关系的侗族歌曲；最后一首《迎客歌》，用来欢迎远道而来的客人。

源于生活，凝于情感，而宣于歌喉——以歌养心的侗族文化一直以来伴随着侗家人的生产生活得以发展。如今的侗族文化由于人们审美兴趣的转移造成传承前景堪忧、专业人才奇缺的局面；又因为外来的汉文化冲击使得当地母语危机加剧。两耳不闻窗外事、一味埋头苦扎于原貌的传统，抬头却发现后继无人的荒凉心境，不禁令人唏嘘。

侗文化旅游的出现在某种程度上促进了当地侗族的用乐礼俗传统的活态传承，也令本民族具有文化认同的文化符号更为鲜明化，却也不可避免由于市场经济的需要和外来文化的影响，使得传统民族艺术逐渐走向商业化的道路。在政治权力语境下建构当地文化时，原貌的传统乐舞里被舍弃的是否都是"封建糟粕"，这点仍有待商榷。保障当地艺人的物质生活和传承的所需资金是文化传承目前需要直面的现实问题。建构外界认知中的具有符号意义的传统，其实也是当下社会文化大背景之下无可奈何的选择。如何把握二者之间的平衡，寻求民族文化的长足发展之策、落实"非遗"文化的保护举措就显得尤为迫切。

三、于当代文化大背景中险阻求"生"

侗文化旅游在侗乡的兴起，使得这块古朴的侗族"璞玉"得以越过重重山峦在全国乃至全世界的民族之林中散发独有的光彩，寻访者的脚步络绎不绝。家住通道皇都侗文化村的吴尚德老人，就是侗戏国家级"非遗"传承人。虽已年逾花甲，但老人朱颜鹤发，精神矍铄；与之谈起他毕生挚爱的侗戏，仍是神采奕奕。

据吴尚德老人讲述，19世纪的贵州黎平，在本土民族文化与外来汉文化的碰撞交织中，一个新的剧种——侗戏悄然诞生。"侗戏师父"吴文彩受到汉族戏剧的启发，"以我为主，为我所用"，将侗族"嘎锦"[1]（叙事歌）和"嘎琵琶"[2]（琵琶歌）这两种民间说唱艺术与汉族戏曲艺术形式相结合，产生侗族特色的本土戏剧表演艺术，以侗族民间传说和汉族故事为剧本来源进行改编。侗戏至今已有一百多年的历史。本地的语言、唱腔、民族乐器与汉戏之间的碰撞，经由民间艺术家之手磨合出别样的艺术流彩，投入时光的沉淀也逐渐洗涤得更为夺目。

最初的侗戏形式简单，原汁原味的侗戏音乐变化小，没有舞台调度；民间艺人们也不用背词，多是以即兴的形式排两个小时，大概排一至两次即可演出，早前一台晚会表演节目都是以侗戏为主，一般晚会就一场侗戏，简短明了；动作也很朴实，脚下步伐为"8"字步；最初仅由男子表演，表演叙事性强。如今为迎合大众审美逐渐发展成为更为多元化的综合艺术表演形式，男女共同参与演出，曲调更为丰富多彩，多以芦笙、琵琶、牛腿琴、二胡和扬琴作为伴奏乐器。而鼓、锣、钹等打击乐器，则仅在节目开演和演员上下场时演奏，如同每幕的分界线，标示一个段落的开始或结束，有承上启下的功用。当地的年轻人大多外出打工，仅在春节期间才能回乡，侗寨青年们在此期间走亲访友，在侗寨之间相互往来交流中择偶交谊，而侗戏作为侗族人交流交谊的手段，当地的侗寨大多有村民自发组织的业余侗戏班子，由群众凭借个人时间安排自由组织。侗戏表演在集体性的节庆活动中自然是必不可少。此外，侗族年轻人在春节期间成婚的现象也十分常见。久而久之，便形成了新的传统。

---

1 "嘎锦"，演员自弹自唱，夹用说白来叙述故事，内容多半为侗族的传说故事。
2 "嘎琵琶"，分短歌和长歌。短歌为抒情民歌，长歌为叙述故事的说唱。

中华人民共和国成立初期，当地的侗戏就由贵州引入。吴尚德难掩对侗戏的一片赤诚之心，还是少儿时就登台演出了。自改革开放之后，他的向往之情更是难以抑制；此时的文艺界在经历过十年"文革"之后重焕生机，在社会飞速发展的同时扎根泥土，本土文艺席卷而来，倾诉着对传统的眷恋，重新关注中国本民族传统文化的继承和发展。在文化全面复苏的背景下，侗戏开始在地区流行。吴尚德在多个村寨里当侗戏戏师，自学简谱对侗戏的音乐进行改编，使得唱腔和音乐改编得更贴合喜怒哀乐的情绪表达，表达更为符合现代人的审美特点。因物质条件受限，吴尚德常自制戏服，进行角色创作以及音乐创编。即使他如今已 80 多岁高龄，但对于侗戏他一如既往的痴迷。

剧目《雾梁情》作为侗戏革新成功的代表作品，在某种程度上也促使侗族节日大戊梁歌会的节庆活动的产生。《雾梁情》中的戏歌部分运用了平腔、悲腔、歌腔、新腔四种唱腔。[1] 在运用侗族戏腔的基础上，挖掘民间生活素材，将民间题材与戏剧元素有机结合，丰富了侗戏唱腔和侗戏的艺术创作。侗戏《雾梁情》在剧本编排上融合了戏剧的表现和编排手法，使得人物更为丰富，角色情感也更为饱满。剧本总共分为六个篇章，第一篇章的"赠帕"场景里锦帕是推动情节发展的重要道具，是侗族男女的定情之物。戏目整体内容生动反映了

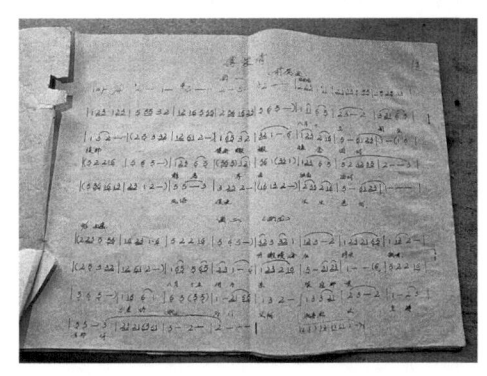

图 4　吴尚德的手写简谱《雾梁情》
(2020 年 7 月 23 日杨琅婷拍摄于怀化市通道县坪坦乡皇都侗文化村吴尚德家中)

---

1 易弩. 侗族民间艺术形态探研——以侗戏"雾梁情"为例[J]. 戏剧之家，2017（4）：21—22.

侗族民间以歌择偶的追求自由恋爱的婚恋文化。

然而，时至今日的侗戏因为网络文化的盛行、人们物质生活需求的提高以及对汉文化的一味推崇等原因导致其传承岌岌可危。当代文化大背景的变化、主流文化的冲击以及年轻一代审美情趣的转移都使得侗族传统文化的传承前景愈加艰难。再从内部因素来看，首先，侗戏的专业编剧和导演人才资源稀缺；其次，演员老龄化严重、缺少年轻血液的补充；再次，侗戏的表演形式和传习模式无法完全适应社会日新月异的变化，传承与创新的后续力不足等问题仍是侗戏内部需要弥补的短板。如何跨过阻挡在传承发展面前的层层沟壑，打破这内外夹击的局面已刻不容缓。

回望一整天的所见所闻，上昼时分同活力满满的通道县民族剧团成员们面对面交流；烈日骄阳里竖耳聆听飘扬在古寨上空的悠悠侗歌；落日余晖下倾听固守在古侗寨的吴尚德老人关于侗戏革新的三两故事。笔者认识到"非遗"文化的传承并非静态，动态的传承在社会历时的语境下不可避免去迎合当下民众的审美倾向，表演形态从而不断衍变。笔者认为在民族艺术学的理论研究和艺术实践中，直面当下活态的侗族传统乐舞文化，在追溯其文化内核的同时，如何为传统文化符号的传承创新助力护航也是作为学者理当思考的课题。

（宁晋，湖南师范大学音乐学院2020级舞蹈编导硕士研究生。）

沅水之北的活态文明
——流域视野中的新晃县传统乐舞田野考察

肖志丹

新晃侗族自治县是全国五个侗族自治县中首批成立的侗族自治县，西接云贵高原，东连芷江，西、南、北三面与贵州毗邻，全县总人口27万，有侗、汉、苗、回等26个民族，少数民族人口占总人口的86.7%，其中侗族占80.1%。新晃地处湖南最西部，作为"湘西门户"，古有中原通往滇黔的驿道和潕水航道，今有湘黔复线铁路、320国道、沪昆高速和沪昆高铁穿境而过，地理位置十分重要。清俞克振修的（道光）《晃州厅志》记载："晃州，古黔中郡地，楚之上游而沅水之北门也，在汉为夜郎国，吴蜀界分湘水，其地属蜀五季时，并于马氏殷宋太宗淳化间，晃为田氏所据，旋授以刺史，然亦羁縻之而已。"古文献清楚地描述了晃州当时的地理方位和历史沿革。这里有着历史悠久的夜郎文化、农耕文化和侗族文化。"湘黔驿道主要包括三条线：一由湖北南坪入境，经澧县、石门、慈利、大庸、古丈、镇溪（所里，今吉首）、凤凰，接贵州铜仁驿道；一由湖北蒲圻入境，经临湘、岳阳、长沙、益阳、常德、桃源，西折辰龙关，过界亭驿、芙蓉驿、马底驿、辰阳驿、船溪驿、辰溪驿、怀化驿、罗旧驿、芷江县站、便水驿、晃州驿，至桂榜塘与贵州玉屏至凯里的驿道相接。"[1]可见新晃在古代作为湘黔驿道途中的一个驿站，有许多经济文化交融汇聚于此，且潕水作为沅水流域上游的重要支流，"流域"和"通道"文化也在此交相辉映。新晃县特殊的地理位置和历史渊源，使其民族文化和民俗风情既有多样性，又有独特性。

一、新晃县博物馆、龙溪古镇实地考察

2020年8月5日上午9：30，在新晃县音协廖东元主席、"非遗"中心吴晓渊主任的带领下，沅水流域考察团队一行来到新晃县博物馆进行参观，讲解员给我们大致介绍了新晃县的自然、历史、人文资源、民族文化等基本概况，随后对博物馆的序厅、侗族溯源、风雨桥、侗家情韵、侗族工艺几个部分的文物资料进行了详细的解说。如新晃特有的汞矿，体现农耕文化的劳作工具和生活用具，以及新晃侗族的击鼓薅秧、耕耩礼、风雨桥踩桥、侗族多耶、侗族傩戏等民俗仪式，还有形态各异、丰富多样的侗族乐器，如侗琵琶、芦笙、树皮号、蒿筒管长号、侗族铜鼓等。这些民俗仪式的进行过程都离不开乐和舞的表演，乐舞在民俗仪式表演中扮演着非常重要的作用。新晃县博物馆的藏品主要包含了民族文物和民俗仪式图片，展现了新晃的历史记忆和民族文化特色，是本地文化的物质载体呈现。

据讲解员介绍，新晃的农耕文化非常久远，如"耕耩礼"就是对神农的祭祀，以种植水稻作物为主要食物来源的族人，会对自然有更多的敬畏和祈求。每到春季播种时便择一良辰吉日，在农田边供上神农画像，摆以供品，点上香火，以保春耕秋收的顺利。途中的祭祀师

---

[1] 蒋响元. 湖南古代交通遗存[M]. 长沙：湖南美术出版社. 2013：35.

和乐手坐在不同的方位，仪式与乐有着紧密的相关性，在这种仪式音乐的表演场域中，乐器的"形"与"声"都分别代表着不同的象征意义。新晃风雨桥修桥竣工时举行了隆重的侗族"踩桥"仪式，仪式开始后，踩桥艺人会带领大家从风雨桥南岸人行道慢慢穿过桥上，边走边以吉语颂唱，歌颂党和国家，祝愿生活美好，之后行人纷至，芦笙齐奏，锣鼓阵天，景象十分热闹、喜庆，人们在这种民俗和仪式中感受族群的认同和自豪。为了让大家感受这种民俗节庆的喜悦氛围，讲解员以现场示范的方式教大家齐唱衬词，配合他的颂词，通过还原一种现场表演语境的形式让大家过了把瘾。风雨桥是侗族三大标志性建筑之一，是体现侗族历史记忆和文化的物质景观，活态的民俗仪式与静态的建筑景观相融相生。

而博物馆中让我们眼前一亮的，正是这些有一定年代的乐器，包括侗族琵琶、芦笙、傩戏伴奏打击乐、铜鼓等。比如形状和大小各异的侗琵琶也体现着乐器制作者、演奏者的个人审美习惯和追求，侗族琵琶主要用于琵琶歌的伴奏，流行于广西三江、湖南通道、靖州等地，是侗族人民较为喜爱的乐器之一。芦笙的大小也各有差异，最大的约有1米长，最小的长为0.4米左右，乐器的形制、大小、材料都对其音色产生很大影响。此侗族铜鼓为西汉时期的金属乐器，距今两千多年，鼓面大于鼓腰，腰部收缩为圆柱形，属于石寨山型铜鼓。腰身制作非常精美，雕刻有非常丰富、精致的图案纹理，主体纹饰为羽人划船、歌舞、农耕，活泼生动，鼓面篆刻有铭文一圈，共二十六个字，所表达的信息和文化内涵极其丰富，整个鼓身保存相当完好，在国内都比较罕见，是目前所发现的汉代西南民族地区铭文最多的铜鼓。从其保存状况以及鼓面清晰的文字符号可以看出，新晃的农耕文化保存得相当好，历史积淀也相当深厚。这些乐器与当地的生活习俗、节庆仪式有着不可剥离的联系，也是一种在仪式场域中具有象征意义的文化符号，研究这些乐器不可单独从其材料和乐音出发，一定要结合侗族的生活、民俗、历史和当下的语境进行研究。尤其当下的"非遗"语境和许多被建构的节庆仪式中，乐器伴随歌舞的热闹场面似乎是一种惯常的行为。

11:20 左右，团队一行到达㵲水河畔的龙溪古镇，根据清张官五等纂修的（同治）《沅州府志》卷之七记载："龙溪口市在县西一百三十里平二里，㵲水之北，临水架楼而肆者为新街，又蹑次而上俗呼为老街。市五谷俱集，贩豆尤多……至于江、浙、闽、粤之货，亦毕集于此……"从史料上看，新晃县龙溪古镇的市场极其繁荣，各类商品和贸易丰富多样，相当齐全，而且来自各地的货物经此

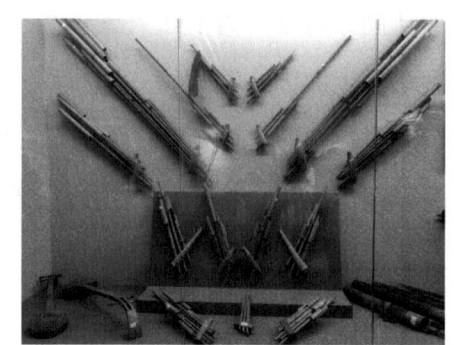

图 1　博物馆藏芦笙（2020 年 8 月 5 日肖志丹摄于新晃县博物馆）

地辗转，如许多产自贵州境内的货物由玉屏运于此地，然后销往江浙一带，而江浙地区的商品和文化也会流入当地，与当地的经济文化相互交融，互相吸取并产生涵化。龙溪口的古商埠建筑随处可见，如古镇里的"春和瑞""春和元"商号，以及龙溪会馆等都见证着昔日商业的繁华。"春和瑞"门口的碑刻上写有当年的历史故事：由江西商人杨志轩建于清末，其长子杨啟元继承了春和元货栈产业，次子杨辑五继承春和瑞食盐产业，后租给贺氏继续经营盐业……后来红军经此地设指挥部于春和瑞，可见其具有深刻的政治和经济意义。龙溪书院还设有"龙溪讲坛"和戏台，讲坛定期聘请学者开课，戏台如今已修缮得更加精美，已成为该地区一个重要的文化传播基地；清匪反霸展览馆里展示着这个地方的剿匪历史，如电视剧《湘西剿匪记》中的田大

榜就是以馆中记载的土匪姚大榜作为原型而拍摄。这些古建筑群的存在，可看出此地当年来往人群熙攘、摩肩接踵的景象和丰富翔实的历史记忆。

二、新晃县传统乐舞田野考察

（一）建构的"非遗"：波洲板凳龙舞

19：40左右，我们到达波洲镇波洲村考察板凳龙，此时波洲村的综合服务中心广场上，村民们正在换服装摆道具做准备工作，广场上摆有十二条板凳龙，参与表演的有四十人左右，还包括钹、锣、鼓作为伴奏的打击乐器。板凳龙顾名思义，其结构是以一条家用普通长条板凳为框架，饰以彩布缝制和雕刻修饰的彩龙，着色彩绘，一般由两人或三人持凳腿而舞，三人玩时，前二人各以侧手执一腿，后一人双手执两腿。舞板凳龙动作有"二龙抢珠""黄龙穿花""二龙戏水""金蝉脱壳""黄龙盘身"等。据村民介绍，波洲板凳龙流传已有二百多年。传承历史虽然没有确切的文字记载，但依目前健在的老人回忆，传承谱系可上溯五代人，一百多年。板凳龙最初的表现形式是草鞋板凳龙，比较笨重，舞动不大方便，后改为长条凳。同时还保存另一种龙舞形式：布龙。布龙长达数丈，需十几甚至二十人方能完成布龙舞蹈的基本动作。板凳龙的形制和材料随着社会发展也与时俱进，采用电子灯管和较好的布料，加上长条凳作

图2 波洲村村民表演板凳龙舞（2020年8月5日符安可摄）

为龙身，既美观又方便。波洲龙舞队在舞板凳龙的同时，还会舞布龙，平时还把表演彩龙船、蚌壳舞、唐僧师徒取经、白蛇传等搬上舞台和广场，配合龙舞表演。

舞龙表演结束后，张应华教授又对几位打击乐艺人进行了采访，针对打击乐经常演奏的曲牌、演奏技法和几位艺人的身份做了基本的了解。之后，几位艺人又为我们演奏了〔鸡啄米〕〔龙摆尾〕〔双花钹〕〔单花钹〕等几首不同曲牌，最后张教授与民间艺人们一起参与了演奏。据村民说，这个板凳龙舞的节目是请专门的舞蹈老师来排的，舞蹈的队形和步伐设计体现出很强的现代气息，加上几位老年人的打击乐伴奏，便形成了一种传统与当下的互文，在"专家"的指导下，原用于节庆中的板凳龙舞与民间用于仪式或祭祀功能中的锣鼓相结合，产生了"去语境化"后的"再语境化"表演。笔者以打击乐的伴奏音乐为例进行简单的形态分析。

谱例1

波洲板凳龙舞伴奏锣鼓（部分）

记谱：肖志丹

乐器有鼓、钹、锣，演奏者共五人。大鼓的直径约为50厘米，一人演奏；钹两个，一般分为头钹和二钹；锣两面，中锣与大锣。所以这一组合较之汉族戏曲伴奏中的钹、锣、鼓组合，其形制整体更大，更显粗放和古朴。这种锣、钹、鼓的组合形式，是中国民间传统打击乐中最常见的组合，虽然不同地方会有大小、形制的区别，但种类基本上是相同的。

谱例1中钹1为起拍的头钹，除了起拍的两拍为强拍、强位，中间基本上为弱拍、弱位，即前空后十六分音符或者前空后八分音符的节奏型，与钹2的四分音符正拍节奏形成一呼一应的错位感。中锣的节奏基本上与钹2是一致的，整体上强化了正拍的稳定性，增加了中锣不一样的音色，但隔一小节会出现与前一小节的"变化重复"，因此，在节奏句法上和音色上，既有保留强化又有特点装饰。大鼓的节奏相对较密集，代表的是这一组合中较为活跃的声部，再加之两根鼓棒可以通过力量的不同形成强弱，显得对比强烈、张弛有度。而大锣则像是低音声部，响于每小节的强拍，音符稀疏但有震撼力。锣、钹、鼓三种乐器、五个声部的合奏，演绎出多少丰富的民间音乐曲牌和深刻的民族文化内涵。

（二）戏剧化石：天井寨傩戏文化考察

8月6日9:40，我们一行到达贡溪乡四路村天井寨考察侗族傩戏，天井寨是国家非物质文化遗产侗族傩戏"咚咚推"的发源地，离新晃县城60千米左右，处于万山包围中的一个小村寨。首先，村民领着我们参观了村里的"天井"，并介绍了天井名称的由来，天井寨的名称也因此井而得名；然后，几位有着装准备的村民，为我们表演了"敬酒歌""解闷歌""劳动歌""情歌"等不同场景下适用的歌曲，且非常热情地回答我们的各种问题，不仅献唱各种类型的侗歌，而且对歌曲的内容和情境表达都做了详细的解说。

听完侗歌看完美景，就是大家期待已久的侗族傩戏。演员们在表演前要经过一番准备，如表演前要烧纸钱祭祀、行跪拜礼请傩神等。傩戏表演从一通锣鼓乐奏响开始，演员们先后为我们表演了《跳土地》《癫子偷牛》《菩萨反局》三部经典戏。伴奏乐器主要为钹、锣、鼓，简短的打击乐演奏完过门后，以说唱结合的形式开始表演故事情节，显得古朴、原始。傩戏在本地被称为"咚咚推"，为龙、姚二姓世代相传，其主要流传在湘黔边境地区，以侗语说、唱。它流传范围极小，由普通村民表演，几乎没有传到外乡，也没有外来文化浸入改造。其祭祀中以盘古大王和飞山大王为傩神，因此，天井寨的"咚咚推"是一种独具特色的侗族傩戏，具有较高的学术意义和研究价值。

新晃侗族傩戏的唱腔音乐，结合了当地的民歌小调，以及一些祭祀音乐元素，惯用"重复""鱼咬尾"等中国传统音乐的发展手法；调式以五声徵调式、羽调式为主；结构以上下句形式特点构成。以剧本《菩萨反局》为例，其伴奏的打击乐的节奏型相对比较简单，一般过门

图3 天井寨村民表演傩戏剧目《跳土地》(2020年8月6日肖志丹摄)

（谱例2）为四小节，基本上以"咚咚 推 | 咚咚推"为特点，加上"跳三角"的舞台步法，不紧不慢。以大鼓为起拍，钹1、钹2和大锣于第二拍进入，第二小节则规整地演奏"××××"和"××"的节奏型，而大锣与前三个声部的重音相反，在弱拍奏，形成与前三个声部相呼应的效果，即"咚咚推"名称的一种谐音，"咚咚"表示鼓和钹的声音，"推"则是大锣声音的表示。四个声部音型上密下疏，节奏律动稳定规整，有种苍老而久远的仪式感。这样一种简单的伴奏过门音乐没有被"复杂化"，这显然跟本村的地理环境和生活习惯有关，天井寨独特的被重山包围的地形，很少被外来者打扰，加之作为祭神功能的傩戏，在古代具有一种神圣不可侵犯的象征。而今作为一种国家级的"非遗"存在，于旅游文化语境下从祭神向娱人功能转变，更加促使了官方和民间共同将仪式自我"标签化"，定义为"古老""原始"的形态，便更是不可更改和随意创造。

谱例2

傩戏《菩萨反局》过门锣鼓

记谱：肖志丹

《菩萨反局》唱词

……

甲：菩萨啪木人，啪透冲极洋（菩萨背了人，背到直洋冲）

乙：打透更毛贡，盖更闷油光（过到毛贡坡，鸡叫天也亮）

甲：路乌定姐然，爵乌勒的光（放在姚家寨脚，藏在堆草树下）

乙：呢怒丁梗偷，赖哦盘龙山（看见梗偷脚，好处盘龙山）

甲：菩萨油当尬，乌亚油欺庵（菩萨又准备，那里又起庵）

乙：花坑甚宁功，早呢油满堂（花了十年功，造得很堂皇）

甲：姓曾长老头，姓刘麻拜庵（长老是姓曾，拜庵人姓刘）

乙：油没娄尼姑，各系关名忙（又有群尼姑，不知其姓名）

甲：办干油尬竹，尬门打那烂（半夜又架桥，架它过对山）

乙：鲁仙一禾禾，拜卷跳亮亮（神仙一伙伙，来回舞又跳）

甲：那栏独底八，国甘取捞庵（那边白胡子土地，不敢接近庵）

乙：油敌梗冈更，邓麻早禾郎（又拿燕子坡，截平造学堂）

甲：姓龙高姓姚，各系味岛忙（龙姓人和姚姓人，不知其原因）

乙：本赖人细篓，细嫩乌麻细嫩庵（本好个四路，四座庙来四座庵）

甲：油分解务告解勒，各系伟桌忙（又分上寨和下寨，不知为哪样）

乙：打麻鸡百宁，系听人劳冈，系听人劳冈（过来几百年，是听老人讲，是听老人讲）[1]

从《菩萨反局》的唱词我们可以看出，因侗族没有自己的文字，语言和歌唱多借助汉字来记录，所以唱词的记写基本上以汉音侗意的形式。此外，从唱词的内容也可以解读出，剧本的书写具有夹叙夹议的表达特点。从结构上看，多以五言、七言体，上、下句形成较为规整的对仗结构，上句不讲究押韵，下句的最后一个字押韵，这样的特

---

[1] 江月卫，杨世英，杨丽荣编撰．中国侗族傩戏"咚咚推"[M]．成都：四川人民出版社，2007：84．括号内为歌词翻译。

点使演唱时朗朗上口，音乐的节奏和音调也便于把握。天井寨侗族傩戏的剧目大体上分为四类，包括传统的祭祀性质剧目、三国故事剧、民间故事剧以及本土独有的故事剧目。这些剧目在演绎中无不体现出本地的信仰特征和生活习俗，形成了当地特有的傩戏文化。

结　语

地处沅水之北的新晃县，其丰富的建筑景观、农耕文化和音乐文化给考察团留下非常深刻的印象，尤其形态各异的乐舞文化和形制多样的乐器实物在静态的博物馆中显示动态的内涵，在历史长河中大放光彩。尤其对波洲板凳龙、天井寨傩戏、丰富多彩的民俗节庆等印象深刻。波洲板凳龙舞作为地方"非遗"，在保留其传统的文化基因和地方性知识的同时，还汇聚了剪纸、手工艺等民间艺术和群众性舞蹈的

图 4　考察队于天井寨戏台合影（2020 年 8 月 6 日廖东元摄）

表演形式，在保留了中国的民间文化传统基础上，借鉴新的思路和创意，以活态、流动的形式进行生产性传承和创造性发展。天井寨傩戏作为具有化石意义的戏剧活态文化，更是凸显出非常深厚的历史、民俗、文学、艺术研究价值，因此，沅水流域传统乐舞文化田野考察队通过此次新晃侗族自治县的传统乐舞考察，为此次行程拉开了非常精彩的序幕，在考察过程中对新晃县的历史、文化、民俗等有了基本的了解，为后期的深入研究做了重要铺垫，具有重要的学术价值和意义。

（肖志丹，湖南师范大学2021级民族音乐学方向博士研究生，湖南女子学院音乐与舞蹈学院讲师，湖南师范大学"中国南方少数民族音乐文化研究中心"特邀研究员。）

一路"侗"听
——行走在古意芷江

余 媛

"沅有茝兮澧有兰，思公子兮未敢言。这里的茝作芷，沅即沅水，世因称沅水曰芷江，芷江便取名于此。"[1] 从字面上来看，"芷江"二字极富诗意，而从以上分析来看，此名字的由来受到对湖南地区影响极深的楚文化、屈原文化的影响。2020年8月6日，苗疆走廊（湖南段）传统乐舞文化田野考察团队走进这个武陵之南、潕水河畔的美丽县城。

芷江侗族自治县位于湖南省西部，古称沅州，这里生活着侗族、苗族以及汉族等多个民族。作为古代五溪蛮之一，当地少数民族众多，且势力日渐增长，常常与所处的朝廷对抗。但随着朱元璋攻占沅州，侗汉两族开始交流融合，县内的经济、政治、文化等得以发展。如今芷江县内的古遗址与古建筑随处可见：有处于闹市之中的西式教堂、县一中旁的文庙、医院内的奎文阁、潕水河边的天后宫、芷江抗日战争胜利受降纪念馆等。这些古遗迹

---

[1] 芷江侗族自治县志编纂委员会编. 芷江县志[M]. 北京：生活·读书·新知三联书店，1993:75.

的出现,是我国历史文化传承的体现,更是满载了浓浓的国家情怀。团队在芷江县委党校吴和平老师、县文化馆馆长杨晓伟的带领下,对芷江的历史文化、乐舞表演、"非遗"传承等进行考察。

一、乐行侗乡 聆曲寻遗

清同治《芷江县志》记载:"圣朝中外一统,缅甸、交趾(今越南)咸纳贡而宾王,南掌(今老挝)、西洋悉称臣而拜爵。设置邮以传送,通驿递之往来。邑为沅芷边关,地系黔滇通道……所有铺递,祥载入编。"[1] 以此历史为背景,考察团将各递铺与驿站视为静态的考察点,再以点连线,形成纵向的空间线路,由此从整体宏观视角来研究苗疆走廊上当地乐舞文化动态的传播与变迁现象。

(一)对伙铺、新京桥村(便水驿)

2020年8月7日上午,团队一行沿着潕水河畔,去追寻当地的乐舞文化与前朝的古道遗址。水面波光粼粼,树叶映入水中,树上蝉鸣阵阵,偶尔看到零星房屋安静地伫立在河边。这些景物美得使人仿佛置身世外桃源,沉浸其中。不一会儿,团队一行便到达芷江新店坪镇对伙铺村,它就是古时的递铺之一。当车子刚开进院子,就听到热烈欢庆的唢呐声,原来村民们已经准备好了他们的拿手节目,如吹唢呐、吹木叶,以及当地的市级非物质文化遗产的表演——闹年锣、侗歌。当地的村民热情好客,为了迎接客人,表演者们腰系红绸缎,表演了一首又一首的唢呐曲牌,如〔打马过桥〕〔糖蜂过坳〕〔谢客牌〕〔娘嫁女〕等。

---

[1] 曾岸. 芷江县志(历史·芷江 第2卷)上册[M]. 北京:中国言实出版社,2016:77.

唢呐在当地属于一种仪式性的吹打乐器，用于当地的婚丧仪式之中。据当日表演者之一腾昭锡介绍，他们平时演出至少两人（当日现场表演四人）。演奏者不使用乐谱，而是根据长辈流传下来的口头旋律，通过耳朵听记并进行练习，

图 1 唢呐表演（2020 年 8 月 7 日符安可拍摄于对伙铺村）

时间久了就可以在多次演奏后背记下来。每一曲牌中会有不同的过场曲，每支唢呐音高相同，多以齐奏的方式演奏。唢呐演奏一般用于婚嫁与丧葬仪式，所以表演地点就在举办婚嫁以及丧葬仪式的村民家中。唢呐曲牌的使用会根据不同的场合、仪式程序以及仪式内容来进行演奏，如〔孟姜女〕用于丧礼之中，〔迎亲牌〕〔迎轿牌〕等都用于婚礼仪式中。

谱例 1

迎轿牌

表演：腾昭锡等
记谱：余媛

这首乐曲用于婚礼仪式的迎轿环节中，表演形式由两人手持唢呐同时演奏同一声部。旋律平缓紧凑，运用多重复的发展手法，形象表达了婚礼中新郎与新娘既害羞又兴奋的心理活动。其中使用的附点节奏有跳跃感，符合婚俗音乐中喜庆、热闹的特点。后部分连续在同一

个音上的反复出现，更形象地描绘出婚轿在轿夫抬走过程中颠簸的情景。两位演奏者在演奏时相互帮衬，吹奏得欢快轻巧。不管是音乐旋律处理还是演奏处理，都与主题形象十分贴切，同时也与丰富的生活经验十分相关。

据了解，目前在当地村里会演奏唢呐的只有六人。当日演奏的曲牌有〔打马过桥〕〔糖蜂过坳〕〔多谢牌〕〔迎亲牌〕〔迎轿曲〕〔孟姜女〕〔白毛女〕等众多传统以及改编曲目。这些乐曲旋律有喜有悲，有些还运用了江浙一带的旋律元素来进行变化演奏，这正是文化传播的一种表现。当日所演乐曲各具特色，风格不一，演奏独具韵味，体现了演奏者在生活中逐渐形成的一种随机应变能力。

闹年锣是怀化市级非物质文化遗产，表演多在小年以后，从小年开始每天表演直到元宵结束。表演地点在村寨或者院子里集中演出，每家单个入户表演的情况较少，过年舞龙时也会作为伴奏跟随表演。演奏者们平时练习时间较少，主要跟随家里的长辈学习，属于家族性的传承，一起训练时甚至会有四五面锣一起敲。目前在芷江的许多村里面能演奏闹年锣的人较多，有些村甚至配置了十几套锣用于演奏。闹年锣的表演一般为五六人，不讲究性别，乐队配置为大锣、小锣、鼓以及两个镲。当日表演中，锣在演奏时需左手提，右手敲。演奏中，先由一种乐器开场，紧接着其他的乐器也逐渐加入，直至所有乐器一起演奏，最后音乐变得恢宏盛大，场面相当热闹，并在这种氛围中持续一段时间。在采访中还了解到，闹年锣虽然属于"非遗"，但主要是在本地的村中互相演出并传承，没有刺激到当地的旅游或者经济发展。

木叶吹歌的表演较简单，演奏者双手持木叶吹奏，是非常方便获取并可随处演奏的一种"乐器"，木叶吹歌不仅体现了侗族人民的智慧，还洋溢着他们乐观积极的生活态度。当日，演奏的木叶吹歌作品为"山歌调"，每一段演奏所描述的内容都不一样。据演奏者汪永和介绍，他当日所演奏的音乐有三段内容，第一段主要内容为砍柴，第二段表达的是谈情说爱，第三段模仿民间家禽的声音。第二段歌词分为四句，分别是"我们好久没到这个山"；"这里的山啊水又清"；"看见个姑娘这么美，你有心没有心"。木叶吹歌旋律音调高昂，第一、二段旋律抒情婉转，生动描绘了男女的爱情故事，第三段模仿了各种各样家禽的鸣叫声，旋律短小欢快。这些旋律形式与演奏方式都与侗族人民的生活经验密切相关，是侗族人民热爱生活的一种情感表达。

对伙铺在过去虽为苗疆走廊上一个小小的递铺，但这些乐舞文化的出现却证实了那些通过战争、政治、经济变化而随之出现的文化传播与流变现象的存在。在这条驿道上，它的功能不仅仅是公文的传递，更多的是众多文人在此休息停留、谈古论今，还是来往商人以及军人经济、政治的交谈之地，可以说是传统文化与乐舞文化流传的"中转站"。

在对伙铺欣赏了精彩的音乐表演后，上午11：00，团队到达了芷江侗族自治县新店坪镇新京桥村部。据县委党校吴和平老师介绍，便水驿就设于现今的新京桥村附近，1936年的便水战役也是在这个地方打响。因此，新京桥村是一个有着厚重历史文化的革命古村。当我们来到村委会广场，映入眼帘的是摆放好的祭祀台与身着演出服饰的表演者们，他们为大家表演了当地的市级非物质文化遗产——傩堂戏。

当日侗族人民阐释的傩文化主要通过傩技与傩戏来体现的，傩技是祭神后进行的杂耍表演，例如上刀山、走玻璃盆。傩技的存在就是用以说明祭神以后，神会保佑他们走过这些艰难险阻，表达了仪式中人们的信仰。当日的表演以舞蹈与乐器伴奏为主，舞蹈九人，伴奏三人。伴奏主要是鼓、小锣、铙钹，边舞边唱。其中舞蹈表演者头戴面具，手持道具，道具有牛角、师刀等。每个舞蹈者都代表了不同的神仙人物，共有九个不同的人物。这些表演者的平均年龄在 50—60 岁，男女都有。在采访中，这些表演者们也表示了他们的遗憾。由于各种原因，许多年轻人外出务工或者不愿学习和传承当地的乐舞文化。因此，当下传统文化的传承问题不仅是他们村里的问题，也是众多民族传统文化亟须解决的难题。而当下加强文化遗产保护与传承是坚定文化自信的一个重要方面，所以对于研究者来说，不仅要研究历史的文化变迁问题，对当下传统文化的保护与传承问题研究也至关重要。

（二）便水渡口与一里街遗址

当日 14∶10，考察团在县委党校吴和平老师的带领下，来到了苗疆走廊芷江段上的必经之路——便水渡口与一里街遗址。这条古道东连现在芷江新店坪镇的白马铺，北渡便水渡口，西往贵州与云南，是当

图 2 一里街遗址与古道 （2020 年 8 月 7 日符安可拍摄于新京桥村）

时接通湖南与贵州的必经之路，也是苗疆走廊上的重点要塞。据吴老师介绍，那时的商贩、军人等都必须从这条路上经过，由此外来文化的闯入，对本地文化产生了深远影响，推动了传统乐舞文化的流动与交融，文化建构问题也随之出现。

（三）芷江侗族自治县非物质文化遗产中心

古道一路寻遗，带来了深深的文化感触，同时也增强了大家想要进一步了解芷江这个县城的欲望。因此，考察团在当地文化馆馆长杨晓伟的带领下，来到了芷江侗族自治县非物质文化遗产中心，对当地特有的非物质文化遗产进行了解。据悉，芷江现有各级非物质文化遗

产项目共六十七项，其中芷江孽龙舞和芷江沅州石雕两项属于国家级非物质文化遗产项目，其他为市县级。有三人列入省级非物质文化遗产代表性项目传承人，四人列入怀化市级非物质文化遗产代表性项目传承人。同时，杨馆长对芷江当地传统乐舞进行了分类说明，如舞蹈类：孽龙舞；器乐类：闹年锣、唢呐；曲艺类：三棒鼓、渔鼓以及傩堂戏等。在展厅中，随着杨馆长的讲解，我们边聆听边观看，对芷江本土丰富的乐舞类非物质文化遗产有了详细了解。

二、畅游古迹　逐本溯源

《芷江县志》载："芷江，古属'五溪蛮地'。出土文物证明，远在旧石器时代，沅水沿岸已有原始人类活动，商周属楚黔中地，秦为黔中郡地。西汉高祖五年（公元前202），置无阳县，为芷江建县之始。"[1] 由此可知，芷江历史久远，有丰富的古文物、古遗迹以及乐舞文化积淀。

（一）芷江文庙、天后宫

2020年8月8日上午，考察团一行对芷江县内的寺庙、会馆进行了考察，参观了芷江县文庙以及天后宫。芷江文庙始建于明清两代，虽年代久远但结构依然完好。据《芷江县志》记载："由于兵祸、匪患、日机轰炸及多次政治运动，境内寺庙尽毁，现仅沅州府文庙保存完好，该庙最早位于城北，后在同治二年迁现址。"[2] 该庙于1979年列为县级文物保护单位，芷江县第一中学紧挨着文庙，这种现代楼房与寺庙的结合，传达出了人民对知识的信仰与渴望。既符合了文庙的本质意义，又体现了当地人民的美好愿望。在杨馆长的带领下，大家饶有兴趣地

---

[1] 芷江侗族自治县志编纂委员会编．芷江县志[M]．北京：生活·读书·新知三联书店，1993：1.
[2] 同上；588．

依次参观了泮池、戟辕门、八佾舞坪、祭台、大成殿、钟室、崇圣祠等地。

文庙的主殿为大成殿，殿内供奉孔子，孔子居中间，左右为其弟子。大殿上方有三块牌匾，内容分别为"参地天兴""万世师表""有未民生"（从左至右）。大殿外是八佾舞坪与祭台，《论语》载："孔子谓季氏：'八佾舞于庭，是可忍也，孰不可忍也！'"在这提到的八佾（八行八列），是西周礼乐制度中周天子可享用的舞蹈形制。在芷江文庙出现的八佾舞坪可说明，芷江文庙在当时具有重大影响力。

出大成殿，右侧为沈从文青年时期的墨宝真迹，属于国家二级文物。沈从文曾经在文章中提到自己到过芷江，并且在当时去沅州（现芷江）的船上对屈原的诗进行了品评。他认为屈原的诗中出现"沅有芷兮澧有兰"与"乘舲上沅"的话正是因为屈原当时和自己一样泛舟芷江，看到江上风景，情之所至而作。沈老先生还提到"沅州（现芷江）上游不远有个白燕溪，小溪谷里生芷草，到如今还随处可见"[1]。可见，不管是在过去的诗文创作，还是在近现代的文学创作中，芷江都受到文人墨客的青睐。

感受了文庙浓厚的文化气息后，团队一行又来到芷江县天后宫，庙里供奉着妈祖。古时，沿海村庄多出海，经常会遇到危险，妈祖正是在这种情况下产生，因此她成了福建等沿海地区信奉的神女，认为她能拯救遇难的渔船。[2] 而从明代开始，经商的福建客家人通江达海，由洞庭湖入沅江、进潕水到芷江，聚居群落，故而妈祖庙在芷江也应运而生，是文化传播下的产物。芷江天后宫位于城区潕水河西岸，建于清乾隆十三年（1748），它的前身是福建旅芷同乡会馆。天后宫山门

---

1 沈从文．湘行散记 湘西[M]．北京：人民文学出版社，2016：16．
2 周濯街．妈祖[M]．北京：团结出版社，1998．

牌坊高10.6米，宽6.3米，用大青石砌成，斗拱庑殿顶，是中国内陆最大的妈祖庙。这座宏伟的建筑坐西朝东。经过山门，路过戏台与过殿就到达庙中心——妈祖殿。在妈祖殿两侧还有药房殿、财神殿、观音

图3 芷江天后宫戏台（2020年8月8日符安可拍摄于芷江天后宫）

殿、玉皇殿、南岳圣地殿、三清殿等殿。

在此次考察中，戏台正是流域、古道文化研究重点之一。尤其是天后宫的这个戏台，它在潕水河边，刚好是来往客人驻足停留、演戏与听戏的好地方，文化的传播也正是在这种情况下产生。天后宫戏台在山门后面，与妈祖殿相对，正是"娱神"的体现。殿内香火旺盛，戏台虽已多年没有演出，但依然保存较好，整洁干净。戏台正中间为乾坤八卦，两边各挂一副内联。戏台周边木雕繁多，最外一层挂一副外联，上联"为人需顾后，上台终有下台时"，下联"凡事莫当前，看戏何如听戏好"，将人生与戏台结合，颇有哲理。

戏台周边有许多雕花，与许多其他戏台不一样的是，此雕花颜色为金色，人物、景物等细致生动地描绘出来，形态饱满，充满生气。这些雕刻中，有些人物手抱乐器，如排箫、笙等，有些则怀抱食物，其穿着打扮体现了当时所处时代。看着这长长的雕刻画卷，貌似一幅"出行图"盛景。这些雕刻的出现代表了某个时代的乐舞文化，对研究者研究当时的乐舞文化提供了有力的依据。

天后宫中除了供奉妈祖娘娘以外，还供奉着药王、玉皇大帝、观音娘娘等其他神祇。它们的出现刚好体现了天后宫以妈祖庙为中心下的佛、道教一体的情况。这也许说明了天后宫的结构是当地人民以自

己的信仰为基础所建构的,可以说是一种为我所需的建构。参观当天,来庙里参拜的善男信女络绎不绝。这种外来文化在传播过程中与当地文化融合与创新,并慢慢融入当地人民生活之中。天后宫是苗疆走廊上极具影响力的静点研究,可以不断地引起大家考察中出现的乐舞文化传播、场域理论、主体性建构等一系列的人类学方面的问题意识,对研究者来说极具研究意义。

(二) 芷江受降旧址和纪念馆、龙津风雨桥

15:30,考察团一行走进芷江受降旧址和纪念馆,这座建筑位于城东3.5千米的七里桥磨溪口侧。1945年8月21日,国民党陆军总司令何应钦、参谋长萧毅肃等与日本侵华代表在芷江洽谈。因此,"这座'血'字型受降坊、抗日战争受降纪念馆、二战时期盟军在远东的第二大机场——芷江机场、保存完好的中美空军指挥塔、中美空军俱乐部以及陈纳德和'飞虎队'的历史等等,已经成为世界人民缅怀和平、珍爱和平、维护和平的重要平台之一"。[1] 为纪念这一重大历史事件,1946年2月,国民政府在原址签字房修建受降纪念坊。受降纪念馆的墙上写着"芷江受降,见证了中华民族历经劫难后的伟大胜利,彰显了亘古不变的人类公平正义"。大家在纪念馆中感受中华民族抗日战争的胜利时刻,感受中国人民顽强的生命力与非凡的创造力,提升了爱国主义情怀。

19:30,考察团一行前往芷江龙津风雨桥,这座桥为湖南省省级文物保护单位,位于芷江县城,始建于1591年。龙津风雨桥是芷江县城连接河东、河西的重要纽带,也是中原通向西南方向的重要节点。大家到达之时,龙津风雨桥附近的广场正在举办芷江少数民族乐舞表演。在欣赏了吹芦笙、踩高跷等具有民族特色的节目后,团队成员与表演

---

[1] 唐成云.聚焦芷江(上)[M].北京:民族出版社,2003:2.

者们一起欢歌载舞，感受少数民族乐舞文化的独特魅力。

（三）火烧铺、罗旧镇、古道旧址

2020年8月9日上午，考察团一路向东，朝怀化方向前进。在途中，对古道东边的递铺与驿站进行了简单考察。值得一提的是，考察过程中，团队对罗旧镇巴州村的辰河高腔继承者贾友良老人进行了采访。他向大家讲述了关于辰河高腔的来源、历史发展、表演、现状等相关信息。同时，贾老师还表演了部分作品片段，这对团队之后研究辰溪的乐舞文化、辰河高腔音乐的流传研究都做了良好铺垫。

据老人回忆，在1945—1946年，由辰溪流传而来的辰河高腔剧团来当地表演。由于感兴趣，便向前辈学习，并于1978年参加当地剧团并到周边演出。当时的传统剧目有《五虎平难》《仁贵征东》《薛丁山征西》等，通常一场戏要到不同地方表演多次。演出地点在本村或邻村，临时搭台表演。一般在正月与二月里进行表演，表演形式有舞蹈、演唱以及演戏动作，平时二三人表演。据他介绍，他们的辰河高腔有七十二个曲调，有文戏与武戏之分，有角色扮演。目前，在他们村里面仅有三人会唱辰河高腔。当日，老人现场表演了《花园》的节选——"游园""卖画"。

本次考察中发现，芷江依旧有许多村落保留着不少包含"驿""铺"的古地名以及部分古驿道遗存，它们传承久远。从学科研究视角来看，在苗疆走廊的整体空间中，芷江是连接西南通道的重要节点。因此，根据"流域、通道、走廊"的线性文化空间研究背景，团队成员将递铺与驿站作为苗疆走廊上固定的乐舞文化考察点相连，再对动态的以及跨区域的相关乐舞进行研究。在考察中，团队将田野实践与历史文化学习结合起来。在不断丰富芷江侗族乐舞文化信息的同时，还加深了对芷江优秀传统文化的学习，这将进一步促进当下田野中音乐现象与历史文献的关联性研究。因此，田野工作中不应该仅仅关注乐舞的形态，同时也要多关注与考察对象相关的历史、生态、环境、民俗、宗教、语言等文化间的互动与交流。只有这样，才能对研究对象有横向与纵向的整体把握，田野工作才能更细、更实。

（余媛，湖南师范大学音乐学院 2020 级民族音乐学博士研究生。）

觅古寻今　闻乐踏路
——比较视野中的怀化阳戏田野考察

肖志丹　李程程

怀化市位于湖南省西南部，别称鹤城、五溪，是湘、黔、川、鄂、桂五省的交通枢纽地带，也是我国东、中部地区通往大西南的要道，东与溆浦县接壤，南与洪江市（原黔阳县）相连，西与芷江县交界，北与辰溪县划境，西北与麻阳县毗邻，地势东高西低，中部脊状凸起。怀化境内有酉水、潕水、辰水、溆水、渠水五大重要支流流经，其水路交通发达，贸易繁荣，为流域文化的跨区域、跨族群的异地传播创造了充分的条件，也使沅水流域传统文化在此地显示出多元一体、异彩纷呈的景象。

怀化阳戏于2006年被列入湖南省非物质文化遗产名录，2014年8月，国家文化部公布的全国第四批非物质文化遗产名录，将怀化阳戏正式列为其中，可见怀化阳戏的艺术魅力和传承价值得以充分体现。作为怀化地区的地方剧种，怀化阳戏所传达的文化内涵是地方群众长期的审美追求、风俗习惯、生产方式的体现。笔者通过对怀化地区古村、古道等历史古迹的考察，以及对怀化阳戏剧团的访谈，通过梳理怀化阳戏的历史源流，分析其唱腔的音乐形态，思考其作为一种活跃在湘西及湘西南地区的流域文化，它的传承过程是一种动态的习得过程，它以地方群众的共同历史记忆为基础，以区域文化为底色，通过口传心授以及人们追求地方认同的自觉表演实践的活态传承过程。

一、荆坪古村的建筑景观与人文历史

2020年8月10日，考察团队一行来到位于怀化市中方县荆坪古村。随着城市化和现代化发展，许多年轻人都离开村落，或是定居城市，或外出务工，使得这个村落平日里人口不多，寂寥冷清，依稀几位老人和小摊贩坐在大树下。荆坪古村，战国时牂牁古国之且兰古城，汉代为舞阳县址，唐宋为溆州城址，是清朝乾隆皇帝的启蒙老师潘士权的故里。古村坐落于㵲水河西岸，历史悠久，文化底蕴深厚，距怀化市区15千米，交通十分便利。同治《黔阳县志》中有载："顺一里，县北六十里，界止七十里。村庄：竹站、桐油林、大溪、黄土坑、铁炉湾、牛路上、土溪、洞头、中方、顺福、山黄。"荆坪即属于中方。明清时期，由于荆坪处于㵲水之畔，加之清代黔阳县境内的"中方渡"亦坐落于此，以及古驿道的交汇，荆坪逐渐发展为一个繁华之地。

（一）"点""线""面"相融的村落建筑文化景观

在当地导游的带领下，考察队一行人先后参观了村内现存的古民居、古祠堂、古驿道、古桥、古井、古树等二十多处文化遗址，对村落的空间格局、建筑风格、族群文化、古驿道等有了基本的了解。据介绍，有考古学家在此考证，远在距今10万年至5万年的旧石器时代就有人类生活在此，荆坪村新元遗址填补了湖南无旧石器文明记录的空白，并被命名为"㵲水文化"。荆坪村是由一个个小院落组成的明清建筑群，唐朝的古井、明代的城墙、清朝的故居层台累榭地分布在宁静的村落之中。民居精巧别样、错落有致，建筑区块分布明确，三面环水、一面环山，周遭地形平坦，河水平缓，扎根在村里的几棵古树伴着古道，使古村多显几分安详静谧，古老而神肃。古村的整体结构以点（潘氏祠堂、古井、古树）、线（道路、水渠）、面（入口广场、大戏院）等景观元素，形成具有文化特质的空间格局，使村落形成一种相融相生的文化景观。

（二）古村人事：潘氏宗祠与潘士权的历史书写

宗祠是家族文化的物化呈现，是家族荣耀兴衰的标志性建筑，宗祠上的泥塑"潘美点将""三英战吕布""姜太公钓鱼"都与家族祖训和信仰有关联。潘氏宗祠始建于明朝洪武年间，见证了六百多年的风雨。宗祠外侧的高墙上有青石篆刻着："嘉庆六年，端阳后三日洪水涨至此记"。[1] 可见溆水河在旧时汛期也曾猛如野兽，但同时当洪水退去时，也为荆坪村换取了有利的农业环境。对于潘氏族人来说，潘氏宗祠不仅是一个精神皈依的象征，而且是生命的避难所。祠堂里的戏台上，当年有过傩戏、阳戏、渔鼓等多种形式的表演。

此外，荆坪村也是清朝乾隆皇帝启蒙老师潘士权的故居。关于潘士权的生平，清光绪抄本《黔阳潘氏宗谱》载："潘士权，字三英、号龙庵。附贡生，少颖异，长益力肆于学者。著有《学庸一得》，尤精象数、音律，著《洪范九筹》《大乐元音》诸书。行世皆能发前人之秘数。"潘士权通晓音律、礼乐、地理等，著作多部，《四库全书》都存有其书目，他于清乾隆十年（1745）编纂的《大乐元音》共七卷，内设琴谱曲谱七篇，仪礼乐谱十二篇，均以十二管乐律校正器确定音的不同高度，据琴定乐，按弦审音，把宫、商、角、徵、羽五音增至七音。阐律吕新

---

[1] 碑文镶嵌于宗祠外左侧离地约5米高的地方，由此可知当年洪水之猛烈.

论所见，陈音调类例之最，并附图解。他还通晓五行八卦，荆坪古村的院落建筑布局也是由他总体设计，他为潘氏宗族纂修了首部族谱《黔阳潘氏宗谱》。荆坪潘氏宗族在潘士权这些精英群体的带领下，修族谱、购置族田、设立义学等，使得潘氏在荆坪村赢得应有的名望和兴盛。

（三）蹚于历史长河中的中方古驿道

中方古驿道，原为无阳、叙州的浪头水驿，明万历十九年（1591）顺福"五通庙"迁来，开荆坪、建墟坊，成为方圆数十里交通、经贸中心。中方古驿道地距安江、黔城、芷江、卢阳均为 60 里，故名中方。八百里加急文书在此处换马，这里曾经是明清时期重要的交通驿站，虽然荆坪村的遗留的古驿道四向仅 30 米左右，其功能性早已向文化性转变，成为当地重要的旅游文化符号。现如今 209 国道、302 国道和沪昆高速公路交汇于中方镇，而古驿道上曾经哒哒的马蹄声也随着历史长河奔流而去，驿道重走，体会这悠悠古道的厚重与积淀，静态的祠堂、古井、戏台与潺潺溪水交相辉映，动态的流域、古道文化在历史的长河里交融碰撞，奏响了幽远绵长的曲调，书写着古老的文化篇章。

图 1　荆坪古村的中方古道（2020 年 8 月 10 日肖志丹拍摄于中方镇荆坪村）

二、怀化阳戏的源流、形态及传承

在怀化市音协郑伟副主席以及张娴主任的指引下,考察队来到位于怀化市鹤城区的怀化市阳戏大剧院,采访了几位事先联系好的阳戏老艺人。剧院黄琼团长及五位阳戏表演老艺人周志家、冯兴利、舒宗谋、孙远道、张曼华分别谈及阳戏的历史渊源、唱腔特点、师承关系及表演训练方式,笔者根据田野访谈及相关历史文献资料进行了梳理,并对老艺人的唱段进行了一定的形态分析和阐释。

(一)怀化阳戏的历史源流

阳戏,最初与傩戏同源,起源于中原地区,后随中原政治经济的南下而传播至江西,又随明清时期的"江西填湖广、湖广填四川"而遍布西南地区。怀化阳戏系怀化地区(原黔阳地区)的地方剧种,在湘西民间歌舞基础上而形成,距今有近三百年的历史。《怀化市志》中有描述:"清乾隆年间,境内民间流行一种歌舞和说唱表演,嘉庆、道光期间,这种糅合歌舞说唱的表演艺术丰富发展成阳戏。"[1] 清朝初期,水运的发达促进了流域文化的繁荣,一些来自天南海北的戏班也渗透到沅水流域的各个地方,说唱、戏曲结合当地民歌、小调逐步衍生出具有地方语言和特色的小戏。如"灯戏",在湘西一带泛指春节期间表演的小型阳戏或花灯歌舞。阳戏的形成,渐渐脱胎于湘西花灯歌舞戏而形成独立的地方戏剧种类。据清姚文起《黔阳县志》卷二十六"风俗七"记载:"闹元宵……又为百戏、耍狮、走马、打花鼓、唱四大景、扮采茶妇、戴假面哑舞诸色,入人家演之。又舞龙灯……"可见,早期的阳戏是不开脸而戴着脸壳子(即面具)表演,因此,阳戏与傩戏有着非常深厚的

---

[1] 湖南省怀化市志编纂委员会. 怀化市志[M]. 北京:生活·读书·新知三联书店,1996:731.

历史渊源，以酬神和驱邪为主的叫"阴戏"，以娱人和纳吉为主的叫"阳戏"，并在民间形成了"病愈还原演傩戏，红白喜事演阳戏"的两大模式。

关于阳戏名称的由来，阳戏演员周志家先生分析了民间不同的说法，一说是种阳春的庄稼人所唱的戏；一说是"澧水以北以当阳"，故而是澧水以北之人所唱之戏；还有一说是在阳春三月所唱之戏，这些说法可窥见阳戏的名称来源与流域、农耕、地域等文化有关。他还谈道，阳戏发展到清朝中叶，已经有六十二个阳戏班社，广泛分布在凤凰、铜仁、黔阳、溆浦、会同、芷江、麻阳、吉首等地，这充分说明了阳戏深厚的群众基础。位于湘西以北的张家界的阳戏被称为北路阳戏，也称大河阳戏。大湘西界内包括怀化的属于南路阳戏，细分为上河阳戏、辰河阳戏、保河阳戏三支。上河阳戏（流传于沅水上游而得名）主要分布在怀化市鹤城区、中方、新晃、芷江、洪江、会同、靖州、通道等区域。

（二）南、北路阳戏的曲调唱腔及音乐形态分析

阳戏表演艺人冯兴利与舒宗谋先后在访谈过程中给我们介绍了南、北路阳戏的主要曲调和不同唱腔特点，并逐一演唱示范。谈到南路阳戏的主要唱腔，有〔七句半〕〔一字调〕〔赶板〕〔正宫调〕〔后山腔〕〔翻山腔〕〔腾云调〕等，其唱法因行当不同而行腔各异。北路阳戏主要有〔正宫调〕〔蛤蟆赶调〕〔三花调〕〔悦调〕及〔阳调〕，并以〔正宫调〕为主，还发展成导板、一流、二流、三流、散板等多种板式。北路阳戏唱腔分"正调"与"小调"两类，正调部分唱腔均用真假声相结合的唱法，即每一句腔的腔末用小嗓翻高八度，冠以美名"金线吊葫芦"[1]，也暗含金线吊"福禄"之寓意，小调演唱不用假声。据周志家先生分析，这种唱法的生活来源与永定土家族民歌有密切关系，可见阳戏的群众基础和地方特色也非常明显，冯兴利则总结了阳戏的四大特点，即语

---

1 龙华.湖南戏曲史稿[M].长沙：湖南大学出版社，1988：362.

言地方化、表演生活化、唱腔派系化、功能娱人化。阳戏南北唱腔和表演的差异性，是其通过对地方民间乐舞文化的不断融合、渗透，受当地语言、民俗、文化、信仰深刻影响的产物，体现了流域文化在不同区域的涵化、交融现象。

谱例1

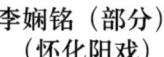

李娴铭（部分）
（怀化阳戏）

演唱：舒宗谋
记谱：肖志丹

舒宗谋老师给笔者唱的怀化阳戏《李娴铭》片段中的这一句"赤胆啊忠心啊把国啊报啊"（谱例1），旋律高低起伏，有较多的四度、八度的跳进音程，尤其当中出现非常多的"腔音"[1]（谱例1中标注的①、②、③、④音即为"腔音"）。因演唱时咬字润腔的需要，在每一"腔音"上加上语气词"啊""呀""呐"等辅助演唱，实际上是一种"拖腔长音"，因声母和韵母的不同而引起音色和语气词的不同，以方便以开口音进行多样的变化过程。每一个音的变化过程有可能同时发生音高（颤音、波音）和音色（虚阻音、实阻音）、力度（口型、气息）的变化，这些变化的因素也会因其中的某一个作为主要因素而带动影响其他因素，这些都与长期的演唱方法、演唱经验有关。如陈幼韩在《戏曲表演美学探索》中对"阻音"有阐述："戏曲的用嗓技巧，是指在行

---

[1] "'腔音'就是'带腔的音'的简称。指的是音的过程中有意运用的、与特定音乐表现意图相联系的、具有独特审美意蕴的音成分（音高、力度、音色）的某种变化的乐音个体。"引自王耀华. 中国传统音乐结构学[M]. 福州：福建教育出版社，2010：29—30.

腔或拖腔的转折点、着重点、收腔处，用口腔软腭后部和喉头阻挡气流，产生出一个个摩擦——我们可以把它叫作喉阻音，喉阻音一般地可以分为实阻音和虚阻音两种。"[1] 另外在其在延长过程中充满装饰的变化，包括滑音、颤音、倚音、波音等，也包括强弱力度、音色虚实的处理和变化。调式为典型的中国五声性民族调式，这一句的结束音停留在"商"音，结构上较为工整，从旋律的发展经"低—高—低—高"的趋向而起伏。舒老师的演唱功底非常扎实，声音高亢嘹亮，通透宽厚，从中音区过渡到最高音 c^3 毫不费力，将旋律发展的高潮和情感表达得非常到位，这源于他对阳戏的极其热爱和几十年的唱功训练，可见阳戏的演唱训练方法也是值得去仔细探究的。

谱例 2

桃花装疯（部分）
（张家界阳戏）

演唱：周志家
记谱：肖志丹

周志家老师给我们演唱的这两句为张家界传统阳戏《桃花装疯》的第一场，书生杨天禄唱的前两句。这句唱段的旋律上，也出现很多四度、五度的音程，旋律中的"腔音"也比较多，跟舒老师所唱怀化阳戏一样，

---

[1] 陈幼韩. 戏曲表演美学探索[M]. 北京：文化艺术出版社，1996：82.

"腔音"的词以会辅以语气词助韵，甚至还包括被称为"金线吊葫芦"的十一度音程（第3小节最后两音、第7小节最后两音），这是张家界阳戏最有特色的"腔音"和"腔句"旋律，这种超越八度音程的演唱需要经过非常扎实的训练和技巧运用才能表达。调式也属于中国五声性民族调式，结构为典型的上下句，即变化重复式两句体，这种二句式主要根据唱词的上下句对仗关系而发展，上句旋律的终止停留在徵音，下句的终止停留在宫音。后面的唱词不断根据第一乐句的上下句旋律变化重复，即：换头、合尾式的重复，因此每句的结束音是不变的。节奏上，上下句也有非常密切的联系，如谱例中的箭头指示，上下句的节奏型也是基本上相同的。唱词语言与旋律的结合关系也十分密切，符合中国传统音乐中依字行腔的特色，字少腔多、长音拖腔时也会给音乐的结构带来很大的影响，当音乐与语言结合，唱词使得音乐结构形式和规模扩大。总的来说，阳戏的音乐形态非常丰富，有着非常多的润腔和句法结构上的变化，体现出中国传统音乐中单个音的形态韵味和美学意义。

（三）怀化阳戏的传承

《怀化地区志》（1999年版）记载："阳戏的班社系半职业性演出团体，农忙时务农，农闲时从艺，影响较大的阳戏班社有：滕家堂子、向长疤子班、江市班以及怀化市阳戏团。"[1]可见，昔日阳戏的传承大多靠半职业性的当地农民，靠的是一种纯自觉性的行为，自觉传承就会有许多的不确定因素，会因传承者的时间、精力、经济因素的差别，而使得阳戏的传承过程中不够充分，缺乏指导和动力，这种自觉的半职业传承虽然面临许多困难，但是传承者的兴趣使然，将其融入自己生活

---

1 湖南省怀化地区地方志编纂委员会. 怀化地区志[M], 生活·读书·新知三联书店，1999：1909.

的一部分，也使得阳戏的形态能有另一种解读和意义，最终随着历史的脚步能走到现在也绝非偶然。随着社会经济的发展以及政府的重视和参与，阳戏班社渐渐发展成为职业性质的剧团，这种传承模式相对于传统模式更加有保障，对传承项目有一定的针对性，对表演艺术和创作都产生了非常积极的推动意义。据了解，怀化市阳戏剧团前身为1958年成立的黔阳专区东风剧团，该团于1963年7月由黔阳（今洪江）往怀化县，更名为怀化县阳戏剧团，"文革"期间，剧团大部分人员下放，并改成怀化县文艺宣传队，1975年恢复阳戏剧团建制，1979年又改成怀化市阳戏剧团。

作为怀化阳戏剧团的第三代演员，张曼华老师于1973年被分配到文化宣传队工作，出演了许多经典的现代戏剧目，"四人帮"打倒之后，古典戏又开始重新登上舞台。她谈到，早期阳戏的表演程式比较单一，所以它的发展也是在不断吸收和借鉴其他外来剧种的过程。1984年，由于当时阳戏表演角色中男演员稀缺，张曼华还出演过《状元焚官》一剧中的小生。经过几代人的不断努力传承和创新发展，怀化市阳戏剧团于2006年被认定为省级非物质文化遗产，2014年成为国家级非物

图2　考察团与阳戏艺人们合影（2020年8月10日符安可拍摄于怀化阳戏大剧院）

质文化遗产。2016年，剧团创排现代革命历史题材剧目《侗山红》入选为文化部戏曲剧本孵化计划扶持项目，并获得"田汉大奖"及六项田汉单项奖。怀化阳戏剧团正是历经几代人不懈努力和自觉传承，经过多少艺人的执着的坚持和创造性发展，才能取得现在的成就。如今不仅是在国家对"非遗"的保护和传承的大环境下，在国家经济发展和社会进步的形势下，有了很好的条件，而且人们对精神生活的追求，对传统文化的情怀和认识也逐渐加强，阳戏的发展无疑迎来了机遇，但也面对许多挑战，仍然需要更多的人为其不断付出，才能更好地传承。

从阳戏语言地方化、表演生活化、唱腔派系化、功能娱人化的特点中，可见阳戏有着深厚的群众基础和鲜明的地方特色，也有着非常久远的历史性和文学性，流域、通道的交互以及跨区域文化的联结对阳戏的形成、发展产生了深刻的影响。南、北路阳戏的唱腔和表演的差异性，是因其在流播过程中与地方小调、民间歌舞等的交融碰撞所形成的。阳戏的生成发展也是沅水流域文化异地交叉互融的体现，伴随着商业和贸易的不断往来，与当地语言文化、民俗信仰、地理环境有密切关联。

三、怀化阳戏的文化阐释与传承思考

（一）以历史记忆为基石的融合与创造

"历史记忆"[1]通常强调某一个民族、族群或社会群体的一种相关联

---

[1] 在一社会的"集体记忆"中，有一部分以该社会所认定的"历史"形态呈现与流传。人们借此追溯社会群体的共同起源（起源记忆）及其历史流变，以诠释当前该社会人群各层次的认同与区分，如诠释"我们"是什么样的一个民族；"我们"中哪些人是被征服者的后裔，哪些人是征服者的后裔；"我们"中哪些人是老居民，是正统、核心人群，哪些人是外来者或新移民。见王明珂.历史事实、历史记忆与历史心性[J].历史研究.2001（5）：136—140.

的情感联系，是作为这个群体的文化认同的基础。阳戏从江南地区到湖广再到四川和贵州、云南的路径，其具有共同的历史根基和文化记忆，阳戏的产生和形成过程，是中原王朝政治经济南移的结果，以至西南地区产生大规模的人口迁移和商贸往来，不同戏曲艺术和唱腔的不断融合兼并，产生新的地方文化，形成了该时期"被发明的传统"。怀化阳戏以此历史记忆为底色，融合湘西地方民间歌舞、民歌和小调等基础上，又吸收了由沅水流域带来的各地的戏曲艺术元素而形成。当下的怀化阳戏的发展，又会随着这个时代新的人文环境和科技而产生新的唱腔特色，会有多种传播渠道和网络，阳戏面临着机遇和挑战也是前所未有的，"在当代这个流动的关系，相对于过去在漫长的历史中因商贸、战争、迁徙、婚姻等形成的文化交流，更为多样、迅速和易变"。[1] 可见，于当下科技时代和信息技术的社会环境下，戏曲之间的交流和了解相比以往而言，已不再受地理条件和通信工具的影响，相互的借鉴和融合已经可以快速化、多样化地涵化，这种变迁显然比历史语境中受自然地理环境和移民影响而更大，创造和发明随时可以就地取材，但是这种发明一定是建立在阳戏厚重的历史积淀和记忆的基石上的。

（二）以区域文化为底色的地方认同建构

受"江西填湖广"移民运动的影响，大量地屯军屯民的同时，也推动了文化的交融传播，以及清代的"改土归流"的实施导致人口的流动巨大，间接地促进了如阳戏等民间戏曲的相互交流，阳戏进入湘黔一带的传播过程，也是构建地方文化认同的过程。"影响地方认同的因素主要包括个人、地方自然环境及社会文化三个方面，这三个方面要素的单一或综合作用，尤其是人地要素的相互作用，是地方认同机制

---

[1] 萧梅.表演者：在历史与当下的十字路口——兼论传统的演释与演释的传统[J].音乐艺术（上海音乐学院学报）.2020（3）：19.

的形成过程。"[1]个人因素主要体现在代代坚守传统文化的阳戏艺人，只有他们不断地坚守和创造才能使阳戏以活态的形式传承，这也正体现出"人"作为文化持有者、传播者的主体性和能动性。从地方自然环境上看，湘西南地区多山地理环境，其交通多以水路运输为主，阳戏经由沅水、芷江、澧水等水路传播至贵州、四川、重庆等地，阳戏传播区域的地方认同反映出该区域特殊的地理环境、社会历史背景以及人地关系，阳戏的历史记忆在传播区域形成纵横交织的区域文化。南北路阳戏因地理环境和人文环境的差异，其音乐形态各自不同，而传承者在传承过程中也不断将这种差异性进行强化和认同建构，形成了风格迥异的戏路。

（三）以表演实践为媒介的活态传承和传播

阳戏的传承离不开表演者的口传心授和舞台传播过程，阳戏的表演场域综合了表演者、台前观众、幕后伴奏乐队等实践要素。传统的舞台表演过程，是表演者与观众发生关系、舞台与后台的多点配合、众多乐手之间的默契合奏、人声与器声的交互融合，显然，这样的表演实践过程中所能有的现场弹性发挥和创造，是传统的舞台表演场域发挥记忆和阐释功能的体现。随着现代媒体科技的广泛运用，许多的演唱录制、假唱会伴随商演代替过去的现场表演文本，科技带来方便的同时，也使得许多创造不复存在，形成了工业生产中的"唯一"可能，技术的发达虽然节省了人力耗费的成本，但是也抹杀了多样性的现场表演文本。阳戏的良好传承得益于它始终坚持以舞台表演实践为媒介的动态的传承方式，表演者的活态演绎，促使乐队、观众也能形成活态对话、活态互动。以民族音乐学的田野实践角度对其进行思考，音

---

[1] 戴旭俊,刘爱利.地方认同的内涵维度及影响因素研究进展[J].地理科学进展.2019（5）：670.

乐文化的传承在"口传心授"的模式下，能给表演者和学习者更大的互动空间，而被记录下的乐谱却形成了一种唯一性的封闭空间。与西方古典乐评家"看到乐谱前我无可奉告"[1]不同的是，对于阳戏传承者来说，活态传承和舞台表演实践是一种局内人视角的规约阐释，远比描述性的乐谱文本发挥的作用和空间更大。

结　语

　　以沅水流域以及相连的重要支流、古道为脉络，一路顺流而下，考察沿途的古村落、文庙和传统乐舞文化，以历时性的视野和眼光、运用跨学科互动交叉理论对流域、通道、走廊等地理文化空间背景中的传统乐舞文化进行了多点的、移动的、线索的田野民族志的考察。通过对怀化市阳戏的访谈学习，了解阳戏的历史渊源和不同地域的唱腔异同，思考其异地传播的互动过程；考察荆坪古村、中方古驿道，以考证活态的文化如何通过流域、古道生成多点的历史记忆。因此，田野考察要有"历史的田野"思维，对阳戏、傩戏乐舞文化的研究，不仅要关注其音乐舞蹈的本体层面，更要将乐舞形态放置在背后深层次的社会历史、文化变迁中进行思考；另外，要从宏观的、立体的空间思维中窥探其线性的、流动的文化关联。以沅水和五溪流域、中方古村落、古驿道为主线，了解音乐舞蹈的历史脉络和生成环境，考察不同文化是如何沿着流域、古道而异地传播，以及在跨区域、跨族群间的文化交融过程中所产生的文化涵化和文化认同现象。综上所述，怀化阳戏的传承过程是以历史记忆为基石的兼容创造、以区域文化为底

---

1 [美]布鲁诺·内特尔.民族音乐学研究——31个论题和概念[M].闻涵卿，王辉，刘勇，译.上海：上海音乐学院出版社，2012：65.

色的地方认同、以表演实践为媒介的动态书写过程。

（肖志丹，湖南师范大学 2021 级民族音乐学方向博士研究生，湖南女子学院音乐与舞蹈学院讲师，湖南师范大学"中国南方少数民族音乐文化研究中心"特邀研究员；李程程，湖南怀化人，湖南工业大学音乐学院教师，湖南师范大学"中国南方少数民族音乐文化研究中心"特邀研究员。）

"兵起商兴"一诉古城之春秋
——湘西南黔阳古城游记

宁 晋

2020年8月11日一行人抵达了湘楚苗地边陲重镇——有"滇黔门户""湘西第一古镇"之美誉的黔阳古城。

清陈鸿作等修（同治）《黔阳县志》有："沅水为离骚香草之区，其源远，其流清以长，其势浩瀚而雄于湘楚。唐改龙标为沅州，尽以沅水实始名此。生其间者，类多朴茂，秀杰人士。万山环水，曲折以迭于湖，五溪灵气，黔阳特卒，其佳胜焉。"洪江市位于湘西南部边陲的沅水之滨，境内以沅水为脉，溪流纵横。东与溆浦相邻，西与芷江相接，南连绥宁，北挨怀化。《黔阳县志》记载："今之黔阳，战国属楚地，秦为黔中郡地。"[1]其历史底蕴之深厚，源远流长。自西汉高祖五年（公元前202）设立县治，县名于后世朝代的更迭中屡次更替，县域屡遭变化，至宋朝时改置为黔阳县。黔阳城就是如今的洪江市，时至今日，洪江市更多被唤为黔城，而当地人口中的洪江则更多指怀化市的洪江区。

---

1 黔阳县地方志编纂委员会. 黔阳县志[M]. 北京：中国文史出版社，1991：45.

一、青砖墨瓦道古城兴衰

凡河流交汇处，自古多繁华，而位于洪江市黔城镇古城社区的黔阳古城就坐落于沅江和潕水交汇处，跨清水江、潕水、沅水的三江六岸，山环水绕，实属古人常言"藏风聚气""天人合一"的风水宝地。黔阳古城作为省级的历史文化名城，是中国城市整体风貌和街巷格局保存最为完整的明清古城之一。得天独厚的地理环境促使多民族间互动往来，使湘西及黔东南等地区的少数民族文化于此交汇。这里活跃着戏曲、连戏、傩戏、阳戏、沅江号子、黔阳渔鼓等民俗文化以及祭杨公、放歌灯为代表的楚巫文化，五溪文化也由此孕育而生，汇聚了宗祠、庙宇、书院、名人、军防、商业等多元文化。

位于火神巷中心的赤帝宫，即火神庙，为一轴线一进式建筑，现用作民居。跨过赤帝宫的石阶，只见黔阳渔鼓老艺人谢长榆早早就站

图 1 黔阳古城前合影（2020 年 8 月 11 日拍摄于洪江市黔阳古城）

在堂内，爽朗健谈的老爷子对自己生平演出经历颇为自豪，他逐一介绍表演渔鼓的照片，都是何种境遇下又是与谁拍摄的。谢老爷子将绣着龙纹的钴蓝色中山装穿戴整齐后，右手拿木槌，左手持钹，左臂环抱着渔鼓，坐在长板凳上，歌咏古城名人史迹，唱句一收，几声鼓敲钹响立马接上。鸣鼓时不唱，唱时不鸣乐。作为怀化市级非物质文化遗产项目的黔阳渔鼓如今学徒人丁稀少，年岁八旬有余的老爷子至今仍坚守在黔阳渔鼓的演艺道路上。

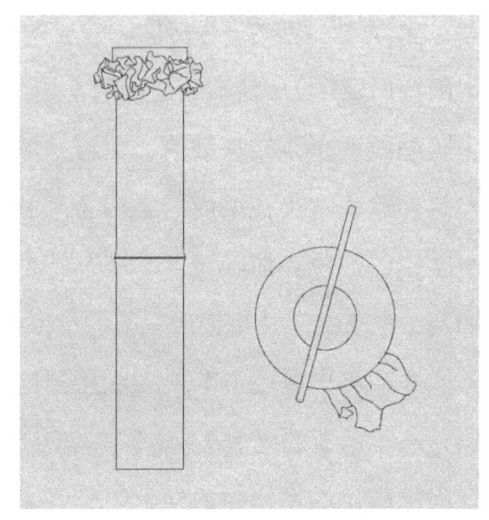

图 2 黔阳渔鼓形制绘图

渔鼓作为一种流传于民间的说唱艺术，起源于道教文化。而湖南的渔鼓则以湖南各地方言进行说唱，黔阳渔鼓的表演形式就是以本土方言说唱，渔鼓筒辅以简板、小镲等为辅进行奏乐。唱词内容大多以民间传说故事和文学小说为蓝本进行改编。《黔阳县志》中曾提道："黔阳渔鼓的唱词内容多为旧小说改编。在新中国成立后，演唱节目更新，有《武松打虎》《林海雪原》等。"[1] 湖南渔鼓支脉繁多，于省内各地广泛流传，作为支系之一的黔阳渔鼓依附于民间仪式活动和民众演出为生态依托赖以传衍。

黔阳古城因兵而起，因商而兴。这一点从为防外敌入侵而纵横交错的丁字巷和随处的铜钱漏排水即可初见端倪。幽深静谧的"九街十八

---

[1] 黔阳县地方志编纂委员会. 黔阳县志[M]. 北京：中国文史出版社，1991：571.

巷"¹适宜放缓步履，环顾两侧耸立的高墙，细细揣摩其历史余韵。军统黔阳特训班，位于清朝所建的节孝祠²内；窨子屋³内藏天井，四立高墙，为防湘西匪患，勘探敌情，而遍布城内；以及古城墙遗迹和城防巷等建筑，这些古迹在城内的结构布局和比重来看，无不彰显古城作为军事重镇的地位。而眼观"军统"特训班的迁徙轨迹，也随着流域逐渐明朗，散落的碎片拼接成完整的军事线路图。

　　这些历史遗迹不禁使人联想到饱受热捧的中国第一部谍战主题舞剧《永不消逝的电波》：故事徐徐铺开，用舞蹈语言讲述在抗日战争的谍战故事，红军出生的地下工作者李侠潜伏在上海与国民党及日本特务周旋，身份暴露后依旧冒死发出情报，在中华人民共和国成立前夕不幸壮烈牺牲。裁缝店场景中看似婀娜多姿、赏心悦目的旗袍群舞里，暗藏玄机，情节层层铺垫；伪装成车夫的特务由之前不断重复出现的动机，其人物的真实身份和潜在行为表露无遗。暗流涌动之下相互扶持的爱情故事是丝丝缕缕的温暖羁绊，最后关头在暗室里发电报时的傲岸身姿，坚定如斯，如一记重锤直击人心。以舞蹈编创的视角来看，围绕黔阳古城"军统"特训班，不论是故事情节还是空间表达都极具艺术的审美张力。

　　即使几经风雨打磨，古城曾经的盛况仍可从当下寻觅出蛛丝马迹。孙氏宗祠里的黔阳孙氏后裔世代经商，至今仍存在"豆木牙行"的商号，

---

1 古城区共占地0.8平方千米，黔阳古城有南北两条主要街道，并且左右四处延伸的小巷，古称九街十八巷，即在主要街道以外配以小巷道。
2 始建于清雍正元年（1723），曾为供奉黔阳古城历朝历代节女孝子，是神庙。民国时为戴笠临时公馆及黔阳县"人民抗战后援会"。后由黔阳民间艺人陈志明修缮建馆，现为戴笠与军统黔阳特训班陈列馆。
3 所谓"窨"，如其字形，有窖藏之意。窨子屋是从四合院演变而来，其特点是房屋的格局随地形变化而变化，外围有封火墙，出于防御考虑，其外立面没有开窗，厢房的窗户全部开向内部信道，而内部信道完全靠天斗与亮瓦采光。屋子上部建有晒楼，有采光、通风、晒晾货物等多种功能，还有瞭望、报警的作用。

牙行[1]就相当于如今的中介所。其实某种意义上来说其是流域文化的产物。坐贾行商，南正街多以商业店铺为主；上河街、下河街则以会馆码头为主；以及随处可见寓意着"肥水不流外人田"的铜钱状排水孔等，都昭示着昨日的黔阳古城是何等繁华热闹。

徘徊在始建于北宋的文庙前，行过状元桥，双手合十拜过孔夫子。回头看文庙前的下马石，"文武官员军民人等至此下马"的标语仍十分醒目。

黔阳古城可谓是人杰地灵的一方宝地。明清时期名人官宦辈出，时至民国时期达官贵人的私宅和县衙府邸排列形成一条狭长官道，俗称"老爷巷"。以一代文豪王昌龄、"十峒首领"杨再思、明代进士王有为、晚清名臣黄忠浩为代表的官道文化书写几多名人逸事、忧患兴衰、跌宕浮沉。其中名人逸事的是是非非单拎出来都是舞蹈创作中提炼主题的优秀素材，那条狭长深幽的"老爷巷"里每一座宅子往下挖掘都是沉淀百年的"文化檀香"，每一处或开放或隐藏的空间都可以是舞台场景的原型。从遗迹和史料中笔者方可一窥黔阳古城作为曾经湘楚地区的经济、政治、军事中心的意气风发之貌。承载的厚重历史和文化底蕴，也使得黔阳古城常被作为众多影视剧的取景地。

绕至古城外沿，直面江水的万寿宫矗立于眼前。万寿宫始建于清代，为江西会馆，敬道教净明派祖师——许真君。许逊作为四大天师之一，江西南昌人士多视其为保护神。万寿宫大门两侧左雕"飞阁流丹"，右刻"层峦耸翠"，大门檐下以生动的浮雕和泥塑描绘历史和传说故事，雕梁画栋，巧夺天工。从左侧小门进入空旷的议事厅，议事

---

[1] 牙行是市场上为买卖双方说合、介绍交易，并抽取佣金的商行或中间商人。有时也指牙商的同业组织。牙行在交易中起着"评物价""通商贾"，代政府统治市场、管理商业的作用，故也称官牙。

厅位于万寿宫的左殿。通过堂内右侧小门再往里走，有着江西派建筑古韵的一方戏台，顶棚中间的藻井在艺人唱戏时助力声音的共鸣和回响，檐下的鹅颈棚有祝考学者"一举夺魁"的寓意。附属有财神殿和观音堂。右边的大殿即是财神殿，一方商户来此求得财运亨通。从万寿宫的文化空间布局来看，知其以道教为主要信仰，以佛教相辅求得事业腾飞。沿江岸一线遍布诸多会馆，作为宝庆客商会馆的太平宫祭祀关帝，历经"文革"，墙体遭到毁坏，破败不堪，整体保存情况不如万寿宫完善；唤作"楚王宫"的长沙会馆，为纪念五代十国时楚国第一代君主马殷而命名；以及名为博雅居的衡阳会馆等等。此外，还存有制酒作坊和老铁厂两处商业旧址。江流沿岸行船码头，水手行船前都会来杨公庙祈求一路平安。路过龙王宝寺，叹其烟雾缭绕，香火鼎盛。而后随着水运商路的衰落，黔阳也不复往日繁华。

　　五溪入沅的黔阳作为四通八达的交通枢纽，纵观境内历史遗址上入痕的商业烙印，可见昔日黔阳古城商业之兴盛，贸易往来十分紧密。从文化空间来看，各地客商的涌入，致使道教、佛教等多种信仰在此汇集，碰撞交织。当地宗教文化和而不同，多元共生。

　　黔阳古城内少见行色匆匆的赶路人，鲜有游客，受外来商业化的影响不大，翻新程度也较低，相较于百里外的凤凰古城和洪江古商城，外人知之甚少，也更显恬淡安宁、低调真实。历史的涛声在古城内留下回响，叹其沧桑。岁月在古城墙、古寺庙、古宗祠斑驳陆离的墙体上留下履痕。高高的青砖堆砌成墙裹挟着狭长幽深的小巷，迎层层石阶而上，窨子屋屋顶叠叠黑瓦耸立着，庄严肃穆。敲开每家每户的门脸一询问，似乎都能拿出两三件上了年事的碑刻或其他物件，祖辈的传奇故事也都能道出一二来。再观徐其昌的手绘古城图也得以一窥古城当年繁华盛况。由此可见，这座"隐秘古城"虽是古朴低调，但又蕴含深厚的湖湘文化底蕴。

二、走马登高叹岁月流长

临近黄昏，道别巍巍古城，一行人避开车水马龙，途经金斗寨，沿着湘黔古道一路向深山幽谷迈进。感受烈日炎炎下先民们滴下的炙热汗滴和足下的余温。

湘黔古道"上控云贵，下制长衡"。东接洪江、长沙，西连芷江、贵阳，绵延至南亚及东南亚地区。湘黔古道分为北线、中线和南线。黔阳古城的湘黔古道为南线驿道，南线是最为古老的主干道。古驿道除了承载古代贸易往来的生活功用之外，作为政治权力话语下的产物也具有充当朝廷军事设施的政治职能。南线的湘黔古驿道兴于秦汉，完备于明清。清水江两岸自然风光的鬼斧神工使人赞叹。两抹青翠随风摆动，摇曳生姿，山顶渐染蓝天，与天接壤，而那迂回的江面是这方蓝天的梳妆镜，一举一动都复刻于水光潋滟的江面之上。而位于此的金斗寨壁立千仞，峥嵘险峻，易守难攻，扼守途经清水江上游通往黔阳城的水陆咽喉。它作为湘黔古道上的军事要塞和侗区前哨，时至民国仍有悍匪出没。而如今的金斗寨收起凌厉的棱角，俨然一座避世的休闲农庄，悠然自得，一副岁月静好的模样。成群的山羊散布在山头，大约几里就有一凉亭可供行人歇脚。走过崖边小径数里，遇一石桥，零星几只木船停靠在岸边。一抹余晖与波光粼粼的江面交相辉映。渔帆点点，撑一支长篙，搅乱江面的散碎星光。"阴霞生远岫，阳景逐回流。蝉噪林愈静，鸟鸣山更幽。"[1] 这条古道要冲作为交通要道和军事要塞，历经四季更替，看遍人世沧桑。笔者踱步于荒烟蔓草间，俯身倾

---

[1] 取自南北朝诗人王籍《入若耶溪》中的第二、三句。

听岁月的喃喃细语。

将过往数个考察站点在地图上持墨勾勒，沿着交通线从新晃、芷江、怀化一路到洪江落笔。不难发觉，流域两岸的民族村落受到汉文化影响相较于深山民族古村落影响更为深远。河流自古作为维系贸易的物资运输线，早在先人贸易往来和不断沿河迁徙中，当地的民族文化与汉文化相互接纳融合，民族融合的种种联系也显现在了当地诸多人文史料和当地古建筑遗址的风格上。此外，在一定程度上也造成当地民族母语的衰退，汉族方言成为当地沟通交流的主体，以当地官话为主要的交流媒介。民间艺术表达的信息内容受到官方权力话语的影响，迎合主流文化，传递的审美信息逐渐有千人一面的倾向，不禁令人垂首惋惜。

置身于孕育文化的本土环境之中，田野的前进步伐，开始逐步串联起各个案之间的联系；点成线，线成面，勾画出线性立体的文化空间。在流域和走廊语境下的音乐舞蹈文化的成因更为多元，以民俗活动作为生态依托的乐舞文化也在异地传播和时代变迁下不断衍变，乐舞文化形态产生异化。因生态位权威的影响，也不乏在权力语境建构下衍生出新兴的文化；新兴文化究竟是会侵占传统文化领地，还是会振兴传统文化？一时众说纷纭，从各自视角来看都有其道理。显然，传统乐舞文化为适应当下时态，搬上舞台是适应时局的必然选择，也是不可避免的发展趋势。这也给笔者以启示，在舞台的创作实践中，在追求现代化表达方式的同时应注重原生态文化自身的核心价值，越是民族的越是世界的，在创作中要注重原生态文化的保护和挖掘，在保存乐舞民族性的基础上去贴合乐舞文化自身的现代时态。

（宁晋，湖南师范大学音乐学院2020级舞蹈编导专业硕士研究生。）

洪江古商城音乐文化志考察

杨声军

2020年8月12日，作别黔阳古城的早霞，团队一行匆匆赶往洪江古商城，汽车在青山绿水中穿梭起伏，公路是在原湘黔古道的基础上修建的，在一些转弯的地方还可以看到零散的青石板。古道隐隐，已经看不见过往旅客奔波的身影，水流湍湍，已经听不见纤夫的号子声声。

洪江古称雄溪："秦为黔中郡，汉为武陵郡，东晋为舞阳县地，隋属沅陵郡，唐置朗溪县，五代入于蛮。宋，熙宁八年 (1075) 设置洪江铺。元祐五年（1090）设立洪江巡检司，明洪武元年（1368）设洪江驿。"[1] 清朝已经发展成为聚五方商贾，烟火万家的湘西南巨镇，民国时期一度达到巅峰。

1940年，从这片土地走出去的沈从文先生，旧地重游时，在《湘行散记》里也是带着十分欣赏的口气描述："由辰溪大河上行，便到洪

---

[1] 洪江市志编撰委员会. 洪江市志[M]. 北京：生活·读书·新知三联书店，1994：51.

江，洪江是湘西的中心，通常有'小重庆'的称呼。"[1]从沈老的散文中透露出，直到民国时期，洪江古商城依旧是沅水流域中最为繁忙的中心城市之一，我们一般把繁华的城镇比作"小南京"，沈老却把它比作"小重庆"，这是由于当时的国情决定的，因为在抗日相持阶段，大西南成为大后方，重庆是全国政治、经济与文化中心，所以才有沈老这一比喻，也可窥见洪江古商城在民国时期的经济地位是如此不一般。

直到今天，"洪江古商城尚有380余栋面积10万平方米的明清古建筑、约8千米的青石板路和码头；散落于城内的8大油号、10大会馆、15家钱庄、7大银行、17家报社、34所学堂、48个半戏台、60多家烟馆、50多家妓院、48个经商码头、60多座寺、庙、宫、殿、堂、馆、祠等宗教场所和70余家酒店、80余家客栈、上百个作坊、近千家店铺遗址"[2]。从上述材料可以看出，洪江古商城虽然没有了昔日的气派，但保存得相对完好，近些年形成的洪江古商城的旅游热、文化考察热与古建筑研究热足以说明它的影响力是如此的深远，它的内涵是如此的厚实。

洪江古商城地处湖南省西南部，东依雪峰山，南枕嵩云山，北靠密云峰，沅、巫二水在此交汇。顺流而下，一路过溆浦、辰溪、泸溪、沅陵、桃源等县，在常德德山一头扎进洞庭湖，然后通江达海，远走汉口、经赣皖苏到沪；逆水而上，经潕水可达镇远以及黔东各县，再沿湘黔古驿道直抵昆明；经清水江到天柱、黎平以及黔东南地区；经渠水过会同、靖州、通道连接广西三江地区。周边山脉、河流与古商城遥相呼应，充分符合中国传统的"背有依托、左辅右弼"（《管子》）的风水原则，使此地成为聚天地之灵气、镶雄溪之精华的风水宝地。

民族文化或地域文化都是"在特定的地理环境中，在独特的经济

---

[1] 沈从文.湘行散记[M].北京：中国友谊出版公司，2019：153.
[2] 来自洪江古商城的介绍栏。

和社会土壤里完成的。有的学者将其称之为文化发展的三维空间：地理环境——经济条件——社会结构"[1]。洪江古商城特色鲜明的传统建筑（地理环境），浓厚的商业文化（经济条件），众多的社会组织（会馆等），交织成一个文化发展的三维空间，在这个多元的文化空间中，来来往往的南客北商无形之中把自己的文化带到了这里，并在这个相对于故乡百里甚至千里之外的地方生根发芽，客观上看离不开洪江特有的地理环境、经济条件以及社会结构因素，但是主观上那个时代商人的家乡情结也是极其重要的，因此，笔者因为这是洪江这一区域文化景观最为强大的驱使力与推动力，所以，文化景观是洪江古商城最为重要的考察视角。

一、洪江古商城——历史空间文化景观

从明洪武开始，明王朝采取了一系列的休养生息战略，由于政局相对稳定，对边疆地区实行的移民、屯田等政策，使边陲地区地域经济得到了空前的发展，各民族之间的交流、交融也得到了加强。尤其是永乐十一年（1413）设立的贵州行省，进一步加快了西南地区"国家化"的历程，永乐年间思州、思南两个宣慰司反叛的平定，拉开了云、贵、川、湖、广等少数民族地区"改土归流"的序幕，朝廷逐步把这些地区纳入了国家版图，从而实现了中央王朝真正意义上的治理。如此形势下，得水路交通之利的洪江古商城迎来了前所未有的发展，它是一个从商业到政治再到文化的发展过程，由于商业的极度繁华造就了立体的、宏大的文化景观。

"文化景观"一词的出现源自20世纪初，1925年美国地理学家索

---

1 张海鹏，臧宏. 中国传统文化论纲[M]. 合肥：安徽教育出版社，1996：15.

尔（C.O.Sauer）指出："文化景观是附加在自然景观上的人类活动形态"[1]，是自然景观和人文景观的复合体。1992年，联合国教科文组织世界遗产委员会将文化景观的核心定义为"人和自然的共同作品"，是构架自然遗产和文化遗产的桥梁，并将其分为三种类型："第一，由人类有意设计和建造的景观，如聚落空间、街道布局、建筑立面等；第二，有机进化的景观，如遗址景观；第三，联想性文化景观，如历史、民俗等非物质文化景观。"[2]洪江古商城的文化景观涵盖了以上全部类型，在某些方面并具有典型性与代表性。

8月12日10：00团队一行赶到了洪江区的武陵城大酒店，抖一抖肩上的风尘，大家便迫不及待地前往洪江古商城，在洪江区音协向立新主席的带领下，走在富有浓郁民国风情的新民路商业街上，扑面而来的是琳琅满目的长方形竖字招牌，让你错以为是到了上海滩。

图1 笔者（右三）随行采访（2020年8月12日符安可拍摄于洪江古商城）

不一会儿工夫，到了洪江古商城的游客中心，首先映入眼帘的是一幅巨型油画《烟雨洪江》，此油画由怀化籍旅美画家周孜孜老师及其团队历时两年倾心打造。据古商城简介："油画《烟雨洪江》全长9米，宽3.2米，画中各色人物1800余人，画卷呈现出油号、茶楼、码头、烟馆、商铺、戏台等众多场景，林林总总地再现了古商城在繁盛时期各行各业、会馆林立的恢宏商业景象，

---

1 张海鹏，臧宏.中国传统文化论纲[M].合肥：安徽教育出版社，1996：15.
2 刘之浩，金其铭.试论乡村文化景观的类型及其演化[J].南京师大学报（自然科学版），1999（4）：120—123.

油画还原古商城的'商贾骈集、货财辐辏'的码头文化，重现了'万家灯火'的湘西巨镇繁华盛景。"考察团一行头顶烈日，在导游的带领下，兴致盎然地步入向往已久的洪江古商城，迎着阵阵传递着古代文化气息的微风，那些使人心灵感到震撼的历史文化遗存渐渐映入脑海。

二、山水相依、宏大内敛的建筑文化景观

洪江古商城建筑文化景观，可以用点与线的二维视角来审视，它不同于中国传统古城以中轴线向两边对称展开的布局。"点"在这里是会馆、戏台、码头以及形形色色的窨子屋；而"线"就是街道、巷道、水路等。"点"相对是静止的，纵横交织的"线"串起了众多的点而形成了洪江古商城独特的建筑文化景观。

不管是富丽堂皇的商行戏楼，还是庄严神圣的会馆钱庄，建筑形制大多数采用带有湖南民居特点的窨子屋。洪江窨子屋是古商城的"活化石"，高耸的墙体，厚实的石板，深深的庭院，处处彰显着古商城的大气与内敛。

窨子屋一般建于明清时期，为斗拱造型，采光主要依靠天井，墙面屋顶一律青砖黛瓦，飞檐翘角，并带有徽派建筑风格的封火墙与小小的窗户。里面却是吸收湘西南苗、侗等少数民族的吊脚楼建筑特点，体现了汉族人民与少数民族人民共同的智慧。窨子屋一般是两层或者三层的四合院子，功能上一楼是商铺与接待来客之用的堂屋，二楼、三楼是仓库与住房之用。窨子屋形制各异，结构紧凑，中堂相对宽敞，天井不仅吸纳阳光，也具有藏风纳财的传统寓意。其内部装饰豪华，门楣、石柱、窗棂、家具、太平缸等都雕刻精美瑞兽祥鸟图案。

窨子屋的代表性建筑如徐复隆商行，苏州会馆、同发昌布庄、天

均戏院、汛把总署等。行走在中国第一古商城,"七冲八巷九条街"是一次穿越时空的旅行。从沿河的码头穿过弯弯曲曲的街巷,由于古商城特殊的地形可以感受到音乐般起伏不平的旋律。从山顶远眺,映入眼帘的是带有水墨画的银灰色的调子,仿佛镶嵌在青山绿水之里,又仿佛围绕在沅巫二水的怀抱之中。错落有致的建筑布局;层次分明的功能分区;沧桑古旧的街巷里弄,如果说黔城古镇是小家碧玉的话,那洪江古商城就是大家闺秀了,它用气派的建筑景观来诠释曾经的辉煌,它用奢华的装饰来述说过往的历史。

三、和而不同、兼收并蓄乐舞文化景观

洪江古商城是一个典型的移民城市,洪江地处五溪之地,是西南进入中原、江浙沿海地区的唯一交通要塞,据《洪江市志》记载:"洪江古属龙标、三江县地,为苗、瑶民族聚居地,人口稀少。宋代置寨,明代设驿,来往人渐多。"[1] 到明末清初各方商贾云涌而至,人口迅速增加。

其乐舞文化的产生与发展以及繁荣,是与古商城来自四面八方的商人多元文化不断融合杂交的结果。现在古商城的居民绝大多数不是土著,基本上是商业移民的后裔。

据《洪江市志》记载:"光绪十三年(1887)仲秋编查户口,有正册 4249 户,男 11531 丁,女 5709 口;另册 1348 户,男 2977 丁,女 1902 口;庵观寺院 73 户,男 154 丁,女 17 口,共计 5670 户,男女 22290 丁口。"[2] 从上述史料看出,到清朝末年,古商城人口已达当时的

---

1 洪江市志编撰委员会.洪江市志[M].北京:生活·读书·新知三联书店,1994:81.
2 同上。

巨镇规模，而后，人口急剧增加一度达到清朝时期的顶峰。据《洪江市志》记载："宣统年间将近50000人。"[1] 不到二十年时间，人口增加一倍有余，这是由于洋务运动以后，清朝政府在江南发展了中国近代的工业，正是这些工业的逐步发展，其原料市场必须依靠资源丰富的西南地区，比如桐油、铁矿石等。同时工厂生产的"洋布、洋火"等也通过沅水及其支流直达西南地区腹地，在这种情形下，洪江古商城迎来了又一次新的发展机遇，以至在清末古商城达到了繁华的顶峰。

民国二十二年（1933）："洪江总人口为3700余户，37600余人，其中男24300余人，女13300余人。在总人口中，宝庆籍8300余人，湘乡籍5300余人，江西籍5000余人，辰沅籍4200余人，长沙、衡阳、贵州及本地籍2000—3000人之间，江苏籍甚少。"[2] 上述史料说明，民国时期，由于军阀连年混战，疫病流行，人民流离失所、哀鸿遍野，黔军王家烈部、滇军李烈钧部、湘军唐生智部等都把洪江古商城看成是聚宝盆，利用手中的武器大肆搜刮钱财，以充实军备，在此大环境下，人口锐减，但外地的商业移民依旧占据主导地位。

从人口的变迁可以看出，洪江本土文化没有能力同化外来文化较量，反而被移民文化所同化，当然，在移民文化形成之前，洪江也没有影响力很强的本土文化。不管商业移民文化是多么的强大，但也不可能原封不动地在古商城生根发芽，也没有能力与必要把商人家乡的文化完整地搬到洪江来。在这个过程中，外来商业移民文化不断地发生在地化，在多种文化的大环境下，不断地重构，表现最为突出的就是乐舞文化的多样性与形态的细微变化。

---

[1] 洪江市志编纂委员会.洪江市志[M].北京：生活·读书·新知三联书店，1994：81.
[2] 同上。

表 1 洪江古商城的传统乐舞文化

外来传统音乐	代表作	传入地与方式	本土传统舞蹈	本土传统音乐文化
辰河戏	《挑华车》《牧羊山》	辰溪——水路	龙舞	劳动号子
常德汉戏	《卢俊义上梁山》《上天台》	常德——水路	狮舞	山歌
祁剧	《蒋干过江》《盗仙草》	衡阳——古道	蚌舞	酒歌
京剧	《美人计》《逼上梁山》	天津——水路	踩高跷	小调
围鼓			彩莲船	孝歌
渔鼓				锣鼓乐
三棒鼓		安徽——水路		吹奏月
霸王鞭				阳戏
快板				木偶戏

注：上述资料来源于笔者调查与 1994 年版《洪江市志》。

在洪江古商城这一特定的历史场域下，杨三凤商行的木偶戏；汛把总署沅水扎排号子；天均戏院的祁剧、京剧等，进一步凸显了其文化的多元与包容。其中的沅水扎排号子由米爱国老师领唱，声音清透明亮，米老师是沅水扎排号子的省级"非遗"传承人，他父亲是 20 世纪著名的民间歌手米仁早先生，曾四上北京演唱《沅水号子》，"1958 年 9 月著名音乐家贺绿汀专程到洪江调研'沅水号子'，与米仁早座谈，1983 年米仁早还为北京电影制片厂影片《风吹唢呐声》配音。他以高亢而婉转的歌喉唱出了洪江人对力的崇拜和沅水的神韵"[1]。

---

1 洪江市志编纂委员会. 洪江市志[M]. 北京：生活·读书·新知三联书店，1994:648.

古商城的木偶戏是外来文化的一种，传统木偶戏受常德汉戏的影响较大。在木偶戏的介绍栏这样记载："湖南木偶戏的种类流派较多，主要有杖头，提线和布袋木偶戏三种。其中，杖头木偶戏按戏曲声腔表演有祁阳（唱祁剧），衡山（唱湘剧），湘西（唱辰河戏），

图2 木偶戏（2020年8月12日杨声军拍摄于洪江古商城）

常德（武陵戏）四个流派，各流行于周边地区。"很有意思的是，我们观赏到的木偶戏从服装到音响灯光，都给我们耳目一新的感觉，更有意思的是音乐、舞蹈、服饰都是藏族风格的，动作形态更具现代性的舞台化表演，从旅游公司的角度思考，也许这种"传统的发明"更易于让现在的大多数人接受与喜爱吧。

天均戏院表演的祁剧、京剧基本上还是传统的，从戏台的布局，观众的位置，演唱的化妆、服装等基本上还是原汁原味的。今天我们看到的表演相对于古商城的48个半戏台的鼎盛时期，可以说是小巫见大巫了。洪江古城还保存了一座清代青楼名为"绍兴班"，团队一行在这里看了歌舞表演，引发了大家关于歌舞文化与青楼关系的思考。

古商城的文化的开放多元，形成了乐舞文化的丰富多彩。洪江沅水编排号子；木偶戏与洪江京剧的展演，在当前古商城旅游与传统乐舞的保护与传承中，往往把它们视为一个符号或某些标志，以此体现本土乐舞本身的价值深度。从某种意义上文旅结合是形成文化稳定发展的关键因子。

四、灯火万家、流金淌银的商业文化景观

俗话说得好，"一个包袱一把伞，来到洪江当老板"，概括出洪江古商城是所有商人的向往之地，梦想之地与发财之地。古商城是一个因商而兴的地方，商业需要决定其会馆、行业组织、茶楼、商号、钱庄等数量众多，一切都是为商业服务，一切交流都是商业。今天我们感受的繁华就是灯红酒绿，放在洪江古商城一点也不为过。自康熙四年（1665）湖北黄州旅洪商人在城区一甲巷建成"黄州会馆后，各客商、行帮纷纷大兴土木建会馆、宫观"[1]。

由于商业规模越来越大，行业之间先后成立了自己的组织——同业行会，行会有严格的规章制度，入会者得交纳会费，据《洪江市志》记载："按期举行祭祀行业祖师爷的庙会，祭祀大典的程序一般是：开祭，唱大戏，办宴席。少则一天，多则三天，甚者五天，会员和子弟都有权参加。"[2]

表2 洪江古商城的行业组织

行业	祭祀祖师	祭祀场所	祭祀地点	庙会时间（阴历）
商业	赵公明	财神殿	财神巷	七月二十二
米业	炎皇（神农）	炎皇宫	堡子垴	六月初六
药材业	孙思邈	药王宫	土桥坑	四月二十八日
造纸业	蔡伦	蔡伦宫	塘坨街	
屠宰业	张飞	三义宫	季家冲	二月初八，八月二十三
泥木业	鲁班	鲁班宫	贵州馆正街	五月初七，十二月二十
缝纫业	轩辕帝	轩辕宫	高坡街	清明节
理发业	罗祖	罗祖庙	牛头冲	七月十三

---

1 洪江市委党史办1997年上报省党史办资料《解放前洪江城市基本概况和建国初期的洪江小城镇建设》.
2 洪江市志编纂委员会.洪江市志[M].北京：生活·读书·新知三联书店，1994：606.

(续表)

行业	祭祀祖师	祭祀场所	祭祀地点	庙会时间（阴历）
酿酒豆作业	杜康			九月初九
航运业	杨公	杨公庙	萝卜湾	
排帮业	洞庭王爷	洞庭宫	鹅形	六月初六
油桶业	天王爷	沧江会馆	筲箕湾	八月初

注：表中资料来源于1994版《洪江市志》第606页。

古商城的"十大会馆"是其代表，笔者一行只是走马观花地看了几家会馆，以常德会馆为例，其馆内介绍说它"馆始建于清雍正六年（1728），坐西朝东，建筑面积500平方米，为两进两层回廊式建筑，院内地面均青石板漫铺，门窗装饰简单大方，是洪江古商城内具有典型代表性建筑之一"。像常德会馆这样规模的会馆在古商城有几十家。会馆的功能主要是联络同乡情谊；定期祭祀家乡神佛与行业祖师爷以及举行庙会；规范行业规矩制度，维持社会秩序以及捐款善举等。

表3 洪江古商城九大会馆

会馆名称	庙名	职首代名	祭神	地址
江西会馆	万寿宫	江宗盛	许真君	正街
徽州会馆	新安宫	吴鼎和	关帝	
黄州会馆	福王宫	黄齐安	福王张瑞	正街
宝庆会馆	太平宫	盛南都	关帝"宝庆"	
辰沅会馆	伏波宫	王有柱	新息侯马援	正街
七属会馆	关圣宫	洪惟先	关帝	正街
贵州会馆	忠烈宫	贵鼎新	南齐云	正街
衡州会馆	寿佛宫	衡锡龄	寿佛	
湘乡会馆	龙城宫	湘萃庭	关帝	

注：本表信息来自：方磊.湖南沅水流域商业文化解析[J].怀化学院学报，2018（2）：1—5.

遥想当年，沅江、巫水岸边码头绵延，江面桅帆如林，颇为壮观。入夜后，街上人来人往，万家灯火，十里长街熙熙攘攘，让这座古老的商城，流金淌银、珠光宝气。得天独厚的地理空间造就了洪江商业的神话，随后而来的就是文化上空前绝后的繁华，跨族群、跨文化、跨区域的交流融合淋漓尽致地发挥出来，造就了其宏大的文化景观，更是留给今人的无限财富。

五、你中有我、我中有你的族群文化景观

13日7：00左右，团队下榻的武陵城大酒店的广场上，锣鼓冲天，唢呐声绵，团队成员由于十天来连续的疲惫，大部分还在梦乡。赵书峰老师以他的职业习惯判断此时应该有新的田野"发现"，于是他连忙下楼，惊喜的是广场上正举行一场传统的婚礼接亲仪式，这个意外收获，对于陆续下楼来的团队成员来说如获至宝。据《洪江市志》记载，新娘刚上花轿时，有戏新娘的习俗："花轿抬到路上，男方抬轿的亲友小伙们有意戏弄花轿里的新娘，一时把花轿偏向左边，一时把花轿偏向右边，上坡时前面的抬得老高，下坡时后面的抬得老高。"[1] 但是今天我们看到主要是带有表演的接亲仪式，他们只是把花轿时而朝前、时而朝后几个回合就闹闹热热地出发了。

笔者家乡在离洪江区不远的邵阳市洞口县，据笔者了解的情况，湘西南汉族地区的婚礼仪式是非常忌讳用锣鼓与唢呐的，如果在酒店举行现代婚礼也都是用西方的婚礼进行曲，有时为了渲染气氛也会用一些浪漫的以爱情题材为主的通俗音乐。从洪江区所处的地理位置来看，与洪江区相邻或者相近的少数民族有洞口县罗溪瑶族乡、洪江市

---

1 洪江市志编纂委员会.洪江市志[M].北京：生活·读书·新知三联书店，1994：610.

深渡民族乡、龙船塘瑶族乡，而绥宁县东山侗族乡、鹅公岭侗族苗族乡、金子岩侗族苗族乡、河口苗族乡、麻塘苗族瑶族乡、联民瑶族苗族乡等少数民族均分布在巫水流域上，再往上就是巫水上游的城步苗族自治县。上述少数民族地区举行婚礼仪式一般都会用锣鼓、唢呐等（笔者在这些少数民族地区参加过朋友的婚礼）渲染热闹的氛围。

洪江现居民大部分是商业移民后代，他们来自全国的四面八方，据《洪江市志》记载："洪江古为'五溪蛮'之地，尚苗、瑶风俗，民风古朴淳厚，后来，客籍人增多，山乡逐渐演变成以汉族为主的城镇，但民众大都仍沿袭旧俗。"[1] 上述材料道明了今天我们遇到的婚礼仪式与一般汉族婚礼仪式之间大为不同的原因。据抬轿子的杨先生介绍："年底婚庆公司会非常繁忙，举办这种传统婚礼的人多。"当追问举办这种传统婚礼仪式一般是汉族还是少数民族时，他的回答是"不分少数民族与汉族"。由此可见，今天洪江区的大街小巷，不管是汉族还是少数民族，人们普遍接受了这种源自少数民族的传统婚礼仪式。在洪江，汉族文化尽管对少数民族文化影响很大，但少数民族的文化也渗入汉族文化的骨髓。比如在湘西南地区的四月初八吃乌饭习俗对洪江区也有一定的影响；窨子屋里面的结构也借鉴了少数民族吊脚楼的建筑理念等。

今天的洪江大部分是汉族，但是在他们生活的点点滴滴中，无不透露出少数民族的文化基因与元素，毕竟，这一块土地本就是苗瑶等少数民族的聚居地。据《洪江市志》记载："洪武年间（1368—1398）设洪江驿，属会同县。"设驿站不久，洪江少数民族就起来反抗了，主要原因还是汉族统治者的压迫与欺诈。

据《明史》记载，正统四年(1439)，"贵州计沙贼苗金虫、苗总牌

---

1 洪江市志编纂委员会. 洪江市志[M]. 北京：生活·读书·新知三联书店，1994：604.

纠洪江生苗作乱，伪立统干侯、统万侯号"[1]；天顺七年（1463）戊寅，"明英宗命湖广、贵州会师讨洪江叛苗"[2]；成化二年(1466)，"妖贼石全州潜入绞洞，煽动古州苗，洪江、甘篆诸苗咸应之"[3]。下述史料更是把洪江苗划为生苗，"无何，邛水十四砦苗纠洪江生苗为逆"[4]。这里的"砦"通"寨"字，指守卫用的营垒。一直到同治年间，周边少数民族还在攻占洪江。据《洪江市志》记载："同治七年（1868）三月十七日，张秀眉等一支苗族起义军进攻会同、洪江等地，为清军所阻。"[5]

从上述史料看出：第一，洪江在明以前主要是少数民族聚居地；第二，明朝时期周边少数民族的反抗无论从数量还是规模上都最为空前；第三，这种反抗断断续续一直延续到清朝后期。同时，在对抗之余的和平时期，洪江还夹杂着汉族与少数民族的交流，比如，当时的杉木、桐油等主要来自少数民族居住的山区，经济的交流自然会带动民族的交融。另一方面，洪江先进的生产工具、生产方式等也会影响少数民族的发展，还有其文化与生活习俗等，在这个过程中，由于经济交流的需要，少数民族的精英首先接受了先进的汉文化，这些精英再把他们的所见所闻所学逐步带进自己的村寨，长而久之，民族的融合就会在交流中得到加强，慢慢就有了今天洪江文化的多元与独具一格。

六、岁月留痕、纤道悠悠的水域文化景观

9∶00，团队一行来到沅江边，追寻那些残存的古纤道、古码头。

---

1 张廷玉等撰．明史[M]．北京：中华书局，1974：4484．
2 同上：4495．
3 同上：3038．
4 洪江市志编纂委员会．洪江市志[M]．北京：生活·读书·新知三联书店，1994：15．
5 沈从文．湘行散记[M]．天津：天津人民出版社，2013：213．

一起陪同我们考察的有洪江区文旅局雷镇远副局长，区文物站梁站长，区文化馆刘佳副馆长与区文旅局局长助理、区音协向艳主席。

我们首先到达大塘湾。大塘湾是一个天然的港湾，水面很宽，便于大面积的编排、放排，木材的交易主要集中在这里。据《洪江市志》记载："洪江行商以经营木材为主，民国二十三年（1934）洪江输出之木材，达700万元之多。"由此可见，当年江面编扎木排的壮观景象，沅水编排号子也应运而生并成为今天的省级非遗。

1940年，沈从文先生在《常德的船》中曾这样描绘："在沅水流域行驶，表现得富丽堂皇，气象不凡，可称巨无霸的船只，应当数'洪江油船'。这种船多方头高尾，颜色鲜明，间或且有一点金漆饰，下行可载三四千桶桐油，上行可载两千件棉花，或一票食盐。用橹手二十六人到四十人，用纤手三十到六七十人。"[1] 桐油在鸦片战争后被列为战略物资，因为它是制造油漆的主要材料，在建筑、机械、船舶等防水、防腐、防锈上起到了关键作用。洪江当时是国内最大的桐油集散地，随着近代工业的兴起与发展，桐油的需求量与日俱增，才有沈从文先生在沅水中所看到的一幕。

河流在转弯的地方必成深潭，在深潭的对面，必成沙滩，由于深潭水流湍急，船溯流时必须依靠纤夫才能急流而上。洪江油船用的纤夫都是几十人，可想而知，当年几十个纤夫的号子声是多么的雄浑、粗狂、有力。这里的纤道都是沿悬崖修建，由于附近村民把管道修建在昔日的纤道上，现已看不出纤道原来的模样。我们走在陡峭的山崖边，风起时，惊涛骇浪不断冲击着山崖，激起一串串的水花，可想当年纤夫的艰辛与危险。

当然，每天在沅水中还有许许多多的其他的船只来回穿梭着，民

---

1 沈从文.湘行集[M].南京：江苏凤凰文艺出版社，2020:119.

国二十七年（1938）黔湘水道查勘报告："聚集在洪江港的木帆船511艘，其中大船（载重10吨以上）97艘，中船（载重2.5吨以上）117艘，小船（载重2.5吨以下）297艘。"[1] 运送的货物除木材和桐油外，还有绸布、杂货、百货、药材等，每到运输繁忙季节，沅水河道百舸争流，樯帆林立，呈现出一幅壮美的水域景观图。

七、海纳百川、包容开放的信仰文化景观

经过一个小时左右的颠簸，我们来到了密云峰，密云峰有密云观，又名三清宫。登高远眺，雪峰巍巍，站在密云观，真有远望湖广三百县，近看湘西八十府的气势。不经意回眸，我们都惊讶于眼底的神奇了：一幅天然的山河太极图映入眼帘，茅洲、坐佛峰位于太极八卦的阴鱼鱼腹位置；而青山脚、下角洲则位于阳鱼位置；沅江则构成了阴阳鱼的分界线，整个八卦形状呈东北部丘陵起伏、西南部高山险阻之势，整体上形成了抱阴负阳的空间格局。这也许就是风水学中认为的"山阳水阴，山主人丁，水主财禄"格局吧。

洪江人的信仰是包容的，其佛教传入时间最早，据《洪江市志》记载："明万历四年（1576）佛教传入洪江，当时由慧海法师发起建造大佛寺。"[2] 逐步形成了儒、释、道与本土神、行业神以及基督教、真耶稣教共存的多元信仰。

各种信仰代表着不同的地域文化，也是那一方山水凝聚力的具体体现，同时文化的传播与发展，在乡土社会中与经济地位相互匹配。因此，为了提升自己的社会、经济地位，会馆和行会每年都要举办丰富多彩、

---

1 沈从文. 湘行散记[M]. 天津：天津人民出版社，2013：213.
2 洪江市志编纂委员会. 洪江市志[M]. 北京：生活·读书·新知三联书店，1994：601.

形式多样的文化活动。

它们的文化活动主要集中在节庆和祭祀方面，其实，在洪江古商城，节庆与祭祀是融为一体的，如每逢春节、元宵节、端午节、乞巧节、中秋节等节日，各个会馆和行会都张灯结彩、舞狮赛龙，尽显地域文化和行业文化之美。据《洪江市志》记载："元宵节夜，关圣殿观灯人众，忽闻起火的呼声，纷纷争道相挤，踩死60多人。"[1]这个悲剧当然是非常惨痛的，但是从一个侧面反映出，当时关圣殿的盛况。

每逢农历三月二十三日，妈祖的诞辰，福建会馆都会主办非常隆重的祭祀妈祖的道场，福建同乡及信徒高抬妈祖圣像沿街游行，接受香客的朝拜。农历五月十二日是关帝的诞辰，山陕会馆都会举行纷繁复杂的祭祀活动，其祭祀之隆重，无与伦比。而每逢农历二月初八和八月二十三日，屠宰行会都会在"三义宫"祭祀祖师爷张飞。每至农历六月初六日，排运行会从业人员都会聚集在"洞庭宫"，举行祭祀洞庭王爷大典。会馆和行会所属的48个半戏台几乎天天唱戏，热闹非凡，这些活动，使地域文化之间、行业文化之间展开了直接的文化交流。

洪江古商城重视儒家教育，乾隆十八年（1753）始建雄溪书院，清末创办新学。全面抗日战争爆发后，东南沿海及内地文化、教育、商业各界人士向西南流亡，洪江集中了不少知识分子，他们在这里兴办学校，为民族振兴和国家富强培养了大量人才。道观寺庙家祠遍布古商城大街小巷、沅江两岸与巫水两边。

从光绪十五年（1889）的洪江全景图可以清晰地看到道观寺庙的分布情况："东有关帝庙、孙宝庙、杨家祠、回龙寺、元女庙等；西有三清宫、莲峰祠、赤保宫、轩辕宫、南岳宫、双江祠、炎皇宫、大佛寺等；北有灵官殿、密云观等；南有罗祖庙、舒氏宗祠、娘娘庙、罗

---

[1] 洪江市志编纂委员会.洪江市志[M].北京：生活·读书·新知三联书店，1994：13.

祖庙、药王庙、莲花庵、洞天宫、天王庙、广陵庵、神农宫、九华宫等。"[1]
地方神土地庙，街道口、门楼边比比皆是。

各种信仰在这里和睦相处，互不相争，不仅说明了洪江人的包容，更说明洪江人思想的开放意识。就是在今天，走进洪江，依旧会惊叹于大大小小的寺庙道观的香火不断与源远流长；文教事业的生气活力与蓬勃发展；教堂里的歌声不断与虔诚礼赞。

八、座谈会上话传承

下午，民间艺人座谈会在区文化馆的四楼会议室举行。洪江区文旅局雷镇远副局长致欢迎词，"苗疆走廊"考察团队代表杨声军一一介绍了团队成员的基本情况，区文旅局局长助理、文化馆艺术总监、音协向主席介绍了参加座谈会的相关领导与民间艺人代表的基本情况。同时，还邀请了京剧表演艺术家徐梅青老师，沅水编排号子传承人米爱国老师，祁剧表演艺术家肖宏兵老师，草龙舞"非遗"传承人唐春老师，区文物站梁站长，区文化馆刘佳副馆长以及京剧小演员廖津易参加座谈。

会上，赵书峰教授介绍了此次"苗疆走廊"湖南段乐舞文化考察的目的与意义，着重强调了洪江在"苗疆走廊"上的历史地位及其做出的贡献，说明了这次考察主要从"流域、古道、走廊"的视角来关注洪江乐舞文化的变迁与发展，提出了在当下文旅结合的大环境下，怎样凸显出传统乐舞文化为地方经济发展、旅游开发服务的建议。

座谈中，就杨红教授提出洪江什么时候有京剧以及京剧今天的现状的问题，周晓岩提出京剧进校园的具体措施的问题，谢春副教授提出京剧身段如何进行训练的问题，徐梅青老师回答时首先简要梳理了京

---

1 洪江市志编纂委员会.洪江市志[M].北京：生活·读书·新知三联书店，1994：7.

剧在洪江的源流起因以及在洪江的现状与未来普及与发展，然后就京剧的练功、跑圈、跑圆场等问题做具体说明，说到传承，徐梅青老师说带了四个学员，当天还特意带来了9岁的廖津易小朋友来当场展演。京剧进校园由于现在条件还不成熟，所以还没有得到实施。

图3 一招一式总关情（2020年8月13日赵书峰拍摄于洪江区文化馆）

接下来徐老师即兴给我们表演了京剧《霸王别姬》，尤其是廖津易小朋友的《贵妃醉酒》赢得了大家的热烈掌声；肖宏兵老师演唱了一段《铡美案》和祁剧《双下山》，也给我们留下了深刻的印象。

沅水编排号子的传承人米爱国老师，讲述他的演唱主要是受父亲米仁早[1]先生的影响，并详细介绍了编排工序与编排号子的生成原因：主要是为了编排时工人们用力均匀，需要用号子来统一工作步伐；米老师还介绍了待木排编扎完成准备出排时，需要一个祭祀龙王的仪式，以保佑大家平安顺利到达目的地。随即米爱国老师和向立新老师、肖宏兵老师演唱了《沅水编排号子》，米老师领唱时的高音自由延长，声震林木，响遏行

图4 投入（2020年8月13日赵书峰拍摄于洪江区文化馆）

---

[1] 米仁早先生是20世纪的湘西歌王，曾经为电影《风吹唢呐声》演唱插曲，四次到北京演唱《沅水编排号子》。1958年音乐家贺绿汀先生到洪江拜访米仁早先生，并学唱、收集了一些民间的号子。

云；向老师与肖老师伴唱时声音雄浑有力，节奏明快。

　　草龙舞的传承人唐春老师还是一个年轻且钟情于民间文化的后生。他介绍到草龙舞主要分请龙—悟龙—敬龙—送龙四个阶段，一般在正月初三或初四到元宵节期间表演，舞龙的伴奏乐器主要是锣鼓。洪江以前有斗龙的习俗，现在这纯粹是一种表演，草龙有男龙、女龙之分。还有一种"叫化龙"，舞到那户人家里面时，主人必须放炮接龙，并"打红包"以还礼。

　　洪江舞龙场面热烈，观者如潮，近年来都会出动公安、城管来维持秩序。舞龙一般在元宵节之前就会结束，结束时必须把草龙烧掉，唐老师说："烧龙仪式很有讲究的草龙全部用布盖好，天亮时放在河边烧掉。"[1] 舞龙是洪江人民生活的一部分，洪江人民在逢年过节离不开舞龙，舞龙不仅是吉祥如意的象征，更是人民对来年风调雨顺的祝福。

　　座谈会上长沙师范学院的肖溪格副教授、北部湾大学的满梦凌老师也就舞龙的舞步、阳戏的来源等问题和民间艺人们进行了沟通。文化

图5 合影留念（2020年8月13日文化馆工作人员拍摄于洪江区文化馆）

---

[1] 2020年8月13日，唐春老师在洪江区文化馆四楼会议室口述。

馆领导与民间艺人就洪江孝歌、洪江木偶戏、祁剧、辰河高腔、三棒鼓等现状也和考察团队进行了深入的交流并就洪江传统文化达成了一致的看法：随着全球化、城镇化脚步的加快，很多优秀的传统乐舞文化失去了原生性的语境，但是洪江众多的即将失传的乐舞文化不能仅仅是活在洪江人民的记忆中，更不能随着岁月的变迁而逐渐消失。传承、保护、发展、创新是一个永不过时的话题，更是在座的每个人的责任与义务。两个小时转瞬即逝，最后大家合影留念，互留电话，以便将来进行深入的交流与学习。

"苗疆走廊"湖南段乐舞考察团队走进洪江区到此已经落下帷幕，虽然只有短短两天的时间，行程上有点匆忙，但是古商城的宏大、沅水编排号子的豪迈、京剧的细腻、人民的热情却牢牢地刻在考察团队每个成员的心中。

目连戏千古绝唱　犁头嘴二水奔流
——溆浦传统乐舞田野文化志

李程程

在沅水中游、溆水之滨有一座伴水而居的县城——溆浦，它东与隆回、新化接壤，南与洪江、洞口为邻；溆水西上连着辰溪，溆水东下游向隆回。地处雪峰山与武陵山脉之间的溆浦，重峦叠嶂；位于沅江中游的溆浦，溪河密布。这山山水水便勾勒出了溆浦关山阻隔、自成一体的封闭局面，而在这得天独厚又相对封闭的地理空间中，杂居着苗、瑶、土家、侗、回等十三个少数民族。多元文化在溆水的潺潺流动中交融、碰撞，又在这里的山地处不断发酵，孕育出了生动且独特地域文化内涵。"入溆浦余儃徊兮，迷不知吾所如。深林杳以冥冥兮，猿狖之所居。山峻高以蔽日兮，下幽晦以多雨。霰雪纷其无垠兮，云霏霏而承宇。"遥想当年，屈原被流放至此，引吭而歌的一曲《涉江》，不仅展示了溆浦秀美多情的山水画，还显示出其独特的楚韵。根据清陶金谐所撰《溆浦县志》卷二记载："秦昭襄王置此为黔中郡之始。高祖五年置县名义陵，自秦由蜀取楚江南地置黔中郡，县境属焉。及是置县并改黔中郡为武陵郡，治此。"据考古证实，武陵郡古城遗址在今县城西南方位 30 千米的梁家坡村。"仁者乐山，智者乐水"，如果说山地是脊梁，那么潺潺沅水和溆水就像血液一般，滋养着溆浦人的生命；这山这水，作为自然空间，使得族群认同感和历史记忆下的文化因子在人—地—水空间结构中互动（共时性）；而河流承载着文化传播、人口迁移等因素也带来了文化的变迁与流变（历时性）。团队本次的目的主要是对溆浦辰河目连戏传承保护中心以及大江口水陆码头进行田野考察。笔者从"流域、走廊、古道"的"路"视角出发，运用跨学科的思维对个案空间中文化要素进行结构化分析整理，从乐舞的本体形态表征中窥见其背后历史的衍变及文化的交融，线索性地、整体性地、动态性地把握流域中"流动的""变易的"文化现象。

一、一曲高腔唱古今，目连大戏载俗韵

国内对辰河高腔目连戏研究的关注点基本在唱腔、曲调等艺术个案表征的分析，缺乏整体性方法论范式研究。2020 年 8 月 15 日，笔者跟随湖南师范大学湖湘乐舞文化研究中心团队对辰河高腔目连戏进行考察，并结合人类学、民俗学、符号学等跨学科思维进行宏观的、整体的思考。堪称"活化石"的目连戏，在中国戏曲的发展史上有着举足轻重的作用。曲六乙在《目连戏的衍变与傩文化的渗透》一文中论述道："（目连戏）成为中国戏剧史上影响最为广泛、最为深远、社会容量最大、思想内涵最为复杂的宗教剧；也是舞台寿命延续最久、生命力最顽强和观众最多的伦理道德剧。"[1] 这七个"最"深刻反映出目连戏深扎民间的强烈的文化认同和丰富的文化载量，也是研究多元文化交融一体的综合大观。在这潺潺的溆水中，被称作"文化大观"的辰河高腔，是

---

1 曲六乙. 目连戏的衍变与傩文化的渗透[J]. 文艺研究，1992（1）:109.

图1 考察团与溆浦辰河目连戏传承中心合影 （2020年8月15日符安可摄于溆浦县辰河戏剧院）

目连戏的一个极具地域特点的分支流派。起初，我们在欣赏辰河高腔目连戏的经典剧目时，常常满怀好奇和困惑。而随着田野的不断深入，那一层层神秘面纱也逐渐明朗起来，辰河高腔目连戏的多重文化的互动、交融也在经典的剧目中呈现得淋漓尽致。笔者运用阐释人类学家格尔茨的"深描"理论，将田野考察中的辰河高腔目连戏作为文化文本进行全面深入的阅读。

（一）源：地理空间下的辰河高腔

辰河高腔主要分布在溆浦、沅陵、泸溪、辰溪等地，并随着沅水顺流而下至湘、鄂地区，溯洄而上及川、黔地区。北魏郦道元《水经注》卷二十七"沅水"条："武陵有五溪，谓雄溪、樠溪、潕溪、酉溪、辰溪。溪是蛮夷所居，故五溪蛮，皆盘瓠之子孙也。土俗雄作熊，满作朗，潕作武，在今辰州界。"[1]五溪位于沅水中上游，其区域范围包括溆水。武

1〔北魏〕郦道元.水经注[M].上海：上海商务印书馆，1958：572.

陵地区层峦叠嶂，山地众多，河流就成为文化互通的关键。辰河高腔的兴起与流传离不开这独特的地理空间。辰河高腔源于弋阳腔。[1]元末明初时，由于"江西填湖广"的大规模移民活动，大量江西人迁徙到辰河境内开垦荒地、重建家园。他们在迁徙、劳作的同时也让弋阳腔在此地生根发芽，弋阳腔在沅水流域的口口相传中，自然受到当地风俗和语言的影响，逐渐在地化，形成具有当地特色的声腔。据文献记载，它是"经过与当地语言、民歌、号子、傩腔及宗教音乐的长期结合逐渐形成辰河高腔"[2]。因此，从物理空间的维度上看，一方面由于弋阳腔这一特色声腔，作为辰河高腔的原发文化因子，乘着沅水，其影响辐射到了整个辰河区域。辰河高腔的剧目内容多来自劳动场景，上演民俗故事，反映的是民俗百姓的生活表征，同时又融入傩堂戏、民间歌舞、花灯戏等，使其形成兼容且独特的艺术个性和民族特质。另一方面地处武陵山的湘西地区，由于相对封闭的地理环境，使得附魅的巫傩文化在此盛行，所谓"昔楚国南郢之邑，沅、湘之间，其俗信鬼而好祀，其祀必作歌乐鼓舞以乐诸神"。[3]这一文化因子也使得辰河高腔目连戏蒙上一层神秘的外衣。可以说，沅水流域中交融互通的文化，建构出辰河高腔的骨架，武陵山脉中的巫傩元素注入了辰河高腔的血液，这山这水，成为孕育辰河高腔的土壤。

（二）融：多重文化建构下的辰河高腔目连戏

目连戏作为辰河高腔中最为重要的系列剧目，与儒、佛、道、傩等"大传统"有着亲缘关系，它是多元文化的一体化呈现。辰河目连

---

[1] 弋阳腔，江西省弋阳县地方传统戏剧。南宋中期，南戏经信江传入江西，在弋阳地区结合当地方言和民间音乐，于元末明初孕育出的一种地方声腔。

[2] 湖南省怀化地区地方志编纂委员会. 怀化地区志[M]. 北京：生活·读书·新知三联书店，1999：1904.

[3]〔东汉〕王逸. 楚辞章句（卷二）[M]. 上海：上海古籍出版社，2017：26.

戏经过几百年来的衍变,"不仅成为一种戏曲文化现象,更是宗教文化、民俗文化、艺术文化的结合体,并且充满了民俗意识、巫术意识、生命意识和人生意识……"[1]从目连戏的源头看,它起源于佛教"地狱救母"的故事,后将印度佛教故事中国化。而随着流域文化的不断变迁和发展,道教的文化基因也深深烙印在目连戏中,"在沅水流域,尤其是溆水流域,地方道教在祭祀中,使用的完全是和辰河高腔相同的声腔和曲牌"[2]。按照传统,在辰河高腔盛行的沅水中上游地区,不管是佛教传统贡僧的盂兰盆会[3],还是道教最隆重的罗天大醮[4],目连戏定是仪式中的重要一环。以溆浦一地为例,每逢中元节时,辰河目连戏上演最盛。此外,从地理空间中看到,沅水中上游的五溪地区是土家、苗、侗、瑶等少数民族的聚居地,辰河目连戏与少数民族地区的民俗也不可避免地出现交融与碰撞。李怀荪在《五溪鼓乐声——辰河戏在少数民族地区的流行》一文中,曾论述道:"自明中叶至清初,在永顺、保靖的土司王府里,来自汉族的戏曲活动,一直是很盛行的。"[5]雍正年间起,大规模地进行改土归流,使得沅水流域中的少数民族地区按照汉族的规制,修建了祠堂、庙宇、戏台等,为辰河高腔在少数民族地区的广泛流行提供了土壤,同时少数民族的民俗文化(方言、节庆、乐舞等)也影响着辰河高腔的发展与变迁,也逐渐地涵化。可见,辰河目连戏是民间艺术的综合大观。中国剧协研究室主任曲六乙对目连戏的美学

---

1 曲六乙.目连戏的衍变与傩文化的渗透[J].文艺研究,1992(1):109.
2 宋阿娜,熊晓辉.辰河高腔曲牌的形成、分类及表现形式[J].中国音乐,2014(1):180.
3 《盂兰盆经》载,释迦弟子目连,看到死去的母亲在地狱受苦,如处倒悬,求佛救度。释迦要他在七月十五日即僧众安居终了之日,备百味饮食,供奉十方僧众,可使母解脱。佛教徒据此兴起盂兰盆会。
4 "罗天大醮"是溆浦土家族村寨的道教仪式活动,通常在祠堂或醮棚举行,九、十月逢甲、午、乙、未等八天是天神戒斋日,将儒、释、道诸佛像供奉。
5 李怀荪.五溪鼓乐声——辰河戏在少数民族地区的流行[J].民族艺术,1986(3):3.

特征做了如下概括："目连戏是宗教文化、艺术文化、民俗文化的联合载体；是综合技艺性的审美和多元宗教教化的统一，也是宗教灵魂'净化'和儒家审美心理需求的一种平衡的产物。"[1]这种文化融合也正如赵书峰教授在《湘中民间仪式音声的"在地化"与互文性研究》中所说的："'在地化'不但是文化传播之后的融合与变迁，而且是文化的'大传统'与'小传统'之间互动交流后的身份重建，同时又是实现外来传统文化的地方与区域文化认同的前提。"[2]辰河高腔亦是如此，弋阳腔的"在地化"传播、目连戏剧本的"中国化"演变，加上儒、释、道、傩等文化的"大传统"与当地民俗乐舞文化的"小传统"之间互动、互碰、互融、互文，共同交织成了这一文化大综合——辰河高腔。

（三）描：辰河高腔目连戏乐舞形态的展示——以《桂枝思凡》为例

"深描"是阐释人类学的代表格尔茨的核心理论，是将田野案例作为文本进行全面、整体、动态的描述与阐述。目连戏经过几百年的衍变，一直在民间盛演不衰。此次考察团队在溆浦辰河高腔目连戏传承保护中心中观看了"传承班"表演的传统剧目片段——《桂枝思凡》，该片段出自《前目连》，这一段主要讲述如来佛祖开坛讲经，桂枝[3]手持拂尘心不在焉，留念凡间的场景。我们知道，戏曲是文本、场景、伴奏、声腔、仪式、动作的综合呈现。笔者将通过对田野考察中的辰河目连戏片段中的文本、行当、伴奏、舞蹈等表现形态及其表演空间、传承变迁等进行综合性分析。

在这一片段中，有桂枝、如来佛祖、观音、布袋和尚、众罗汉、

---

[1] 里逊，兆阁. 戏剧"活化石"的神采——记辰河目连戏演出及目连戏学术研讨会[J]. 中国戏剧，1990（1）：63.
[2] 赵书峰. 湘中民间仪式音声的"在地化"与互文性研究[J]. 民族艺术研究，2019（5）：100.
[3] 即目连前身，是释迦牟尼佛的十大弟子之一。

四大金刚等角色，同时也对应着不同的表演行当。桂枝属"生"行当、如来佛祖属"生"行当（身法上偏"老生"，但唱腔上偏"净"），观音属"旦"行当，布袋和尚属花脸"净"行当。"小生"桂枝通常以文戏为主，其唱腔高昂清亮、常用"二段波"的方式进行演唱，即本嗓加小嗓，这与张家界阳戏"金线吊葫芦"（也有"金线吊福禄"一说）式的唱腔结构类似，但运腔方式不同。如来佛其唱腔上通常运用本嗓演唱，声音浑厚。观音作为旦角常用颤声，布袋和尚唱腔较少，在本段中主要是作为诙谐幽默的喜剧形象呈现出来。[1] 片段文本如下：

第一场 桂枝思凡

（前奏音乐起，背景现天宫仙境，旌旗招展，云雾缭绕，舞台正中扎莲花台。布袋引众罗汉上，叠罗汉。场面吹"梅花赞"，四金刚、众罗汉、桂枝、观音上。如来佛上。）

如来佛：（念）西方极乐境妙哉，菩提树下宝莲台。堪叹世上亡羊者，不肯皈依拜如来。

老僧，释迦牟尼文佛，今日讲经说法，众弟子，尔等洗耳恭听！

（唱）：〔桂枝香〕

　　为师教诲，慈悲胜念阿弥。（阿弥众合唱）菩提树不生枝叶，佛法僧三宝庄严。

不生不灭。（重复句众合唱，桂枝瞌睡）三千大千，不垢不净，草蒲团，（团字合唱）

双手推开窗前月，一足踢被井中天。（重复句众合唱，桂枝思凡）

---

[1] 2020年9月9日电话采访溆浦辰河目连戏传承人周建斌老师。

罗汉：启世尊，桂枝思凡！

如来佛：用禅杖惊醒！

罗汉：是，速醒！

桂枝：（醒）参见世尊。

如来佛：胆大的桂枝，为师开坛讲经，你扰乱佛规，来！取了他的金冠、禅杖，打在阴山受罪！

观音：且慢，启禀世尊在上，观看桂枝有红尘之缘，今有南耶王舍城傅相一家，持斋把素，行善积德，且将桂枝遣往他家，投胎转世，了却尘缘。

如来佛：如此唤他近前。

观音：桂枝近前。

桂枝：参见世尊。

如来佛：胆大的桂枝，若不是菩萨讲情，定要打在阴山受罪。今将你打下红尘，投胎转世，不要忘却本来面貌，日后再来度你。

桂枝：世尊在上，受弟子一拜。（对观音）菩萨，弟子红尘若有大难，如何是好？

观音：若有大难，为师前来搭救，只管放心。

桂枝：受我一拜。（起烟雾、急下）

如来佛：众弟子，讲经已完毕，各归本位。

（大锣余延音，熄灯。）

（暗场，婴儿呱呱哭声，傅相一家演花园焚香情景，音乐伴解说词）[1]

"叙事文中的话语重复是指相似或类似的话语多次出现，这些话

---

[1] 台本转引自溆浦县辰河目连戏传承保护中心提供的内部资料。

语本身构建了话语场,实现叙述者的话语目的。"[1]在文本中反复出现的"双手推开窗前月,一足踢破井中天"一句,原出自宋朝时期民间盛行的一个对子:"双手推开窗前月,投石击破水中天。"此对子源自秦观与苏轼之妹苏小妹的新婚之夜,苏小妹"三难新郎"的典故,暗示才子佳人,情投意合。从文本内容上说,这充分暗示了桂枝在如来佛祖开坛讲经之时的"思凡"状态,从而为后续做铺垫;从文化交融上说,也从侧面说明了辰河高腔在北宋广泛流行之时,民间俗语对其内容的直接影响。

辰河高腔目连戏的表演可以说是辰河地区一场生动的民俗大赏。红白喜事、酬神祭祀、吃喝玩乐等生活场景都通过人物角色一一呈现。当地戏曲演员的身体是其文化的集中体现,可以说一个族群的文化认同与集体记忆都隐匿在戏里角色行当的表演中。作为"百科全书"式的艺术表现形式,辰河高腔中人物角色行当所呈现的身体态势,更是文化的"大观园"。从舞蹈社会学的角度来说,戏曲中程式化的身段表现,是社会百态的集中体现。在动作表现方面,它有着十分强烈的宗教性和民俗性,同时融合花灯戏、阳戏、傩面戏、民间舞蹈、当地武术等形成其独特的风格。据传承人周建斌介绍,现代新排演的辰河戏一方面向传统京剧进行更深入的学习,形成更规范的动作体系;一方面又不断融合现代元素和审美风格,尤其是在主题表现方面,具有强烈的时代特点。作为传统戏曲,在"打"的环节里,辰河高腔常融入本地武术的程式套路,早年间的目连戏还有打叉的表演,十分惊险。"打"戏部分,在《三国》《岳传》等经典剧目中有较多精彩的场面。

辰河高腔是以高腔为主,其他声腔兼并的多声腔剧种,其表演风格因辰河流域的地理空间的分布分为不同的"路子"(流派),以溆浦为

---

1 谢新龙. 文学叙事与言语行为[D]. 武汉:华中师范大学,2011:104

中心的辰河高腔属于中河路子，既吸收了上河路子的规范化的舞台表演范式又兼容了下河路子注重唱腔的特点，形成了独特的风格。辰河高腔伴奏乐器是将道教、佛教、民间等音乐融合并进行戏曲化加工处理，由吹奏、拉弦、打击三部分乐器组成，伴奏多用大锣、大鼓加唢呐的组合。根据"七调八宫"[1]的曲牌分类，〔桂枝香〕属凡字调（F调类）。据溆浦辰河目连戏传承人周建斌老师介绍说，辰河目连戏曲牌众多，但一般都为三段体：开头为"头子"；中间部分称为"手板"，分成上、下腔，音乐旋律上扬的称为上腔，反之称作下腔；末尾部分称作"扫腔"。随着时代的发展，辰河高腔的乐队配置也进行了改良，加入了琵琶、扬琴、高胡等民族乐器，还加入了小号、低音号、黑管、单簧管、大提琴等西洋乐器，如现代辰河戏《江姐》《收租院》等。尽管这蕴藏着丰富文化内涵的辰河目连戏的表演形态具有相对稳定性，但在文化全球化的现代语境下，西洋乐器与辰河高腔的碰撞、理解与认同，正是将费孝通先生对中华文化概括为"多元一体"格局的实践。

谱例1

曲牌〔桂枝香〕伴奏（部分）

词：周生曦
曲：佚名
供稿：梁丽娜

---

[1] 七调是指帮腔唢呐上的"上、尺、工、凡、六、五、乙"，八宫是指八大母调：驻云飞宫、风入松宫、锁南枝宫、汉腔宫、红衲袄宫、锦堂月宫、新水令宫、汉入松宫。

（四）演：文化—空间互动机制下的辰河目连戏

文化空间是自然空间与人文空间的复合体。在物理的空间环境中产生"文化场域"，从而形成文化与空间互动机制，辰河目连戏就是在"空间场"（自然属性）—人—"文化场"（社会属性）的互动结构中，联结、传承、流变。"人类学的'文化空间'，首先是一个文化的物理空间或自然空间，是有一个文化场所、文化所在、文化物态的物理'场'；其次在这个'场'里有人类的文化建造或文化的认定，是一个文化场；再者，在这个自然场、文化场中，有人类的行为、时间观念、岁时传统或者人类本身的'在场'。"[1] 辰河目连戏在民间的宗祠、庙宇等地的表演场域中除了承担一定的表演娱乐功能外，还有着祭祀、还愿、祈福等宗教功能。"湖南城乡各处氏族宗祠，开堂祭祖或修订族谱，或遇族人高中、升迁、荣归、祖饯、赐匾、立坊等，皆迎班演戏。"[2] 辰河高腔目连戏也是在各种不同的空间场域中传递着特有的文化属性。我们可以从皮埃尔·布迪厄（Pierre Bourdieu）"场域—惯习"的角度得知，辰

---

[1] 向云驹.论"文化空间"[J].中央民族大学学报（哲学社会科学版），2008（3）：82.
[2] 中国戏曲志编辑委员会.中国戏曲志·湖南卷[M].北京：文化艺术出版社，1990：494.

河高腔客观性的场域（祠堂、庙宇、戏台等）与主观性的惯习（目连戏的表演习俗）之间既相互制约又相互建构的关系。据传承人周建斌老师回忆，传承保护中心最近一次民间演出活动是在溆浦县花桥乡的祠堂——神堂冲太岁庙竣工的时候，有着"开锣闹新庙、镇局保安康"的意味。作为国家级非物质文化遗产的辰河高腔，它的文化意味深深植根在民间的土壤里，几百年来一直兴盛不衰，即便在发展振兴过程中，乡村城镇受到了一些现代文化的影响，但溆水河畔的各大乡镇依然保存着大小事宜看辰河目连戏的习俗。这也就说明了刻在骨子里的文化因子形成了某一群体的共同的精神纽带和情感寄托。溆浦有中元祭祖必演目连戏的习俗，其主要演出剧目包括《梁传》《香山》《封神》《目连传》《前目连》《花目连》《金牌》等。[1] 根据9月20日的电话采访中，笔者了解到溆浦辰河高腔目连戏，有带"脸子壳壳""跳加官"这一特殊的演出形式，无论何种剧目，在何地表演，只要有人愿意打赏，演出便暂停。由生角或丑角穿官衣上台，用辰溆片区方言吆喝道：某官老爷打赏几多钱，祝他步步高升、财源广进、心想事成、万事如意咯！（或其他吉祥话）。么书仪的《漫谈"跳加官"》论述了这一特殊的演出形式的历史及相关文献资料。[2] 早在宋代的《张协状元》剧本中就描述了演员在角色内外跳进跳出的场面，目前在溆浦辰河目连戏演出中这种"打赏"（观众）与"回馈"（演员）的互动仍在因袭，这也说明作为辰河高腔目连戏深深扎根在土地里，消解着观众与演员之间的表演边界，从来都不曾修建"第四堵墙"。

---

1 湖南省文化厅，孟庆善. 湖南省非物质文化遗产名录（第二册）[M]. 长沙：湖南人民出版社，2009：715.
2 么书仪. 漫谈"跳加官"[J]. 中国京剧，2000（3）：22—23.

（五）承：溆浦辰河目连戏的保护与传承

文化传承不在形式，而在其精神。"非遗"的传播不在简单的复刻，而在其文化内涵。在溆浦县辰河目连戏传承中心，我们看到了这样一批"传习人"。据了解，这个"非遗班"是传承保护中心与溆浦县职业中专于 2017 年合作成立的。这些新一代传承人们从零开始学习，经过三年"夏练三伏，冬练三九"的艰苦打磨，日复一日地练功、排练、汇报演出，如今也在戏台上初露锋芒。作为溆浦辰河高腔目连戏的"传承人"的储备力量，这三十位"00 后"传习人给溆浦辰河目连戏的传播与推广带来曙光。翻开文献资料，我们可以窥见溆浦辰河目连戏剧团曾经的艰难岁月。"溆浦县辰河戏剧团，前身为艺术家向泽清创建于 1926 年的华庆班，经常在溆浦县举行高腔演唱会，深受群众欢迎。1951 年 4 月，溆浦县人民政府以此为基础，成立溆浦县工农兵剧院，1954 年改称溆浦县汉剧院，1955 年正式改名为溆浦县辰河戏剧院。1969 年 11 月，剧团解散，1977 年 4 月恢复建制。"[1] 从"文革"时期的惨遭禁演到改革开放的重获生机，从 20 世纪 80 年代末期的生存危机到 90 年代初的声名鹊起。辰河目连戏几经沉浮，终于扭转了局面。2006 年辰河目连戏成功"申遗"。六年后，溆浦县辰河戏剧院更名为溆浦辰河目连戏传承保护中心。这也意味着"传承"与"保护"得到了坚强有力的保障！坚守在剧团工作四十余年的传承人周建斌谈起剧团的发展历史，感慨万千。如今"非遗班"的成立将辰河目连戏的未来之路照亮。作为新一代传承者，他们的肩上多了一份重担，骨子里多了一份坚定。"守住家乡文化的根，这就是我们的使命"，"00 后"传习人曾玉雪接受采访时动情地说道。传承班的建立加强了地方文化的主体感和文化身份的

---

1 湖南省怀化地区地方志编纂委员会. 怀化地区志[M]. 北京：生活·读书·新知三联书店，1999：1904—1906.

认同，这不仅是对集体记忆的保护，更是文化果实的开放共享。我们应用动态的、发展的眼光看待辰河目连戏的"非遗"传承工作，不仅要了解到其历史脉络及发展变迁，重视这份静态的遗产成就，更要接轨时代，将文化遗产更有效地传播、更持续地传承。

通过对溆浦辰河目连戏传承保护中心的考察，笔者试图将考察中所见的辰河高腔目连戏这一文化现象当作文本进行阅读，阐释其文化元素背后的深层关系，对其源流、多文化建构、乐舞形态、文化空间、传承保护等进行整体的、动态的分析。阐释人类学家克利福德·格尔茨在研究文化时提出："文化的概念实质上是一个符号学的概念，文化就是这样一些由自己编织的意义之网，因此，对文化的分析不是一种寻求规律的实验科学，而是一种探求意义的解释科学。"[1]古老的辰河高腔中蕴含着大量丰富的"符码"，是各个方面程式结构的交织形成的璀璨的文化瑰宝。正如李祥林在《戏剧研究中的人类学视角》一文中所言，"对戏剧的人类学研究不仅仅把我们的目光引向作为文字符号的剧本，也不仅仅引向作为肢体语言的演技，而是把戏剧这种人类行为还原到它本身所在的活生生的人类生活场景中去，让我们从整个人类生活网络的多维联系中去把握它的意义"[2]。我们对辰河高腔目连戏这一文化瑰宝的田野考察，也应该将宗教仪式与戏曲程式的内在关系、民俗生活与舞台表演的深层结构紧密结合起来，从而将文化"符码"立体地、多面地、动态地结构起来，深扎田野，力求能将"当地人对经验现象的本土解释进行解释"，才有可能比较准确地把握特定文化意义的编码方式。

---

1 [美]克利福德·格尔茨.文化的解释[M].韩莉,译.南京:译林出版社,2014:5.
2 李祥林.戏剧研究中的人类学视角[J].戏剧（中央戏剧学院学报）,2011（1）:7.

二、两河口上龙舟渡 犁头岸边道风流

脑海中还在回味着辰河高腔的动人韵味,考察团队一行人就已在位于溆浦县城西30千米处的大江口镇犁头嘴驿站——这唯一的入溆的水路通道,感叹秀美风光,想象着当年的舳舻千里的景象。溆水的柔情万丈与沅水的气势磅礴汇聚于此,也将千古风流逸事流传至今。大江口镇西南临沅,东北临溆,上至洪江、安江、贵州,下达洞庭,溯流而上84千米抵安江港,顺流而下42千米达辰溪港。随着20世纪70年代末交通重心的转移,加上自然灾害的侵蚀,如今的码头杂草丛生,废墟满地。那磨得光亮的青石板仍旧依稀可见,无声地记载着历史的足迹,也成为一个时代的观念表征。码头内的屈原庙、伏波宫、洪江杨氏乌油坊旧址、溆浦县帆船运输社旧址、衙门旧址、天主教堂旧址尚保留下的静态的、物质性的建筑勾勒出当地政治、经济、文化非物质性的关系网络,与码头外流动着的沅水和溆水,共同描绘了这互动的、多元的文化景观[1]。

图2 犁头嘴全貌俯瞰图(2017年7月11日李徽东摄于溆浦县大江口犁头嘴)

---

[1] "文化景观"是以美国地理学家索尔(C.O.Sauer)为首的伯克莱学派的核心观念。

(一) 汇：大江口古码头的功能结构动态分析

码头承担着信息互通（文化）、贸易往来（经济）、情感交流（生活）、军事防御（军事）等职能。清陶金谐撰《溆浦县志》卷六中记载："江口渡系西四十里大江口系官渡。"明朝洪武年间，正式在此设置"江口驿"，清康熙六年（1667）奉裁。此处常有来自辰溪、麻阳、黔阳、怀化、泸溪、益阳、娄底客商聚集于此，进行商贸活动。溆浦物产丰富，"红枣、甘蔗、蜜桃、土布均集中此港外运。每逢赶集，港口甚旺"。除了大量劳动人民之外，曾经的码头还有不少商贾走夫贸易往来。作为重要的水陆交通节点，这里还是文人骚客游走之所。古今多少名人志士在此游目骋怀，在俯仰间感怀生命。沅水与溆水处的两河口码头是当时商船来往聚集的地方。提到它，镇上的许多老人都记忆犹新。一位81岁的金先彩老人回忆起了码头曾经的盛况：当年的码头就是船多货多，商人络绎不绝，船头相互"打架"。无论男女，都能拉纤，拉纤时船歌、号子声此起彼伏，好不热闹。每年的农历腊月二十一到腊月二十七，码头上布满了返乡过年的船只。每只船离开都要放鞭炮辞码头，有明年再来之意，以此祝愿此行平安顺遂。时光如梭，曾经的码头早已没有昔日的繁华景象，老艄公们也相继离世，后人们碑文也难觅踪迹。虽然往日风光不再，但这种情感解读让我们依然能感受到悠悠岁月的醇香，想象着码头曾经那些大量以水运营生的人群的生产和生活的场景，怀念着当年商贾如云、热闹非凡的城镇市街。

(二) 合：古码头空间中文化要素分析

大江口码头作为当地社区集体记忆和情感联结，是由许多文化景观的符码构成，包括能指层面上的景观具体物象，以及所指层面上物象所传达的内涵及意义。团队一行在犁头嘴社区参观了王家码头、李氏祠堂、伏波宫、洪江杨氏油坊、屈原祠、两河口码头等地，这些物理景观所传达出的精神内核形成了共同记忆。

1. 漫步屈原庙

遥想 2000 多年前，满怀愤慨的屈原被迫离开楚国郢都（今湖北荆州江陵），从犁头嘴入溆。在这片神秘的湘西土地上，留下了《橘颂》《涉江》等伟大的精神财富。传说公元前 278 年农历五月初五，屈原汨罗投江殉国。数天后消息传到溆浦。因为害怕屈原的身躯被龙王所噬，家家户户便怀着万分悲痛的心情包起一尺来长的"枕头粽"，含泪抛向河中，祈求龙王保佑这位伟大的诗人，也寄托着溆浦人民对他的哀思。从此，在溆浦便有了每年五月十五（当地人称为"大端午"）这一天，进行赛龙舟、祭先祖、吃寒食、包粽子等一系列仪式，以表溆浦人们对屈原的思念和哀悼之情。我们穿过一条杂草荒芜的小路，推开了屈原庙的大门。此庙建立于民国初期，庙门两边有联曰："涉江岂僧徊天问三闾，怀信何佗傺国殇九章。"[1] 在屈原庙堂内，张贴着"大江口·大端午龙舟竞渡誓约祭屈原"文，上面写着："惟公元 2018 年 6 月 27 日，时值中国溆浦大端午，特举办大江口大端午龙舟文化节，祭祀伟大的爱国诗人屈原，特制祭辞，以示敬意。"任何的民俗事项都是由一系列文化符号构成，它们形成的归属感和依恋感凝结成为族群或者社区的情感联结，建构出"想象的共同体"，而这也正是把历时性的时间维度和共时性的空间维度相联结。据大江口镇人大主席李俊介绍，"扒船祭祀"就是每年的农历五月十三这天，各村龙舟齐聚犁头嘴码头，举行盛大的祭祀活动，并共饮鸡血酒盟誓。各村依照龙舟先后到达秩序前往屈原庙祭拜，上香烧纸，奉上祭品，祈求平安。根据溆浦县文联主席张昌竹关于大江口龙船竞渡的记录："龙船比赛有统一的入场仪式。一般是绕场四圈。前两圈，参拜神灵。第一圈祭拜水神，第二圈祭拜屈原。

---

[1] 该联是由著名双管书法家、江西中医学院教授李远实（祖籍湖南溆浦）撰并书。

第三、四圈为展示，展示本村的风采、力量、气势。"[1] 我们可以看到传统仪式与社区活动的密切联系，族群的共同信仰与节庆传统凝聚成"共同体"。"路漫漫其修远兮，吾将上下而求索"，溆浦人借着龙舟的桨在滔滔溆水中，世代继承着那开拓进取、力争上游、敢于拼搏的精神。

2. 一览伏波宫

笔者一边默念着宋代诗人黄伯枢《读马援传》中的诗句，一边跟随团队移步至伏波宫。据说自东汉初马援平"五溪蛮"之后，溆浦人民就盛行每年都过"大小两个端午节"，并将这一风俗流传至今。据当地的老人介绍，每年端午的龙舟大会上，不仅要去屈原庙祭拜，有的村还要去伏波宫参拜马援将军。一种说法是东汉马援将军骁勇善战："马援征五溪蛮于此，故民皆祠之。"[2] 翻开历史文献，笔者发现伏波将军马援与溆浦端午节还有渊源。据清陶金谐《溆浦县志》记载："以初五为小端午，望日为大端午。相传伏波征五溪蛮于五日进兵。士卒有难色，伏波曰：端午令节蛮酋必醉，进可成功，今日乃小端阳也，后当与诸将过大端阳。即进兵。诸蛮果醉，剿平乃于十五日大享。士卒遂名曰大端午至今仍之。"溆浦老百姓在端午节龙舟赛上祭拜他，有祈求龙舟夺魁之意。还有一说是为了保佑龙舟平安。"伏波"原有降伏波涛之意，伏波宫多分布在河流江水边，百姓希望他能够保佑一方免除水旱灾害，也迎合着边地人们保障舟楫的期许。清《楚南苗志·湘西土司辑略》有"神灵甚，舟人过者，必割牲、酾酒以祭"。可见，伏波将军马援在百姓心中早已成为河流的守护神。不仅如此，已经被赋予神话色彩的伏波将军，其职能也逐渐泛化，黎九皋《伏波庙碑记》说"邑民无论远近，每有求，咸往祠焉"（同治《沅州府志》卷三八），这也

---

1 张昌竹.楚韵之源[M].成都：四川师范大学电子出版社，2020：199.
2〔清〕徐炯.使滇日记[M]，上海：上海古籍出版社，1983：190.

成为族群记忆的情感纽带。

3. 洪江杨氏乌油

溆浦大江口镇犁头嘴码头的洪江杨氏油坊是沅水流域商贸文化的产物。洪江、安江等地位于犁头嘴码头的上游，辰溪、浦市、泸溪、沅陵位于犁头嘴码头的下游，从区位便可看出犁头嘴码头作为沅水流域中重要的集散地，曾具有得天独厚的商业价值。乌油是桐油的一种，经过特殊的加工处理而成。溆浦大江口处的洪江杨氏乌油坊作为经销商，主要负责洪江桐油、洪油以及乌油的运输管理及销售。由于桐油具有防腐性和干燥性，因此用途十分广泛。桐油不仅用于生活场景的方方面面，如涂饰鞋伞、舟车、房屋、木器、制油灰、油布、油纸、油漆、油墨、用作燃料、敷料等[1]，还随着近代工业发展，更是广泛地用于军工用品中，远销国外。考察时金先彩老人回忆起曾经的码头，还兴奋地说起"我们的桐油还运输到美国去呢！"而如今，杨氏油坊只剩下了残破的招牌，周边的明清时期修建的防火墙见证了它曾经的辉煌。社会的变革、文化的变迁带来大江口码头职能的历时性转变。"在历史长河中大量历史建筑和构筑物因时间的流逝而留存下的种种痕迹，都与特定的时期、事件、人物相关联，都构成传统集镇整体历史和文化的有机部分。"[2] 大江口镇犁头嘴码头历经千百年的历史积淀，我们至今尚且能在未修葺的荒芜小道、被洪水冲刷而留下斑驳印记的碑刻以及雕刻着历史痕迹的吊脚楼房中，找寻到在这个沅水、溆水环抱着的码头上商贸、政治、文化交融的证据。夕阳西下，团队一行坐在青石板路两边，聆听当地一位曾经是女纤夫的老人诉说着码头曾经的辉煌。岸边的微风徐来，我们仿佛感受到了曾经熙熙攘攘、摩肩接踵的繁华

---

[1] 贺闿，刘瑚. 桐树与桐油[M]. 实业部汉口商品检验局，1934:52.
[2] 余翰武. 沅水中上游传统集镇商贸空间研究[D]. 广东：华南理工大学，2015:239.

景象。古码头的落寞与其文化的变迁，是"时空压缩"[1]的必然结果，却也将文化符码深深烙印在这空间景观之中。

郦道元《水经注》记载："沅水又东历临沅县西，为明月池、白璧湾。湾状半月，清潭镜澈，上则风籁空传，下则泉响不断。行者莫不拥楫嬉游，徘回爱玩。沅水又东历三石涧，鼎足均跱，秀若削成。其侧茂竹便娟，致可玩也。又东带绿萝山，绿萝蒙幂，颓若临水，实钓渚渔咏之胜地，其迭响若钟音，信为神仙之所居。"郦道元笔下的沅水颇具仙风道骨般神韵，粉状玉砌，别有洞天。溆水，作为沅水的支流，承载了溆浦的浪漫和质朴。青山绿水间，人杰地灵处。悠悠溆水河中流着的是屈原的楚韵，载着的是竞渡的龙舟，唱着的是高山的号子，对着的是定情的山歌；溆水岸边亮着的是喜庆的龙灯，演着的是神秘的辰河戏；花瑶姑娘在山背梯田中劳作，土家族老人在村寨中做纸扎

图3 两河口（沅水、溆水汇合处）（2020年8月15日笔者摄于大江口两河口码头）

---

[1] 1989年戴维·哈维（David Harvey）在《后现代的状况》一书中从人类时间和空间概念变动角度研究全球化，使用了时空压缩（time-space compression）概念。

祭祀。民俗文化、宗教文化、楚文化等在此交融，一张张文化名片乘着沅、溆水上的扁舟传播到各地。时代的巨轮带来运输方式的大变革，如今沪昆高铁、湘黔铁路、娄怀高速也都在溆浦停留，机遇与挑战并存，文化的交流传播在向外加速的同时，文化的传承保护更要向内深入。

笔者本次田野是一次生动的"寻根"之旅。作为土生土长的溆浦人，笔者从小受到本土文化潜移默化的影响，虽身在这丰富的文化空间中，但从未进行追根溯源的分析与思考。随着田野的不断深入，笔者对家乡文化的理解也更加深刻。面对家乡文化这"最熟悉的陌生人"，笔者也逐渐从不以为意到如数家珍般的自豪，越发心生出文化归属感，同时也感谢"非遗"传承人周建斌老师、传承中心的梁丽娜老师、大江口镇人大主席李俊、溆浦县文联主席张昌竹等同志在本次田野考察中提供的珍贵资料。沿着沅水顺流而下，我们深切感受到点与点之间既保存着文化的相对独立性，又在异地的交流碰撞中涵化，有形的流域之"路"与无形的文化之"路"互通互织，辐射成区域性文化现象。

图 4 考察团一行在社区过道与当地人交流（2020 年 8 月 15 日杨声军拍摄于犁头嘴码头）

如果说个案是音符，那么田野之"路"便是流淌着的动人旋律，奏响音乐人类学的锦绣乐章。这来自家乡溆水河畔的文化交响，演绎着此次湖湘乐舞文化之旅的一驿，也让吾辈深知田野的"路"在远方，"路"在脚下。

（李程程，湖南工业大学音乐学院讲师。）

辰河苗乡泛舟行　锦江河畔号子悠
——麻阳传统乐舞文化田野民族志

符安可

湖南沅水水系作为贯穿黔中、黔东与湘西、湘西北的天然航线，是跨湘、黔两省最为重要的水运主线，亦是组成"苗疆走廊"的重要部分。尤其到了明清时期，中央王朝对滇、黔、湘西的开发，使得沅水流域交通枢纽的作用日益凸显。沅水流域各个点的民间音乐、舞蹈、戏曲等传统乐舞文化极其丰富，如新晃侗族傩戏"咚咚推"、溆浦的辰河目连戏、怀化阳戏、麻阳的船工号子和土家婚俗仪式、洪江古商城的编排号子、芷江的民间器乐闹年锣、辰溪的双唢呐、武冈丝弦等丰富多样的传统乐舞形态。2020年8月4日至24日，笔者团队自新晃、芷江、怀化鹤城区到黔阳古城，沿渠水、潕水入沅江，再由洪江古商城、溆浦、大江口镇到麻阳，顺沅江、溆水溯回辰水，探寻陆路古道驿站（如湘黔古道、边墙遗址等）以及因沅水流域水运航线发展而来的传统集镇码头。以城市为点，以水、陆二路为线，以山川地貌为面，佐以"沅水流域"的地理空间结构与历史发展关系。以"流域文化"的角度去探寻湘桂黔古道南线以及沅江流域对于三省交界处少数民族乐舞文化的影响与发展，以及传统文化在当代社会文化发展的活态相对接。对沿途的传统乐舞文化、民间艺人以及寺庙、会馆遗址进行田野考察，分析在动态的流域文化下传统民族民间乐舞文化的空间结构和历史关系，力图勾画出一条搭建于滇、

图 1　麻阳船一隅（2020 年 8 月 17 日符安可拍摄于湖南省怀化市麻阳县吕家坪）

黔、湘三地，集政治、军事、民族民俗、人文乐舞等为一体的多元空间结构概念。8 月 17 日，笔者团队抵达了怀化市麻阳苗族自治县。

麻阳苗族自治县为湖南省怀化市辖县，自元末明初起，便是黔东、巴蜀、鄂西南、湘西等地移民中转站和重要迁出地，又因从麻阳到贵州东部有地利之便，故亦为辰州卫屯守之地。[1]据同治《新修麻阳县志》卷之首"麻阳县城郭说"载："（麻阳）按邑城居铜仁下游，为由黔入楚第一关键，一水周环两山夹峙，称形胜焉。唐置锦州即其地，明洪武初始筑土城阙，后代有增建，至国朝而规制愈宏。惟地邻蛮苗屡苦侵扰，嘉庆二年（1797），就城西三峰扼险建碉、依山筑堡以来，藩篱因之益固。近则城郭宫室崇闳美备，闾阎厘市富庶繁殷。虽云弹丸蕞尔，未始非边徼一福区耶！"麻阳地处雪峰山与武陵山脉之间，东临辰溪县，南连怀化市鹤城区和芷江县，西邻贵州铜仁，北靠湘西自治州凤凰县、泸溪县，是贵州高原走向江南丘陵的交通要冲。麻阳作为中央政府连通贵州和苗疆的战略要地，是苗疆边界上的交通枢纽和军事前哨，历数代更迭，汉文化与苗文化在此处不断交融碰撞，形成了

---

[1] 黄权生, 孙健. 华夷之辨：明代苗疆族群迁徙与移民记忆的历史阐释——以麻阳为切口[J]. 铜仁学院学报, 2018 (12): 38—46.

图 2 考察团队合影（2020 年 8 月 16 日范莉拍摄于锦河古镇文书院）

具有显著地方特色的民间习俗与乐舞文化，故麻阳是此次苗疆走廊（湖南段）传统乐舞文化田野考察的重要站点之一。

一、"地理空间"到"社会空间"的历史见证

（一）陆路边墙遗址——苗疆边墙

2020 年 8 月 16 日 8：00，笔者一行自麻阳县城出发，经过约 1 小时 40 分钟车程，到达铜麻公路必经之地——川洞。下了车，由麻阳写作家协会的毛光平老师带队沿公路穿洞而过，洞内清凉宜人，后于洞壁右侧寻得一小道，向上爬至顶处。尽头见一青石碉堡，形制风格与下方水泥石阶有着鲜明的对比。据悉，该青石碉堡乃是明代朝廷在东汉"长城"基础上扩建而成，保存至今。又因此处为明朝廷最初修建"边墙"的选址地，故称之为中国"南长城"源头。

早在公元 48 年，居于此地的苗族先民便在川洞的悬崖绝壁上修了栈道以通湘黔。此处东邻锦和镇，南接尧市乡，西靠贵州省铜仁漾头

图 3 "南长城"源头——报木山古碉堡遗迹（外观）（2020 年 8 月 16 日赵书峰拍摄于麻阳县郭公坪）

图 4 "南长城"源头——报木山古碉堡遗迹（内部）（2020 年 8 月 16 日赵书峰拍摄于麻阳县郭公坪）

镇，北连凤凰县茶田镇、茨岩乡、林峰乡，扼湘黔两省三县六乡交界处，系怀化、吉首、铜仁三市准中心，乃湘黔咽喉要处，历来为兵家必争之地，东汉名将马援镇压"五溪蛮"时兵锋所指便是此处——郭公坪。考察团行至报木山附近的古边墙遗迹处。穿过杂草丛生的泥路小径，只见在几幢现代民居背后有道极不起眼的残破青石墙，矮墙蜿蜒一直没入山顶树丛中。毛光平老师是生长于郭公坪乡报木山村的苗家人，对于这一片山地村寨相当熟悉。他指着这堵青石墙介绍其由来，麻阳苗民为了抵御汉族军队，麻阳苗民以青龙山（今九寨坡）为中心，在周边山头建起九座青石寨堡用来居住，又在寨堡上构筑多座碉堡和瞭望台，寨堡之间用青石筑起边墙，左为汉化熟苗，右靠贵州为生苗。他们平时务工为民，战时守边为军。千百年来生苗、熟苗与汉人井水不犯河水。[1]

毛老师所述无从可考，但边墙修筑之前，环绕以腊尔山台地为中

---

[1] 2020 年 8 月 16 日 12：00，麻阳写作家协会毛光平于报木山村古苗寨途中口述，后于 8 月 21 日通过微信同笔者补充整理相关内容。

心的苗疆区域确实有大规模的族群冲突发生。至明代，频发的"苗变"成为湘西苗疆边墙修筑的重要原因。同治《新修麻阳县志》载："其疆域内之都甲，前有三十九里，屡遭苗患，居民渐少，明永乐元年减作七里，久未能复……当明初，

图 5　苗疆边墙残垣处（远）（2020年8月16日符安可拍摄于麻阳县郭公坪）

苗祸最酷，割绝户之田以为屯，而民产移于军食矣。"此后，在一段相当漫长的岁月中，该地域的社会结构与族群关系因"边墙"的出现发生了巨大的演变。清代严如熤在《苗疆风俗考》中直述："边墙以外者为生苗，边墙内间有与民村相错居住，或佃耕民地，供赋当差，与内地人民无异，则熟苗也。"可见"边墙"的存在让族群的交互不论从身份、秩序，乃至族群社会格局皆随之重构，"生苗"与"熟苗"的划分便是其最直接的产物。但"边墙"并非仅为"防苗""控苗"，也防止官兵欺苗、扰苗，为当地带来了相对稳定的政治、经济和社会文化交往环境。1795年爆发的乾嘉苗民起义，便是在民苗界址不清的情况下，汉民无度侵占苗民田地，官府又并未做出合理的处置约束，最终导致激烈的苗汉冲突，甚至动摇大清国体。所以"边墙"的存在不仅是"分而治之"的"界"，也是互动与交融的媒介。

随后，沿着山路向上爬至山顶。毛老师介绍山顶的古苗寨，没有名字，为了方便称呼他自行为其命名"烽火寨"："这个墙根下面的边墙不一样，它围绕着山顶砌了一圈，开了三个门。"毛老师边说边指着山顶上一堵豁出口子青石墙，"这里虽被称为寨，却没有人真正居住在上面。只是屯兵而修筑的。以前为防止敌人从贵州方向打过来，他们

会让视力好的人站在寨顶放哨,不管敌人是从什么位置来,站在这上面都能看得到。1949年以后这里就变成山下涨水患时,农民上来避难的居所了。"另据他的回忆,山下"边墙"的墙顶在"文革"期间被改修成了一个水管渠道。后至20世纪80年代,因通了自来水,水渠也渐渐荒废了,周边居住的人家便将城墙的石块拆下来修屋修路,现已经拆毁得所剩无几。

图6 苗疆边墙残垣处(2020年8月16日符安可拍摄于麻阳县郭公坪)

下山时,毛老师又指着远处山顶道:"看到那边有块白色秃的山壁了吗?那里就是我们之前去看过的川洞古碉堡处——苗疆前哨,南长城源头。放哨的人就可以从这里往那边看。"笔者顺着他所指方向看过去,心中默算从那儿开车绕

图7 "烽火寨"眺望"南长城"源头碉堡处(2020年8月16日符安可拍摄于麻阳县郭公坪)

至此处山脚,少说也得10分钟车程。如发生战事,南长城源头升起的狼烟,这边一眼便能看到,确实能为屯于此处的民兵争取到足够的预警时间。感慨于先辈边民的智慧,心头油然而生起浓浓的敬意。

艺术的创作往往要通过"真听,真看,真感受"方能有生命力。此时此刻,置身于山峦中眺望远峰,丈量着窄窄一堵"边墙",追思着它过往,心中感慨万千。随着时代的变迁,它曾是地理边界、行政边界、市场边界,也曾是族群边界、文化边界。如今它不再是"边界",它的

存在早已超越了其本身的功能属性，与苗族文化和苗族历史融为一体，成为苗族文化的象征实体。[1]作为一段民族关系的见证遗存，"边墙"不再是一堆虚无、冰冷的青石砖块，它可触摸，有温度。其背后尚有许多待深挖的文化内涵与艺术空间，这些都将成为舞台艺术创作不可多得的灵感源泉和情感依据。

（二）"苗疆边界"的乐舞文化遗存——麻阳苗族傩戏

11:00左右，团队行至郭公坪乡报木山村口处，见一群老人正围坐在一棵老杉树下乘凉打牌。树下一架颇有年头的红鼓，率先引起了我们的注意。鼓的形制较为特别，直径58厘米，高63厘米，鼓面周长208厘米，腰围224厘米，鼓

图8 考察团队测量傩戏乐器（2020年8月16日符安可拍摄于麻阳县郭公坪报木山村口处）

面材质为牛皮，鼓内置有弹簧若干根，鼓身缠绕三圈由竹篾编制而成的竹绳，声音浑厚又清脆。在这面大红牛皮鼓旁，笔者一行见到了郭公坪乡苗族"傩堂戏"传承人黄前和，黄老先生今年已有89岁高龄。

只见一人附在黄老耳边大声说明来意，老人边听边笑着点头。忽然，黄老往凳子上一坐，不等鼓锣乐手到位，张口便清唱起来。表演是如此即兴，以至于我们还尚未来得及支起设备记录下这珍贵的瞬间。黄老一唱便兴致盎然，任由旁人在他耳边大声说话，请他到另一宽敞处坐下，都丝毫未有中断抑或重来的念头。更有意思的是，那些后来傍着黄老入席的锣鼓乐手们也是气定神闲，不疾不徐不打断，直至黄

---

[1] 陈文元.边墙格局与苗疆社会——基于清代湘西苗疆边墙的历史学考察[J].中央民族大学报（哲学社会科学版），2020（6）：149—159.

图 9 郭公坪乡苗族"傩堂戏"传承人黄前和（2020 年 8 月 16 日符安可拍摄于麻阳县郭公坪报木山村口处）

图 10 现场演奏规制：一锣一鼓两钹（2020 年 8 月 16 日符安可拍摄于麻阳县郭公坪报木山村口处）

老冲他们一挑眉，便追着调子开始敲锣打鼓。经介绍，麻阳苗族傩戏因是在堂屋、庭院中表演，故称傩堂戏。以麻阳石羊哨乡、郭公坪乡、高村镇为主要传播地区，遍布麻阳境内，有着广泛的群众基础。2013 年 12 月 11 日，麻阳苗族傩戏入选怀化市第四批"非遗"名录。[1]

一曲唱毕，黄老先生方才介绍起演唱的曲目名《杨四郎探母》，接下来要再来一支《扮瞎子》，说完便起了调。歌声与锣鼓声吸引了越来越多附近的村民。《扮瞎子》唱词用的方言，好几次黄老唱完词后自己笑了，旁边的锣鼓乐手和村民们也都纷纷笑起来。这一笑，现场的气氛似乎也随之出现了微妙的变化，嘈杂的声音逐渐褪去，原本只是来凑热闹的村民都认真听起戏来。黄老兴致也越发浓厚，告知众人先前他唱的可都是正宗的傩堂戏，"唱不好就会出洋相的"。言辞之间，老人隐隐透出自信而又满意的神色。老人们兴头十足，又表演了一段《开山大将》。

---

[1] 2020 年 8 月 16 日，麻阳音协秘书长李晓娟于郭公坪乡报木村口大松树下口述，后于 8 月 21 日通过微信同笔者补充整理相关内容。

后觉不过瘾，黄老先生干脆接过鼓槌，亲自奏了一支曲牌〔三出头〕。

曲牌将尽，一位白衣妇人持顶白色编织帽行色匆匆地闯入了我们的视线。起初只道是来看热闹的村民，并未过多留意。目光之余，却见妇人将帽子往石磴旁一放，张口便和着黄老唱了起来，没有扭捏，没有招呼，声部曲调便就这么配合上了。等他们唱完，方知她是黄老先生的徒弟，名叫黄喜珍，12岁左右便开始跟着老人唱，刚才师徒对唱的乃是花灯调子《一更金鸡》。黄老先生解释道：此类花灯调子往往是歌舞一体，然他已是跳不动了。在当地，花灯戏通常在过年期间（大年初一到正月十五）进行表演。问及为何别的节庆不跳，老人笑答："只有过年才能等到年轻人回来跳啊。"应观众的热情相邀，黄老先生与黄喜珍女士又随口唱了几段小调。小调一出，旁边几位原本只是听曲的同村老人也情不自禁哼出了声，可见该小调在当地是很有群众基础的。这立马引起了在场几位专家学者的兴趣：本源于江浙一带的〔鲜花调〕伴着花灯戏在此处出现，为我们此行的目的之一——考察苗疆走廊（湖南段）沅水流域不同族群文化之间出现的跨族群、跨区域的文化传播特征及其对沿途居民文化生产生活的影响提供了研究线索，亟待日后

图11 露出笑容的锣鼓乐手（2020年8月16日符安可拍摄于麻阳县郭公坪报木山村口处）

图12 演唱中的黄前和老人及徒弟黄喜珍（右白衣女）（2020年8月16日符安可拍摄于麻阳县郭公坪报木山村口处）

对此展开进一步的挖掘与田野走访。

就文化而言，麻阳苗族傩戏是沅水流域武陵地区五溪文化、苗文化、盘瓠文化交互作用下的产物，也可看作是沅水流域历史发展的文化表征之一。该艺术形态与当地汉、土家、侗、瑶等民族的古风民俗以及当地流行的花灯戏、目连戏、阳戏、辰河高腔、京戏等剧种之间"你中有我，我中有你"，故而探寻其艺术形态的形成与发展不仅能为沅水流域多剧种的艺术形态研究提供比较依据，也为研究该流域武陵地区"流域文化"溯源、发展及现状提供历史线索与理论依据。

图 13 报木村口听傩戏的众人（2020 年 8 月 16 日符安可拍摄于麻阳县郭公坪报木山村口处）

二、时代洪流的交错融合

（一）麻阳"记忆的碎片"——锦和古镇

古镇锦和，可考有 880 年县治史（1073—1953）。位于从贵州梵净山麓发源而来的锦江河北岸，三面环水，如玉带环腰，因其地状宛若一轮弯月故最早称为月芽村。宋熙宁六年（1073）筑土垒城，废锦州，麻阳县衙由旧县村（今黄桑）迁至此地，并取名锦和县。[1] 如若说筑边墙设哨所是中央王朝对"化外"地区的"硬"手段，那在锦和——麻阳曾经的政治中心，立孔庙、修城隍庙则是从思想信仰层面"教化"苗人的"软"举措。

---

[1] 2020 年 8 月 16 日，锦和镇旅游开发办主任黄烈东口述，后于 8 月 21 日通过微信补充相关内容。

2020年8月16日下午14:30，考察团一行抵达锦和镇。锦和镇旅游开发办黄烈东主任早已等候多时。在他的带领下，开启了"麻阳记忆"的探寻之旅，曾经的圣宫（孔庙）——现在的"月城讲堂"和文书院。经黄主任介绍得知，此处为宋庆元元年（1195），知县张大鼎为在麻阳创建儒学所修建的"圣宫"（当地又称其为"孔庙"）。麻阳历代科举成名之士，皆须来此上香还愿，叩谢祖师爷孔老夫子。每逢孔圣诞辰，县城内各官员、文人也都要前来朝拜。[1]

图14 过去"圣宫"主建筑大楼（现已翻新）（2020年8月16日符安可拍摄于麻阳县锦和镇和文书院处）

锦和的城隍庙与"月城讲堂"仅一街之隔，修筑于宋熙宁六年锦和县建城之际，位于古城正西街巷内。朝庙内张望去，正中间坐着城隍爷，前殿有判官、小鬼，左牛头、右马面，两边另供有十大阎王、土地神。后殿有城隍娘娘、万人伞。神像面孔描绘栩栩如生，怒目悬于头顶，隐隐袭来一种压迫感，直叫人心生敬畏。进门处的简介牌上写着："他（城隍爷）是南方阴世间的神灵地方官，有求必应。宗旨是惩恶扬善，以正压邪，劝人为善，和谐相处。要人民遵纪守法，热爱劳动，伏法神，劝化人们遵纪守法、改恶从善。""城隍庙旧时……每年春节与农闲之时，唱高调汉戏。""每年农历五月十三日为城隍爷寿诞之日，来此香客依旧络绎不绝。"可见城隍庙内香火延至今日，仍有着深厚的群众基础，殿内"汉戏余韵"依旧，娱神娱人兼具。

---

[1] 2020年8月16日，锦和镇旅游开发办主任黄烈东于锦和镇随行口述，后于8月21日通过微信同笔者补充整理相关内容。

图 15 锦和镇城隍庙大门　　　图 16 锦和镇城隍庙内堂（2020 年 8 月 16 日符安可拍摄于麻阳县锦和镇城隍庙）

随后行至大殿后方，向左拐入小院子二楼一民房内，只见里面供着一尊观音像，旁边木架上挂着一座古钟。见我们不解，黄主任解释道，该钟铸于唐朝，原本是放置在同天寺中的古灵钟。同天寺原址位于锦和镇北街，唐大历年间（766—779）修建，原名浮屠寺。宋熙宁八年（1075）易名同天寺，因寺内四大金刚有功于民，皇帝加封"与天同寿"而得名。20 世纪六七十年代，同天寺在"破四旧"运动中被改造为锦和粮店。寺内古钟辗转至沅陵凤凰寺，几年前锦和镇政府为还原历史古迹，将古钟请回。但因同天寺还尚未修复，便将古钟暂时置于城隍庙。从此，锦和镇又重新振响古钟空灵的回音。

沿茶巷弄向东前行，黄主任边走边一路描绘此处当年的景象。在宋朝时期，城内就建有东、西、南、北四大正街。明朝时又开辟了会馆弄、茶馆弄、滕家弄、杨家弄、宰相弄、唐园弄和下东门街等"六弄一街"，全部是石板路铺，城内四通八达，井然有序，交通方便。过去中央王朝于湘西所设立的各州、县城治所都是沿水轴发展方向为主，以陆路为辅，各城址或建于水陆交通要冲，或河谷平原、大盆地的重

图 17 城隍庙后院暂置古钟之所图

图 18 锦和镇同天寺古钟（2020 年 8 月 16 日符安可拍摄于麻阳县锦和镇城隍庙）

心地带。锦和，便是因其位于沅麻盆地的中心区内，又三面环水易守难攻。故锦和作为麻阳的旧县城，有 880 年县治史（1073—1953），历宋、元、明、清几朝更迭，至近代民国，又几经战乱摧残。

不知不觉，队伍拐入城南会馆弄口一小径，扑面而来一股带着腐朽气息的凉风。只见巷子尽头有间摇摇欲坠的木质老屋，被蓝色的铁板封住了入口。定眼细看挂在木柱上的简介牌方知此屋是始建于清代早期江西会馆——

图 19 锦和镇万寿宫（2020 年 8 月 16 日符安可拍摄于麻阳县锦和镇）

万寿宫。残破的梁枋依稀可见双龙抢宝的精美浮雕，想来这儿也曾是一处繁华之地。对比笔者前几日于黔阳古城内所见万寿宫雕梁画栋，那般的气派盎然，而眼前这般破败荒芜的景象不禁令人唏嘘。

沿沅水流域一路走来，如锦和古镇这般"因水、因商、因油"而兴盛一时的城镇颇多。遗存于此的万寿宫、太平宫以及各名人会馆、豪杰居所便是最好的证明。然水运尽管有运量大、成本低等优势，却也受到地形的制约。沅水航道滩多水湍导致通航能力有限，加上电站大坝林立，河道受阻。随着公路和铁路交通的发展，打破了湘西封闭型地形，使得沿途城市的发展格局和分布发生巨大改变。[1] 锦和作为在沅水流域中不可忽视的一处历史地理空间文化景观，其历史文化底蕴深厚，极具发展潜力。漫步于锦和古镇中，似乎格外能体会到时代巨变为城镇发展所带来的影响。小镇仿佛按下了暂停键，时间凝固在了1953年，曾经水运船贸为这座古镇所带来的车水马龙、繁华盛茂，似乎也随着绵绵长河日渐远去。一晃日垂西山，回首顾盼，余晖照耀下的古镇镀上一层金边，宛若一卷泛黄的古老卷轴，静待后人再次铺展开来，细细品味。

图20 锦和镇下东门（2020年8月16日符安可拍摄于麻阳县锦和镇）

（二）"一个小小的水码头"——吕家坪

2020年8月17日9:00左右，考察团一行匆匆阔别漫水盘瓠庙，因时间还早，阳光熠熠尚还不毒辣。依着清明如玉的锦江水向东沿省道一路前行，嘉树成荫，柔水绵绵，两岸连山皆深碧一色，叫人真真体会到沈从文书中所感"望着山光水色，不由得不常作微笑"。昨日"边墙"之行，直观展现了麻阳的前哨战略位置。在明代，因其兼有水运航线之便，故而由原来的"边缘"之地转变为军事和物资传输的"中心"。"国家在场"加上水贸要道，城镇繁殖，族群交互，衍生而出的自然是别具特色的民俗传统及乐舞文化。

---

1 张衢.湘西沅水流域城市起源与发展研究[D].长沙：湖南师范大学，2003：52—54.

在麻阳不论是盘瓠龙船节，还是麻阳花灯戏，抑或是麻阳船摇橹号子等，皆离不开"水"的身影。1934年的冬天，沈从文因事由沅水坐船上行，从北平回湘西老家凤凰县。作者将一路的所见所闻，所听所感悉数凝于笔下，化入堪与《边城》

图21 麻阳县吕家坪城镇俯瞰景（2020年8月17日符安可拍摄于麻阳县吕家坪）

比肩的湘西田园诗作——《长河》之中。若想一窥麻阳当年的人事光景，怕没什么比沈从文的笔中文、书中字更为深切动人了。如今这个"辰河流域一个小小的水码头"不仅是《长河》的小说背景，也是考察团此行的主角之一。

"辰河是沅水支流，在辰溪县城北岸和沅水汇流。吕家坪离辰溪县约一百四十里，算得是辰河中部一个腰站。"[1] 辰河岸边的吕家坪，是麻阳境内辰水往下游去的最后一个商贸集镇，此处位于辰溪、泸溪、

图22 苗家迎客击鼓（2020年8月17日赵书峰拍摄于麻阳县吕家坪）

麻阳三县交汇处，亦是水运货物集散之地。约莫40分钟，车队行至一小镇临江畔的大拐角尖尖处停了下来，朝路边张望过去便看见一巷口处大小几台侧立架起的红鼓，鼓面上印着鲜红醒目的龙犬形图腾。苗女们挥舞棒槌，姿态娇俏，煞是好看。数鼓齐鸣，一时间热闹非凡。顺巷路朝里走去，一排红衣苗女端着酒碗将众人拦在门口，用苗语拉

---

[1] 沈从文.长河[M].南京：江苏人民出版社.2020:57.

着高高的调子笑唱"拦门歌",直到团队众人一一将"拦门酒"喝个底朝天这才罢休。

入了门来到院内露天舞台前,舞台中央横竖立了几条木筏桅杆,顶上挂了一张图案似虫似兽的旗面。没过多久,便见一老汉身着玄衣汗褂,手持一根长烟枪,摇着步子上了台,斜倚于旗面下方,一吸一喵吐出了一团白烟。老汉在台上的姿态略有些不同寻常,体态恣意闲适,既不像坐在凳椅上,也不像坐在青草地面上,再看看周边呈尖头包围式的木桅杆,顿叫人反应过来——原来是坐在甲板上!只见老汉收了老烟枪杆子,立身一声悠长吆喝:"开轩了!"(即开船的意思)舞台两侧抖身低伏的纤夫、披蓑撑篙的渔女,踏着号子涌上中央。纤夫绕过,转身扶起老汉身旁两列橹桨。老汉号子音调一扬,运船扬帆"开动",纤夫们低吼应和,橹桨齐摆。两侧渐过数名扎着红头绳,端着木盆浆柞的布衣女子。听得号子语调一转,浆洗女子抬头便冲着船头佯装生气

图23《摇橹号子》舞台表演(号工)

图24《摇橹号子》舞台表演(纤夫)

图25《摇橹号子》舞台表演(撑篙)

图26《摇橹号子》舞台表演(摇橹)

(图23—图26,2020年8月17日符安可拍摄于麻阳县吕家坪)

图 27 纤夫背带（2020 年 8 月 17 日符安可拍摄于麻阳县吕家坪）

图 28 纤绳（2020 年 8 月 17 日符安可拍摄于麻阳县吕家坪）

地笑骂起来，号子随之越喝越快，橹桨越摇越急，劲头也越发高涨起来。也许是码头将尽，橹桨划动复而平缓，号子声渐止，直叫人意犹未尽。

看着台上挥舞着的纤绳，又想起日前考察团于洪江古商城文化馆的座谈会上听得纤绳的制作：破篾、扎缆子，粗细大小各有不同，几经泡晒，很是复杂。经不住好奇，笔者偷溜至台后，窥见了纤绳真貌。竹篾缠制的纤绳以及整齐织排的宽边竹篾纤带，跟预想的粗硬扎手不同，很是光滑柔软。后来，笔者于旧县村河边草坪处尝试将宽边纤带缚在肩上低伏拉纤，拉纤费劲不说，关键是勒皮肤。而真实的纤夫往往都是裸身拉纤，沾着水的纤带贴身并反复摩擦肌肤，稍有不慎便会造成溃烂，这才明白纤绳的制作缘何如此讲究了。

三、文化地理空间的集中体现

（一）往来沅水集镇的"使者"——麻阳船

从吕家坪大舞台广场出来，过了条马路便到了长河码头，码头上当真停靠了一艘梭形细长的木制帆船——这便是"麻阳船"了。我们踏着前舱甲板钻入麻阳船腹，站在码头上看着不大的船，竟轻松容纳

图 29 停靠于长河码头的麻阳船（2020 年 8 月 17 日符安可拍摄于麻阳县吕家坪）

下了二三十人。舱尾挂着一牌，上面写着"麻阳船简介"："'在昔轮船、火车未兴之时，麻阳早以船业著名，凡沅水流域之船，驶出湖南境者，无论自称，皆自为麻阳船。'……麻阳船，多为柏木帆船……船运以锦和、高村、吕家坪、石羊哨四大古辰水码头尾关键点……将本地的生漆、桐油、药材等土特产运往外地，运进布匹、盐巴、洋货等日常用品……历史上发达的'麻阳船'运输业辐射整个沅水流域甚至长江流域。"麻阳船又称麻秧子、麻阳子，为客货两用船。"麻阳人因善于操舟驾船，'麻阳船'成为转输滇黔和武陵沅江各干支的主力。"[1]据悉，这种船在康熙年间已是声名远播，清末麻阳的船运更是达到了顶峰，在长江中上游的影响相当大的清代文献以及小说笔记中皆有关于麻阳船的记载，常德的"麻阳街"至今犹存。

"以前麻阳船上都挂的'蜈蚣旗'，就是表演时在杆子上那个"，之前扮演抽长烟杆子、"吆号子"老汉的演员刘本社老师同笔者讲述了关于麻阳船帆的秘密，"以前行走在沅陵、常德、武汉这一带，只要在水面上见到这'蜈蚣旗'，不管到哪里，他们统统自动让路让道，这是一个相当雄伟的标号标志！"当笔者问及悬挂"蜈蚣旗"是否有船型大小的标准或特定的商号的要求时，刘本社老师说："我们的船是大船，这百多吨的大船要去武汉、上海的。别的船都不敢挂，这是我们麻阳

---

[1] 黄权生，孙健.华夷之辨：明代苗疆族群迁徙与移民记忆的历史阐释——以麻阳为切口[J].铜仁学院学报，2018（12）：38—46.

唯一的。大半个中国可能都知道麻阳挂着'蜈蚣旗'。"[1] 可见麻阳船在水域航线上的声名远播。

沈从文曾在《湘行散记》一书中特就此船进行过描写："船中最美的恐怕应得数麻阳船。大麻阳船有'鳅鱼头'同'五舱子'，装油两千篓，摇橹三十人，掌舵的高踞后楼，下滩时真可谓堂皇之至！"[2] 若说《长河》书写的方式如同方才表演的节目《摇橹号子》一般是艺术化呈现的麻阳人和麻阳事，那么沈先生在《湘行散记》一书中的描写则更像是顺沅水记录沿途真实的体验与场景的田野考察笔记。

"车由辰溪过渡，沿麻阳河南岸上行时，但见河身平远静穆，嘉树四合，路竹成林，郁郁葱葱，别有一种境界。沿河多油坊、祠堂、房子多用砖砌成立体方形或长方形，与俊拔不群的枫杉相衬……河身虽不大，然而曲折平衍，因之引水灌溉两岸，十分便利，土地及其膏腴……弄船人除少数铜仁船水手，此外全部是麻阳人，在二百五十里内，这一条河中有多少滩，多少潭，有多少碾房，有多少出名石头，无不清清楚楚。水手们互相谈论争吵的事，也常不离这条河流所有的故事，和急流石头的情形。"[3] 这是沈从文在书中描述的麻阳过往光景。由此也不难理解《长河》的创作背景缘何置于麻阳吕家坪——要说在这沅水上的人和事，哪个不是由"船"串联起来的呢？这样想来我们算是追随着沈先生的步伐游历此地，只不过先生泛舟而行，我们此次在麻阳则是逐"舟"而行。此"舟"不仅是载人运货的交通工具，也是连接沅水流域各地的文化符号，围绕该文化符号衍生出的一系列独具民族特色的艺术表现形式是我们此行关注的焦点。

---

[1] 2020年9月2日，笔者于微信采访长河号子第三代传承人刘本社（原名刘本勤）口述。
[2] 沈从文. 湘行散记[M]. 北京：北京联合出版公司，2017:192.
[3] 同上:141.

随后,麻阳船泛锦江河水逆流而上,待人尽入船舱坐稳,便见一名船夫立于船头。他将全身重量斜倚于一根细竹篙上,紧着腰一撑,便调了船头的行驶方向。再撑两杆,船便彻底驶离了码头。思索间,岸边传来一阵嬉笑声,还真有几

图 30 麻阳船头撑竿的"船工"(2020年 8 月 17 日符安可拍摄于麻阳县吕家坪旧县村)

名女子蹲在码头边端着木盆浣洗衣布,竟是将舞台上的场景真实再现于这碧水青山中!船驶过,岸边的女子笑闹着将水朝着立于船头的船夫们泼洒。仔细一辨认,原来聚在甲板上的船夫们与前边舞台上表演《摇橹号子》的演员们是同一批人。他们的举手投足间分明是跟舞台上一般的情节,但在这真实的情景空间中,他们是演员又不似"演员",动作行为仿佛纷纷注入了"灵魂"。而我们是观众又不似"观众",当船只的轻摇晃动传至周身,吆喝嬉笑的声音在耳边环绕,水滴真实打在了身上,这般的生动有趣。明知是"被安排"的场景,却叫人不由得身心投入到该互动式场域之中,已然成为表演的一部分。这种将生活中的人与物纳入自然的空间中进行展演的方式,区别于传统剧场将表演者与观赏者分置于单一观演空间区域的安排,为参与者的视、听感官带来"在地化"场域空间的浸入式观感体验,并在这观演身份的转变中获得饱满的情感共鸣,让笔者留下了深刻的记忆与独特的感官体验。

(二)锦江河畔纤夫行——长河码头

船在对岸一滩涂处靠了边,"船工们"纷纷跳上岸,各自拿了一截宽边纤带斜挎胸前,"船工"摇身一变成了"纤夫"。此时已接近正午,

酷夏的烈日当头。旧县村河边草坪上的"纤夫们"一竖排开，重心前倾，将身体重量放在纤带上。只见他们一旦将绳索紧绷，便是连头都不再转动。自然垂下的手轻松能碰触地面，眼睛紧盯斜前方地面。紧接着，船上传来号工一声呼喝。"纤夫们"一齐迈了右腿，使劲儿顶了顶左肩的宽边纤带。倒是与笔者理解的"拉纤"不同，"纤"并非用的臂力拉拽，相反双臂始终自然低垂，在遇到格外艰难的阻碍时还需要手脚并用以借力。拉动了船，"纤夫们"的行进变得轻快了些，他们低声齐喊着"嘿、哟、嘿、哟"的短促音字。步伐间每一次重心的转换，都使得双肩为之左右摆动，自然低垂的双手也被高高甩起。"纤夫"的步伐踩进调子里，伴着他们紧紧梗住的脖颈和夸张摆荡的双臂，营造出一种奇特而又协调的律动。此时此刻，笔者的身体也被这律动所感染，不禁跟着调子暗暗梗首使劲，似是这样便能一同"拉纤"般。在这段周始反复的节奏与动作图像里，俨然形成了一组独特的旋律和肢体语汇。

图 31 船上撑竿，岸上拉纤（2020年8月17日符安可拍摄于麻阳县吕家坪旧县村）

随后，笔者注意到纤绳与纤带其实是分开的，中间是由麻绳根据实际距离的需要进行缠绕。而麻绳在竹绳上打结，如何既不容易在拉纤的时候松开，又能在拉完纤后一扯便轻松解开皆有其技巧与讲究。要知道，在拉纤过程中若绳子开了，埋头拉纤的人是极有可能一头撞在滩石岩壁上，严重的甚至会危及性命。"你看，这里只需要缠上三圈"熊家伦老师放慢动作，耐心向笔者演示了打结的技巧，"这我也是跟村

图 32　熊家伦老师（左一）演示打绳技巧（2020 年 8 月 17 日符安可拍摄于麻阳县吕家坪旧县村）

里的老船工学的。"说完，熊家伦老师笑着扬了扬手中的纤带。[1]据熊家伦老师向笔者介绍，今日所见船型便是麻阳船中的大船——"鳅鱼头"，其最大承重量在 40 吨左右。[2]根据行船所需工种，船工通常分为掌舵、号工、撑杆、纤工等。纤工则是其中最底层，也是最辛劳，纯粹卖力气的活计，其主要功能是当船只逆流回上游时，到岸上的滩涂险壁处用人力拉纤绳充当船只的航行动力。有资料记载，在清末原兴地为湖南的辰州麻秧子载重达 600 担。1913 年日本大村欣一的著作中也记载麻阳子载重为 300—600 担。[3]在我们如今看来，于逆流的河水中靠人力拖拽一艘如此重量的船只，简直是一件无法想象的事情。然而在过去，处于前工业时代的沅江流域，以人力驱使的木船和马车却是日常生活中最主要的交通工具。

沈从文曾在其著作中对纤工劳动的场景有过一定的描绘："正当我那只小船上完第一滩时，却见一只大船，正搁浅在滩头激流里，只见一个水手赤裸着全身向水中跳去，想在水中用肩背之力使船只活动，可是人一下水后，就即刻为水带走了。在浪声哮吼里尚听到岸上人沿岸喊着，水中那一个大约也回答着一些遗嘱之类，过一会儿，人便不见了。这个滩共有九段。这件事从船上人看来可太平常了。"[4]可见，水上

---

[1] 2020 年 8 月 17 日，笔者于旧县村河边草坪采访麻阳县吕家坪社区前主任熊家伦时口述。
[2] 2020 年 9 月 11 日，笔者于微信采访麻阳县吕家坪社区前主任熊家伦时口述。
[3] 蓝勇.近代川江木船主要船型流变及变化原因研究[J].四川大学学报（哲学社会科学版），2018（4）：15—16.
[4] 沈从文.湘行散记[M].北京：北京联合出版公司，2017：26.

营生不易。而这一份苦难艰辛，透过"拉纤号子"的呼喊以及"纤工们"垂首低伏、腿蹬肩顶的动作形态中可寻觅到一二。

普列汉诺夫（Georgi Valentinovich Plekhanow）曾说："每种劳动都有自己的歌，歌的拍子总是十分精确地适应这种劳动所特有的生产动作的节奏。"[1] 从这个角度出发，围绕"麻阳船"为中心，不同的工种所体现的功能性动作势必会形成一种内在的结构化动作体系。以"拉纤号子"为例，拉纤时需要统一的呼吸、统一的节奏、统一步伐，方能集合力量拉动船前行。与此同时，在船上同时还要有"撑杆""摇橹""掌舵"的协作与配合，因为上岸的"拉纤"无法成为驱动船行进的唯一动力。这时号工的"号子"成为引领力量集结的重要媒介，有着异常突出的作用。这也是为何"号子"往往是"一领众和式"的表现形式——与其承担着集结各组织劳动力和指挥群体动作整齐划一的实际功能有关。所以，"号子"的构成绝非单从其唱腔、曲调、声部来进行分析演绎，还应涵盖其"结构化体系"的运动过程、事件、审美以及文化结构。

（三）麻阳精神的非物质文化"遗产"——摇橹号子

11：30，船顺水返回码头。"纤夫"们将纤绳仔细盘绕成圈，挂在船顶篷触手可及之处。麻阳船夫"讲规矩"在沈从文的书中常被提及，今日即便只是为我们"展示"，但"麻阳人"的行事作风已然体现在这不经意的举手投足之间。收好纤绳，几名"船夫"合力从船沿抽出两根形制巨大的圆头扁尾木桨，用麻绳拴捆在船头，并将桨的榫口固定在一根大枘柱上。

"麻阳船首宽尾窄，两头略翘，船腹小，两侧向外鼓出，各有3根纵横前后的大枘，尾有一短而低的甲板室，官仓与燕尾仓上篷间有开

---

[1] 普列汉诺夫. 论艺术：没有地址的信[M]. 曹葆华，译. 北京：生活·读书·新知三联书店，1964：27.

门窗的蓬连接。……据沃斯特调查，当时的麻秧子规格较大，一般在36—110英尺间，即10米到33米之间，最大的可达150英尺，即45米，宽可达19英尺，即6米左右。"[1] 可见，纵横沅水的"麻阳船"形制大小区别于一般的船型，则其不同工种之间的站位必有所不同，船型的特质在"摇橹号子"中得以体现。"摇橹船工"们呈尖头包围式队形于船头两侧排开，每根大橹桨处都有一人立于悬空的大枘架上，另三人弓步站于甲板上。随着号工一声吆喝，"船工"在"嘿、哈、嘿、哈"的应答声中不断推拉橹桨。从摇橹队形的排列，到船在转弯靠边时产生人员调度，再到摇橹动作的产生、幅度、重心与形态的转换，皆能明显感受道具、空间以及环境对其形成的影响。摇橹过程中的肢体动作语汇主要集中在手臂上。由于船上空间有限，摇橹过程中下肢基本呈固定状态。肢体动作主要集中于手臂"8"字形划圆，仅在上身的"推"与"拉"中进行重心的转换。这种动力方式，于摇橹前推后拉的转换中给人以"实沉""荡漾"之感。笔者亲自体验了摇橹的过程后发现，橹桨尾形制扁平，一旦进入水中划动便如鱼尾一般又软又飘，这与笔者在溆浦大江口镇王家码头处一叶小舟上划桨的感觉全然不同。小舟的短木桨划起来直且硬，即便一人之力也能驱舟前行；而橹桨扁阔宽大，片水斜切最是省力高效。这样一来，使用橹桨时手臂的动作便是呈"8"字走势，所以舟是用桨"划"，船是用橹"摇"，竟是一点也没有错。

"逆流好用船头力，下水偏将船尾行。一叶不妨危地过，此心平处水皆平。"清代诗人蒋深[2] 随口一吟做出这首七言律诗——《麻阳船口

---

[1] 蓝勇. 近代川江木船主要船型流变及变化原因研究[J]. 四川大学学报（哲学社会科学版），2018（4）：14—28.

[2] 蒋深（1668—1737），字树存，号苏斋，亦号绣谷，江南长洲（今江苏苏州）人。清代诗人、画家。先为武英殿纂修，是专门为皇帝校勘书籍的官员。康熙五十二年（1713）九月，出任余庆知县。

号》。前半段是说逆水行舟，阻力颇大，故要用阻力较小的船头破浪前进；而顺水行船，舟借水势，故可用阻力较大的船尾排浪而行。后半段则说，拥有高超的操船技巧又如何，心境平和，即便是水路也都会如履平地。此诗借行舟论处世，

图 33 船工们一边摇橹一边高歌摇橹号子（2020 年 8 月 17 日符安可拍摄于麻阳县吕家坪旧县村）

更是道出了"吃水上饭"的麻阳船工的坚韧乐观的处世哲学。不论是"长河号子"，还是"沅水号子"，皆凝练着该水域特有的山川地貌与乡音人情。背后往往也都紧密联系着相应的动作体系与文化语境。"船"的背后是一个时代的缩影，因"船"而生的这份生命力与感染力是"号子"世世代代流传至今的源泉。曾有学者论及舞蹈民族志的研究工作描述"舞蹈是一种借助舞动生产感知觉的具身化知识，它并不局限于视觉的文本再现和当地人的文化言说，而是活生生地在身体运动之力量输送与情动传染中得以体现。"[1] 这次宝贵的田野体验让笔者得以亲见作为一种艺术表现形式的《摇橹号子》，在不同空间（舞台、劳动实景、生活实景）下的集中展现，笔者有幸深入其文化语境来理解乐舞艺术形态的生产与发展，并透过其独特的动作体系与艺术表现形式重新认识这个地方的社会历史和人文环境。并且，此行得到了麻阳县音乐家协会的大力支持，他们对沿途考察点进行了详细的规划和讲解，为我们的工作提供了极大的帮助。

在这两日的麻阳田野走访过程中，笔者深感民族民俗艺术无比宝

---

[1] 刘柳. 另类知识：舞蹈民族志之知识特殊性及相关方法论问题[J]. 民族艺术研究,2019(5)：128—138.

贵的文化魅力，从劳动人民最为质朴的呼喊中，体会到人类在漫长的岁月中无数次手把手、肩并肩，共同面对世间的一切艰难险阻。在乐与舞交织的画面中，展现出"麻阳船夫"不畏艰险、坚韧豁达、包容和谐的民俗文化精神。值得日后进行更为深入的田野考察工作，挖掘与探讨围绕以"麻阳船"为中心的艺术表现形式、独特功能及其社会意义。

（符安可，湖南师范大学音乐学院2019级舞蹈编导硕士研究生。）

"流域"空间下的音乐文化互动
——辰溪田野文化志

徐 花

田野考察乃民族音乐学的立生之本,与以往强调的居住式田野不同,此次湖南师范大学"中国南方少数民族音乐文化研究中心"(以下简称"中心")联合湖南第一师范学院、贵州大学两所高校进行的田野,不仅人数多、来自不同研究方向,也是一次站在流域空间视域下对各地音乐文化事项的考察。2020年8月18日,团队一行人依依惜别麻阳,踏上前往辰溪的路程,虽然路途中仍不自觉会想起麻阳"船工号子"的精彩表演,但也越发让笔者期待接下来的辰溪之行,带着这种怀念与期盼,我们在颠簸的车身,河面上落日余晖的倒影,路面上不时扬起的灰尘,由于疲惫所引发困意的陪同下慢慢抵达目的地。

一、辰溪概况

由于此次田野是对沅水流域周围的音乐文化事项进行的考察,所以从流域的视角看,辰溪由于处在两河交界处,占据了重要的地理位置，如《辰溪县志》载："又适当辰水（又名辰溪）入沅水之口，故易县名为辰溪。"[1] 故县内有辰水和沅水两条主航道，两条河流的走向分别为：辰水经贵州江口、铜仁，湖南麻阳注入辰溪；沅水经贵州都匀、凯里、剑河、锦屏，于湖南洪江注入辰溪，然后两河在辰溪交界，之后沅水继续流经泸溪、沅陵、桃源，最后由常德汇入洞庭湖。

由于以前陆运交通不便，大多的资源运输是靠水运来完成的，而辰溪的煤矿资源丰富，如《辰溪县志》载："清光绪二十三年（1897），辰溪建立第一家煤炭公司——震发公司，开始开采商品煤，年产约1500吨，原煤运销常德、汉口等地……原煤生产年逾万吨，中期增至31000吨……年产量余跃增至10.5万吨，除满足县内工厂需要外，有百分之二十外销邻国。"[2] 所以便利的水运使得与常德等多地有了贸易往来，带来了商业文化的繁荣，沅水流经的其他区域也在无形中形成了这种特色的商业文化圈，如洪江古商城、浦市古镇。水运也带动了音乐文化圈的发展，该圈又可细分为移民文化与号子文化。移民文化是指由于水运使得经商之人选择在行商之地定居带来的文化交流；号子文化则是指在行船、拉纤等劳动过程中为了统一劳动节奏而产生的特色音乐。因此，从流域文化空间视角探索音乐与文化空间之间的互动，不仅有许多共时性的东西值得考证，也有许多历时性的东西值得追溯。

二、历史古迹

追溯每个地方的历史，将音乐文化事项与历史之间进行勾连思考也是此行的重要目的之一，而历史古迹作为建筑文化，不仅留下了岁

---

[1] 辰溪县志编纂委员会. 辰溪县志[M]. 北京：生活·读书·新知三联书店，1994：65.
[2] 同上：405.

月的痕迹，也悄无声息地见证、记载着历史，因此有着重要的考察价值。8月18日我们来到了江东寺、锦岩塔、张家溜、辰河高腔剧院、湘西剿匪史料陈列馆，试图找寻其表象背后深埋的历史记忆。

（一）江东寺

8:00我们从酒店驶往江东寺，与预想的情况不同，在离镇越远时，路面慢慢由平坦的公路变成了原始的"乡村小道"，车内也越发颠簸起来，车窗外除了路边的杂草，还有四散开的灰尘。最后到达该寺时，肉眼可见的变化就是每辆车身都叠加了一层"灰白色"的"罩衫"。

江东寺现位于辰溪县孝坪镇江东村，距县城辰阳镇10千米，于2011年被公布为省级文物保护单位。据《辰溪县志》载："宋嘉定初年建，原址在泸溪浦市，名浦峰村，又称石林精舍，三峿寺。明代被大水冲圮，迁于江东，改称江东寺。"[1] 这说明江东寺原本并不位于辰溪县，而是位于泸溪县。同时笔者也感到一丝困惑，因为该寺不似印象中的寺庙那般香火旺盛且与世隔绝地坐落在山中，给人的感觉更像是孤寂地坐落在小村庄中，等待外人来发掘。与这一孤寂感相对应，似乎是年久失修的缘故，寺庙红色的外墙漆已经掉落成红白相间色，正门上方除了醒目的"江东寺"牌匾，牌匾上方还标有"天云山"三个大字。

进入寺内，其总体建筑格局似古代宫殿，黛顶翘檐，精巧却又不失大气，继续往里走可见到主殿大雄宝殿，殿内供有大佛塑像数十尊，神态各异；主殿右侧的房屋似将要坍塌状，在屋内正中间位置挂着写有"玉皇大帝"的横幅，横幅下方有一尊较小的塑像，塑像后堆放了几扇坏了的木门和一些木板；主殿左侧原竖有一座转轮藏，属于三个半"藏"中的半个藏，相关描述可从沈从文笔下窥知一二："浦市镇对河有一个大庙，名江东寺……寺侧院竖在一座转轮藏，木头做的，高

---

1 辰溪县志编纂委员会.辰溪县志[M].北京：生活·读书·新知三联书店，1994:678.

三四丈，上下用斗大铁轴相承。三五人扶着有雕刻的木把手用力转动它时，声音如龙鸣，凄厉而绵长，十分动人。据记载是仿龙声制作的，半夜里转动它时，十里外还可听得清清楚楚。"[1] 只是此座转轮藏已尽数毁坏于"文革"时期，我们来

图 1　江东寺（2020 年 8 月 18 日由赵书峰摄于江东寺内）

此时只剩下了一个安放轮轴的圆形深坑，深坑周围，杂草丛生，完全让人联想不到其往日风光，遗憾之余更多的是感到可惜。

继续沿江东寺附近的码头走去，却发现许多从江东寺内拆出来的红砂岩来堆砌田坎，这不仅让笔者觉得惊讶也增加了对古迹保护不当的感慨。就这样走过田坎来到码头，码头边上有两位长者正在阴凉处闲谈，询问后才知道他们在此负责记录轮船的渡客情况，即从该处渡河至对面浦市，票价为两块钱一个人，人满就开船，并无固定的时间班次。介绍人罗来峰还补充道："此河边原有八个码头，大小不一，根据船只所载货物的重量与大小决定停靠位置。"于是当笔者望向这平坦开阔的河面时，似乎看到了河面上大小不一的船只，河对岸来来往往的人流，听见了河岸上喊着整齐有力的拉纤号子声。只是在实际走完八个码头时却不免感到失望，因为现在能证明此处是繁华码头的依据就只剩两处保存较完整的由一块块红砂岩堆砌叠加而成的石阶。另外，除了较大的码头还留有完整的石阶，其余小码头的石阶几乎已经被乱石与杂草所掩埋。

透过江东寺的考察可以窥探出一些民族间的交融与变迁关系，据

1　沈从文. 湘西[M]. 长沙：岳麓书社. 2013：115.

记载:"佛教约在唐代传入辰溪,明清时期最盛。"[1] 而江东寺始建于宋朝,因此可以推测此时属于汉族群体信仰的佛教文化已经逐渐融入少数民族地区,比如目前江东寺中供奉有玉皇大帝塑像便是文化互动的证明,因为玉皇大帝本属于

图2 码头边的楼梯(2020年8月18日由徐花摄于码头边)

道教信仰,却出现在佛教信仰的寺院中,这也从侧面反映了佛道融合,而产生互动的原因便与流域文化密不可分。只是发生这一互动的具体时间及怎样互动也是值得之后继续进行思考。另外,从江东寺的原址和现址可以说明河流这道天然屏障有时也会成为边界与族群划分的依据,如江东寺附近的这条河流便成为划分怀化市辰溪县与湘西土家族苗族自治州泸溪县浦市古镇两个地方的界线,从族群角度看,即划分成了少数民族和汉族。所以此时在考察族群音乐文化互动关系时,流域文化空间也成了需要考虑的重要部分。

(二)锦崖塔

10:30,我们出发前往锦崖塔。据《辰溪县志》载:"明万历年间(1537—1620)时建,1958年'大跃进'时拆毁。"[2] 该塔现位于城西2千米处的锦鸡山上,"锦塔临江"也是辰溪古八景之一,本期待着可以登塔观江,但到达时由于塔内未开放,所以我们只能站在塔外观江。虽未登塔,但站在塔旁依旧可将大半个辰溪景色收入眼底,感受到沅水的壮阔之感。介绍人罗来峰说以前人们都是站在塔上观看是否有船

---

[1] 辰溪县志编纂委员会.辰溪县志[M].北京:生活·读书·新知三联书店,1994:678.
[2] 湖南省泸溪县志编纂委员会.泸溪县志[M].北京:社会科学文献出版社,1993:678.

图 3 锦崖塔旁所观的辰溪（2020 年 8 月 18 日由徐花摄于锦崖塔旁）

只进入辰溪境内，以达到及时传递消息的目的。

（三）大酉书院

12:20 我们到达西庄，虽是吃饭间隙但我们也抓住机会参观了大酉书院，该书院 2020 年 5 月被评为怀化市中小学生研学实践教育基地，6 月便与怀化学院一起成立了中华优秀传统文化教育基地。虽然书院不大，但陈设布局简单大方，在一进门的位置便可清晰看见墙壁上的孔子画像，让人感受到一股浓浓的书香氛围。

（四）张家溜古村落

短暂的休整后，14:45，我们穿过一条被水稻包围的田坎路，来到了张家溜传统古村落。张家溜是辰阳镇下属的行政村，于 2019 年列入第五批中国传统村落名录，张宏香老人说自己已是家中的第十三代传人，家中的辈分排序依次为"廷万天启词先国，正大光明开宏西"。因此，这也从侧面印证了该村的历史之久。继续踏着石板路在巷道中穿行，会发现村内现在只剩十余栋保留完整的老宅，其余都是新建的民房。该村的周姓村主任说："他本人是从沅陵迁来的，现在村里的姓氏主要为张姓，以汉族人口居多，村子在国民党时期也有'小南京'之称，有此称呼的原因是在村子不远处有个大码头，该码头上通辰溪，下达浦市。在清朝时他们村的造纸业较发达，原材料便从麻阳运输，做好后则就近贩卖，比如卖到邻近的浦市与沅陵。"从主任的叙述中可知，张家溜村以前也是由于便利的水运条件带来的经济的繁荣，这也进一步印证了关于水运可以带来文化的互动，从而进一步探究流域文化空

图 4 张家溜古村落与现代建筑的拼接（2020 年 8 月 18 日由徐花摄于张家溜）

间中音乐与文化的互动关系。

三、辰河高腔

16∶50，我们来到了辰河高腔剧院，在传习所内充分感受了剧团成员的排练日常。辰河高腔传习所位于辰河高腔剧院的左侧，传习所正门口右侧画有脸谱，脸谱上方挂有"辰河高腔传习所"的牌匾。传习所内的整体空间呈一个长方体，靠门口的地方有一处较高的舞台用来演奏乐器，中间的空旷场地便是日常表演的地方，除了表演，中间的位置上还放有茶几，师父一般是坐在茶几的椅子上指导大家排练。

辰河戏一共有高腔、低腔、昆腔、弹腔四种形式，由于高腔用得较多，所以通常谈到辰河戏都会叫辰河高腔，它主要流传于沅水的中上游地区，如辰溪、泸溪、沅陵、溆浦等地。辰河高腔是由泸溪传入，据《泸溪县志》载："明末，江西巡抚衙门的书办江西弋阳曾氏兄弟二人，因避乱来浦市，寓居于江西会馆万寿宫，为生计，授徒教唱弋阳腔。当时客居浦市的一些江西殷实商贾，常唱家乡戏自娱乐。初结合傩愿戏，以人声帮腔融进祭祀音乐。清雍正、乾隆年间试以唢呐、笛子帮腔，自此便形成了独具特色的辰河高腔。"[1] 该记载不仅说明了辰河高腔的来源，同时也证实了由于移民文化所带来的音乐文化互动。相关记载还有"曾氏兄弟设馆授徒，沅陵、辰溪、溆浦等地许多人来浦市拜师学戏，学成后回本县教唱。始形成辰河戏流派。各流派均视浦市'浦腔浦调'为正宗"。[2]

首先，剧团的演员们给我们表演了目连戏中的《望乡台》片段。目连戏取材于印度佛经，带有一定的宗教色彩，主要讲的是傅罗卜历经千辛万苦最后救出母亲的故事。据扮演小生的演员胡家豪介绍："他是13岁进剧团的，刚进来的时候一般是学唱腔和戏曲动

图5 传习所内演奏的师傅们（2020年8月18日徐花摄于辰河高腔传习所）

作，训练的时候也是师父一个一个口传教授，没有曲谱，因为师父说如果谱曲教授的话味道就变得不一样了。另外他们每年都会有送戏下乡一百场的任务。"

---

1 湖南省泸溪县志编纂委员会．泸溪县志[M]．北京：社会科学文献出版社，1993：433．
2 同上．

之后，剧团成员表演了木偶戏。木偶戏指的是辰河戏艺人的行话里的木偶班矮台戏，群众一般称之为"木脑壳戏"或是"棒棒戏"。木偶戏在湘西等辰河戏流行的地区有深厚的群众基础。据《泸溪县志》载："浦市在清雍正、乾隆年间有三十六坊团。各坊每年二、八月都要唱土地戏曲，以求保佑一切清吉。凡唱酬土地的戏，均请矮台班，但多从沅陵、辰溪等邻县请来。"[1]

图6 木偶戏表演（2020年8月18日由徐花摄于辰河高腔传习所）

最后，万祖铜副团长给我们演唱了一段《渔鼓来由》。渔鼓在《辰溪县志》中已有记

图7 渔鼓表演所用乐器：渔鼓（上，一端装有渔鼓皮）、快板（左下）、筷子头和钹（右下）（2020年8月18日由徐花摄于辰河高腔传习所）

载："清代已有渔鼓艺人在街头巷尾演唱，民国时期更为盛行，其演唱形式简单，一渔鼓筒、一钹一板，由一人演唱。"[2] 只不过该剧团的渔鼓与之前笔者在里耶考察时所见渔鼓不同，它在原来渔鼓和快板基础上另外加入了钹和一根类似筷子状的小铁管。万团长介绍说："现在渔鼓的皮都是用医用手套做的，因为用猪油做的皮比较容易破。渔鼓的伴奏乐器可以对应八仙过海里神仙们用的法器，比如：钹是八仙过海里曹国舅赐给打渔鼓的师傅的太极头，渔鼓筒是蓝采和的法器，类似筷

---

[1] 泸溪县志编纂委员会.泸溪县志[M].北京：社会科学文献出版社，1993：435—436.
[2] 辰溪县志编纂委员会.辰溪县志[M].北京：生活·读书·新知三联书店，1994：662.

图 8 与剧团成员合影（2020 年 8 月 18 日由路人摄于辰河高腔传习所）

子状的乐器是韩香子赐的筷子头，而渔鼓皮则是三国里的张飞有一日赐给渔鼓师傅的猪板油。"

据万团长介绍："他们剧团最初是由双元班转变而来，1980 年又恢复剧团取名高腔剧团，于 2010 年正式改为辰河高腔艺术传承保护中心。"辰河高腔作为较出名的剧种，从最开始的形成到发展，都充分体现出以流域文化空间为导向的音乐互动与交融。另外我们来到了湘西剿匪史料陈列馆，馆内除了记载许多纪念抗战胜利的相关事迹外，还有许多史料文字记载了辰溪人民的生活、音乐与古迹。

四、丰富的瑶族文化

感受完辰溪县当地的特色音乐文化后，我们又继续对历史古村落五宝田村与古驿站船溪驿村进行了考察。由于辰溪县内的少数民族以瑶族居多，主要以"瑶族乡"的形式进行聚居，瑶族乡的分布总体呈现半圆形围绕在黄溪口镇周围，半圆的弧度从上到下、由左至右依次为仙人湾瑶族乡、后塘瑶族乡、苏木溪瑶族乡、罗子山瑶族乡和上蒲溪瑶族乡。除这五个瑶族乡外，隶属怀化市中方县的蒿吉坪瑶族乡也与其相邻——主要位于上浦溪瑶族乡的东南方向。另外，辰溪的这五个瑶族乡不仅是怀化市最北的瑶族乡，也属于湖南省内最北的瑶族乡，之后再往上走就没有大片的以"乡"为单位居住的瑶族了，在辰溪瑶族乡内分布的瑶族主要是以"蒲、刘、丁、沈、石、陈、梁"为主的七姓瑶。据《湖南瑶族社会历史调查》载：湖南瑶族有盘瑶、花脚瑶、平地瑶、过山瑶、八峒瑶和七姓瑶六个不同的称呼，其中分布在辰溪县境内的有盘瑶、花脚瑶和七姓瑶。[1]

（一）初识五宝田村

8月19日早上8：00我们正式出发前往五宝田村。五宝田村属于黄溪口镇上蒲溪瑶族乡下辖的行政村，处于雪峰山与武陵山脉之间，东接溆浦、南连怀化。于2010年被公布为国家级历史文化名村，2011年被湖南省人民政府公布为省级文物保护单位。在前往该村的头一天，我们就被告知开车至村内可能需要耗费五六个小时，预计返程时间为晚上19：00，虽然耗时较久，但听到这个消息，却也让我开始期待它究竟是怎样的一座神秘古村落。

清晨我们的车辆便慢慢向深山驶进，在驶进过程中虽下了几场雨，但也算给酷暑的田野增加了一丝凉意。沿途中所经过的村寨，皆是青瓦屋顶，四面环山，十分统一。直到路过一处亭子时，坐在亭中的人突然开始歌唱，虽坐在车中，但大家仍不自觉地被歌声吸引过去，不

---

[1] 广西壮族自治区编辑组，《中国少数民族社会历史调查资料丛刊》修订编辑委员会.湖南瑶族社会历史调查[M].北京：民族出版社.2009：3.

约而同地停下了车辆，本以为这就是目的地正准备下车时，前头带队的车辆又开始继续向前行驶。最后经过四个小时的迂回盘旋，11：53 我们正式到达村内，虽说长达四个小时的路程多少让人感到有些疲惫，但在看到村子后，大家都被五宝田的质朴美给吸引住了，纷纷在距村口不远的弯道处停车拍照——因为在弯道处刚好可以将整个村子的景色收入眼底。

五宝田村被群山环绕处于中央位置，一栋栋青瓦建筑从上而下排列既整齐，又错落有致，村口的左手边有一座小桥，右手边是一条直通村内的青石板路，石板路刚好位于房屋外墙与菜地篱笆中间，看久了倒觉得有些别致。村寨门口坐有

图 9　五宝田村全景（2020 年 8 月 19 日徐花摄于五宝田村）

几位说话的老人，其身旁放有锣、钹等乐器，在询问他们是否可以表演节目时，几位老人便很开心地为我们表演起了节目。继续向村内深入，可以看到有一条小溪将整个村庄一分为二。小溪上还架有一座桥，桥上聚集了许多下棋、打牌、闲聊的村民，十分热闹与惬意。在与其中一个阿姨聊天时，阿姨告诉我说村里一共有三百多户人，但现在就只有四五十人在家，因为年轻人多半都在外务工。

（二）"三余余三"

靠村口不远的位置有一栋名为耕读所的建筑，但其门口并不是直接写上耕读所三字，而是写了"三余余三"这几个大字，据萧爷爷介绍，"三余"即"冬者岁之余，夜者日之余，雨者晴之余"之意，意思是提醒读书之人要珍惜光阴，倍加努力，学足"三余"，"余三"即"三年

图 10 五宝田村内的房屋（2020 年 8 月 19 日由徐花摄于五宝田村）

之耕而一年之食，九年之耕而余三年之食物"之意，意思是教育后人要勤俭持家，以备饥荒。耕读所内一楼是粮仓，还有一些农具，二楼为上课读书的地方。另外耕读所下面的石板有一些是由糯米和石灰一起做的，所以很结实掰不开，但"破四旧"的时候也毁坏了一些。从前门进入耕读所后，在内侧出口处还另设有一门，据萧爷爷介绍："那是因为村里以前有八大富豪，有两家养了三个风水先生，他们说这个后门对着溪水有招财之意。"

（三）音乐形态分析

1.《娇和郎》

13：43，大家都聚集在耕读所内的空旷处准备观看表演。首先表演的人是刘家象和肖大妹，他们分别来自罗子山瑶族乡和上浦溪瑶族乡，演唱的山歌名为《娇和郎》，其山歌音色明朗，旋律悠扬绵长，沁人心脾。根据后面的采访了解到他们从小就喜欢唱山歌，而茶山号子以前是在山里做工时演唱，歌一唱劳动得也比较快。另外山歌和茶山号子的不同就在于喉音，茶山号子喉音很大，而山歌不用那么大的力气去叫，相同的是茶山号子的词山歌也可以拿来用。

谱例 1

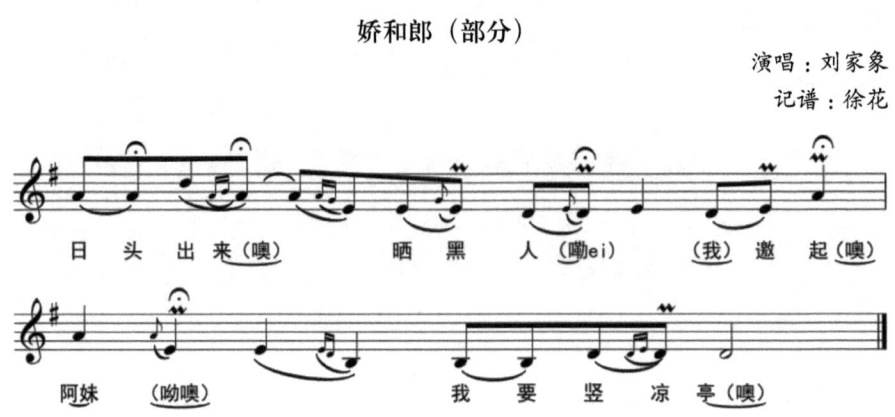

娇和郎（部分）

演唱：刘家象
记谱：徐花

从以上谱例可知《娇和郎》以五声性的旋律音阶构成，按照首调唱名法，该曲骨干音为 sol、la、re，旋律进行较强调 re 和 la 音，调式为徵调式，节拍为比较自由的散拍子，以八分音符、四分音符和二分音符组成的节奏为主，曲调中有较多带有情感抒发的自由延长音。另外整首曲子的装饰音较多，如窄音、前倚音、颤音，这些都更好地表现出山歌的悠长之感，另外此山歌的旋律跨度较小，都在一个八度内，属于山歌里的平腔山歌。

最后，出于好奇，我便问了阿姨村里离城市那么远的话，那平时一些生活用品的购置会去哪里买呢？肖阿姨告诉我："到时候会有专门去城里赶集的大巴车去赶黄溪口的'二''七'场（'二'和'七'的意思是每个月逢二逢七都可以赶集），当然不同地方赶集的日子也不一样，比如后塘是赶'初一''初五'，龙头庵是赶'三''八'场，虽然每个地方的时间不同，但合起来一个月就可以赶六个场。"听到这些，我想到了之前田野考察时所待过的村庄，他们也有这种赶集的形式，不过他们一个月只能赶两次，因此每次赶集都需要将所需的食物与生活用品提前备好，不然就只能等待下次赶集的到来。不过也正是交通的不便使得这里民风淳朴，传统文化得以较好的保留，对于祖辈留下的文化保持着敬畏。不过随着新时代的来临，他们是否要继续沿袭着原来这种生活方式，应如何维系这种变与不变的平衡似乎仍是之后的学者需要探讨的问题。

2. 呜哇山歌

听完悠扬绵长的山歌之后，米庆松、蒲方礼、刘家象又一起表演了呜哇山歌。呜哇山歌有锣、鼓伴奏，还没等表演者开口，欢快的锣鼓节奏就已抢先进入大家耳中，等到锣鼓一结束，表演者们便开始演唱，当演唱者的"wu"音一出来时便使在场众人感到惊讶，因为该音的音高一下子便达到了 g^3，在惊讶之余，也让我们十分佩服演唱者深厚的演唱功底与技巧。

演唱结束后，米庆松爷爷表明自己是汉族，也是茶山号子的国家级传承人，其老家在苏木溪瑶族乡白羊坡村，之后由于改革被划为苏木溪瑶族乡田坳村，现在主要住在黄溪口镇上。茶山号子主要是挖茶山时用的劳动号子，一般是二十几个人跟着节奏一起来挖，而呜哇腔一般是唱带有呜哇的那个声音，用来模仿假嗓子（窄音）。

谱例2

呜哇山歌（部分）

演唱：米庆松、刘家象、蒲方礼

记谱：徐花

该鸣哇山歌以五声性的旋律音阶构成，按首调唱名法，该曲骨干音为 do、mi、sol、la，节奏较规整，以 "×—""××""××××"节奏型为主，节拍为四二拍，调式为宫调式。最大的特点是声音高亢，因为该旋律的音高基本都在小字三组之间来回移动，主要的艺术特点是一手打鼓一手打锣，一唱众和，形成一种在空旷之地喊话时出来的回声之感。另外倚音和颤音这些装饰音的加入也增加了歌曲的层次性。最后从旋律上可以看出该山歌并不符合一般写旋律的特点，因为旋律的第一个音出来时就开始打破常规，位于高音区，在之后的旋律进行中虽没有出现什么大的音程跳动，但整体音区偏高。

3. 瑶族双唢呐

之后为我们表演双唢呐的是来自罗子山瑶族乡的蒲方礼和仙人湾瑶族乡的周汝有。双唢呐一般所见不多，但在相关文章中也有记载："双管唢呐用约 17 厘米长的两节小竹管，一面开孔……把两根竹管束成一对即成。"[1] 我们在五宝田所测的唢呐长度为：喇叭长为 16 厘米，口宽 14 厘米，管长 25 厘米，哨片 0.8 厘米，共长 51 厘米；伴奏所用鼓的直径为 30 厘米，周长 110 厘米，高 22 厘米；伴奏所用锣的直径为 35 厘米，高为 0.3 厘米；钹的外直径为 26 厘米，内径为 12 厘米，高为 5 厘米。

周汝有表演完后表示自己原本是汉族，由于瑶族乡成立才改成了瑶族，目前也是县级传承人，而且双唢呐由于比较稀少，一般只有黄

---

[1] 湖南省地方志编纂委员会.湖南省志·民族志·二十四卷[M].长沙：湖南人民出版社.1997:325.

溪口瑶族才有，其余地方都没有。之后蒲方礼叔叔也说自己12岁就和爷爷一起学唢呐了，现在从爷爷那里学过来大约十二个曲牌，比如结婚时候吹的〔满堂红〕〔拜堂唢呐〕，白事时候吹的〔小开门〕〔抬丧唢呐〕等。双唢呐在结婚、白

图 11 双唢呐（2020 年 8 月 19 日由赵书峰摄于五宝田村）

事、舞龙灯、划龙舟时一般都会吹。其制作则需要自己上山寻找长在森林深处的映山红树，并挑选上笔直的树，因为不直就做不出来唢呐，等到树木完全放干之后再来穿孔，经过这些流程后制作完成一个双唢呐差不多需要两个月的时间。虽然过程较复杂，但如果唢呐保存得好就可以吹一百年之久。

谱例 3

满堂红

演奏：蒲方礼
记谱：徐花

双唢呐的这段旋律调式为商调式，节拍为四三拍，按照首调唱名法，该曲骨干音为 do、re、mi、la，同时主干长音上都有颤音，主要集中在 mi、re、la 上面，跟当地的山歌"呜哇腔"很像，长音后面的十六分音符基本上是波浪式，在音程关系上，旋律整体较平稳，只是在第

三小节突然出现了一个大跳，从小字组的 $^\flat b$ 直接跨过中音区，跳到 d^2，大跳的出现同时也让旋律达到最高点，这样子的旋律进行打破了前后二度和三度级进的平稳，就像喊山歌一般，而且在演奏中，最低音 $^\flat b$ 到最高音 d^2 之间并没有断句，主要是靠气息变化和手指装饰音去达到。总体上来说，旋律中的滑音、颤音体现出中国传统音乐的"腔音"特征，是一种乐器模拟人声（呜哇腔）的效果，即乐器的"声腔化"，这些都需要熟练运用多种演奏技法以及对唱腔的细致琢磨才能去表现。

最后，在看完这些瑶族村民的表演后，不由得感慨正是由于他们对于传统音乐文化的坚守，对于老一辈传统技艺的传承，才使得现在可以涌现出各种不同种类的非物质文化遗产，为中国少数民族音乐文化的繁荣添上了浓墨重彩的一笔。对于这些民族特色文化，我们作为年轻一代，其实更应怀着一种新的责任感对其进行传承与发展，让其在当下多元的音乐文化生活中存有一席之地。

五、船溪驿村

8月20日上午9：35，我们来到辰溪县的最后一站——船溪驿村。船溪驿村作为辰溪县船溪乡下辖的行政村，于2008年11月被辰溪县人民政府公布为县级文物保护单位。据县志记载："辰溪县古为通往滇黔要道，历以水运为主……元初，开通驿道，陆运始兴。"[1] 由此可知，辰溪陆运交通开始发展是由于驿站的开通。船溪驿村古时候因地处要道，所以朝廷的官宦任免、贬官迁客、公文战报、军队的粮草军饷、民间的商贸往来等都要经此或停留，一时车水马龙，商贾云集。据《沅陵县志》载："元至元二年（1265），世祖开通京都至昆明驿道，自桃

---

1 辰溪县志编纂委员会. 辰溪县志[M]. 北京：生活·读书·新知三联书店，1994：427.

源郑家驿入境西行，……船溪驿至辰溪山塘驿境内170千米。明洪武十四年（1381），各驿设驿丞，每设马100匹，马夫50名，扛夫179名……清乾隆二十四年（1759），各驿尽归知县管理，设铺34处，共统铺司兵168名。"[1] 由此可知，

图12 船溪驿村（2020年8月20日由徐花摄于船溪驿村）

当时作为驿站的船溪驿村除了发挥着重要的陆运交通作用外，也是古时候的"邮局"，同时也是一条重要的军事道路。

继续沿着被水泥浇筑的石板路往前走时可见到一座风雨桥，桥头的拱门上还篆刻有"北达京都，南抵云贵"字样，桥下有小溪流经，桥旁有许多古建筑，但这些建筑外壁的白色外墙早已变了颜色。总体上来说，该村除部分留存下来的古建筑外，其余建筑基本已现代化。据该村邬书记介绍："村内的邬姓是大姓，主要从江西迁徙而来，听来这里考证的学者说这里以前最多可屯兵15000多人。另外，以前驿站遗留下来的青石板路现在已经被一层厚厚的水泥浇筑填平在地下，只是在一些小沟渠中仍可见到部分石头。"邬书记略带遗憾地表示虽然村内的古迹保留较多，但一般都无文字记载。

继续走入一家古建筑时，木屋门窗上雕刻的图案纹样很快就吸引了大家的注意，书记介绍说："听自己爷爷说这户的主人原来是两个寡妇，主要做的是白蜡生意。房子都是她们自己花钱修建的。"

因此，此次对于辰溪的考察让笔者深深感受到，驿站的建立表明陆运开始兴起，从桥门上的刻字也可知该驿站发挥的重要作用。同时，

---

1 沅陵县地方编纂委员会. 沅陵县志[M]. 北京：中国社会出版社，1993：386.

图 13 船溪驿村一角（2020 年 8 月 20 日由徐花摄于船溪驿村）

驿站对军事文化的发展起着重要的作用，比如该地的大姓——"邬"姓就是因为驻扎军队定居于此生活而形成的，这些驻军大多为汉人，由于人数较多，所以也算是移民文化进入的一种重要方式。但在城市化发展进程如此迅速的今天，在追求现代化的同时，也不能忘记对相关历史文物的保护与搜救工作。比如笔者在田野过程中看到承载着历史的古碑刻风化严重甚至被推倒修建公路等，感到十分惋惜。

而对于古迹与辰河高腔的考察，再一次印证了流域文化空间下各乐种间的交流融合，因为浦市古镇作为泸溪县较出名的一个集镇码头，会不断与周边的县区发生商业文化交流，如辰河高腔就是由泸溪传入辰溪的。而河流作为静态的自然空间景观，有时候不仅可以作为一条天然的分界线，同时也可以成为各行政区域间划分的标准，比如考察江东寺时，辰溪与泸溪之间就因为一河之隔，一个被划分成汉族，另一个为少数民族自治州下辖的县。

图 14 船溪驿村中的房屋（2020年 8 月 20 日由徐花摄于船溪驿村）　　图 15 位于房屋中的木雕（2020年 8 月 20 日徐花摄于船溪驿村）

最后，笔者认为在不同方法论涌现的今天，在对各民族音乐进行考察时，不应该只是强调民族区域音乐史或音乐本体的研究，而应站在不同的维度来思考其音乐表象背后蕴含的文化意义，比如从流域、走廊、古道等空间视角探析音乐与文化环境的互动交融过程，从而为更多有志于投身民族音乐文化的学者提供更多的研究思路与方向。

沅酉两水合流处　土家自有万般情

余　嫒

传统乐舞文化作为我国优秀的传统文化之一，在各地不断的变迁与交融中形成了独具特色的文化形态。对研究者来说，这不仅仅是乐舞形态的研究，更是对语言学、民俗学、地理学等多个学科的跨学科考察。因此，在音乐民族志的阐释中，要不断地深入研究对象的各个层面，由点推面再及点，便能从微观与宏观的双视角来看待乐舞文化的发展与传播，才能有更全面的思考。从怀化的新晃到沅陵县的近二十天的考察中，团队成员一直秉承着这样一种学术思考，走进了苗疆走廊的各个地方。

2020年8月20日下午，考察团队走进苗疆走廊（湖南段）传统乐舞文化考察活动的最后一站——沅陵县。沅陵水陆交通四通八达，是商业与军事的必争之地。也因其地理位置与历史文化，吸引了众多文人墨客，创作出大批优秀诗文，如王守仁《题辰州虎溪龙兴寺》、林则徐《辰龙关》、沈从文《沅陵的人》等。这里也曾发生震惊中外的"辰州教案"；有源远流长的龙兴讲寺、虎溪书院、凤凰寺、龙吟塔等古建筑；还有五强溪水电站坐落于此。团队一行在沅陵县党校李音好、李生江、贺超三位老师的热情带领下，考察了沅陵的部分文化遗址、水域地貌、传统乐舞等内容。

一、沅陵——流域、通道视野下的文化交融点

沅陵县作为此次活动的最后一个考察点，是本次苗疆走廊线路上最重要的研究点之一，也是流域、通道视野下的文化交融中心点。笔者认为原因有三，其一，沅陵县是苗疆走廊上继常德后进入怀化的第一个少数民族区域的过渡区。据记载："沅陵是一个少数民族聚居与散居并存的多民族的县，县内有苗族、土家族、侗族、布依族、回族等15个少数民族。"[1] 其二，沅陵有得天独厚的流域与古道文化。《沅陵县志》载："新中国建立前，沅陵县境酉水、沅水194千米航道，险滩多达30处。虽沅水以险滩著称于世，但沅陵水运条件得天独厚，素有'五溪通衢'之誉。同时，陆路交通，地当西南要冲，秦汉始开驿道，宋筑蓬山驿、白雾驿、荔枝驿、杨溪驿，元代增设界亭驿、马底驿，明清又增辰阳驿、船溪驿，先后开辟古驿道7条。"[2] 这些水运航道与陆路驿道各自呼应，纵横交错，成为古代传递重要公文与军事情报的必经之路，当然也是促进文化与经济发展的主要原因。其三，沅陵地理位置具有独特的优越性，它位于湖南省西北部，怀化地区北部，沅水中游，处武陵山东南麓与雪峰山东北尾端交汇处。沅水与酉水流域的交汇处正处于沅陵县龙兴讲寺周边，这种交汇使得水域的交融逐渐上升到文化的交融，并促进了跨区域、跨族群文化的互动关系。

---

1 沅陵县地方志编纂委员会.沅陵县志[M].北京：中国社会出版社，1993：130.
2 同上：411.

图 1 沅水（左）与酉水（右）交汇处（2020 年 8 月 21 日余媛摄于沅江大道）

二、龙兴讲寺——传播诸家思想的"大讲堂"

"杖藜一过虎溪头，何处僧房问惠休？云起峰间沉阁影，林疏地底见江流。烟花日暖犹含雨，鸥鹭春闲自满洲。好景同游不同赏，诗篇还为故人留。"[1]据县志记载，明代王阳明先生曾寓此讲学，留下这首《辰州虎溪龙兴寺》。8 月 21 日上午 9：30，带着对这首诗的憧憬，团队一行来到了沅陵县龙兴讲寺。龙兴讲寺位于沅陵县西北方，靠虎溪山，傍沅、酉二水，唐贞观二年（628）建，是一处融汇唐、宋、元、明、清及民国时期建筑风格和文化的珍贵历史遗产，在 1996 年 11 月被国务院列为全国重点文物保护单位。据县委党校李生江老师描述，当时龙兴讲寺位于渡口之前，往来过客在这里接受佛教文化的熏陶。[2]寺内香火不断，百姓流动频繁，他们在这里留下了足迹，带走了思想与文化，并将其随着流域与古道传播至苗疆走廊上的各个地方。赵书峰老师提到，龙兴讲寺不仅是当时长江以南唯一的一座佛家讲堂，也是汉传佛教向西南少数民族文化渗透的第一站，更是苗疆走廊上一道靓丽的文

---

1 沅陵县地方志编纂委员会. 沅陵县志[M]. 北京：中国社会出版社，1993：627.
2 2020 年 8 月 21 日龙兴讲寺山门前李生江口述.

化风景线。

龙兴讲寺坐北朝南，以纵向中轴线对称、院落天井组合的传统布局。纵深七进，中轴线上为主体建筑，依次为：头山门、头过殿、天王殿、韦驮殿、大雄宝殿、观音阁。"在我们日常生活中，对称性有两种意思，一是匀称的，意味着有良好比例或平衡的东西；另一种是一个整体的部分协调，美和对称性相关。不仅是空间上的，还是精神上的。"[1] 从宏观来看，龙兴讲寺的外在对称性即体现在它是以中轴线为中心，对称的两边建筑为：黔王宫戏台、火神庙戏台、黔王宫大殿、东岳庙遗址、东西厢房、旃檀阁、弥陀阁，北侧为牌楼与虎溪书院。其中东侧火神庙、东岳庙，西侧黔王宫，北侧虎溪书院，构成了集佛、道、儒三教一体的多元景观，其建筑布局和空间景观具有强烈的美学意味。从微观视角来看，它的对称性还体现在戏台、天王殿神像、圆形雕刻等细节之中。

（一）头山门、黔王宫戏台、火神庙戏台

头山门为龙兴讲寺正门，牌坊式结构，中为拱门。正门最上部为双龙戏珠的砖雕，中部门额刻"龙兴讲寺"四字，下部内壁中有"唐三藏取经图"，正门门牌保存较完整。其中"唐三藏取经图"引起了团队的讨论，它与龙兴讲寺这一建筑处于两个不同的时期，因此，它的出现还须仔细考量。黔王宫戏台与火神庙戏台居头山门左右两侧，最具特色的是，两戏台以头山门为中轴线呈现相互对称、相互呼应的形式，这在大部分的寺庙中较为少见。而且从寺庙性质来看，体现了当时唐宋时期佛、道、儒三者的文化交汇，也是流域、通道视野下多元文化融合的展现。

火神庙中虽多数建筑已毁，但唯独戏台保存较好。戏台上楹联匾

---

[1] [德]H.魏尔.对称[M].钟金魁,译.北京：商务印书馆,1986：3.

额明柱素洁，气韵生动，共有内、外两联。外联为"天缘见傩舞，地垅闻辰腔"，横批为"南风荟萃"；内联为"楼台吟盛世辰河馀磬不绝，穹阁和兴隆五溪遗风犹存"，横批为"辰音津渡"。笔者认为，从楹联中不仅能看出傩戏、辰河高腔等乐舞文化在此地的表演与流传状况，更深层次地体现了沅陵县与龙兴讲寺作为流域文化传播载体，在苗疆走廊上所具有的重要地位。

（二）头过殿、天王殿

头过殿为硬山作，明间为通道，晚清时期建筑，曾经供奉"哼、哈"二将神像，1983年重修。其左右两间，次间为沅陵县文物展厅，内置龙兴讲寺平面结构图，从中可以清晰地了解整个寺庙的建筑布局。拾级而上到达天王殿，殿中有四大天王的画像，为佛教中的四位护法天神。其图像分居左右两墙，左为东方持国天王与南方增长天王，右为西方广目天王与北方多闻天王。

两墙图像对称，其设置与山门两边的戏台刚好一致，凸显了对称性的美学理念。墙上画像工艺精美、栩栩如生、颜色鲜艳。天神高大魁梧、目光炯炯、仙衣飘飘，所持宝物各不相同，其中增长天王手持宝剑、持国天王手抱琵琶、多闻天王手拿宝伞、广目天王手握赤龙。他们威严尽显，是保护佛法、百姓以及一方土地的守护神。

（三）韦驮殿、东西厢房

韦驮殿位于天王殿与大雄宝殿之间，为中轴线上的第四道门殿。这里同样体现着对称的美学思维与雕刻的美学工艺。原因有二，其一，从整体来看，韦驮殿大门上的圆形雕花处于门的中心位置，其圆形由两边门上对称的半圆拼合而成。门关则圆现，门开则圆分。其二，从细处看，两个竹子状的木制材料形成的圆圈将这一圆形雕花分为内圈与外圈，内圈比外圈面积稍小，内圈中左右两边为两只对称的凤凰，周边以花形装饰，凤凰从尾部到头部的眼睛都细细雕出。外圈布满了各种各样的奇珍异兽，如貔貅、麋鹿、狮子等。这些雕刻不仅相互对称，而且形状玲珑别致，惟妙惟肖，展现了古代精湛的雕刻美学工艺。这一圆形雕刻虽经过岁月的消磨，但颜色依旧清晰可辨，内容依然完整无缺。

韦驮殿内摆放着海洋生物碎屑化石缸，化石距今三亿至五亿年。缸身有六扇，每一扇图案寓意虽各不相同，但都表示如意吉祥，表达了古人向往美好生活的意愿。东西厢房与韦驮殿相连，也是以对称的形式出现，位于韦驮殿两侧。左侧是沅陵县民俗文物陈列馆，右侧为辰州剪纸陈列馆。在民俗文物陈列馆中，各式各样的民俗画吸引了大家的注意。据了解，这种画被称为"烙画"，是中国古代极其珍贵的稀有画种，由沅陵县人蔡兴伟所画。这些画记录了沅陵县本地丰富的民俗文化与群众生活，如傩戏、舞狮、斗鸟、跳香节、茅古斯舞等民俗表演与仪式，这正是沅陵五彩斑斓的民俗文化与乐舞文化的呈现。同时，这些民俗画作为龙兴讲寺的文化符号之一，保持着一种持续性的文化输出，使过去与当下的人都能了解到它的表演形式。

（四）大雄宝殿

大雄宝殿位于整个寺庙中轴线的主体中心位置，前为韦驮殿，后为观音阁。"大雄宝殿为寺内主体建筑，重檐歇山式屋顶，下檐成人字坡硬山作。殿内明间开阔，八根楠木内柱，直径 80 多厘米，收刹成梭柱。

图 2　大雄宝殿（2020 年 8 月 21 日余媛拍摄于龙兴讲寺）

柱根部与础石之间，嵌鼓状木质，石础为覆盆莲花状，系唐代建筑遗存。

大殿前置'眼前佛国'匾额，明崇祯丁丑礼部尚书董其昌书。"[1]如今大雄宝殿建筑依旧规模宏阔，檐牙高啄。大殿分两层庙檐，第一层中间牌匾刻有"大雄宝殿"四字，上一层牌匾为"眼前佛国"四字。大殿外层飞阁流丹，牌匾光彩夺目，应是不久前经过翻修。"眼前佛国"四字属性丰富、充满意义，不仅与题字者相关，而且也给团队成员带来更深的感悟与思考。

跨过门槛，向大雄宝殿内走去，殿内空旷寂静。据了解，殿内原供奉燃灯佛、释迦牟尼佛和弥勒佛。但由于年代久远，现大殿重修后，寺内并未供奉任何佛像。考察当日，只见有一石雕放在大殿正中间，高约1.7米。可见的石雕主体分三部分，最下面为石雕底座，中间为双龙戏珠形状的镂空石雕。最上面一层为圆形平台，在平台四个方向都有人物雕像。由于雕像大部分被毁，并未完全展现出来，其形疑似琴棋书画雕刻。石雕外设外框保护，里面有许多纸币。由于石雕并不完整，不知它以前所为何用，但现在成为来殿的百姓用来投币许愿的石雕。大雄宝殿殿阔五间，进深四间，明亮宏大。眼前此景，使人联想到当年寺内一派香烟缭绕的繁华场面，让人不禁赞叹。

（五）牌楼、虎溪书院

由于观音阁正在维修，所以团队一行向龙兴讲寺的最深处走去。牌楼立于虎溪书院之前，牌楼上刻有"青云直上"四字，正前下方为栩栩如生的龙形石雕。从牌楼一路直上，可见深山古刹中的虎溪书院。"明正德六年（1511）王阳明自龙场谪归，道过辰州，喜人士朴茂，寓龙兴讲寺弥月，与武陵蒋信字道林者往来讲论，题咏山水。进士唐愈贤从游，得闻致良知之学，世人兴起。嘉靖二十三年（1544），阳明门

---

1 沅陵县地方志编纂委员会．沅陵县志[M]．北京：中国社会出版社，1993：653．

人辰州郡丞徐珊与邑宪副王世隆建虎溪精舍。"[1] 1956年被定为湖南省重点文物保护单位。但由于年代已久，虎溪书院历经沧桑，屋顶坍塌，目前正在重新修葺之中。

由书院大门沿阶梯直下，有一处院子，位于书院左侧。这里有四块古碑刻，其中三块为虎溪书院的增修碑，一块为王阳明先生的头像雕刻，但在风雨侵蚀下，头像石碑已经模糊不清。在石碑旁边，有一石像，为王阳明先生。他姿态悠然自得，手握古书，半卧于石礅上。石礅上有大段文字，是对虎溪书院的简单介绍，旁边配以王阳明的诗文。走到这幽幽深山中的书院时，已到龙兴讲寺的最高处。从这里向前眺望，不仅能看到高大巍峨的大雄宝殿后景，还能远眺到沅水在寺庙外缓缓淌过。试想，若能捧半卷经书，沏一壶清茶，邀二三知己，在沅水河畔看戏、礼佛、听讲学，岂不美哉？！

龙兴讲寺殿阁嵯峨，画栋雕梁意态如生，戏台楹联大气磅礴，乐舞表演锣鼓喧天。笔者认为，龙兴讲寺作为沅陵县的一种文化符号，寺内种种遗迹显现出龙兴讲寺的文化内涵。千百年来，它海纳百川，与外来文化不断交融，逐渐成为吸收与传播乐舞文化、佛教文化以及诸家思想的宝库。

三、酉水——孕育土家文化的"母亲河"

2020年8月21日15:30，团队一行到达沅陵县非物质文化体验基地白河谷度假区领略酉水岸边土家乐舞文化。沈从文在《白河流域几个码头》中描述："沅陵沿白河上行三十里名'乌宿'，地方风景清奇秀美，古木丛竹，濑水极多。传说中的大酉洞即在附近洞中高大宽

---

[1] 沅陵县地方志编纂委员会编. 沅陵县志[M]. 北京：中国社会出版社，1993：653.

敞，气象万千。"[1] 这里的"白"通"北"，白河就是酉水。"酉水又称北河，为境内沅水的最大支流，源于湖北省酉源山。由县西北部镇西流入县境凤滩，于县城溪子口注入沅水。"[2] 由此可见，沈老描述的白河就是现在的酉水。在沈老的笔下，酉水岸边景物美不胜收，沿途村寨与码头的百姓熙熙攘攘、川流不息。他一路从酉水上行，途经乌宿、王村码头、保靖县、永顺县（花垣）、里耶码头，其路线为研究酉水岸边静态与动态的少数民族音乐文化提供了重要依据。这是因为，酉水岸边除了有著名的二酉洞之外，还是土家族、苗族聚居之地。

（一）抬木头、打夯号子、车水号子

15：50，团队一行坐上民间婚俗花船来体验酉水风情，船上的工作人员是土家族的阿哥阿妹。对我们的到来他们首先表示了热烈欢迎，紧接着介绍了土家族的号子音乐，并用当地方言表演了著名的车水号

图 3 号子谷（2020 年 8 月 21 日余媛拍摄于号子谷）

子。之后，大家在阿哥的带领下，饶有兴趣地学唱了几句号子。一路上大家沉浸于音乐之中，没过多久便到达酉水画廊第一站——"号子谷"。

下船往号子谷走去，行走几步便看到被树叶遮挡的若隐若现的号子音乐歌词。它们被刻在石头上，生动地描绘了劳动时的场景。土家阿哥按照其歌词演唱了小部分，并对歌词内容进行了解释。青山苍翠，流水潺潺，欣赏了精彩的号子后，团队走过湘西石板河，便到达号子谷。

---

1 沈从文．湘西散记[M]．北京：人民文学出版社，2017：132．
2 沅陵县地方志编纂委员会．沅陵县志[M]．北京：中国社会出版社，1993：120．

在土家大哥的带领下，大家感受并参与了抬木头、打夯号子。这些号子是劳动人民在集体劳动过程中自发形成的一种歌唱音乐，用当地方言演唱，其演唱主要为一人领众人和的形式，有许多的衬词与拖腔。抬木头由十人组成，木头居中牵挂，两边分别五人抬。在抬木头过程中，领唱者唱一句，众人和最后两个字。和的部分刚好与抬起木头向前走时的发力点重合，形象生动地表现出劳动情形，凝聚了劳动人民的智慧。

打夯号子也是劳动号子的一种，是劳动人民在筑坝或修路中进行夯土时所演唱的。当日表演中，打夯时使用的工具为一块大石头，石头的四角各穿一洞，并用绳子穿过洞口。另一头则用一根较粗的木棍系紧，木棍两头留出多余的位置，以便打夯时劳动者能够握住空出来的地方抬起石头发力。在表演形式上仍呈现出一人唱多人和的形式，先由一人领唱，后由四人拉着绑着石头的绳子，边唱边拍打地面，与领唱应和。从唱词上看，领唱一般用方言演唱劳动主题的歌词，多人应和时一般演唱"嚯嘿""嘿哟""嘿哟呀"这样的衬词。打夯时需要四人，分别位于四个方向，所和的唱词刚好在打夯的发力点上，唱词与劳动时的动作密切相关。打夯号子音乐高亢嘹亮，整齐有力，能够提高劳动人民的劳动热情。

（二）山歌、哭嫁歌、土家婚俗仪式

团队一行在号子谷领略了妙趣横生的劳动号子后，意犹未尽地返回船上。此时土家姑娘与阿哥们又声情并茂地为我们表演了民间小调《五更调》、土家族山歌对唱以及山歌《北河的故事》。为了让大家欣赏到土家族的婚俗仪式与哭嫁歌，阿哥阿妹们准备了土家族新郎新娘的服装，为我们展现了一场活灵活现的土家族婚礼。"桃之夭夭，灼灼其

华。之子于归，宜其室家"。[1] 在蜿蜒流淌的酉水河边，层峦叠嶂的婚俗村中，团队中的赵书峰老师与张燕老师作为婚礼的新郎与新娘，亲身感受了一场别具一格的土家族婚礼仪式。当日整个婚礼分为哭嫁—上轿—抬轿—放鞭炮—拜堂—入洞房等几个步骤，伴奏乐器主要为锣、唢呐与镲，婚礼现场红飞翠舞、喜气洋洋。据土家妹陈金桃介绍，为了迎合当前旅游文化市场，土家婚礼省去了部分程序。因此笔者认为，这种旅游文化下仪式的扮演以及跨族群间婚礼仪式的不断重构，虽提升了当地旅游经济的发展，但田野中在场表演文本不断建构的问题也值得反思。

（三）祭河神、摇橹号子、拉纤号子

勤劳勇敢的土家族、苗族人民傍酉水河畔而居，河水不仅给他们带来了物质上的满足，还提供了无穷无尽的文化宝藏。对河水的敬畏之心，便体现在祭河神仪式之中。团队从婚俗花船转移到纤夫船上，由于天气原因，土家族阿哥给我们简单地表演了祭河神仪式、摇橹号子以及拉纤号子。陈金桃介绍，过去会通过在船上摆放三斤六两鸡、猪肉、三斤六两纸钱以及利用阴阳太极卦等方式来祭河神。但是考虑到经济因素，祭河神与土家婚礼一样省去了部分程序。摇橹号子由四人表演，一人领众人和，通常众人和的部分在动作的发力点上，用来统一摇橹中的动作。拉纤号子也由四人表演，同样为一领众和的形式，表演者两手握肩上纤绳，身体前倾，跟随着领唱者的声音，众人应和着向前移动。

---

1 王昶.古典诗词曲名句鉴赏[M].太原：山西出版传媒集团·山西经济出版社，2012：2.

谱例 1

摇橹号子

记谱：余媛

从表演形式上看，呈现出一人唱多人和的形式。领唱唱主要旋律声部，众人一边做着划桨的动作，一边以固定的节奏模式进行应和。从唱词上看，一般以当地方言为主，多衬词。旋律声部多演唱"呦""吼"等词，应和声部演唱"嘿""哈"衬词。从音乐特点上看，音乐由两个声部构成，第二个声部虽主要起到节奏填充的作用（一般在第二拍和第四拍上），但在声部重叠时具有一定的和声效果。调式以羽调式为主，旋律多上滑音，劳动号子的音乐风格鲜明。

在短暂的几小时里，团队不仅欣赏了酉水岸边的美景，还深切体会了土家族的音乐表演、婚俗仪式、民俗仪式等一系列独具特色的活动。表演活动应接不暇，使大家沉浸在传统文化与少数民族文化的海洋里。同时，随着旅游经济发展，土家族的音乐表演、仪式等都有了不同的意义与价值。因此，旅游经济发展下带来的新生性文化也使我们不断地思考田野中在场表演本文的真实性问题。淅淅沥沥的雨水滴入酉水河中，荡开层层涟漪；远处青山笼罩上了薄薄雾气，好似仙境一般；夏天的雨水滴落在身上，祛除了满身浮躁，带来丝丝凉意。怪不得连沈从文老先生也对酉水岸边的美景流连忘返。此情此景，大家虽已连续考察多日，但却无半分疲惫之感，置身于美景与乐舞中。美好的时刻终究短暂，待船靠岸停稳，团队成员向土家族阿哥阿妹们表示感谢，便向雨中奔去，逐渐隐去了身影，结束了在沅陵的第一天考察。

（余媛，湖南师范大学音乐学院2020级民族音乐学博士研究生。）

探寻流域文化的活态传承
——沅水流域湘西段传统音乐田野文化志*

李政航

流域，是以河流为中心的人—地—水相互作用的自然—社会综合体，以水为纽带，将上中下游和左右岸的自然体和人类群体连接为一个不可分割的整体。[1]对流域的考察可以更为明晰水路沿岸由自然与人文的互动下所建构的各类景观与差异性文化。2021年7月12日，笔者与吉首大学音乐舞蹈学院青年教师向婷一行人对沅水流域湘西段的泸溪、辰溪县等地进行为期四天的田野考察。此行旨在以沅水流域为考察背景，在其线性音乐文化空间中对传统音乐文化的传播路径、曲艺艺人的生存现状及戏曲辰河高腔的相关信息进行实地考察与访谈摄录。笔者前期已对泸溪县的地理概况与其境内的流域背景做了梳理。

泸溪县位于湖南省西部、湘西自治州的东南方，东邻沅陵、辰溪两县，西连吉首市，北接古丈县，南界麻阳县，西南与凤凰县毗邻，是

---

* 本文为2021年湖南省研究生教育创新工程和专业能力提升工程项目"非遗视阈下湘西辰河高腔剧团的生存现状及转型应用研究"（项目编号：CX20211040）阶段性研究成果。

1 田阡. 流域研究：人类学的张力和价值[N]. 文汇学人，2016-05-20（XR8）.

湘西州的"南大门"。至2001年底，全县共辖8个镇、11个乡。有少数民族155332人，占总人口的55%，其中苗族106157人、土家族48839人、其他少数民族336人。泸溪历史悠久，是古代盘瓠文化的发祥地。据多处出土文物考证，早在旧石器时代，境内先民就在沅水和武水两岸生存繁衍。三皇五帝之一的高辛氏其女辛女与盘瓠成婚隐居沅水流域神话传说，亦渊源于此，形成了千古不朽的盘瓠文化。[1]

县境内有沅、武、酉三大水系及辰水的支流太平溪水系共四大水系及其支流，计127条溪河，总属沅水水系。沅水源出贵州都匀云雾山，在贵州境内叫清水江，入湘境后称沅水（或沅江），流经辰溪县的张家溜后，进入泸溪境内，北流至武溪镇会和武水后，转着东流至大龙溪口入沅陵境内，在境内流程为45.2千米。在127条溪河中，有23条直接注入沅水，在县境内流域面积达455.6平方千米，占总流域面积的29.1%。[2]

一、泸溪县田野实录

7月12日10：00，考察组一行从吉首大学出发，于中午到达泸溪县文化馆，随后我们对馆长杜远忠针对当地的非物质文化遗产的传承情况进行了访谈。

（一）"非遗"文化传承现状

首先杜馆长简要地介绍了泸溪县的文化概况，当地的艺术种类以苗族跳香舞为主，下辖的仅有部分村寨属于土家族，其中潭溪镇还留存有土家族的筷子舞，但其他关于土家族的文化活动并不多见。当地最

---

[1] 湖南省泸溪县志编纂委员会．泸溪县志[M]．中国图书出版社，2005：1—2．
[2] 同上：60．

图1 采访杜远忠馆长（左）（2021年7月12日张鹏程拍摄于泸溪县文化馆）

具特色的是浦市的辰河高腔，浦市地理位置近临水路，各个地方做生意的都汇集于此，江西的弋阳腔也是通过水路传播至此，其演出场所集中在浦市古镇的江西会馆与万寿宫中。弋阳腔没有伴奏，演员清唱到需要休息时会找他人帮腔。浦市以前道、佛教盛行，教派之间多有鼓、锣等乐器演奏，将乐器与唱腔结合，长此以往便形成了具有特色的"浦腔浦调"，因此浦市辰河高腔是由外来的唱腔和当地的乐队结合在一起的结果。浦市镇现设有业余剧团，当大型的旅游团到来时，旅游公司会组织浦市业余剧团进行高腔表演。

其次我们了解了被采访人的基本情况。馆长杜远忠生于1974年，现年47岁，土家族人，2009年来到文化馆工作，之前就职于泸溪县辰河戏剧团。泸溪县辰河戏剧团是县里唯一专业戏曲演出团体，县剧团以演出辰河高腔为主，兼演汉戏、阳戏、歌舞及其他文艺节目。辰河高腔中的经典剧目《目连救母》就曾被推介到法国、西班牙等国展演。1998年剧团在法国巴黎的秋季艺术节上展演了剧目《目连救母》，产生了巨大影响，此剧目后来也被称为"中国戏剧的活化石"。杜馆长属于县级传承人，在剧团的时候身兼数职（花脸、须生、作曲）。最早以前组建过唢呐乐队，对于打钹、小锣等乐器较为精通。从剧团来到文化馆后，又兼任曲艺、戏剧、文学、音乐四大块内容。馆里近年来产出了一些优秀作品，如2018年推出的渔鼓说唱——《毒品都是害人精》就是他自己创造的作品，该作品在湖南省禁毒优秀作品会演中斩获银奖。此作品中的前四句结构采用传统曲艺的音乐素材，而后才是新创作的主题。但目前馆里的问题主要体现在戏曲剧目的创作上，因为各种因素而停滞不前。

最后杜馆长对于文化馆发展的现状与规划阐述了自己的看法，他认为文化馆的作用比较特殊，上接政府部门，下连人民群众。一个文化馆相当于三分之二个文化局，所以一定要做到总揽全局。目前馆里主要推广建设数字文化馆。在公共文化体系中，文化馆是体系的一大组成部分，过去的活动展演都需要将艺人请来或机构部门下乡组织，而现在可以通过利用网络直播、建立文化云平台等方式使群众可以在线上实时观看，同时当下各个地区的文化馆之间正在搭建资源共享系统，加快了数字化建设的发展，但存在的问题则是缺乏计算机领域的专业人员。

访谈结束后，考察组进行了讨论与规划，于第二天上午前往县图书馆进行相关文献资料的搜集。7月13日中午，考察组一行驱车前往下一地点：浦市镇。浦市镇位于泸溪县东南部沅水中游西岸，东与辰溪县板桥乡、孝坪镇隔河相望，南邻辰溪县潭湾镇，西接达岚镇、白羊溪乡，北与武溪镇、白沙镇相连。地域面积236.14平方千米。镇政府驻地十字街社区距县城白沙21千米，距湘西州首府吉首市区64千米。南宋时，浦溪出口南北村地统称浦口。元代，浦口南村寨称浦西；浦口北市镇因商业发达，经济繁荣，明代改成浦市。后浦阳、浦市并称浦市，有湘西"四大名镇"之首称谓。[1] 浦市是两千多年以来中国大西南物资集散的重要商埠，因水而兴因水而衰。

（二）浦市镇文化景观

7月12日晚，考察组一行到达浦市古镇。首先围绕古镇的历史建筑及沅水码头的情况做了初步的了解。我们集中探访了古镇的经典建筑，如吉家大院、李家书院、万寿宫等地点。吉家大院落位于上正街，坐西北朝东南，总体平面呈长方形，共有四座院落。据了解其建筑始于嘉庆、道光年间，存在于此亦有两百年左右的历史；李家巷的李家书院是较为经典的建筑，此院为李玉书建于嘉庆年间之大院，坐北朝南，平面呈长方形，曾用作家族私塾，大门门额上有青石雕镌的"派衍撰书"四字门额，表达李家宗派繁衍，传承书香门第的愿景；万寿宫位于浦市古镇河街，是一座三进庭院式会馆建筑，原为江西客商会馆，又称豫章馆，是当年浦市十三座会馆中最大的一座，也是目前仅存的会馆，是辰河高腔的发源地。[2] 据专家鉴定，万寿宫始建于明初，现有建筑为清光绪年间遗存，由于修筑防洪堤，占用了万寿宫城门与码头，现今在二进大门恢复古城门和叠檐式的戏楼，整座建筑古朴雄伟，是沅江流域不可多见的古建筑。对于古建筑的考察基本可以看出浦市古镇在明清时是军事战备与物资集散的中心，贩夫走卒、文人墨客皆汇聚于此，但时过境迁，因水路兴起的古镇也因当下码头货运的萧条而变得没落。

随后考察组走访了当地的民众及商户，得知起源于此的辰河高腔在本地演出稀少，且高腔艺人都离开了本镇。对于浦市辰河高腔的考

---

1 李雄野，湖南省地方志编纂委员会. 湖南乡镇简志 湘西土家族苗族自治州卷[M]. 北京：方志出版社，2017：128.
2 信息参考于泸溪县浦市镇万寿宫处景点简介。

察暂时遇到了瓶颈，我们突然想到杜馆长曾介绍在浦市古镇还存在傩雕艺术及传承人的情况，于是便联系艺人前去拜访。

泸溪县是上古时期三苗集团盘瓠部落繁衍生息的地方。蚩尤是南方各族部落的首领，他首先将面具用于战争，以"铜头铁额"假面壮大军威。此后，巫傩成风，傩面具发展成祭祀活动中人神共娱的道具，寓以人与鬼神沟通、消灾化难、五谷丰登、人畜兴旺之意。通过对传承人的采访，考察组收获了一些新的信息。这位传承人名叫刘明生，苗族人，是泸溪傩面具项目州级代表性传承人。他师从于浦市木雕艺人王子军，后拜师汤明军，从事木雕、泥塑，因其系专业工艺美工，在木雕艺术制作中有独到的领悟，尤其在傩面具着色上独具一格。泸溪傩面具种类繁多，有十二生肖、风神、电神等，所应用场合一般在祭祀仪式、傩戏傩舞中，但随着现代人们认知水平的提高，巫傩文化逐渐销声匿迹，傩面具的手艺也面临失传的危险。之后我们在吉氏宗祠也目睹了刘明生老师和艺人们所表演的傩舞祭祀仪式，由于旁边有专业摄影人员在摄录仪式过程，我们不便跟进拍摄，索性离开了。笔者认为浦市古镇的考察并没有实质性的进展，在这里很难找到传统文化活态的传承。经过短暂休整后，一行人便驱车前往下一地点：怀化市的辰溪县。

二、辰溪县田野实录

辰溪县位于湖南省西部，怀化地区北部，沅水中上游。东接溆浦县，南连中方县、鹤城区，西接麻阳、泸溪县，北邻沅陵县。辰溪，古名辰阳。辰溪县境内水系，以沅水为骨干，先后汇入大小一级支流35条，二级支流53条，呈树枝状展布。沅水发源于贵州省东南部，自中方县铜鼎乡的铜鼎流入县内龙头庵乡的张家口，流经黄溪口、仙人湾，流入溆浦县的大江口后，再转入县内火马冲、柿溪、修溪、城郊、锦滨、辰阳、潭湾、孝坪、板桥、船溪等十三个乡镇，于船溪乡的小溪河流入泸溪县上堡乡。[1]

7月13日上午，考察组前往辰溪县辰河高腔剧团去采访渔鼓传承人万祖铜老师。我们首先采集了基本个人信息，他生于1973年，现年48岁。目前在辰河高腔中专攻"生角"，同时他也是辰溪渔鼓的市级传承人。11岁便接触戏曲，由于家人从事戏曲艺术，在初中毕业后他便开始学乐器（二胡）为戏曲伴奏，学习了两年后在师傅的建议下到剧团唱阳戏，同时跟随师傅的父亲学习渔鼓。万老师的演出经历较为丰富，1996年在自己编导的戏曲《珍珠塔》中扮演方卿表演渔鼓，2016年6月在长沙跟团演出，10月在常德市的湖南渔鼓大赛上获奖，受到了许多艺人专家的认可。

有关辰溪渔鼓的情况我们也做了调查，据万祖铜介绍，辰溪是渔鼓的发源地，沅水流域周边的常德、张家界地区的渔鼓艺术都是从这里通过水路流传出去。渔鼓表演的曲牌并没有具体的名字，通常使用基本的渔鼓调，即兴填词。其表演形式可一人多角，也可以多人进行角色分配。万老师所使用的渔鼓为师傅祖传，有一百多年的历史，以前的渔鼓用猪油晾晒成皮蒙在竹筒一侧，现多采用塑料薄膜。表演时左手须怀抱渔鼓，手持竹板与钹，右手用筷子同时敲击钹与鼓面，根据演出需要还可加花炫技。随后万老师现场为我们即兴表演了一段（如谱例1所示），可以看出，他所演唱的渔鼓不同于民间表演，由于具备了一定的戏曲功底，其演唱字正腔圆，非常好听。同时他还为我们展示了近年来新创作的渔鼓作品，如2017年的《文昌阁会友》、2020年录制的湖南抗疫渔鼓作品《辰溪人抗疫有信心》等。师承方面万老师

---

1 辰溪县志编纂委员会.辰溪县志[M].北京：线装书局，2012：29.

表示目前只招收了一两个徒弟，渔鼓本来是一门讨生计的艺术，并且当下学习渔鼓的人非常稀少。

谱例 1

即兴渔鼓

表演：万祖铜
记谱：李政航

此段谱例由万祖铜即兴表演，节奏节拍较为多变，艺人在演唱时并不会按照规整的结构表演，因此也为笔者记谱带来了一些困难，谱例中黑色箭头代表艺人唱腔的滑落，滑落位置并无具体音高，往往依据艺人自己的即兴程度，休止符号处为渔鼓演奏的间隙。

随后我们在旁边的排练厅看到剧团的培训班正在上课，老师们坐在一起辅导学生。经过了解这位学生是吉首大学音乐舞蹈学院 2018 级本科生向恒，由于喜爱辰河

图 2 万祖铜表演渔鼓
(2021 年 7 月 15 日张鹏程拍摄于怀化市辰溪县辰河高腔剧团)

高腔并且是本地人，所以利用假期来到剧团找老师们学习。其中一位老师为我们清唱了《大红袍》的选段"抢棍"，她的行腔唱法柔美，在场的人都听得如痴如醉。这位老师名叫张秀娥，出身于戏剧世家，她在十八九岁便接触戏曲，后来一直专唱青衣。采访的结尾我们正好了解到剧团正在利用假期招收新的学员，所招的学员里一部分对辰河高腔有着浓厚的兴趣，另外也有不乏专业院校的学生与老师。剧团现阶段正通过招收学员、开办培训班等模式对辰河高腔进行传承与推广，但面临着一些困境：其一是资金的短缺；其二则是辰河高腔的学习与受众群体中年轻化比重较低；其三则是政府有关部门对于艺术保护的介入程度与支持力度还不足，这些因素对于辰河高腔剧种的延续以及剧团未来的生存发展都会产生不利的影响。

  有关辰河高腔戏曲源流及剧团的生存情况，考察组中的成员前期已对于剧团的相关人员进行了长期的结构性访谈。依据访谈信息可知，辰河高腔的来源是因为湖南、四川、贵州、湖北这四个省的交界处有一条河流被称作辰河，此河流又包括五条溪流分支，所以又称为五溪流域。江西有两个唱弋阳腔的兄弟，顺着此河一路唱到浦市，又从浦市四处分散开来，所以人们把它叫作辰河高腔。辰溪县辰河高腔剧团成立于1950年，2006年被评为非物质文化遗产保护单位，剧团目前在职三十五人，演职人员二十五人左右，其他则为剧团工作人员。现阶段剧团人均工资并不高，由于难以维持生计，大多数演员在外做兼职，需要演出时才回来。目前剧团面临的问题首先就是资金的短缺；其次则是辰河高腔无法谱曲，传承都是口传心授，因此需要文化保护部门的介入，对辰河高腔的唱腔进行记录。

  考察组对资料进行了简单的汇集与整理后，于15日下午返回吉首大学，此次历时四天的田野考察基本结束。

三、沅水流域传统音乐的文化阐释

其一，音乐文化的活态留存会随着文化空间的持续流动而逐渐"消失"。浦市镇处于沅水流域的中心，且建有交通运输的大型码头，现今古镇留存有数量较多且完好的古建筑景观，但其音乐文化没能如建筑景观一样得到应有的保留，说明文化在空间中是流动的，是随着处于不同历史、社会变迁中文化持有者的移动、文化权力者的操纵而不断被移动与建构。赵书峰老师认为："霍氏（埃瑞克·霍布斯鲍姆，Eric Hobsbawm）概念的核心观念是：传统文化的身份不是固定的、静止不变的，而是随着所处的社会、历史、文化语境中的变迁，会被操纵文化权力者的政府与民间艺人进行不断地发明与创造，同时也说明文化身份是一个持续性建构过程。"[1] 早先全国各地的各个阶层力量汇聚于此，无论是商业、文化、生活习俗都有着较为频繁的交换，此时的文化在芜杂的语境中被动态地建构。但随着水运码头萧条，文化持有者为了拓展生存空间不得不离开古镇去更好的地方生存，导致原生文化的部分流失。当此现象成为趋势，其原生文化所构建的生态将不复存在，因此起源于浦市镇的辰河高腔并没有在当地扎根，反而随着水路流动到周围地区继而发展起来，笔者很难在这里找到传统文化活态的传承。并且新的文化生态会随着文化持有者在新的基点持续建构而产生，如果不适宜于生存，文化及持有者就会再一次迁移，所呈现出的则是文化空间持续的流动现象。同时浦市镇中的傩舞祭祀的表演形式在当地已不多见，但傩舞祭祀的文化标识——傩面具及制作手艺还有所留存，也就是说，傩舞祭祀其外在音乐舞蹈的表现样态在空间的流动中逐渐

---

[1] 赵书峰.文化非本质主义·主体性·自我民族志——民族音乐学研究的三个重要学术观念[J].星海音乐学院学报，2020（2）：59—66.

消失，而作为内在符号表达的傩面具则保留着族人共同的历史记忆与其文化内涵，这种特质会烙印在族人的基因里，无法磨灭。

其二，艺人、组织、剧种的延续与发展需要多方力量的介入与共谋。在辰河高腔剧团采访时，笔者发现副团长万祖铜老师既担任剧团的副团长又被评为辰溪渔鼓的市级传承人，其具备了两种身份；同时剧团现在经营状况不佳，最大的问题在于资金的短缺，因此在我们采访之际恰好赶上剧团正在招收学员，一是为了让更多人了解辰河高腔，为高腔艺术做积极的宣传；另外可以通过微薄的学费缓解剧团资金紧张的问题。笔者后来也在相关网站上了解到辰河高腔剧团的经营问题由来已久，也有不乏少数人呼吁政府有关部门进行关注。因此笔者认为从艺人的角度来看，现有的传承人评定程序与相关政策应做出适宜的改变，对艺人的真实情况全面进行考量，如下沉到艺人所居住的环境中，了解艺人的对于传承项目真实的操演水准、艺人的生活现状、同区域内对于艺人的认可程度等；从组织的角度来看，笔者认为需要政府层面与专家学者力量的介入，如政府部门可对传承机构做定期的审核与评定，举办文化惠民、文化下乡演出，在资金的补助上适度放宽，由专家团队为传承机构做适宜的发展规划等；从剧种保护的角度来看，这一部分主要由专家学者、高校研究机构介入，重点在于从专业层面对剧种的剧目、曲牌、唱腔进行收录与研究。例如辰河高腔的传承，大多为老一辈艺人的口传心授，笔者在采访中也体验了艺人的教授方式，对着剧目的唱词一句一句模仿，唱得多才能心领神会。因此对于此类剧种唱腔的记录迫在眉睫。另外，当下主流媒体的娱乐方式也对传统剧种产生了不小的冲击，年轻的受众群体追逐主流文化而刻意忽略传统也是亟待解决的问题。

结 语

流域，是以河流为中心的人—地—水相互作用的自然—社会综合体，以水为纽带，将上中下游和左右岸的自然体和人类群体连接为一个不可分割的整体。[1]对流域的考察可以更为明晰水路沿岸由自然与人文的互动下所建构的各种景观与差异性文化。流域彼此之间并不是点与点的单纯对应关系，而应是无数的点汇集成线，在点与线的融合中形成庞杂的网络。同时还需要思考音乐与流域、通道、走廊文化空间之间的关联与互动。正如赵书峰教授所强调的"流域音乐文化的研究应该思考以流域为代表的线性音乐文化空间给沿途的少数民族、汉族传统乐舞的形成与发展带来哪些互动影响"，这也是本文的基点与笔者需要继续深入与思考的问题。

在浦市古镇田野的过程中笔者曾一度目睹了作为"非遗"传承人及其他艺人是如何在所谓专业摄影人士的指挥下"摆姿势、做动作"的。也许他们之间只是工作上的"需"与"求"，但我却看到了艺人身上可悲的一面，艺人所依附的组织机构由于各种因素导致其无暇顾及生计，因此，他们对于艺术标准的把控与追求会牵强了事，由此就会产生所目睹的现象。艺术应该有自己的个性抑或品格，其持有者也应该对从事一辈子的"手艺"有自己的态度，但基本的生计无法维持，又如何能把"手艺"坚持下去呢？因此艺人、组织、剧种的传承与延续需要政府部门、专家学者、社会民众等多方力量的介入与共谋，关注传统音乐文化在当下的现状，去明晰未来发展的方向。

（李政航，湖南师范大学音乐学院2023级民族音乐学博士研究生。）

---

1 田阡. 流域研究：人类学的张力和价值[N]. 文汇学人，2016-05-20（XR8）.

历史与当下

——湘西苗族传统婚俗仪式音乐文化的变迁

李静 杨声军

一、湘西苗族婚俗文化概述

湘西土家族苗族自治州位于湖南省西部，西与贵州省交界，西北与重庆市相依，北边与湖北省为邻。湘西土家族苗族自治州历史悠久，战国时期属楚黔中郡，[1] 秦属洞庭郡迁陵县，[2] 自唐朝末年实施羁縻制度、土司制度，直到清雍正十年（1732）的改土归流，[3] 湘西少数民族才打破了"蛮不出洞，汉不入境"[4] 的惯例，族群的交流日益得到了加强，也进一步深化了湘西地区各少数民族的汉化进程。土家、苗、白、侗、维吾尔等少数民族杂居于此，生活方式上相互借鉴，文化上相互交融，湘西苗族为"五溪蛮、五陵蛮"[5] 的后代。

---

1 战国时期楚国初置的郡，郡治在湖南沅陵，包括湘西地区和贵州东部地区。
2 材料出处：笔者于2020年7月4日里耶秦简博物馆的田野调查。
3 改土归流就是改土官治理变成流官治理。
4 吴荣臻，吴曙光. 苗族通史[M]. 北京：民族出版社，2007：437.
5 湖南省地方志编纂委员会. 湖南省志·民族志[M]. 长沙：湖南人民出版社，1997：188.

图 1 拜亲仪式（2021 年 1 月 17 日笔者摄于补毫村）

　　苗族婚俗文化有着独特的民族风情，对于"他者"更是古老而又神秘。在黔东南苗族地区，"游方"[1]是苗族青年男女社交娱乐、寻找爱情的活动形式，在恋爱形式的"游方"里，青年男女对唱情歌，确立爱情直至缔结婚姻。而在湘西苗族地区，青年男女除了在"三月三"[2]"六月六"[3]"赶秋节"[4]等民族传统节日活动中进行恋爱社交和娱乐活动，"赶边边场"[5]更是赢得年轻人的喜爱。赶场时，看不到年轻人买什么东西，却发现他们左瞟又看，那是他们正在物色自己的心仪对象。赶边边场上，男生向女生唱"讨糖歌"[6]。但是，随着全球化、城镇化进程的加快，湘西苗族的婚俗仪式已经慢慢地发生了根本性的改变。

---

1 黔东南苗族青年男女自由恋爱的活动方式。
2 湖南湘西一带苗族群众的歌节。
3 为纪念吴天龙英雄，湖南湘西一带在这天举行对歌等活动。
4 流传于湖南湘西花垣，立秋这天举行，庆祝丰收，青年男女歌唱寻友，以歌传情。
5 "赶边边场"是湘西苗族地区的青年男女，通过赶场，对唱山歌，以歌传情。
6 就是为了讨取爱情。

二、湘西苗族婚俗文化的几个阶段

（一）羁縻制度前的苗族婚俗文化

湘西苗族接触汉族的儒家教育从唐宋时代即有之，但是仅仅限于官宦子弟。羁縻制度以前"对于广大苗疆来说，汉文化渗透的不大，苗族传统文化仍占主流"。[1] 苗族婚俗文化文献上记载的也不多，但是可以找出一些零零散散的文献进行大致的梳理。据蒋琦溥修《乾州厅志》卷十四记载，苗族婚俗文化从苗族传说的祖先盘瓠开始，"妻帝之女，乃生六男六女，自相夫妇，是为南蛮"。这里的自相夫妻其实就是苗族最为古老的婚俗了。南宋朱辅的《溪蛮丛笑》作为第一部描写湘西少数民族风俗人情的著作，曾记载："山瑶婚娶聘物，聘物以铜与盐，至端午约于山上，相携而归，名拖亲。"[2] "拖亲之后年生子，引妻携酒归见妇家，名出面。"[3] 上述材料中的"山瑶"在宋代以前是指五溪流域的瑶族与苗族，那时候瑶族与苗族还没有严格区别开来。梳理上述文献可以看出，那时候苗族婚俗与汉族婚俗有着本质上的区别，汉族由于受儒家思想的影响，是先结婚再生育，而上述材料说明的是苗族婚俗在头胎生下子女以后，男女双方才抱着小孩去女方家求亲，在女方父母同意后，才能正式举行婚礼仪式。

（二）羁縻制度到土司制度期间的苗族婚俗文化

羁縻制度到土司制度时期，土司子弟就可以通过"特恩、岁贡、选贡"[4] 三种途径入学，这一举措大大加强、加速了湘西苗族地区汉化的进程。但是苗族谈恋爱的方式和汉族还是不一样，《溪蛮丛笑》记载：

---

1 吴荣臻，吴曙光.苗族通史·五[M].北京：民族出版社，2007：393.
2 〔宋〕朱辅.溪蛮丛笑[M].北京：中华书局，1991：6.
3 同上：8.
4 吴荣臻，吴曙光.苗族通史·五[M].北京：民族出版社，2007：407.

"竞渡预以四月八日下船，俗聚饮江岸，舟子各招他客，盛列饮馔，以相夸大，或独酌，食前方丈，群蛮环观如云，一年盛事，名富贵坊。"[1] 上述材料的"蛮"也是指五溪流域的苗瑶等少数民族。从材料中的"一年盛事"可以看出，这是一个重大的名叫"富贵坊"的节庆仪式活动，同时这一活动的举行为青年男女的自由恋爱提供了条件与场所。

再据清罗绕典《黔南职方纪略》记载："蚩尤代炎帝为政，尚利好杀，不耻淫奔，民间化之，于是跳月劫夺之风起矣。"[2] 从上述材料看出，"跳月"这一求偶活动早已有之，这是一种从古流传至今的一种交流方式，也更能体现出苗族青年恋爱自由的一种思想观念。

（三）"改土归流"后的苗族婚俗文化

"改土归流"后尤其是民国前期新式教育的普及与抗战时期湘西苗族的教育得到了长足的发展，这一时期湘西苗族的婚俗仪式也有一定的变化，由于汉文化的不断渗透，苗族婚俗也慢慢地受其影响，文献上记载得也比较多。

据乾隆《湖南通志》卷四十九记载："苗无同姓不婚之嫌，然同族亦不相婚配……其嫁女亦有父母主婚，媒妁相通，以酒肉牛只财物为聘。嫁之日，无轿马鼓吹之迎，无合卺花烛之礼。其新妇步行，自擎雨伞，负笼盛木枕被裙等物。亲属送至男家，欢饮三日。夜则新妇与母同宿，索婿家财物而去，妇后乃成配偶。其母所赠首饰簪环十数两至数十两不等，婿家照数还银，不能短少。"上述材料可以看出苗族是同姓不婚，同族不婚的，但是同姓部分也要看具体的情况。

由于婚姻的决定权已经在父母手中，和汉族一样这是封建婚礼制度对少数民族男女自由婚姻的一种束缚，打破了其原来的恋爱与婚嫁

1〔宋〕朱辅. 溪蛮丛笑[M]. 北京：中华书局，1991：7.
2〔清〕罗绕典. 黔南职方纪略[M]. 台北：成文出版社，1974：331.

形式，一定程度上婚姻的主动权已经不属于婚姻的主体了。至于女方母亲陪送的首饰，男方家也要用银子如数归还。

从同治十年《保靖县志》得知，苗人婚俗迎亲有背媳妇的习俗，但是政府却出面干预，原因是不合时宜，不成体统，知县王钦命出示《禁婚嫁褓负的告示》："为革除陋习，以重婚姻……民间嫁娶，皆系背负，或系徒行，殊乖体统……嗣后尔民完娶婚姻，即向乡耆借取捐发轿乘，备雇鼓乐迎聘，不得仍前背负步走。"分析其原因是改土归流后，汉族的书院、私塾大量进入苗族地区，自然汉族的礼仪也应该被苗族人们接受，其苗族原来的婚俗习惯和婚礼流程自然就是"陋习"。故湘西苗族的婚俗在熟苗区已经和汉族相差不大，生苗区的一些地方依旧还保留着对歌恋爱的习俗，待两人情投意合之后，一般是男方请媒人先去女方家，则"如女家已有允意，媒人及告知男家，预备酒两瓶，由媒人送去，女家乃留媒人饮酒吃面，经过此手续即算初定，即'放女儿'之意，亦译称'放口'。"[1] 现代的"放口"和提亲环节慢慢地开始简化为一个环节了。信息化的时代，女孩和父母交流男方家的情况有多种途径，就算是女儿和父母不在一起，照样可以通过电话等媒介详细地谈论男方家里以及男方的人品、长相、能力等，这样减少了时间和程序，但也简化了婚礼仪式的传统。

另据清道光《凤凰厅志·风俗》："……先期以鼓乐花轿迎亲，用双鹅拜献于堂前……"从上述材料的对比来看，婚礼仪式坐轿和鼓吹乐队迎亲的习俗，以及喝交杯酒的礼仪在湘西地区各地习俗有异。

乾隆年间严如煜在《苗疆风俗考》中说："苗姓吴、龙、石、麻、廖五姓为真苗，其杨、施、彭、张、洪诸姓，乃外民入赘，习其俗久，遂成族类。"光绪《乾州厅志》卷四记载："乾苗止吴、龙、石、麻、廖

---

[1] 凌纯生，芮逸夫. 湘西苗族调查报告[M]. 北京：民族出版社，2003：58.

五姓。其杨、施者，曰仡僚，乃民入其巢，与之婚嫁，遂成其类者。今六里、永绥颇多此种。"从上述两则史料可以说明，此时期湘西汉族人与湘西苗族人已经互通婚姻。久而久之，汉族也就变成了苗族。有的苗族因长期与汉族来往、通婚，就由"生苗"变成了"熟苗"，再从"熟苗"变成了汉族。政府干预苗族婚俗习惯一方面说明封建统治已经渗透苗族人民生活的方方面面，一方面说明政府努力加强苗族对汉族的认同建构。

据民国时期曾继梧的《湖南各县调查笔记》记载："苗之婚姻，由父母主婚，通先媒妁，继以酒肉牛为聘礼。嫁之日，无轿鼓吹之迎，无合卺花烛之礼，新妇步行。"说明清到民国时期凤凰地区的婚俗还是发生了很大的变化：首先，聘礼的变化；其次，鼓吹乐与花轿的变化。说明民国以来一些传统的风俗受到了政府的打压。

（四）1949年后苗族婚俗文化

中华人民共和国成立后湘西苗族婚俗仪式已经进入一种男女愿意、父母允许的状态。《中华人民共和国婚姻法》的颁布增强了人们法律意识，其婚俗仪式进一步同化。但是，依旧有对歌的传统保留着"在湘西的花垣县与黔东的松桃苗族自治县交界的虎渡口，每年的正月初一至十五，两省边境的苗族青年男女都自发地举行玩年歌会，用歌声倾诉爱慕之情，寻觅理想的情人"。[1]

婚姻形式主要有"自由婚""说亲婚""招郎婚"等。"自由婚"就是男女双方同意，与苗族原始的婚俗状态差不多，但是一般会征得父母的同意。"说亲婚"是湘西最为流行的一种婚姻形式，每场婚姻都会请媒人来牵线搭桥，促成姻缘。"招郎婚"便是男方嫁到女方的说法，这充分说明了湘西苗族人们男女平等的思想观念，而且此现象仍广泛

---

1 郑英杰.苗族婚俗伦理管窥[J].民族论坛，1989（2）：66—71.

存在。

定亲，也就是苗族的讨亲，苗话称为"级忍级撒"，是指男方相中谁家女子，男方家长会请媒人去女方家说亲。媒人第一次去女方家不用带太多东西，一刀肉、一瓶酒、一包面、一包"糖"[1]作为第一次的见面礼。初次去女方家，当地人称为去女方家"讨"。从麻老师的口述中得知，现在的婚姻习俗已经看不到之前媒人和媒人家长以歌叙事、以歌讨亲的形式了。[2]

过礼，也就意味着这门婚事的真正定形。"男家一行二三十人，衣冠楚楚，十几副担子沉沉甸甸，一路浩浩荡荡，唢呐掀天朝女家进发。"[3]这便是20世纪90年代湘西苗族婚俗的盛大场景。据歌师龙志明老师说："在之前，交通不方便，过礼时男方家准备的礼物多，或者新娘家隔得太远的话，有时一个寨的人都会来帮忙挑担子，甚至隔壁寨子的人都会来帮忙。"[4]

在麻老师的口中得知："在20世纪50年代时，我们还赶上了坐轿子的婚礼。我们寨子上的一些老一辈的人还有几个是坐轿子嫁过来的。那时候我还很小。"[5]但是在六七十年代，婚礼大操大办、坐轿娶亲等习俗被禁止，到了80年代时这些传统习俗才慢慢得到重建。这也证实了笔者在进行口述采访时，有的苗族人说自己是坐轿子进门的，有的人却没有。

娶亲当天晚上的"堂上歌"仪式依旧存在，但这一时期，堂上歌的形式发生了变化，几天几夜通宵达旦的堂上歌仪式一般缩短成一个

---

[1] 当地苗家人所说的糖不是平时吃的糖果，而是一种小零食的统称。
[2] 2021年5月11日于湖南师范大学音乐学院采访花垣县双龙镇毛坪村麻素章老师的口述。
[3] 湖南省少数民族古籍办公室. 湘西苗族婚俗[M]. 长沙：岳麓书社. 1996：71.
[4] 2021年1月21日于湖南湘西十八洞村竹子寨婚礼现场采访歌师龙志明老师的口述。
[5] 2021年5月11日于湖南师范大学音乐学院采访花垣县双龙镇毛坪村麻素章老师的口述。

昼夜，本该由男女双方亲戚演唱的堂上歌开始以雇聘的形式请当地一些会唱的歌师来演唱。在20世纪90年代末期，堂上歌仪式上出现了电声元素，歌师开始借助话筒、音箱设备演唱，为歌师减轻了唱一通宵的负担。

娶亲的第二天上午摆席。"早餐过后，主家在堂屋正中分开摆两张方桌，架一块宽大的门板，再铺上崭新的红底印花棉布，成一'长席'，长席顺着屋的方向，正对两边中柱……酒碗盛半碗苞谷酒，菜碗盛鸡块、猪内脏、菜碗上交叉摆放一双红漆新筷。"[1]在麻老师看来，"这个环节还有味些"。虽然歌师在这一仪式中会唱到堂上歌时唱到的内容，但歌师们还要清点女方家送的嫁妆，比如被子、电器、婴儿用品等，在这一环节要表述出来，谁送的，送谁的，要让能说会道的双方家人用优美的苗歌唱出来，现在也大多数是请一些当地的、懂这些的人来唱，把这一环节做得更完美、更漂亮。不会唱苗歌的，说出来的话语也都是满含祝福。这一环节如今略有不同，之前是双方家长及亲戚来举行这一仪式，现在是请那些会唱这一环节苗歌的人，或者十分会讲话的人来举行。此仪式结束，娶亲即结束。

三、湘西苗族婚俗仪式音乐文化的变迁

（一）苗歌——传统与现代的互文

苗歌，是湘西苗人生活中一种最为普遍的交流方式。由于苗族只有自己的语言，没有自己的文字，其交流交往与社会经验的延续主要依靠口头传承与传播，交流的载体沟通了人们生活的方方面面。苗歌是苗族的一个文化符号，就婚礼的对歌来说，对歌的内容广泛，早已

---

1 湖南省少数民族古籍办公室主编．湘西苗族婚俗[M]．长沙：岳麓书社．1996：219—220．

经内化为一种生活方式。他们以歌传情，结交朋友，谈情说爱，私订终身。

"每逢赶集，多则七八人一伙，少则三五人一群的小伙子空脚空手，在场头巷尾游荡……他们游手好闲，其实，他们正在仔细观察挑选自己的'目标'——也是三五成群买糖选果的姑娘们。他们双方都在暗自'对象'。"[1]除了大型的节庆仪式之外，无论是青年男女抑或老人小孩，都非常期待"赶边边场"这一天的到来。湘西花垣地区，赶场的时间为五天一个场，这是人们最为日常的一种休闲娱乐的交流方式。大家会穿上漂亮的衣服，在场上结交朋友或是老友相会，宽敞的马路边上，凉爽的小山坡上，苗歌阵阵、嬉笑不断。就是这种以歌传情的形式，一段奇妙的姻缘就此产生。当地人经常谈到"在以前，要是男人不会唱歌，肯定讨不到老婆！"一句简单的话，透露出苗歌在苗家人民中的重要性。

而在边边场上的"讨糖歌"听起来极为有趣：

> （男唱）姐，你回场回场，回场回场。
> 大发财，背满背满押，小发财，拿满手满掌。
> ……
> 眼不见，心不理，眼看见，心中喜。
> 你们生得好来长得汝见了你们我们流口水。
> （女唱）吃水要问水来历，
> 喝酒要问酒根底；
> 问郎姓张或姓李。[2]

---

1 湖南省少数民族古籍办公室.湘西苗族婚俗[M].长沙：岳麓书社.1996：3—4.
2 同上：4—6.

"边边场"组合的文艺演出定在中午 12：08。从他们演出的节目单中可以看出，这是一场"传统与现代的互文"，苗族文化演出的节目有六个，其中最具代表性的就是苗鼓《开场鼓》和一首苗歌高腔，另外八个节目都具有现代性。从仪式中的流行音乐来看，苗族婚俗仪式的主体和参与者出现了身份模糊的现象。演员们认为，群舞《也孟也如》也是具有苗族传统文化的代表，因为歌名"也孟也如"是苗话越来越好的意思，并且舞蹈动作是由他们自己编创，服饰也是具有现代性的苗族服饰。所以演员们认为演出中的大多数节目可作为湘西苗族传统文化的代表。

谱例 1

敬酒歌
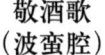

演唱："边边场"组合
记谱：李静

这首《敬酒歌》属于波（音霸）蛮腔，全曲为七言四句式。按首调唱名法，全曲围绕主干音"do、re、mi"上下级进进行，结束音落在 do 上面。节拍自由，全曲有着较为严格的曲式特征与歌词特点，第一、

二句和第三、四句旋律基本上重复，只是节奏上有所变化，歌词上有所改动，但歌词大意相近。歌词体为"2+2+3"的七字四句体式，例如"几色、蛮涝、剖郎波"。湘西苗歌衬词很有特色，例如上曲中的"呃"就是苗歌前的引腔，独具特色的引腔一出来像是在让周围的人向"我"看来的一种呼唤。不光是引腔，歌曲中的"加腔"，衬词的数量与歌词的差不多，例如，第二、三句开始前的"合保蛮汉能啊"，结尾"呦呼唔"的衬词。同音反复出现在第二句以及第四句的末尾，这是苗族人近语言的表达，在一个音调上"讲"很久，不用换气，体现出湘西苗族人民热情好客的情谊。

在现在的苗族婚礼中，一些传统的歌腔听到得越来越少了，就连一些本该由父母唱的歌也请别人代唱了。因为会唱的人越来越少，年轻一代的人，不但不会唱，有些听都听不懂。少部分人能够唱高腔、平腔曲调，但能编歌词的人却很少，很多是跟师父直接学过来的曲和词，还有的是请师父和家里会编歌词的老人编词，自己演唱。现在苗族婚礼中，更多的是请一些当地小有名气的"非遗"传承人或是民间歌师来进行演唱，本该有的仪式娱乐逐渐缺失，新的现代化元素蜂拥而入，例如吃席时的《敬酒歌》。

谱例2

敬酒歌

演唱："边边场"组合

记谱：李静

这首苗歌是从 1987 年上演的电视剧《乌龙山剿匪记》片尾曲《高山流水猎人魂》中采借而成的一首苗家敬酒歌。所谓采借是指"对它文化予以接受的行为之一"。[1] 首先由于历史的原因，这部电视剧流传非常广泛，在 20 世纪 80 年代几乎全国各地都上演过这部电视剧；其次在电视媒体上也播放过很多次。在婚礼上，这首歌曲不光在正餐上的"高山流水敬客人"仪式时演唱，在拦门酒、舞台演出等环节都会进行演唱，且频率很高。如今，这首《敬酒歌》在苗族人民拍摄的短视频中成为一首典型的背景音乐，已成为湘西苗族音乐的典型代表。

　　这是一首典型的起承转合加尾声的歌曲，六声羽调式（首调唱名法 la、si、do、re、mi、sol），第二句是将第一句整体向下级进，节奏一样，第三句"转"的部分就是第一句纯五度音程往上转位，第四句又落在主音上，起到合的作用，尤其是尾声以及衬词，已完全苗族化了。多年以后，这就是传统的发明了，同时在改编后，曲中的几个音稍微有所改变，例如，第 6 小节"re、fa"变成了"re、mi"，第 7 小节的"si、do、re"唱为了"do、re、re"，改变了"si、fa"两个音后，整个的曲风已经更接近民族化了，似乎变得更加的朗朗上口。《高山流水猎人魂》原作是一首深情、悲伤的歌。如今改编成《敬酒歌》，从歌词和演唱上略微有些不太和谐，《敬酒歌》的歌词本是喜庆欢快的，所以在表演者进行演唱时，节奏会稍快一些，表情和动作也略微活泼可爱。但从整首曲子上还是能听出来原版的曲调。笔者认为，这些小的改变，不是演唱者刻意去改动的，是在传唱过程中多多少少的有着自己的演唱的味道了。湘西苗族地区会有这样一种情况，一个人（编创者）编成一首歌后，若是非常好听或有趣，在传唱的过程中，周围的人便开始学唱，就这样一传十，十传百，周围村寨的人便都会唱了。

---

1 张晓清.音色的采借[J].中国音乐学，2008（2）：112—114.

婚礼仪式中的"堂上歌"[1]则具有平腔的演唱特点。平腔和高腔的旋律特点至今没有很大的变化，至于演唱风格因个人而异，有的嗓音较为甜美，有的较为沧桑。变的是因个人才华所编创出来的歌词。苗歌演唱的内容十分之广泛，但在

图2 高山流水敬酒歌（2021年1月17日笔者摄于补豪村）

歌词和韵律上有着严格的规范，这也是苗歌的最大特点，以下面这首堂上歌为例：

> 修洛照芘出能卡，（欢欢喜喜把女嫁）
> 德怕送嘎蛮朗冬。（张灯结彩喜洋洋）
> 度芘里生凶卡叉，（东家把我们看大）
> 将将补重芍沙容。（喜堂唱歌到天亮）
> 丫剖出沙丫剖恰，（苗歌爱唱水平差）
> 那几几到啊得松。（唱得不好请原谅）[2]

这首苗歌的歌词就是典型的"双韵"。所谓"双韵"就是每首歌中的奇字句和偶字句都各有各的韵，而且要一三、二四句各自押韵，无论歌的长短，都是如此。歌中奇字句末尾的最后一个字为"卡、叉、恰"，偶字句中末尾的最后一个字为"冬、容、松"。因为喜堂腔没有

---

[1] "堂上歌"，有的苗家人也会称为"喜堂歌"，这是一种在苗族人婚礼上，喜事当天的晚上，由两位歌师（一男一女，代表新郎新娘）坐在堂屋中进行对歌的一种形式。
[2] 根据湘西吉首市矮寨镇苗歌省级"非遗"传承人吴腊保老师与墨戎苗寨的演唱记写，括号中为歌词的汉语翻译。

固定的称谓，都是根据苗语翻译过来的，所以称法不一，有的叫作"堂上歌"，有的叫作"堂上腔"，无论称法如何，它表达的都是结婚嫁女喜庆的内容。

当天晚上的堂上歌环节，二位歌师开始对歌之前，堂屋里会摆放文艺演出时用的音箱（高约140厘米）一个、话筒两只，在稍后的对歌环节中，歌师们会使用话筒进行。笔者对吉首市矮寨镇排兄村的龙志明歌师进行采访时得知，歌师们在堂上歌使用话筒是从1997年前后开始的。我们知道在之前的苗族社会里，话筒这种现代的电器是不会使用的，更不会在苗族传统的婚礼中出现。年轻人和老年人同在一个堂屋里，老年人专注于歌师们的唱词及唱腔，年轻人随坐在这里，却沉迷于手机娱乐之中。然而，随着我国经济的发展、社会的进步，这些现代化的东西便随之出现在我国每一座大山里，每一条河流旁。传统婚礼中，不管是讨糖、媒人讨亲、新郎迎亲，或是婚礼上吃酒席、晚上的堂上歌、迎亲次日的摆酒宴亲，还是最后散席送客都会有"韶萨"或"韶唔"的歌声。不光能听到动听的歌声，而歌词的幽默和内涵，更能展现苗家人的才华与智慧。

（二）苗鼓——神圣与世俗的互通

苗族鼓舞，简称苗鼓。是苗族人民祭祀、娱乐中必不可少的舞蹈，但苗鼓在婚俗仪式中的运用还是近些年的事。

苗鼓与苗族人民的生产生活息息相关。清严如熤《苗防备览·风俗考》有："剒长木，空其中，冒皮其端，以为鼓。使妇女之美者，跳而击之⋯⋯男左女右，旋绕而歌，迭相唱和，举手顿足，疾徐应节，名曰'跳鼓藏'。"又有学者说苗鼓"鼓有庆年、庆神两种。庆年俗谓年鼓，庆神俗谓之神鼓，于秋冬时，椎牛椎猪隆重举行祭典，宾客毕至，演乐行法时行之。"[1] 在以上文献中可知，苗鼓是在"椎牛""椎猪"等祭祖仪式中使用的舞蹈，在仪式中具有一种神圣的祭祀功能，在苗族人民过年时节则是苗家人欢聚一堂、其乐融融的娱乐活动。

在"赶秋节"国家级传承人吴海深老师的口中，苗鼓有着更为神秘和强大的功能："在原始社会，还没有兵器的时代，苗族人民生活在深山老林，经常有野兽出没，为了吓唬凶猛野兽，人们想办法做了鼓，把粗壮的树干掏空作为鼓身，把动物的皮晒干包起来，用树枝敲打鼓面，声音洪亮，驱赶野兽……这也是老人们传下来的神话故事。"[2] 从材料看出苗鼓是一件神圣而又伟大的器物。之后，由于战争不断，苗鼓便作为一种团结人民奋勇抗战的兵器。相传，苗族人民战到哪里，苗鼓就会搬到哪里，在蚩尤好战的许多年，苗族人民留下来的最为宝贵的就是苗鼓。苗鼓的精神便是苗族人民世世代代传承下来的苗族精神。

现在苗鼓表演的形式更为多样，受到更多年轻人的喜爱，他们可以根据自己的风格编创苗鼓动作，穿上更为靓丽的苗族服饰，展现出苗族男女更为青春靓丽的一面，故苗鼓逐步进入婚礼和各种仪式活动当中。其实我们从名称上就能看到苗鼓的与时俱进，之前苗鼓有《鸡公啄米》《巧妇织锦》《黄牛摆尾》等较为古朴的名称，现在的苗鼓叫法华丽动听，《苗鼓神韵》《迎宾花鼓》等。这种节奏较快的、符合年轻人审美的苗鼓，不光习者学起来起劲儿，观众赏起来也是非常精彩。现代鼓舞花样越来越多，成为现代苗族鼓舞的主流。

---

[1] 石启贵. 湘西苗族实地调查报告[M]. 长沙：湖南人民出版社，1986：385.
[2] 2020年7月16日笔者于湖南湘西花垣县板栗村吴海深老师家进行的口述采访。

图 3 插秧舞（图自民国《湘西苗族调查报告》159 页）

图 4 插秧舞（2021 年 1 月 17 日笔者摄于补毫村）

谱例 3

插秧舞鼓谱

表演：吴秀满

记谱：李静

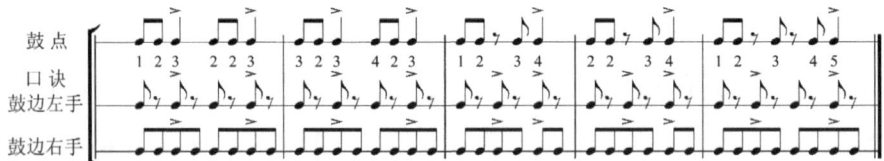

"插秧舞"是苗鼓中使用非常多的一个鼓舞动作，关键是看两个鼓手配合的默契度，鼓边的右手节奏均匀，主要是强调重拍；敲鼓边的左手节奏后半拍休止，具有跳跃性；鼓手的节奏相对变化多，休止一般在强排上，与鼓边的左手形成对比，鼓手的舞蹈动作自然流畅。"插秧舞"是依照苗族人民农耕时劳作的生活情景改编而来，如今插秧动作的苗鼓出现在了婚礼上，不仅使用语境发生了变化，插秧的动作更是与前不同。

例如图 3 中，苗鼓斜放于鼓架上，鼓架较低；鼓槌极其简单，没有任何的装饰；打鼓、打边二人衣着简略，打着赤脚，其动作较为生硬，"两足成矮马桩"的动作中带有武术的技巧，谈不上美观，但可以看出当时苗民生活的真实写照。

图4则是苗鼓在婚礼上的演出，红色的地毯、蓝粉色的背景、金红色的喜字、七彩的装饰小旗和气球，一眼看去，色彩鲜艳，极为喜庆。苗鼓正摆于鼓架；鼓架较高，用金属制作，并且装以滑轮便于挪动；鼓槌也变得美观了，鼓槌身为红色，并且加上了飘逸的黄色鼓绸（有的是红色）；打鼓的演员衣着华丽、妆容浓郁、银饰亮闪；他们动作夸张，柔中带刚，打鼓时显现出了舞蹈的优美技巧，打得起劲时还会喊出"嘿！嘿！嘿！"的口号。台下的观众也"嘿！嘿！"地一起应和。

对于苗鼓表演的这一巨大变迁，时节海老师说道："这样给你说吧，没有哪一套鼓是特定的定为迎宾鼓，是根据不同的场合来定的，不要被误导，只有一些动作是迎宾的动作，但很少，不管是男是女的鼓，很多都是生活中的一些动作，比如播种，插秧，割谷子，打谷子，梳头，织布，等等。过去都是传统的打法，比如农耕生活，是一些传统武术的动作，近代加进去的是一些体育和舞蹈动作的基本功，所以近代的苗语鼓舞比原来的好看多了。"[1]

据湘西花垣双龙镇毛坪村民间唢呐艺人麻素章老师说苗鼓的来历："苗族团结围妖并打死了老妖后，人们剥其皮，用皮蒙了三面鼓，一面送雷公，一面送皇帝，最后一面送巴代。巴代代表人民领了这面鼓，除其还傩愿用外，人民在正月玩年可打，正月时上刀梯可打，七月的赶秋节可打，还有过去大富豪家庭中吃牛可打。至于现在，民俗文化活跃，广场舞盛行，各种文学艺术掺入，苗鼓加入其中，还掺和大小喜事等

---

[1] 2021年8月17日，微信口述时采访湘西矮寨大桥景区演员时节海。

五花八门的活动。这些大概是'文革'结束以后才开始的。"[1]在上文关于苗鼓的文献中，苗鼓有两种功能，一是庆年，二是庆神。顾名思义，表演场域只有在新年正月里和椎牛、椎猪的祭典中进行表演。即使是庆年娱乐，也是本民族自身的一种娱乐方式。如今，苗鼓不仅搬进了苗族传统婚俗中，更是以一种演出报酬的形式搬上了婚礼文艺演出的舞台。

苗鼓，在不同时代、不同语境，扮演着不同的角色与功能，苗鼓本是用于神圣的祭祀仪式当中，但在全球化和"非遗"的语境下，苗鼓变成"非遗"后其功能慢慢地发生了变迁，到哪里都可以看到苗鼓迎宾仪式。苗鼓被搬进各种仪式活动中，旅游景区的演出、苗族婚俗仪式的文艺汇演，甚至是商店开业表演都能看到苗鼓的节目。苗鼓从神圣走向了娱乐，从娱神娱人走向了苗族文化记忆符号。

（三）唢呐——老艺人的守望与年轻艺人的"发明"

唢呐，苗语称"松纳"。苗族还有木唢呐、竹唢呐。"唢呐，用桐木制木管，前开七孔，后开一孔，上插带有小圆盘的铜嘴，按小哨子。下套铜质喇叭……苗族接亲家女，红白喜事，歌舞欢庆，戏剧表演等都要吹奏唢呐。"[2]在苗族，举行椎牛、椎猪祭典以及接龙仪式中，唢呐是必不可少的，在苗乡婚礼仪式中，唢呐更是不可或缺。仪式中，唢呐高亢的音色演绎出了结婚时的喜庆气氛。苗族婚礼仪式唢呐吹奏的曲牌有汉族的传统曲牌、瑶族的传统曲牌，还有现在流行的一些歌曲。

---

[1] 2020年7月16日笔者于湖南湘西花垣县板栗村吴海深老师家进行的口述采访。
[2] 湖南省地方志编纂委员会.湖南省志·第二十四卷·民族志[M].长沙：湖南人民出版社，1998：325.

表1 湘西苗族唢呐曲牌

苗族传统曲牌	汉族传统曲牌	民间艺人创作曲牌	通俗歌曲
〔吃牛调〕〔接龙舞曲〕〔揭盖碗酒〕〔过街号〕〔蹯街号〕〔蜜蜂过坳〕〔新娘子过坳〕等	〔大开门〕〔小开门〕〔一枝花〕〔朝天子〕〔哭皇天〕〔水龙门〕〔兰花草〕〔双凤朝阳〕等	〔蛤蟆逗蛇〕〔画眉斗嘴〕〔母鸡抱蛋〕〔火车进苗乡〕〔女人吵嘴〕〔杀年猪〕〔农家乐〕〔地捧豆〕等	《今天是个好日子》《北京的金山上》《妈妈的吻》《大花轿》等

注：上表材料来源于唢呐艺人麻素章老师、隆会老师、石金辉老师。

在苗族的婚礼演奏中，唢呐是两个人一起演奏，叫作公母音。"所谓公母音，即指苗唢呐上的某一个音或某几个音，演奏时正手用高八度吹，扶手用低八度吹。实际上多是两管唢呐上的平行八度吹奏。"[1]在湘西苗族"公母音"更多的一种艺人的演奏技巧，由于指法和气息的灵活运用，会演奏出高低八度的音。公母音一般出现在一首曲子中的最后一个或几个音上。在麻素章老师口中，公母音的演奏更多的是一种艺人拥有高超技巧的展示。在苗唢呐演奏中呈现的一些"似准非准"的音，独具一格，展现出苗家人的独特风情。

笔者在对麻老师进行采访时得知，苗族唢呐的教学几乎都是口传心授，没有五线谱、简谱一说。著名唢呐演奏家刘勇曾说："唢呐音乐的传承是以口传为主的，大部分地区没有乐谱。"[2]在师父对徒弟进行教学时，嘴里哼唱着曲子的调调，在哼唱时也会加上几个不是特别清晰的字音来代唱。

---

1 宋运超.湘西苗唢呐浅说[J].吉首大学学报（社会科学版），1988（3）：58—66.
2 刘勇.中国唢呐艺术研究[M].上海：上海音乐学院出版社，2006：62.

谱例 4

过街号

演奏：麻四东、麻素章
记谱：李静

图 5 是麻素章老师以自己的形式记录的唢呐曲牌〔过街号〕。这是苗族婚礼中吹奏最多的一首曲牌，是在接亲的路上吹奏的，路上吹奏次数不限，艺人一边吹奏，接亲仪式一边举行。这首曲牌节拍多四四拍子，调式为宫调式，音阶为五声（首调唱名法为 do、re、mi、sol、la），旋律以级进为主，节奏相对规整，滑音较多，旋律发展手法多由动机 la—do 往上带动发展，基本音调的变化反复；旋律音中含微升 do 音。

图 5 麻素章唢呐曲牌〔过街号〕记谱（2021 年 1 月 27 日笔者摄于毛坪村）

在以前的婚礼仪式中，唢呐声不仅穿梭在各条山路小巷里，在堂屋中的"竞赛"更为精彩。婚礼上，会有两支唢呐队伍，艺人们不但展示自己演奏的曲目多，唢呐技巧也要展现得淋漓尽致，其中《揭盖碗酒》便是在婚礼堂屋中演奏的一首。这首曲目的演奏技巧及难度在于，艺人们会围坐在桌子前进行，桌上放有一个空碗，唢呐艺人在进行演奏时，一只手进行指法吹奏，另一只手则会把桌上的碗拿起来扣在桌子上，可以倒酒、敬酒，喝完酒后还要把碗扣起来，可以反复做。两只手是同时进行的，这就需要艺人要有非常熟练的吹奏技巧和左右手的协调能力。

唢呐最多的表演就是在接亲的路上来回反复那几首曲子，民间艺人趋向老龄化，且会吹的曲目也相对较少，有的甚至连自己吹的曲子都不知道叫什么，只知道在婚礼上吹什么曲子。能够演奏苗唢呐的老艺人们多为祖上传下来的技艺，并且是自己内心真正的热爱，苗唢呐的礼乐功能在慢慢消失。通俗歌曲吹奏唢呐，主要还是一些年轻的唢呐艺人，主人家一般不会反对，虽然婚礼仪式性遭到了"破坏"，但是听众都接受，毕竟吹奏的也是一些欢乐带有吉祥寓意的曲目，而且容易引起年轻人的共鸣。

四、苗族婚俗仪式音乐文化的当下

苗族传统婚俗仪式音乐文化通过"非遗"的途径走向了旅游商业化、全球化的道路。从表演者的族群身份来看，"主体性"已发生改变，不光是苗乡人民可以打苗鼓、唱苗歌，笔者也可参与其中进行表演。表演者的职业身份变得模糊，在一场节目中，例如，苗歌传承人既可唱歌又可打鼓，还可以主持；苗族巫师不但可以表演巫术，还可做一名流行歌手进行演唱；苗家、土家族、汉族等音乐尽可演出，每一位演出者都担任着多重角色。苗歌、苗鼓、巫术本是苗族人民进行的祭祀或娱乐活动，如今不光是在本民族，其他少数民族和全国各地进行商演。

（一）全球化视域下苗族婚俗仪式音乐文化

"全球化"（globalization）一词最早是由泰奥多尔·莱维（Theodre Levitt）于 1985 年提出的。之后，这一词被广泛使用。苗族传统婚礼，一开始就是一种自然的、原始的、古朴的婚姻制度，待改土归流后，汉族儒家文化的介入，导致了苗族婚礼也实行汉族的"媒妁之言"与汉族传统婚姻"六礼"[1]制度。"文革"时期，所有人不准自由恋爱，若是被发现了，便会开批斗大会来批斗谈恋爱的人。改革开放后，年轻人慢慢地开始自由恋爱，从"父母之命，媒妁之言"的习俗，到现在普遍的"儿女愿意，父母随从"。

婚俗仪式的改变就是全球化的结果，比如对过礼这一环节的简化，由于大家都很忙，喝完喜酒马上要赶往城市去上班（或上学）。过礼也由原来的吃几天饭到现在的吃一餐饭；用担子挑嫁妆也都改为小型货车接，传统中女方至亲家挑担子的送一条裤子习俗，如今也都由红包所替代，这便是现在大多数苗家人"过礼"的婚俗。

聘礼从最开始的面、米、肉、银饰，从中华人民共和国成立初期的几十元钱到如今的十几万元；最具特色的苗银变为了现在的黄金、钻戒；接亲的方式也发生了翻天覆地的变化，从抬轿到步行到小车，同村寨有车的人会把车子空出来让结婚的人家使用，一般都是用最豪华的车来做婚车。

婚礼仪式根据每个家庭的贫富情况而定，较富裕的家庭会请婚庆公司的来策划婚礼现场，流行音乐、现代舞蹈、电声音箱，统统植入苗族"传统"婚俗仪式中。比如 2021 年 1 月 21 日笔者在十八洞村参

---

[1] 旧时汉族婚姻礼仪，是指从议婚到完婚过程中的六种礼节。即：纳彩、问名、纳吉、纳征、请期、亲迎。

加的一场婚俗活动。在演出之前，舞台、音箱、灯光、道具等一切准备就绪。整场演出的节目有：苗鼓《开场鼓》，独唱《我只在乎你》（笔者唱），群舞《康美之恋》，现代舞《Bad Boy》，独唱《父亲》，群舞《也孟也如》，小品《即兴》，苗歌《高腔》，黄梅戏选段《戏凤》，群舞《湘西拦门酒》等。节目中途吸收了旅游演出环节中的"互动环节"，邀请台下的父老乡亲上台唱歌，苗歌、流行歌皆可。在十八洞村的婚礼演出中，一位新娘家的亲戚身穿华丽的苗服，上台唱了一首平腔。绚丽的灯光、巨大的音箱，手捧话筒，站在台上面对观众唱苗歌，亲戚略显紧张。

婚礼上，新郎绅士的西装，新娘浪漫的白色婚纱和汉乡十足的秀禾服；婚房里摆放着风格独特的婚纱照；伴郎伴娘在结亲仪式中玩的在某些网络平台学习的游戏项目；婚庆公司的文艺演出；苗族歌师堂上歌时使用的话筒音箱；等等。这些元素，无一不是在全球化的视域下，对多民族文化的认同而促成的民族融合。

（二）"非遗"语境中的苗族婚俗仪式音乐文化

自2006年5月以来，湘西土家苗族自治州已拥有各类非物质文化遗产名录3200多项，其中国家级非物质文化遗产名录26项、湖南省级非物质文化遗产名录84项、州级非物质文化遗产名录244项。[1]

在苗族人的婚礼中，结亲嫁女要演唱苗歌，请歌师对歌、吹唢呐、打苗鼓（比如赶"边边场"）等，随着"非遗"事业的发展，"歌师"慢慢成为职业化的工作了。"非遗"前请歌师来唱"堂上歌"，主人家送歌师粑粑、糖果即可，现在是给歌师开工资了，据采访得知，现在

---

1 数据来源于湘西土家族苗族自治州人民政府"走进湘西"网站"非物质文化遗产"文字内容。但据同一网址中《湘西非物质文化遗产资源表》统计，该州拥有国家级"非遗"名录48项，省级"非遗"名录94项，州级"非遗"名录259项。[2023-09-14].https://www.xxz.gov.cn/zjxx/whlyzz/fwzwhyc/.

歌师的行情在 600—800 元钱一夜，有的主家富裕的会多给一些。

鼓舞艺人、歌师、唢呐艺人等都活跃在湘西苗族传统婚俗仪式之中，对"非遗"的保护传承起到了一定的推动作用。就拿苗鼓来说，它是苗族传统文化的象征符号，它本身是建立在宗教仪式（比如椎牛）上的一种民间民俗文化活动，苗族人民通过鼓舞获得仪式的灵验性（比如还愿）以及潜在的娱乐性，从而实现了苗族民俗文化的程式化的传承与传播。苗族"非遗"商业化的运用，从经济上来说扩展了它们的功能意义、传播场域、传播范围，其仪式中乐舞（比如苗鼓）的仪式性、原生性、神圣性逐步转化为展演性、娱乐性与审美性。[1]

图 6 笔者（右）采访龙志明歌师（左）（2021 年 1 月 21 日施康摄于十八洞村竹子寨）

同时，从另外一个角度看，无论是歌师还是鼓师或者唢呐艺人，都趋向老龄化，因为越来越多的年轻人不会唱苗歌、打苗鼓，甚至有些经常在外地生活、打工的苗家人连自己的母语——苗语都不会讲了。能够请到的在苗族婚俗仪式中唱堂上歌的歌师年龄大多在 40 岁以上，笔者对男苗歌师龙志明进行采访时他无奈地说道："我没有徒弟，现在的年轻人都不愿意学这个了，觉得枯燥难学，就连之前和我学过一段时间的'徒弟'，学了一段时间就又没学了，现在去开大车了。"

这一断层性传承的困境是当下所有苗歌师的焦虑与担忧。"专业"苗歌师的进入，鼓舞在婚礼中的运用等，为"非遗"的保护与传承起

---

[1] 杨志强，张应华，赵书峰."音乐与'路'文化空间互动关系问题"三人谈实录[J]. 音乐探索，2021（3）：62.

到了一定的促性作用，但是真正的"还原"是需要所有人的努力。

（三）文旅融合下的苗族婚俗仪式音乐文化

湘西是神秘的，是从沈老的笔下、黄老的画中流淌出的民族风情、百里画卷。"湘西州拥有 300 余个'国字号'生态文化旅游品牌、26 个列入国家级保护名录的非遗项目、12 个 4A 级景区、23 个 3A 级景区和 1517 处历史文化古迹。"[1] 上述材料说明了湘西旅游资料与文化资源的丰富与多彩，全域旅游视域下"有效的商业模式是促进民族地区文化产业发展的重要途径"。[2]

笔者参加的这几场婚礼中，主家均请民族文化演出队进行了文艺演出。一般是几位年轻的苗家阿妹组建起来的一个文艺团队。她们的职业不一，其中几位被邀请来的演员是在十八洞村景区、芙蓉镇景区、矮寨大桥景区、德夯苗寨等景区的演员或者导游，她们有着丰富的演出经验和语言表达能力，每位演员都能担任演出中的各种角色。在旅游公司上班的这些演员都受过专业的训练，自己本是苗族人，对本民族的传统文化有一定的底蕴，再加上自己的热爱，并且长时间地接触外来游客，于是，在这样一个旅游的背景下，她们吸收了旅游公司演出的一些演出技巧，也会得知观众朋友们想要看怎样的节目。由于外来游客的不断增多，当地文艺团队为了能更好地传承传统并获得收益，在游客需求的基础之上，融合自己本民族的一些元素，组成一场既传统又现代的文艺演出。

例如，湘西古丈县夯吾苗寨旅游景区在 2017 年时开始将婚礼仪式搬到旅游体系中。婚礼表演中，演员有新娘、阿妈（新娘妈妈）、伴娘

---

[1] 涂碧波. 推动湘西州全域旅游高质量发展 [J]. 新湘评论，2021（5）:30—31.
[2] 胥悦红. 全球化时代的民族地区文化产业发展研究——基于文化资源商业模式与全产业链建构的探讨 [J]. 人民论坛·学术前沿，2016（22）:70—85+95.

和媒婆。演出地点在已经布置好的婚房里。为了让游客能有更加切身的体验，景区"媒婆"会请游客扮演新郎与新娘来一场苗家婚礼拜堂仪式。婚礼流程由媒婆主持，游客坐在屋里观看，并进行互动，有时还会有坐轿子的体验。

2019年，湘西花垣十八洞村举行的"脱贫脱单共致富——十八洞村相亲大会"，来自五湖四海的朋友们积极参加活动，据十八洞村旅游公司演艺部经理隆会老师讲："那天下着小雨，人特别多，车子都堵了几里路，一动不动，由于路况堵车严重，以至于相亲大会只搞了一上午，中午就结束了，我们还允诺朋友们明年还会继续。"[1]

2021年5月20日，为庆祝中国共产党成立100周年，进一步巩固脱贫攻坚成果，推动花垣经济社会各项事业的全面发展，十八洞村再次举行了以"十八洞，我爱你"为主题的相亲活动。

2021年8月14日，是中国传统的七夕情人节。这天，湘西矮寨旅游景区开启了一场"云中表白"主题的湘西苗族婚俗仪式直播。新郎新娘扮演者为矮寨景区演员，以一场苗族婚礼直播的形式宣传了矮寨景区。

在全域旅游的大背景下，苗族传统婚俗仪式音乐的商业运作，延伸了其生存的空间，在某种意义上，推动了苗族传统婚俗仪式的发展空间、传播空间、世俗化功能的建构。

余 论

湘西苗族传统婚俗仪式音乐文化在全球化、文旅融合与"非遗"语境下进行了一系列的变迁和"发明"，尤其是流行音乐与电声乐队的

---

[1] 2020年7月2日笔者于十八洞对村隆会老师的口述采访。

植入对传统音乐文化提出了严峻的挑战，但也迎来了新的发展机遇。苗族婚俗仪式音乐文化中的苗鼓、唢呐、堂上歌等，从艺人们演出的无报酬到有报酬；从族群认同到社会认同；从娱神娱人到文化记忆符号；从敬畏到民俗；从民俗到娱乐、审美等多元化呈现与多样化发展，给苗族人民带来了一定的经济效益，"非遗"传承人或民间艺人在婚俗仪式中的一系列"传统的发明"也许就是苗族乐舞文化走向旅游文化市场中至关重要的一步，但是需要守住传统乐舞文化的"根"才是真正意义上的发展。今天，湘西苗族婚俗文化进入旅游市场，是民族精神、民间文化诠释乡村振兴的时代潮流。虽然大部分年轻人关注的是现代乐舞文化在苗族婚俗仪式上的表演，比如婚礼上他们邀请笔者上台演唱通俗歌曲就是一个明证，但从某种意义上也导致了湘西婚俗仪式音乐文化一种断层性的改变。而且，在湘西苗寨传统的婚礼仪式办得越来越少了，很多在外面的年轻人婚礼都不愿意回家举办了，传统婚俗仪式音乐文化的生存语境越来越窄。怎样做好湘西苗族婚俗仪式音乐文化的传承与发展，是笔者一直在思考的问题。

（李静，湖南师范大学 2020 级民族音乐学硕士研究生。杨声军，湖南师范大学 2020 级民族音乐学博士研究生。）

群体边缘的"演奏家"
——泸溪县潭溪镇苗族唢呐音乐民族志[*]

李政航

苗族在湘西片区占有大量的生存空间，其音乐文化成为族人文娱生活中不可或缺的一部分。苗族音乐属于东亚乐系，音乐特点本身因地域不同而分为东部、中部和西部三大区块，其中民间乐器可按演奏方式的不同分为弓弦乐器、吹管乐器、打击乐器三类。弓弦乐器有二胡、古瓢琴等；吹管乐器有芦笙、唢呐、竹笛、芒筒等；打击乐器有木鼓、皮鼓、竹拆等。所演奏器乐曲因功用大致分为生活性与仪式性两类，生活性多用在平日劳作、休息时所演奏，多为独奏；仪式性指丧葬、婚俗、祭祀仪式时所使用，多为乐队组合演奏。[1] 在吹管乐器中，唢呐因其构造特殊、音色独特、可适用于多种场合等特性至今仍大量地流行于苗族聚居区的各个乡镇，苗族婚嫁仪式、文娱表演都会邀请唢呐艺人现场吹奏，以此能够起到烘托气氛的作用，同时增加仪式风俗性的功能。

---

[*] 本文为2021年湖南省吉首大学校级人文社会科学研究项目"湘西腊尔山台地苗族婚俗仪式音乐研究"（项目编号：21SKY62）阶段性研究成果。

[1] 参考田联韬. 中国少数民族传统音乐[M]. 北京：中央民族大学出版社，2001：1739.

苗族学者石启贵早期针对湘西苗族地区做了细致完整的普查，对于唢呐的演奏形式、乐器形制都有过全面的介绍；"国家民委民族问题五种丛书"之一"中国少数民族简史丛书"中的《苗族简史》在对苗族史料的概述中提到了有关唢呐的信息："唢呐曲调各地亦不同，在本民族中一般是办丧事时吹奏。湘西地区及贵阳地区在起房、婚娶或其他喜庆时也吹奏唢呐。"[1]由田联韬主编的《中国少数民族传统音乐》中也有关于苗族唢呐组织的研究："苗族的唢呐队，是为乡镇和城市的居民在举办红、白喜事时应用的乐队。所奏曲目具有民俗性的各种标题，如'迎亲调''过街调''出门调''喜庆调''迎客调''敬酒''上菜''跪拜'，等等。"[2]另外苗族学者吴华强在《湘西苗族乐器研究》中提到了双管竹唢呐，苗语直译为"唢呐竹"，用两根等长竹管捆做一对而成。每根竹管长约20厘米，直径约1.2厘米，另一端有簧片，其音量不大，发音清脆，音色独特。[3]这些著作均为研究苗族唢呐的权威资料。同时笔者也在网络数据库（知网、维普、万方）集中搜集了文献期刊，发现有关苗族唢呐的信息较为匮乏，且研究大多都是简要概述，以普及性知识为主，泛泛而谈。因此从整体上而言，研究湘西苗族唢呐所能获取的资料非常有限，这也使得笔者将重点集中于田野一手资料的获取。笔者前期了解了湘西苗族唢呐的分布情况，其多流布于吉首、凤凰、花垣、古丈等地，湘西腊尔山地区及周边县乡尤为盛行，因此便将田野点定在泸溪县下辖的潭溪镇，潭溪镇及其下辖村寨每逢苗族的接亲嫁娶、乔迁新居等事宜都会请当地的唢呐艺人进行表演。

---

1 苗族简史编写组.苗族简史[M].北京：民族出版社，2008:340.
2 田联韬.中国少数民族传统音乐[M].北京：中央民族大学出版社，2001：1416.
3 吴华强.湘西苗族乐器研究[J].贵州大学学报（艺术版），2008（1）：40.

一、田野访谈实录

潭溪镇位于县西北部，距县城 31 千米。东邻洗溪镇，南接白羊镇、小章，西北与吉首市的河溪、丹青交界，东北与梁家潭乡毗邻。武水自西向东横贯中部。丹青河、白虎溪两水自东北南流注入武水，三水交汇处冲成一深潭，故名潭溪。该镇属山区峡谷地带，山多田少。最高海拔 475 米，一般海拔 300—400 米。该镇为少数民族聚居区，武水两岸沿河十寨是自治州南部土家族聚居区，保留土家族语言的南部方言，其他村寨为苗族聚居，汉族则散居于潭溪墟场一带。[1] 2021 年 4 月 5 日，笔者与吉首大学 2019 级创作方向研究生杨震宇组成考察组，前往湘西泸溪县潭溪镇对苗族唢呐进行田野考察。

访谈时间：2021 年 4 月 5 日

访谈地点：泸溪县潭溪镇潭溪社区

笔者事先并不认识两位被访谈人，在下车后听闻唢呐声便找到了他们家。两位乐人此时正在对照乐谱练习唢呐，在笔者表明了身份与来意后，他们热情地招待我们进去。寒暄片刻，我便对两位被访谈人进行了采访，杨胜远为唢呐师父，1961 年出生，现年 60 岁，苗族本地人；陈绪进是徒弟，1961 年出生，现年 60 岁，苗族本地人，两人的文化程度都为初中毕业，目前不是全职吹唢呐，收入来源靠外地打工维持。

摘录部分谈话内容如下：

李政航（以下简称"李"）问："请问苗族唢呐一般在什么场合吹呢？"

---

[1] 湖南省泸溪县志编纂委员会. 泸溪县志（1986—2001）[M]. 香港：中国图书出版社有限公司，2005：50.

陈绪进（以下简称"陈"）答："一般用在婚嫁中，例如男方来女方家里接亲，女方与男方回亲等场合都需要我们在一旁吹奏，所吹曲牌大都为〔大开门〕〔娘守女〕等，搬新家的时候也会吹，丧事不太吹。"

杨答："我吹了几十年，可以说'吹了几千个媳妇'，吹唢呐是比较累的，不光是坐着吹，以前年轻的时候，村寨的人都住在山里，我们就需要扛着乐器翻山越岭到寨子里去吹，基本都是站着吹、走着吹。"

李问："唢呐的乐器是你们买的还是自己制作的？"

杨答："我们的唢呐都是找师傅制作的，本镇就有制作唢呐的师傅，但唢呐哨子是从网上买的。"

李问："唢呐的曲牌非常多吗，吹奏时有什么讲究？"

杨答："是的，唢呐的曲牌有很多，我年轻的时候就能吹八九十个曲牌，和别人比赛吹，并且不能吹奏重复的，一口气能吹半个小时。现在年纪大了，很多都吹不了，并且吹奏时一定要符合场合，不能喜事丧吹。"

李问："那杨师傅，您会吹那么多曲牌，这些曲牌都是您跟您师父传承的吗？有没有自己创作的？"

杨答："我没有对曲牌有什么创作，我师父教的时候就和他一句一句学，现在会的都是原模原样的东西，我必须尊重传统，尊重老一辈师傅的传承。"

李问："你们的唢呐与汉族的有什么区别？"

陈答："这个我不是太了解，没有接触过汉族的唢呐。潭溪镇其他村有吹唢呐的人，也与我们有区别，他们的唢呐吹法较短小，一句一句吹，而我和师父都是一口气吹完整个曲牌，不会中途停下换气。"

笔者访谈期间也比较了他们所使用的乐器，可以看出本地的唢呐不同于汉族以及周边地区的乐器形制，其正面开七孔；在演奏技法上，其呼吸换气较为冗长，曲牌的内容与当下时事结合不多，多为传统曲牌；演出的场合主要为接亲嫁女、丧事不太演奏。随后笔者针对乐人传承以及生存现状做了调查。

当笔者问及杨胜远是否为苗族唢呐的州级或市级传承人时，他表示自己并不是所谓的官方评级，只是和他师父一样属于代代传承，并且也从没有外人对他进行过交流与访问。杨胜远本人有两个师傅，其中一位已经去世，他从25岁开始就跟着师父。开始学习的时候要有传统的拜师礼，拜师礼过后才算踏入师门，之前镇上村里的红白喜事比较多，他跟着师父一起走南闯北，挨家挨户去吹唢呐，无论是演奏技术还是经济收入都很可观，收入来源的大部分上交给师父。现在周边的仪式需求较少，靠唢呐的经济收入难以维持家用，因此为了生计需要去外面打零工、出苦力，兼职吹唢呐。每逢过年的时候，村里只要有人结婚就会请杨胜远前去吹唢呐，一天的工钱为200元。他现在有三个徒弟，前两个徒弟都是本镇人，平日非常喜欢吹唢呐，如果村寨里有需要的活，他都会带着徒弟们去，而平时徒弟们和杨胜远则一起在外面打工。

陈绪进是杨胜远的新徒弟，才学了不久，由于两人年龄相仿，自身喜爱音乐，因此拜师学艺。他平时并不在家中，和师父杨胜远一起出门打工。陈绪进虽然学的时间不长，但

图1 艺人唢呐表演（2021年4月5日李政航拍摄于泸溪县潭溪镇）

他有空就会练习，对于唢呐的基本演奏方法已经了解，只是有时候换

气还不太流畅，曲牌也学得不太多。同时他还会拉二胡，在没有老师教习的情况下通过网络视频琢磨，平时除了练习唢呐也会拉二胡乐曲。正聊着陈师傅便进屋拿起二胡为我们演奏一曲《东方红》，可以看出他对于音乐的掌握能力非常强，自学二胡在短时间内便可以演奏乐曲，由于笔者从事二胡专业的学习，便与陈绪进相互交流起来，这一点也使我更加拉近了与被访谈人的关系。

随后两位师傅表示要为我们现场吹奏三个曲牌，分别是〔会对排子〕、〔五十腔〕和〔问路排子〕，我们对此进行了完整的摄录。在演奏过程中，笔者也观察到了一些问题，首先演奏的方式基本与汉族唢呐相同，吹奏时鼓起腮帮，运用循环换气达到长时间不休息演奏的状态，他们先将嘴鼓起一口气向唢呐管中吐出，同时鼻子吸气，以此循环演奏；其次杨胜远的吹奏水平较为娴熟，陈绪进则需要停下换气，整首曲牌吹奏下来，杨胜远师傅较为连贯流畅，陈绪进则有一些卡顿；两位艺人能较为简单地辨识、记写乐谱，但缺乏规范；另外吹奏中并没有明显的动作变化，二人始终相对吹奏。

笔者通过对唢呐艺人基本情况的了解，得知两位被访谈人并不是全职吹奏唢呐，他们需要平日在外打短工维持生计，经济状况并不稳定。杨胜远有自己的师承，且在当地是有一定知名度的唢呐师，每逢节日活动都会被雇用去吹奏，且有费用报酬；学习唢呐没有特殊的要求，男女都可，年龄也没有具体的限制。在本镇学苗唢呐存在两种方式，一种是像杨胜远一直跟随老一辈师父传承；另一种则是受家庭氛围影响的唢呐世家。陈绪进是杨胜远的第三个徒弟，拜师时并没有什么讲究，只是师徒之间要相互尊重，不像过去学习唢呐拜师会有一定的"礼数"，现在由于师徒双方经济与时间的不充裕导致其很少在家，这也省去了很多烦琐的步骤。另外陈绪进家里只有一个儿子，初中已经毕业，现在读职中，家里靠他一个人养家糊口，正由于对音乐的浓厚兴趣，陈绪进会利用业余时间练习唢呐，通过网络视频自学二胡。由此可以看出两位艺人作为社会群体的底层、边缘人物，对于音乐有着由衷的坚持，但由于各方面的因素，他们并没有合适的途径来展现自身的音乐能力。

最后有关唢呐的传承问题我也咨询了他们，二位师傅表示现在的年轻人不喜欢苗族唢呐这种传统的乐器，喜欢新鲜的、流行的音乐。陈绪进师傅特意表明如果他们这一辈的人过世后，苗族唢呐真的会面临失传的问题，并且从来没有其他人来这里观看他们表演，我们作为大学生能主动去拜访，他们深感欣慰。与被访谈人的交流在沉重的话题中结束了，他们对于苗族唢呐面临消失的境况以及自身面对未知生活的迷茫反映出了诸多值得思考的问题。

二、苗族唢呐的形态特征及音乐分析

笔者查阅了有关苗族唢呐的形态研究并且对比其他地区的乐器形态做如下分析。

（一）乐器形态特征分析

对于苗族唢呐的形态研究，苗族学者石启贵、李改芳在专著与文章中都曾提过。石启贵先生的《湘西苗族实地调查报告》中载："唢呐，为苗区盛行之乐器。系以尺余木筒一节，用烧红的铁钻钻之通心。木筒上端小，下端大，节旁上面开眼七个，节旁下面开眼一个，眼孔均如黄豆大。上端安一铜管，似葫芦形。嘴心安一铜盘，以便口吹风。"[1] 李改芳的《湘西苗族唢呐》中则详细记录了唢呐的形制："苗族唢呐的

---

1 李改芳. 湘西苗族唢呐[J]. 中国音乐，1998（3）：47.

形制，外形与汉族唢呐相似，但音控的距离不同，汉族唢呐各音孔距离基本相等，而苗族唢呐是上密下疏。"[1] 笔者也曾大量查询相关信息，发现相关的介绍不够详细，但其基本的形制都为木制管身，上下大小不一，上端小，有葫芦状铜嘴，下端大，前开七孔，后开一孔用作调音或前开八孔。苗族唢呐常为二人演奏，人数并没具体限定，多为齐奏。值得注意的是，同一族群不同区域的苗族唢呐在形制、表演形式、吹奏曲牌等方面都有所差别。例如笔者在2021年4月14日（农历三月三）在凤凰县禾库镇的东努苗寨观看了苗族唢呐乐人的演奏，一番交谈后得知他们也知道泸溪县这边的苗唢呐，但演奏的曲牌与技法完全不同，东努苗寨的唢呐曲调简洁，音乐动律十足，而泸溪县潭溪镇的唢呐曲牌乐句较为冗长，较少分句，旋律感较弱。在乐器形制上，前文石启贵先生《湘西苗族实地调查报告》中所提唢呐形制（"节旁上面开眼七个，节旁下面开眼一个"）则与潭溪镇所使用的唢呐有别，并且该唢呐按孔之间的距离均等，并未出现上密下疏的现象。两位师傅的苗族唢呐正面均为七孔，背面是无摁孔，这就区别于其他地区的唢呐形制。此唢呐通过手指组合可发出首调的do、re、mi、fa、sol、la、si七音，正面管身长度约为41.5厘米，共开七孔，上端铜嘴处为葫芦状，其木身可有红色或黑色，主要起装饰作用。

此苗族唢呐的基本吹奏指法为：左手食指摁住上方第一个孔，右手无名指摁住下方倒数第二个孔，所吹奏音高为do；左手无名指摁住上面第三个孔，右手无名指摁住倒数第二个孔，所吹奏音高为re；左手无名指摁住上方对应的孔，右手无名指摁住下方对应的孔，所吹奏音高为mi；左手食指、中指、无名指分别摁住上方对应的三个孔，右手食指、中指分别摁住下方对应的孔，所吹奏音高为fa；左手食指、中

---

[1] 李改芳. 湘西苗族唢呐[J]. 中国音乐，1998（3）：47.

指、无名指分别摁住上方对应的三个孔，右手不摁孔，所吹奏音高为 sol；左手食指、中指、无名指分别摁住上方对应的三个孔，右手食指、中指、无名指分别摁住下方对应的孔，所吹奏音高为 la；左手食指、中指、无名指分别摁住上方对应的三个孔，右手无名指摁住下方对应的孔，所吹奏音高为 si。

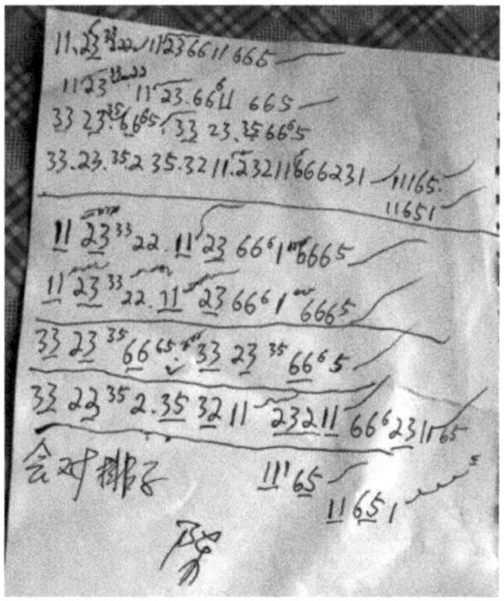

图 2 唢呐曲牌〔会对排子〕手抄谱（2021 年 4 月 5 日李政航拍摄于泸溪县潭溪镇）

（二）唢呐曲牌音乐分析

笔者重点记录了两位乐人所吹奏的〔会对排子〕〔五十腔〕〔问路排子〕三个唢呐曲牌。

谱例 1

会对排子

演奏：陈绪进、杨胜远
录音：李政航
记谱：杨震宇

谱例 2

五十腔

演奏：陈绪进、杨胜远
录音：李政航
记谱：杨雪宇

谱例 3

问路排子

演奏：陈绪进、杨胜远
录音：李政航
记谱：杨雪宇

潭溪镇苗唢呐的音乐解构整体较为较散，没有固定的节奏节拍，散拍子是其最大的特点，并且调式以宫调式及宫系统的徵调式为主。

在三个曲牌中，音阶均以五声调式的五个正音构成，音乐起拍时常有一至两个送气音吹到主音位置，然后进入正题。民间音乐的曲式结构几乎不存在方整性可言，苗唢呐亦是如此，常常自由散漫地结束一句，上一句的长度可长可短，而下一句却又不相一致，但乐句之间以级进平稳的连接性是存在的，如〔会对排子〕的曲牌旋律中，下二度的辅助音大量存在于音乐的结构内部，一般以调式的中音、下中音作辅助音装饰，大、小六度较柔性的大跳也是曲牌中最高的旋律点，大跳时均平稳滑向上六度音不断奏。在记谱上，〔五十腔〕与〔问路排子〕中只要是上主音的位置都一律延长拍数，作为属音的四五度支持，颤音的长度没有持续，即兴性的颤奏一拍左右就回到了本位音。苗族唢呐振幅高、富有穿透力，因而实际音高应是提高八度的位置，需要注意的是，乐器本身属于移调乐器。

三、文化身份的认同与生计空间的重塑

与被访谈人陈绪进的交流中，笔者着重关注了他的生存境遇与对于音乐文化的看法。首先，他的工作并不固定，地点较为分散，经济收入不高，他的时间与精力大都放在周边地区打短工上。四月中旬，笔者又与陈绪进进行了微信通话，当时他表示还在工作，最近在凤凰县给别人出苦力，没有怎么回家休息，当我提出想要再次拜访时，他很高兴并欢迎我到家里做客。由此看出他的生计空间是具有流动性的，因地理位置、社会风险的频繁变动而不断解构。相比于官方机构评定的传承人来说，工作稳定、待遇固定，生活水平较为均衡，其大部分的时间与精力都在进行音乐文化的传承与研习，因此在群体内会逐渐形成稳定的音乐结构形态，并且他们有能力将具有自我风格的技艺进

行同级或越级的传播。对于传承人来说，其文化身份的认同感较为强烈，而民间乐人对于文化身份的认同感则较弱。"所以说文化身份是在差异中寻找相同，在与他者的互动中形成的。同时他也认为'文化身份与文化认同起始于人的社会生活的流变性，其目的是寻求生存方式的稳定性。文化身份与文化认同问题的凸显与现代性的发展紧密相关。因为在人类社会的现代化进程中，人与自然之间的联系被割断，人与乡土之间的纽带被削弱，人们的家庭血缘被社会的流动性所稀释。'"[1] 采访中的两位被访谈人，都属于当地的民间乐人，并且他们在持续地进行音乐活动，这一点与官方评定的等级的传承人是具有共性的，他们在当地拥有很高的认可度，可进行音乐活动的环境是稳定且规律的，而普通艺人则是变动且无目的的，他们需要建立与维持基本的生存空间；民间乐人缺少的是官方对于其身份的认同，伴随着光鲜身份的显性或隐性条件就不会具备，因此在面对现代性社会的发展中就可能产生一定程度上的焦虑。

其次，当下传统村寨中年轻的劳动力在不断消失，这些群体为了拓殖生计空间外出务工，闯荡社会，其导致的结果就是村寨中所剩大多为中老年群体。平日的红白喜事都会涉及音乐活动，那么传统的音乐文化在此群体中会受到较高的认同。但如同采访中陈绪进所述，当他们这一辈人过世，苗族唢呐可能就会面临失传的风险，也就是说没有新的力量去继承老一辈乐人的手艺。早先唢呐艺人在村寨的社会地位是较高的，唢呐师可以靠着一些传统的婚俗、丧葬仪式赚一些外快，而现代年轻人在城市发展，传统的接亲嫁娶被取代为流行的婚礼程序，

---

[1] 邹威华. 族裔散居语境中的"文化身份与文化认同"——以斯图亚特·霍尔为研究对象[J]. 南京社会科学, 2007 (2)：84.

原本传统的土葬也被政府要求为火葬，因此本应出现在仪式活动中的苗族唢呐被现代性、政治性的音乐形式所取代，唢呐乐人的收入水平逐渐降低，只能独自外出拓展生计空间。

最后，则是对于边缘群体如何进入公众视野的思考。笔者首先想到的则是文学圈里较为流行的热点——"底层"，以此为对象产生了底层书写的文学作品，所反映的正是社会分配不均、贫富差距过大的背景下底层群体的生计空间不断遭受消耗与解构，笔者认为此方法可用于民族音乐学中进行底层视角的"他者"书写，在文本的表述中，站在"他者"的角度去理解社会，去客观描写音乐文化中群体的日常，他们所展现的音乐事象以及对于音乐的传承发展也许才是默默构筑起族群整体音乐文化的一个个分支。

结　语

本文通过聚焦于民间乐人的口述材料，将他们真实的主体表达置于特定族群的音乐文化发展规律中，继而描述、解释、阐释并反思其基本形态特征，所衍生出的生存变异规律与民族文化特征也正是笔者接下来需要研究的问题。长期处于中心点的研究者应将目光聚焦在边缘群体上，站在外部关注处于边缘位置的主体，去体验、表达他们的声音。正如王明珂在《华夏边缘》中所说的："当我们在一张白纸上画一个圆时，最方便而有效的方法，便是画出一个圆的边缘线条。在这圆圈之内，无论如何涂鸦，都不会改变这是一个圆圈的事实。边缘成为观察、理解族群现象的最佳位置。"[1] 基于此点，促使了笔者采用边缘

---

[1] 王明珂.华夏边缘：历史记忆与族群认同[M].上海：上海人民出版社，2020：110.

视角进行民族志的书写,以此真实地解读音乐文化现象。在田野中应进入文化持有者的内部眼界中去理解他们对于外部世界的看法,尊重底层群体作为文化持有者身份的主体表达,对他人意义的呈现才是人类学田野的温度所在。

(李政航,湖南师范大学音乐学院 2023 级民族音乐学博士研究生。)

传统与当代的互文

——以通道侗族大戊梁歌会、侗锦传承人口述史考察为例 *

朱 奕　陶泽文

通道侗族自治县历史悠久，先秦时期为荆州西南要地，东周时系楚黔所辖，秦代属象郡。汉唐五代时未独立置县。[1]北宋崇宁二年（1103）始改罗蒙县为通道县。"通道"之名始显于世。元代属靖州路。明清仍属靖州，相沿未改。民国时期仍为县级政区。1954年5月7日，经中央人民政府政务院批准，成立通道侗族自治县，系湖南省最早设立之自治县。其后，靖州、通道两县迭经分合，通道县之治所也嬗递于双江、县溪之间。直至20世纪60年代，县治迁回双江。1981年，黔阳地区改称怀化地区，通道县随属；1998年撤怀化地区，设地级怀化市，通道随属至今。通道侗族自治县地处湘省西南边陲，湘、桂、黔三省交

---

* 本文为2022年湖南省研究生科研创新项目"新文艺政策下红色基因在本土舞蹈创编中的应用"（编号CX20220501）、2021年湖南省普通高等学校教学改革研究重点项目"数字人文背景下苗族舞蹈教材的开发与实践"（编号HNJG—2021—0049）的阶段性成果。本文原载于《民族美学》2022年第6期，本书出版时略有修改。

1 汉高帝五年（前202）置武陵郡镡成县。东晋为武陵郡舞阳县地。南朝为沅陵郡龙标县地。唐代为叙州潭阳郡朗溪县地。五代为诚州属地。

界处，全县侗族人口占比77.9%，县内随处可见侗族建筑、歌舞、服饰、习俗，素有"侗族文化活态博物馆"的美誉。从古至今，汉文化与侗文化在此不断交流融合，形成了独具地方特色的民间乐舞文化。

一、通道侗族自治县田野考察实录

（一）大戊梁歌会的缘起

"大戊梁歌会"是侗族历史悠久、规模庞大、影响力广的一种传统民间活动，被称之为侗族人民的"情人节"。宋陆游《老学庵笔记》："……辰、沅、靖州等地，友伦伶，伦赞……男未娶者，以金鸡插髻……农隙时，至一二百人为曹，手相握而歌，数人吹笙在前导之。"明邝露《赤雅》："……峒亦僚类……善音乐，弹胡琴，吹六管，长歌闭目，顿首摇足，为混沌舞……"以上内容清楚地描绘了宋代时侗族"芦笙踩堂"的盛况。明田汝成《行边记闻·蛮夷》中载有："侗人，……暇则吹芦笙、木叶，弹二弦、琵琶，臂鹰逐犬为乐。"可见，吹芦笙、木叶、弹琵琶、拉牛腿琴和演唱侗歌于明代已经在侗族地区广泛流行。由此可见，大戊梁歌会始于宋，兴于明、清。

据古代《侗款》和民间歌谣记载，牙屯堡外寨（旧时称五通）有位长相俊俏的肖姓姑娘爱上了在她家做长工的小伙子门龙，但遭到父母的反对。为了追求婚姻自主和恋爱自由，肖女和门龙"相沓"[1]离村。由于黑夜沉沉、大雨倾盆，两人双双遇难于洪水之中。后来，人们为纪念这对勇于向封建婚姻制度抗争的青年男女，就在农历三月的大戊日

---

[1] "相沓"是指侗族地区的一种婚姻形式，由于父母亲不同意或干涉，青年男女便连夜出走他乡，待生儿育女后再返回家乡。这种婚姻，过去侗乡视为正常现象，不仅不受歧视，甚至还被尊重。

相约到梁蒙山对歌。数百年来，每年的大戊日（现确立为 4 月 17 日至 19 日三天），湘、黔、桂三省（区）交界地区成千上万的青年男女都要盛装打扮，云集在梁蒙山对歌聚会，人们祈愿来到这里感受人与人之间的真情与幸福。经过代代相传，参与歌会的人数越来越多、规模也越来越大，自然形成了这一地区青年男女相聚的盛会，也成为当地一个民间传统习俗。由于是在大戊日到山梁上唱歌相会，人们就把这一传统习俗称作"大戊梁歌会"。"文革"时期，唱侗歌、跳多耶被视为"四旧"而被冷落，人们也不敢上山聚会唱歌，歌会被迫停止，一度濒临消亡。[1] 直至 20 世纪 80 年代之后歌会又出现复苏的迹象，当地政府自 2003 年起至今，已经连续举办了十七届"中国侗族大戊梁歌会"。2006 年"大戊梁歌会"被正式列入湖南省非物质文化遗产名录，2014 年又被列为"湖南省重大民族节庆活动品牌"之一。2018 年以后，大戊梁歌会重回龙门山举办，文艺演出、招商引资、学术研讨、旅游推介、"非遗"展示等活动均融入歌会之中。政府机构、民间团体、社会组织之间相互配合和支持，取得了良好的社会反响，实现了社会和经济效益的互利共赢。[2]

2021 年，以"让世界侗听"为主题的大戊梁歌会于 4 月 16—18 日在位于通道侗族自治县的皇都侗文化村和芋头古侗寨两个会场同时举行。活动内容丰富多样，其中包含山歌对唱、芦笙舞、多耶舞、侗帕舞、锤布舞、侗族"非遗"器乐演奏等民俗表演以及一些趣味性民俗活动，如侗锦展示、抢鱼塘、划谷桶抢侗锦、合拢宴、吃油茶、打糍粑、篝火晚会等，形式多样的民俗活动迎来万千游客驻足此地与当地村民共

---

[1] 何银春，施晓莉. 节庆共享与铸牢中华民族共同体意识的湖南实践——以大戊梁歌会为例[J]. 民族论坛，2020（4）：36—42.
[2] 姜莉芳，吴波. 侗族民间节会文化意蕴及传承与弘扬[J]. 湖南社会科学，2020（4）：130—137.

同感受大戊梁歌会的文化艺术盛宴。

（二）"皇都侗文化村"会场民俗活动实录

2021年4月17日13：00，团队成员从通道汽车站乘车前往皇都侗文化村。阴雨连绵，山路崎岖，由于路面湿滑，公交车行驶较慢，路程持续约40分钟后到达了目的地。袅袅炊烟缠绕在侗寨村落和山谷之间，刚入侗寨团队成员便被这古朴神秘、若隐若现的鼓楼美景深深吸引，对此行的田野考察更是充满无限的期待。皇都侗寨由头寨、尾寨、盘寨和新寨四个村寨组成，距县城双江镇10千米，这里没有城市中的车马喧嚣，有的只是鸟虫鸣啾、空灵幽远。由于村寨山清水秀，风景如画，且蕴藏着原汁原味、古色古香、丰富多彩的侗族民俗文化，先后获得"中国经典村落景观""湖湘风情文化旅游小镇""国家AAAA级景区"等荣誉称号。

表1 大戊梁歌会：皇都侗文化村活动内容

序号	活动时间	活动名称	活动地点	表演者	观演者
1	15:00—15:40	《侗锦旗袍秀》	新寨寨门—高盘溪—鼓楼广场	侗族妇女	游客、村民
2	16:10—16:30	《芦笙踩堂》	鼓楼广场	皇都艺术团	游客、村民
3	16:40—17:05	《侗族婚礼秀》	头寨鼓楼—月也—鼓楼广场	皇都艺术团	游客、村民
4	17:10—17:30	《打糍粑、吃油茶》	鼓楼广场	皇都艺术团、村民	游客、村民
5	18:30—20:00	《侗听 皇都》文艺晚会	室内演出场	隆回县金石桥商会的会员、侗乡民众、游客	隆回县金石桥商会的领导、会员，隆回县的侗乡民众、游客

1. 侗锦旗袍秀

15：00，民俗活动正式拉开帷幕，团队成员观看的第一个民俗表演是《侗锦旗袍秀》。侗族织锦是中国最具民族特色、工艺最突出且保存最完整的民间工艺之一。在此表演中百余名身材高挑的侗族妇女穿上印有侗锦花纹的新式旗袍，并在头、颈、胸、腰、手、脚的部分佩戴了精美的侗族银饰。走在队伍前端的十二位表演者她们的服饰较为鲜艳，主要以蓝黄色、玫红色、红棕色为主，侗锦图案较为复杂和多样，佩戴的银饰也更显华丽。除前区的表演者之外，其余所有演员都是穿着蓝白相间的侗锦旗袍，她们每人手持一把红色油纸伞，通过打伞、抱伞、转伞等动作的变换，在大戊梁歌会主题曲——《戊梁恋》悦耳动听的旋律下，迈着优雅的步伐，排成长龙队伍，从新寨寨门出发，中途穿过高盘溪，最后再走到鼓楼广场会合，展示中国传统服饰和"非遗"侗锦技艺的独特魅力。

2. 芦笙踩堂

16：10，团队成员前往鼓楼广场前坪观看第二个民俗表演《芦笙踩堂》。芦笙舞俗称"芦笙踩堂"，最初源于古代播种前祈求丰收，收获后感谢神灵赐予和祭祀祖先的仪式性舞蹈，现已成为侗族人民在庆祝丰收和喜庆佳节时表演的自娱性舞蹈。此表演中十四位年过半百的老艺人双手持芦笙，身着蓝色的侗族芦笙鸡尾服。衣服的腰间、下摆均镶有黄色金边和彩色花纹，腰部以下由一串串毛茸茸的白色鸡毛串联而成。演员们围成一个圆圈，最中间的四位表演者手持近3米高的芦笙，外圆的十位表演者则进行低音伴奏的地筒演奏。仔细观察还能发现每只芦笙上都系有一条红色丝带，经询问表演者后得知，红色丝带则意味着喜庆热闹的节日。随着芦笙曲渐渐响起，表演者们开始跟随节奏用脚后跟左右碾转，每次碾转一个来回后，两腿膝盖半蹲一次，然后再向前迈一步，就这样反复循环、围圆起舞。民间艺人们在表演中虽沉浸在抒情与细腻之中，但又不失潇洒与活泼。虽然只有简单的脚步和腿部的拧转移动，但在雨天里，这些民间艺人们依旧为前来观看的游客用最饱满的热情表演着他们本民族独具特色的芦笙艺术，笔者深深感受到老艺人们对本民族文化的热爱与敬畏。因此，我们更应当以优秀的民族文化为豪，注重和加强对原生态民间乐舞文化的保护与传承。

3. 侗族婚礼秀、打糍粑、吃油茶

侗族婚礼秀是侗族民俗文化最具代表性的一种特色形式，16：40，芦笙艺人们作为迎亲队伍吹奏起芦笙曲走在队伍最前端，从头寨鼓楼启程后，开始了第三项民俗活动《侗族婚礼秀》。芦笙曲声音悦耳，余音绕梁，热情的游客们跟随演员们同行组成了大型的迎亲团队，一同前往位于月也的新娘家中。新郎到了新娘家门口，首先要经过一道"高山流水"的门槛，侗家女子们自新娘家门口唱着旋律优美的拦门歌（侗歌），迎接新郎和前来迎亲的客人们。男方也需要回唱一首歌曲，以表诚意。在"月也"迎亲过后，由新娘向一同前来迎亲的客人们分发侗族特色甜茶，这也意味着新人和每一位前来迎亲的客人生活都能幸福甜蜜。笔者在品尝甜茶过后，随迎亲队伍返程，回程路上新娘则坐在由四位青壮年用肩膀扛的一把长椅上，椅子上缠满红布和绿色的植物——鱼尾藤。据当地人讲解，一般在庆典活动侗族人民都会选择一些动感飘逸一点的植物装饰花轿，营造出喜气洋洋的氛围。新婚夫妇返回至鼓楼广场后便开始进行了第四项民俗活动——打糍粑，新婚夫妇每人手持一个木槌，在鼓楼广场中央交替敲打放置在石臼里的糍粑，舂至绵软柔韧，最后将舂好的糍粑分发给游客们进行品尝。打糍粑原是侗乡人民过新年必做的一件事，象征着五谷丰登，现如今逐渐变成一种表演形式的娱乐活动呈现给游客，并让游客共同参与其中。

图 1 侗族婚礼秀：迎亲队伍（2021年4月17日陶泽文拍摄于皇都侗文化村）

4. 文艺晚会

因持续阴雨天气，原定于鼓楼广场的侗戏表演临时取消，直接进行室内文艺晚会——《侗听皇都》的表演。此晚会是为庆祝中国共产党建党100周年，由皇都侗文化村和隆回县金石桥商会联合举办，演员是由金石桥商会的会员以及隆回县的侗乡人民共同完成。18：30，演出在隆回县选送表演的扇子舞中拉开帷幕，开场节目结束后，隆回县政协常委、金石桥镇商会会长郑大长进行致辞，会长表示为庆祝建党100周年，特意来到美丽的红色旅游胜地——通道与大家一同来感受侗乡的少数民族特色文化，并表示非常期待今晚的精彩演出。在讲话过后，首先就是晚会现场全体起立高歌《没有共产党就没有新中国》，团队成员们也融入这激昂的氛围之中，与现场观众一同高歌，热血沸腾。在活动的主体部分依次表演的是隆回县带来的《鬼步舞》、阳清华老师演唱的《草原上的月亮》、侗族舞龙社区带来的侗族舞蹈《这就是我的侗乡》、隆回县金银花合唱团的刘倩老师带来的歌曲《五星红旗》、隆回县带来的水兵舞《望川的河》、金石桥商会的会员表演的舞蹈《望川的河》、侗乡人民表演的《琵琶歌》、金石桥商会会员带来的花鼓戏《你待同志亲如一家》、大刘老师带来的歌曲《等待》、舞龙社区的群众带来的表演唱跳节目《十九大精神暖人心》、金石桥商会会员表演的《鬼步舞》等形式多样的节目。此次活动是隆回县金石桥商会举办的一次将少数民族文化与党日活动相融合的舞台表演，既有传统的侗族民间乐舞表演，又有现代生活中的广场舞、通俗歌曲演唱等多类型的节目，使金石桥商会的会员们亲身感受了通道侗族多样的民间乐舞文化，这是一次侗文化与汉文化的交流与碰撞，也是红色文化与民族文化相融合的体现。

(三)"芋头古侗寨"会场民俗活动实录

4月18日8：00，团队成员乘车约40分钟抵达了大戊梁歌会的分会场芋头古侗寨，其建寨历史悠久，寨内所保存的建筑，无论是从整体到局部，还是从布局到工艺，都融汇了侗族传统的民族特色和朴实风格。它的建筑具有很高的民居建筑文化与艺术价值，是一部生动的历史书。[1] 虽然阴雨连绵，但依旧没能阻挡前来观看演出和参加活动的游客们。到达目的地后，团队成员沿着山路径直走去，在芦笙广场恰逢中国第一部乡村振兴题材电影《在河之洲》在芋头古侗寨举行开机仪式，有幸观看了开机仪式全程。在开机仪式结束之后，便开始观看"大戊梁歌会"芋头古侗寨活动会场的民俗表演活动，该活动主要集中在上午举行，由《对歌》《打歌》《行歌》《多耶》四个表演组成，表演节目的演员均来自通道侗族自治县萨岁艺术团。

---

1 吴祥雄.湖南侗族风情[M].长沙：岳麓书社，2003：163—164.

表2 大戊梁歌会：芋头古侗寨民俗活动内容

序号	活动时间	活动名称	活动地点	表演者	观演者
1	10：00—10：15	《对歌》	芦笙广场	通道侗族自治县萨岁艺术团	游客、村民
2	10：30—10：40	《打歌》	民宿凉亭	通道侗族自治县萨岁艺术团	游客、村民
3	10：45—10：55	《行歌》	乾隆古井	通道侗族自治县萨岁艺术团	游客、村民
4	11：00—11：25	《多耶》	龙脉广场	通道侗族自治县萨岁艺术团	游客、村民

1. 对歌

10：00，团队成员开始观看第一个民俗表演《对歌》。"对歌"是侗族琵琶歌中的一种主要表演形式，也是侗族青年男女谈情说爱的重要途径。在表演过程中有男女二人对歌和男女群体对歌两种不同形式的表演。现如今在琵琶歌的表演中，融入了侗帕舞的元素，使其表演形式更加多样与新颖。在《对歌》表演中，八位女子头戴银花冠、鬓插银簪、耳戴银环、颈戴三到七盘项圈、手臂着银镯手指戴银戒，庄重华丽。她们手持琵琶站在鼓楼的二楼平台，随着琵琶弹拨的节奏和哼唱的琵琶歌乐曲，身体也左右拧转与之摆动。男子们上身着蓝色为主的侗族服饰，下身着黑色裤子，裤子底边镶有蓝、黄、红三色交织的彩色花纹。他们每人手持一条长木凳跑向广场中央，坐在各自的木凳上打量着楼上美丽的侗家姑娘们，并挥手向她们示爱。伴着清脆的侗歌，美丽的侗族姑娘们将八块约宽1米、长4米的侗锦从二楼垂落而下，她们手持侗锦底端两边，通过身体左右的晃动和双手的上下抖动，使原本静态的手工艺品以动态的形式生动地呈现给观众，这样跨界融合的表演形式不仅仅展现出巧夺天工的"非遗"侗锦技艺，也为舞蹈的表演增添了动态的舞台背景，极富美感。

2. 打歌

10：30 团队成员来到民宿凉亭，开始观看第二个民俗表演《打歌》。伴随娓娓动听的侗族大歌，侗家女子展现的是侗家锤布舞，尽显侗族历史悠久的锤布文化。六位侗家女子左手握住侗锤上端，其底端置于地面呈垂直状态，右手抓住侗帕一角。随着侗锤击打地面的节奏，左右脚前后交替，踏步点地，右手随上半身的上下摆动将侗帕时而甩至右肩斜上方，时而将右手伸直，将侗帕举向头顶上方逆时针绕动，尽显飘逸。女子们通过横排、竖排的队形交叉变换，使原本静态的侗锤道具焕发勃勃生机，为游客们展现出一部尽显侗家人民劳作文化的民间艺术作品。

3. 行歌

沿着古驿道继续向上走，10：45 团队成员来到乾隆古井旁开始观看第三个民俗表演《行歌》。美丽的侗家姑娘每人手抱一把红纸伞，列竖队沿石阶向下走，挑着两个水桶的芋头新娘唱着悦耳动听的侗歌走在队伍中间，其余的女演员一同将手中的伞打开，通过绕伞、转伞、抱伞等动作，伴着现代气息浓郁的侗族乐曲欢快起舞，展现出侗家儿女勤劳淳朴、热情好客的性格。新娘独自一人从石阶上走下来至乾隆古井旁深居三躬，感恩还愿，之后用木桶挑上回娘家的神灵井水，为每一位侗家姑娘的桶中都倒入一些井水，她们满载着希望，回旋着永不断流的幸福山歌，沿着青石台阶一路直上。

4. 多耶

虽然恰逢雨季，山路泥泞，但也没能抵挡住游客们的热情，团队成员沿着石阶一路直上，跟随演员来到位于芋头古侗寨最高处的龙脉广场，11：00 准备观看第四个民俗活动《多耶》。多耶舞是在寨和寨之

图 2 琵琶歌与侗帕舞（2021 年 4 月 18 日陶泽文拍摄于芋头古侗寨）

间集体走访中的集体歌舞活动，男女分队，围成圆圈，载歌载舞。"多耶"作为侗族传统的一种歌舞表演形式，同时也属于侗民族特有的文化符号，人们在表演时围成圆圈，载歌载舞，不论屋内屋外，长坪山地，人多人少，均能合拍起舞。[1] 在龙脉广场的舞台上，男女演员们牵手搭肩围成圆圈，齐声高唱"呀啰耶哦，耶啰耶啰呀……"，他们一同在圆圈中间踏歌而舞，以三步一停的步伐顺时针绕圆循环进行，脚步一致、摇摆统一。女演员们在舞动的同时唱着耶歌与男声相互应和。群众也被浓厚的民族风情所感染，情不自禁加入其中，与淳朴的侗族人民载歌载舞。此时此刻，芋头古侗寨的龙脉广场萦绕着悦耳动听的耶歌和人们的欢声笑语，展现出侗族人民热情好客的淳朴民风以及对美好生活的无限向往。

---

[1] 熊晓辉. 哆耶的演述行为及民间听赏[J]. 民族艺术，2016，129（2）：101—107.

二、国家级"非遗"侗锦织造技艺代表性传承人粟田梅访谈

笔者及湖南省级精品在线课程——《湖南少数民族舞蹈》团队成员一行于2022年7月9日18：18乘坐G6063次高铁前往怀化市，此行主要针对国家级非物质文化遗产侗锦织造技艺代表性传承人粟田梅以及中国侗锦传承基地进行田野考察工作，同时也为团队成员创编的侗族女子群舞——《云衣侗锦》挖掘、探索、收集第一手创作素材，力求探寻"非遗"侗锦的缘起与发展，传承与弘扬优秀的侗族"非遗"文化。

（一）锦绣匠心织侗锦，编织侗乡幸福路

7月10日8：00，团队成员徒步至通道汽车站乘坐中巴车前往被誉为"大戊梁歌会的原生地""侗锦侗歌的发源地""中国侗锦的传承基地"之称的牙屯堡镇。1小时45分的路程中陆续会有乘客上车，有手提行李的返乡青年，也有手拿蔬菜瓜果和活禽赶往集市售卖的当地村民，整条线路宛如"中国结"一般盘旋交织在山谷间，沿途错落有致的侗族村寨更是尽显自然、原始、古朴的自然风貌。

10：15，团队成员抵达终点站牙屯堡镇后，首先前往国家级非物质文化遗产侗锦织造技艺代表性传承人粟田梅老师经营的侗锦门店。粟老师是党的十九大代表，怀化市通道侗族自治县牙屯堡镇文坡村党支部书记，曾获得过"全国三八红旗手""全国劳动模范""中国优秀织锦工艺传承人""中国织锦工艺大师"等多项荣誉，虽然身兼数职，但她依旧穿着低调朴素，谈吐亲切和蔼，一见面便赶忙邀请团队成员进到门店中休息，并品尝她提前准备好的解暑西瓜。粟老师表示她非常欢迎年轻人来侗乡了解侗锦织造技艺，谈起侗锦的传承与创新，粟

老师更是满满热情，津津乐道，并邀请我们前往"中国侗锦传承基地"参观。

在短暂交谈过后，团队成员跟随粟田梅老师从牙屯堡镇出发一同前往位于牙屯堡镇文坡村的"中国侗锦传承基地"。6千米蜿蜒崎岖的山路，留下

图 3 粟田梅老师经营的侗锦门店
（2022年7月10日陶泽文拍摄于牙屯堡镇）

了粟老师十多年的足迹与汗水，她用双脚丈量大山，用侗锦织造技艺带领村民们走出脱贫致富路。昔日贫困的文坡村，如今旧貌换新颜，到达村口后最先映入眼帘的便是印有"湖南省美丽乡村示范村——文坡村"的黑白相间的石磴，继续沿着村路和石桥向前走，过了寨门便能看到集侗锦展示、织造、交易于一体的"中国侗锦传承基地"。

（二）感侗锦传承基地之韵，赏侗锦织造工艺之美

粟田梅老师带领团队成员依次参观了基地一层的侗锦服饰展区，二层的侗锦制作区，三层的文创产品区、研学交流区和粟田梅劳模创新工作室以及四层的儿童娱乐区。成员们在基地中可以尽情领略侗锦织造的全过程：从选棉、轧棉、卷棉，到纺纱、盘纱、煮纱上浆，从络纱、排纱牵经，穿筘、梳纱，再到上机、织造、织锦，每一阶段的织造技艺流程都在织娘娴熟的技术和流畅的动作中完成。

在基地三楼的研学区，粟老师与团队成员交谈时讲道："侗锦有两千多年的历史，其纺织共有十多道工序，以前是男耕女织，男的就是耕地犁田，女的则要织锦，一般在12岁起就要开始跟随自己的母亲学习织锦，以前女人如果不会织锦是很难嫁出去的。针对传统的侗锦有'素锦'和'彩锦'之分，用最原始的做法制作彩锦，需要通过整经、

穿筘、穿重、埋色、补色、勾挑、纬纱等一系列工序完整编织。每纺一块一尺的侗锦都需要一千多根纱且侗锦大都以几何形构图为主，因此千丝万缕的丝线必须一根根数好、排好，不能有丝毫差错，数错一根便要重来。即便熟练的织娘，一天也只能织一寸多。"[1]粟老师在讲述时不禁拿起手边用侗锦制作而成的文创抱枕向笔者展示，她一边指着上面的蜘蛛纹一边说道："蜘蛛在侗族人民心目中是寄于美好希望的象征，侗锦上的每一个图案都表达着对神明的崇拜和对民族的信仰，上至日月星辰下至飞鸟走兽，每一个花纹都蕴含着特殊的含义，比如人手拉手的多耶纹就代表着侗族踩歌堂，展现出侗族人民手拉手的团结、智慧和幸福的美好景象。"

在交谈间隙，团队成员让粟老师观看了湖南师范大学音乐学院师生原创的侗族女子群舞——《云衣侗锦》，并向其叙述了舞蹈作品的创作缘由和表现内容，粟老师在仔细观看作品后激动地说道："真的是太棒了！这种以舞蹈表演的形式去展示和弘扬'非遗'

图 4 女子群舞《云衣侗锦》剧照（2021 年 12 月 20 日张清懿拍摄于湖南师范大学音乐学院琴房舞蹈教室）

侗锦文化我还是第一次见到！"粟老师表示这种动态的舞台表演让原本静态的侗锦工艺品"活起来"了，给人耳目一新的视觉效果。她希望更多的年轻人以更加多样的形式去展现和宣传侗锦文化，同时也希望国家对于学习侗锦技艺的 15—20 岁的青年给予一定的政策和经济扶持，培养更多的后继人才。

---

[1] 2022 年 7 月 10 日，国家级"非遗"侗锦织造技艺代表性传承人粟田梅老师在文坡村"中国侗锦基地"三楼口述。

（三）文坡迈上致富路，村民唱起幸福歌

在侗锦基地交谈过后，粟老师带领团队成员行走于村落间，领略当地的自然风光和人文景观。提起文坡村的脱贫之路，粟老师时而激情澎湃，时而娓娓道来，自2011年当选文坡村党支部书记后，粟老师就以十足的干劲踏踏实实为民办事，她说道："最初的文坡村全部是旱厕、猪圈、牛圈和烂棚，走的路全部也都是泥巴路，尤其是下雨天非常难走，村子里自来水也没有，村民们都是挑水喝。我首先向政府争取了'饮水消防'工程的项目，在政府的扶持下，从二十多里之外的水源地引到村子里，各家各户都喝上了自来水，当地的老百姓也愈加信任了我。之后我便召集70岁以上的老人开会，登记旱厕、猪圈、牛圈和烂棚具体是哪一家哪一户的，然后再召集村支两委和全村党员开会，将拆除破旧建筑的沟通任务安排给各位党员。我始终认为党建引领这一块十分重要，我让党员与村民面对面进行谈话和协商，党员与村民沟通之后再来向我进行汇报。若遇到个别不同意拆除的村民，我就会亲自到村民家中去做思想工作，就这样在村民们的共同努力下，我组织村里的青年党员将全村一百多处破旧建筑统一拆除。待拆除之后，我为了村子里基础设施的建设又向政府申请了'沿河道路'的项目，在得到了一定的资金扶持后买来了沙子和水泥，每天早晨6点天微微亮，我就会从镇上沿着山路徒步至村子里，开始打锣召集村民做事。最开始全村也只有六七个村民做事，但随着我的坚守，村民每天也都看在眼里，做公益的村民逐渐发展到每天有一百多人，他们的干劲也愈来愈足。就这样沿河道路的建设实施了将近一个月的时间，一条由侗锦图案拼接而成的特色沿河道路完美建成。"[1]团队成员仔细观看着沿河道路

---

[1] 2022年7月10日，国家级"非遗"侗锦织造技艺代表性传承人粟田梅老师在文坡村沿河道路旁口述。

上由石子铺就而成的侗锦花纹，不禁感叹粟老师与村民们共同铺就了全村的致富路、幸福路，沿河道路的建设更是为乡村振兴注入了新的动能，文坡村也因路而兴、因路更美。

三、田野反思

"互文性"这一概念最早由法国批评家茱莉亚·克里斯蒂娃（Julia Kristeva）于20世纪60年代率先提出，是后现代、后结构批评的重要术语，也是文本的一个普遍性特征，强调文本间相互依赖、相互影响关系。笔者多次前往湖南省通道侗族自治县进行田野考察，通过对2021年"大戊梁歌会"民俗活动中以及国家级"非遗"侗锦织造技艺代表性传承人粟田梅老师进行采访实录，在侗族民俗活动与趣味性游戏、"非遗"语境与多点舞台、侗族传统服饰和道具与时尚元素，以及"非遗"技艺与文创产品的互文中，折射出侗族民间文化的多方位发展和文化重建。

（一）民俗活动与趣味性游戏的互文

随着文化的变迁与旅游业的飞速发展，大戊梁歌会的活动内容也在发生着日新月异的改变。最初的歌会只有"抬肖女上戊梁""盘歌"等传统性民俗活动，而在如今的歌会现场可以欣赏到独具侗族特色的传统表演《芦笙踩堂》和《多耶》，而其余的《对歌》《打歌》《行歌》《侗锦旗袍秀》《侗族婚礼秀》《打糍粑、吃油茶》《篝火晚会》等均为新式的民俗表演和趣味性活动，显现出一种传统与当代的互文共生。[1] 相较于传统的民俗活动，参与主体只有当地村民或艺术团的演员，但趣味性活动的融入，使众多游客参与其中，同样可以成为歌会的"主角"。

---

[1] 赵书峰，杨声军. 语境·身体·互文·权力：音乐表演民族志研究再思考[J]. 音乐研究，2021（3）：81—89+133.

例如"多耶舞"的原始形态是侗族人民的生产生活形式，属于侗族人民祭祀、狩猎之前操练或之后的一种表演性活动。如今在芋头古侗寨《多耶》的表演项目中，来自萨岁艺术团的演员们走下舞台邀请游客跟随他们的步伐一同围圆起舞，娱乐共融，游客在亲身体验之中不仅感知了多耶舞的基本节奏，掌握了基本步伐，同时也感受到了侗族人民的无限热情。在《侗族婚礼秀》《打糍粑、吃油茶》的娱乐活动中，游客们亲身体验侗族婚礼秀，可以跟随迎亲团队一同前往新娘家中迎亲，待迎亲过后，新婚夫妇在芦笙广场打糍粑，并向游客们分发甜油茶。"打糍粑"原是侗乡人民过新年必做的一件事，象征着五谷丰登，现如今逐渐变成一种表演式的趣味性娱乐活动呈现给游客，并让游客参与其中亲身体验，这无不体现出一种互文性。在侗家人民传统的生活中，人们手拿侗锤代表的是一种劳作文化，如今在《打歌》表演中，侗锤与侗帕相互融合，伴着悦耳的侗歌演员们左手击打侗锤，右手舞动侗帕，这一创新的表演形式不仅展现出传统与当代的互文，更进一步保护和弘扬了历史悠久的侗族锤布技艺。大戊梁歌会如今已成为侗族的一种文化符号，通过在当今活动中娱乐化表演、趣味性活动的融入，增强了游客的主体性和参与度，不仅弘扬了侗族优秀的传统乐舞文化，更是推动了乡村振兴的发展，促进了当地旅游与经济效益的双赢。

（二）"非遗"语境与多点舞台的互文

2021年侗族大戊梁歌会的表演地点设在了皇都侗文化村和芋头古侗寨两个会场，而在两个会场中又建立了"室内"与"室外"两种表演语境。例如《芦笙踩堂》《琵琶歌舞》《侗帕舞》《多耶舞》全部利用室内、室外的两种表演空间多形式交替展演。最初侗族人们在跳《芦笙踩堂》时必须要在鼓楼前的鼓楼坪进行表演，而此次歌会中芦笙舞的表演空间选择在了鼓楼广场和室内演出厅交替表演。在室外演出时表演者是站在鼓楼广场中央，在身后鼓楼的映衬下芦笙舞的表演尽显民族风情，与老艺人们手持的芦笙道具融为一体，浑然天成。周围观看的游客们也被之感染，时而动起脚步，慢慢跟随着芦笙曲的节奏一同踏步起舞。游客们虽然没有手持芦笙，但他们手拉手一同起舞的热闹景象依旧其乐融融。此情此景展现出一种传统与当代的互文，民间的传统文化在当代生活中逐渐产生出一种新的表现形式。在室内表演时，芦笙舞艺人在吹奏芦笙时，身后的LED电子屏幕中同步播放了侗寨美景的视频，与舞台上表演的芦笙舞交相辉映。相较来看，室内演出时现代化的多媒体技术运用较为广泛，而室外演出更能体现侗族原生态的风土民情，两种表演的发展与转变体现出来一种传统与当代的互文。

《多耶》的表演空间不受条件限制，不论屋内屋外，长坪山地，人多人少，均能合拍起舞。此次歌会中，多耶舞在室内和室外两种表演空间均有表演，在皇都侗寨室内演出厅的舞台上空间有限，圆圈较小。而在芋头古侗寨山顶的龙脉广场，表演空间面积更大，容纳的表演者更多，视野也更开阔，动作的幅度也更能施展开。如今多耶舞经常活跃在侗族人民的日常生活中，在不同的表演空间中都能呈现出气势宏大，形象壮美的氛围，使人们沉浸在"此时无声胜有声"的艺术美感之中，也逐渐成为侗族特有的一种文化符号。《琵琶歌舞》《侗帕舞》这两种将"非遗"文化与舞蹈艺术相结合的表演形式使笔者记忆犹新，这三种舞蹈的表演空间虽有室内、室外两种，但其表演舞蹈的形式近乎相同，表演者会根据表演空间的大小程度适当调整队形和调度，但对舞蹈动作的表现并无影响。在室内表演时，电子屏幕则会根据不同舞蹈风格匹配相对应的背景视频或图片。在室外演出时，演员的身后一般则是侗寨鼓楼、民宿凉亭等极具侗族特色的建筑物作为背景，更能显现出侗族原生态的民族风情。无论是何种语境下进行表演，侗族人民都希望用更新颖，更易于大众接受的表演形式向外界展现和传播侗族文化。如今的表演语境更加多样化、现代化，相较于以往室外鼓楼前坪传统单一的表演空间呈现出一种"非遗"语境与多点舞台的互文与共生。这种随社会发展与变迁被重新建构的表演语境更加迎合现代观众的审美，也必将是民族旅游文化中的一种流行趋势。

（三）侗族传统服饰和道具与时尚元素的互文

在大戊梁歌会皇都侗文化村会场表演的《侗锦旗袍秀》节目中，"非遗"侗锦、旗袍服饰与舞台表演艺术三者进行跨界融合，静态的侗锦图案与时尚的旗袍服饰相融合，百余名身材高挑的侗族妇女穿上极具侗锦元素的深蓝色旗袍，头部、颈部、腕部都配以精美的侗族银饰，她们手握一把红色油纸伞，行走于侗寨鼓楼之间，以动态美的形式呈现给观众，画面极其优雅与壮观。这样新颖的表演形式不仅展现出侗族人民对幸福生活的美好向往，同时也表达出巧夺天工的"非遗"侗锦技艺和生生不息的织锦精神，无形之中也促进了侗锦文化的传播与商业价值的提升。侗族锤布距今已有数百年的历史文化，是以手工的方式去制作，外加独特的刺绣、挑花，制作出色彩鲜艳、图案精致的侗帕和形式多样的花腰带，这样的手工劳动已成为当地妇女的一种生活习俗。[1] 在芋头古侗寨会场《打歌》表演中，伴着悦耳的侗歌，六位侗家女子手握侗锤展现出一支侗家锤布舞，尽显侗族历史悠久的锤布文化。此节目将侗家人民传统的劳作用具与精美的侗帕相融合，以动态的舞台表演形式呈现，展现出一种传统与时尚的互文。在《多耶》这一篇章中《琵琶歌》是在位于芋头山顶的龙脉广场舞台进行表演，舞台后区有四块木质屏风作为背景，舞台两侧均建有现代元素浓郁的侗

---

[1] 余婕，胡小军. 侗族锤布文化的生存现状与舞台化展演——项目研究总结[J]. 北方音乐，2018，38（19）：37.

寨鼓楼，用来作为音控区和演员休息区。伴着极具现代摇滚元素的《侗家姑娘爱唱歌》（张玮演唱版）一曲，男演员们手抱侗琵琶脚踩木凳一端，女演员们手拿侗帕站在木凳之上，随着强烈的节奏前仰后合并舞动手中的道具，舞台效果极富冲击力，在场的游客也被感染其中，甚至站在台下随着音乐节奏模仿起演员们的舞蹈动作，展现出一派侗乡男女传统恋爱的热闹景象，呈现出传统的民间乐舞与现代时尚元素互文的舞台展演模式。

（四）"非遗"技艺与文创的互文

团队成员在采访国家级"非遗"侗锦织造技艺代表性传承人粟田梅老师了解到，自2014年起我国持续加大对贫困地区的投入支持力度，推进精准扶贫，扶贫开发事业取得显著进展。粟老师在同年争取到了"市扶贫工作队"的项目，2016年9月"中国侗锦传承基地"建设完工。粟老师用双手毫无保留地将侗锦织造技艺传授给更多的织娘，每到寒暑假，侗锦基地里除了当地的村民之外会有来自祖国各地热爱侗锦织造技艺的专家、学者、游客来这里学习和了解侗锦，例如来自湖南大学设计与艺术学院的二十多名青年学生经常利用假期来侗锦传承基地与织娘相互结对，一对一指导，为侗乡传统的侗锦进行创意设计，使侗锦更加充满新鲜活力，焕发出勃勃生机。随着时代的发展，侗锦基地的文创产品不局限于服饰领域，而是样式更加多样化，实用价值也逐渐增强，如侗锦旗袍，侗锦抱枕，侗锦帆布袋、侗锦背包，侗锦钱包，侗锦围巾，侗锦T恤、侗锦领带等，相较于传统的侗锦工艺品，这些经过创新设计的文创产品销量幅度会大大提升，这也体现出"非遗"侗锦技艺的当代文创产品的互文。如今来自侗锦基地制作的琳琅满目的侗锦产品已远销英国、德国、法国、意大利、新加坡等海外各国，牙屯堡镇文坡村也在粟老师的带领下于2018年顺利脱贫摘帽，不仅老百姓的日子富了起来，全村面貌更是焕然一新。粟老师在发展与创新文创产品的基础上，依旧不断培养着新时代织娘，她希望传统的"非遗"技艺可以更好地传承下去。

结　语

"民间文化的生命力根植于民间社会中的展演之中，其存在的意义主要体现在社区人们的使用，一旦脱离了鲜活的社会生活，丧失其功能，等待它的命运便是作为标本放在陈列室展览。"[1] 回顾前往湖南省通道侗族自治县进行田野工作，笔者深感每一次踏入侗乡都能亲切地感受到当地人民的淳朴与热情，以及民间艺人们对本民族文化的挚爱与敬畏之情。在多次的田野考察中，从侗族民俗活动与趣味性游戏、"非遗"语境与多点舞台、侗族传统服饰和道具与时尚元素，以及"非遗"技艺与文创产品的互文中，折射出侗族民间文化的多方位发展和文化重建。随着时代的发展与变迁，侗族人民将以崭新的姿态展望未来。

（朱奕，女，艺术学博士，湖南师范大学音乐学院舞蹈系教授。陶泽文，男，湖南师范大学音乐学院 2020 级硕士研究生。）

---

[1] 理查德·鲍曼. 美国民俗学和人类学领域中的"表演"观[J]. 杨丽慧，译. 民族文学研究，2005（3）: 139—143.

澧水流域篇

在澧水更深处起舞
——桑植白族仗鼓舞田野文化志

李程程

一、澧水边上的白族人家

"绿水六十里,水成靛澧色",武陵山脉下的澧水正在静静诉说着桑植白族的历史。这一民族的文化因子"溯长江,流洞庭,漫津澧,落慈邑,业创千秋"[1]于七百多年前流入这潺潺的澧水之中,经历了无数个春秋洗礼,不知有多少首民歌在山谷里阵阵回响,多少支舞蹈在溪水边祈福欢庆,这一迁徙的民族在原本陌生的桑植深深地扎根落户,他们勤劳智慧,将极具桑植特色的白族乐舞代代传承,如这靛色的澧水永不枯竭。2021年10月16日,团队一行带着满满的好奇,来到美丽神秘的桑植白族乡,探究其传统乐舞文化。

---

[1] 摘自桑植县芙蓉桥白族乡覆锅岩的古亭对联。

在省级仗鼓舞传承人钟必武老师[1]家中，笔者有幸翻阅了《钟氏族谱》，了解到桑植白族的历史："元中统二年（1261）云南'寸二军'被忽必烈下令改变与遣返；同为将领的钟千一、谷均万、王朋凯等，时驻防江西；后率部溯长江，渡洞庭，策应蒙古大军围攻襄阳。元至元十三年（1276），灭宋战事渐息，钟千一等，遂奉命与湖广屯田。他们一路辛苦辗转，先后在武陵（常德）、辰、沅等地落籍。元至元二十六年（1289），千一公偕妻携子再度迁徙，'漫津澧，步慈阳'，翻过毛花界，来到慈利十四都之廖坪落脚。十年后，又将廖坪义让内弟谷均万，自迁麦地坪'狮象把水口'之地，'卜筑于斯，遂云得所'，启名'大屋㘵'此后，其子孙同潘姓等原住民和睦相处，患难与共，一道开发麦地坪。"[2] 从此乐其风土，便解甲归田，结庐开土，繁衍生息。他们一路携带着白族的文化基因，最终在桑植结庐躬耕，繁衍生息，并以"民家人"自称。1977年，桑植县委党校副校长谷忠诚，为纪念湘西州成立二十周年，被抽调到昆明编写《贺龙元帅的故事》，发现当地白族与"民家人"在诸多方面的相似之处，引发省委对桑植"民家人"的族属问题做专题考察。1984年6月27日由湖南省人民政府以湘政办〔1984〕249号文件正式确认桑植民家人为白族，并同意建立七个白族乡，从此桑植白族人对民族身份产生了强烈认同。

《山海经·中山经》中有言，"澧沅之风交潇湘之渊"，多民族散杂居的地理布局，让重峦叠嶂、溪流纵横的桑植，不仅在空间上形成了一个天然的屏障，更在文化上提供了多元、互融的可能性。白族、土

---

[1] 钟必武：白族，1956年12月出生，家住张家界市桑植县马合口白族乡麦地坪村。9岁时随师父钟阳生学习仗鼓舞，12岁拜仗鼓舞第28代传人钟会龙学跳仗鼓舞，20岁时掌握麦地坪仗鼓舞全部套路及音乐。2009年挖掘整理"苏秦背剑""童子拜观音""划龙船"等动作。2012年9月，被张家界市人民政府公布为第二批市级非物质文化遗产项目代表性传承人。
[2] 钟必武家中所藏《钟氏族谱》第31页载。

家族、苗族、瑶族等多民族文化在这片共同的生态环境中互渗、互通，在族群间动态互动的过程中产生了身份建构和认同。迁徙到桑植的白族与其原祖——云南白族缺少地理空间上的直接联系，更使得桑植白族文化逐渐发展成为一个独特的文化单元。在这相对封闭地理环境中，桑植白族不断进行"我们"和"他们"文化的双重认同——既顽强地继承了其直属的大理白族文化的部分内涵，同时又自觉或不自觉地吸收着其他兄弟民族的文化因子。在长期的交互的过程中，其乐舞形态逐渐具有鲜明的桑植特色。在桑植白族田野考察期间，笔者也切实感受到白族文化的独立与融通的双重属性：一方面"民族身份"的政治认同与文化建构，强化了边界意识；另一方面，迁徙到桑植的白族，自觉或不自觉地域吸收其他文化的养分，现代化进程也加速"桑植各民族在长期共处中已初步实现交融和共生，各民族的文化特征逐步融合形成新的地域文化特征"。[1] 从而形成既独立又多元的生存格局。

二、澧水边上的别样律动

作为国家级非物质文化遗产的仗鼓舞是桑植白族特有的、植根于骨子里的集体记忆，是民族的、地域的、群体的情感集中表现。《桑植白族史》中所考证的仗鼓舞的来源与当地的居民的口头表述基本一致。白族先祖初到桑植时，因为要反抗欺凌，争取民族安宁，他们操着打糍粑的木杵将对方打败，用智慧和力量争取到了胜利。为了纪念这一胜利，经过几代人的加工锤炼，终于发展成为极具特色的仗鼓舞。可以说，仗鼓舞的形成发展史就是桑植白族族群精神高度浓缩的历史。笔者此

---

[1] 鲁艳.多民族杂居区民族边界与民族关系研究——以湖南桑植为例[D].北京：中央民族大学.2013：90.

次主要在马合口白族乡，对钟氏、谷氏不同风格的仗鼓舞进行田野考察，用舞蹈人类学的视角，观照其风格差异成因以及多重文化的交融现象；用舞蹈生态学的视角，深描其舞蹈身体语言及其审美内涵。通过纵向层次和横向要素的多重因素统一耦合中考察白族仗鼓舞的文化现象，实现多维、立体、综合的田野考察模式。

（一）麦地坪仗鼓舞的田野实录

麦地坪，是白族钟氏的发祥地和集散地。笔者来到省级仗鼓舞传承人钟必武老师家中，一进门便被满墙仗鼓舞的示范照片所吸引。钟老师指着照片向我们如数家珍般地介绍起了仗鼓舞。资华筠先生曾说："我们认为解决舞蹈形态分析问题应以因子分解、特征提取为主攻目标。"[1] 钟氏仗鼓舞以"马步"为基本动作形态，几乎所有的动作都是在"半蹲"的形态下完成的，这一"动力定型"是自然习得和运动强化的结果，动作孔武有力、潇洒流畅，颇具武术的风格特点。钟老说现留存完整仗鼓舞有十三个套路：每个套路的动作结构分为两个部分，第一部分是固定模式的"摆与转"，第二部分是各套路的不同呈现。每一动作套路的都要经过"一—二—三—二—一"结构模型。这里的数字代表的是"摆"与"转"的次数，每一套路的完整呈现，得做满"九摆九转"。

图 1 考察团与仗鼓舞传承人钟必武老师（左二）合影（2021年10月16日肖志丹摄于麦地坪钟老师家中）

---

1 资华筠.《舞蹈生态学》学科阐释[J]. 北京舞蹈学院学报，2003（3）：30.

钟必武老师口传身教将仗鼓舞倾囊相授给笔者，并认真讲述了白族仗鼓舞深刻的精神内涵。谈到传承，钟老动情地说道："我真的热爱这份工作，我身上是有使命的，我要做到真传承。"笔者及考察团队都被钟老那份执着的传承精神所感动。一摆一转中，一招一式间承载的是族群身份自我认同的深情，是文化自觉和民族信仰的浓缩。笔者通过田野实地考察，分析麦地坪仗鼓舞的动作形态，并挖掘其程式化动作背后的"守土性"和"融合性"。

表1 钟氏仗鼓舞动作模式

节拍		动作形态
1 固 定 模 式 （ 摆 ）	第1-2拍 左勾步	左腿向七点[1]方位迈步屈膝，重心移动至左腿。右脚绷脚虚点在左腿脚踝处。双手经下弧线，将鼓横移至身体左侧，以左臂拉直为宜。上身胸口微含，头转向右侧。形成顺边左"摆"之势。
	第3拍 过渡步	在上一动作的基础上，将原本虚点的右脚向三点方位勾脚点地，准备移动重心。身体其他部位固定不动。
	第4拍 并步	（1）在上一动作的基础上，右手相对固定，左手以右手的位置为圆心，鼓为半径，划二分之一的圆致使鼓垂直于地面。 （2）以鼓的中心点为圆心，左右手交替转动鼓，使其保持立圆运动至四分之三处。身体自然转向三方位，同时向右移动重心，双腿保持半蹲体态，左腿向三方位上步。 （3）形成舞姿：身体正对三点方位。右腿半蹲，左腿伸直，左脚勾脚点地，双膝加紧。右手持鼓鼓面对着双膝，左手伸直且持鼓鼓面与双目高度基本齐平。双手都要伸出食指抵住鼓身。 前四拍完成了一个"摆"的动作。

---

[1] 将教室空间分为8个方位。正对观众为一方位，顺时针每移动45°为一个方位，依次类推。

(续表)

节拍		动作形态
2 固定模式（转）	第5拍 外丁字步	（1）在第4拍并步造型的基础上，双腿半蹲移动重心至左腿。接着在左腿半蹲的形态下，右腿膝盖打开至五方位上步，右脚脚掌横在左脚上方，左脚前脚掌在右脚足弓处，双脚呈"丁"字状。 （2）同时左手相对固定，右手有力地将一端鼓划一个小立圆。 动作时背如弓形。
	第6拍 内丁字步	（1）在上一个"丁字步"的基础上，右腿半蹲的形态保持不变，以右腿为轴，身体顺时针转动至左腿膝盖内扣（与右膝夹紧），左脚脚尖朝七方位。 （2）手上动作与前一个"丁字步"基本一致。 （3）身体保持弓形不变。 两个"丁字步"完成了一个"转"的动作。

"舞蹈形态符号的创造，指的就是舞蹈语言的创造。"[1] 钟氏仗鼓舞中的"摆"和"转"是作为固定套路反复呈现的，具有深刻的符号功能和审美内涵。用钟必武老师的话来说，仗鼓舞凝聚了先祖们的智慧。智慧的凝练来自客观环境影响下的身体习得和横向文化互动下的律动共享。在桑植境内，由于山高坡陡，人们经常用内蹦"丁字步"的方式防止在泥泞的山路上摔跤。舞蹈身体动作是适应生态环境的产物，在长期迁徙的过程中，同边手脚运输草木，顺摆行走会更加方便敏捷，所以桑植许多少数民族舞蹈形态中都会出现"顺边"的动作。此外，桑植县"非遗"传承办主任侯碧云在《桑植民族民间舞蹈及其特征》中谈道："(仗鼓舞)的'同边''颤动'动律明显受到了土家摆手舞的影响。"[2] 也可以说，仗鼓舞在发展过程中有意识或者无意识地借鉴了周边其他

---

[1] 于平．舞蹈形态学学科研究之我见[J]．北京舞蹈学院学报，2001（1）：1．
[2] 陈俊勉，侯碧云．守望精神家园——走进桑植非物质文化遗产[M]．北京：九州出版社，2012：261．

民族舞蹈的动律，这种"关系互动中的共同体"凝结并强化了白族仗鼓舞在族群中的认同感。而"转"的态势，从审美内涵来看，正与明代朱载堉提出"转之一字，众妙之门"不谋而合。这回转之势，不仅包含着身体运动态势和力源的意

图 2　笔者向仗鼓舞传承人钟必武老师学习仗鼓舞（2021年10月16日乔阳摄于麦地坪钟老师家中）

义，而且还显示着动态的灵活与生动的原则。在"摆"与"转"之后，承接的是十三套不同的变化套路，每个动作都饱含着桑植白族人民勤劳善良的品德与聪明智慧。根据钟必武老师的描述，笔者将仗鼓舞的程式表演罗列出来（表2）。

表 2　钟氏仗鼓舞表演程式

套路名称	动作形态分析	动作由来
A 内三环	（1）在固定模式的"丁字步"完成之后，以左腿为轴，身体顺时针快速转动至一方位。右腿摆开至身体右侧，右脚勾脚点地。 （2）左手肘臂夹紧，手心朝内。右手手臂伸直，手心朝外。	打糍粑时候的劳动场景再现。表演时常围三个圈，最里圈是打糍粑的，第二圈是做糍粑的，最外圈是抢糍粑的。
B 野猫戏虾	下肢动作与内三环动作基本一致。 右肩对拧向前，左手端的鼓面与右肩齐平，右手在身体右后45°角左右的位置伸直，头转向左上方，形成"对拉"态势。同时发出"哦喂"声。	纪念"本主"潘弘。相传祖公千一与潘公为世交，一次钟公去潘公家吃团年饭，眼见一只猫溜进潘公门，却怎么也找不到。第二天传来潘公去世的消息。千一公十分痛心，为了纪念这位同甘共苦的兄弟，在仗鼓舞中加入了这一动作。

(续表)

套路名称	动作形态分析	动作由来
C 五龙碰（捧）圣	（1）在固定模式的"丁字步"完成之后，以左腿为轴，身体顺时针快速转动至一方位。右腿摆开至身体右前侧，左膝伸直，屈右膝，右前脚掌点地。 （2）右手手心朝外，贴至膝盖的位置。左手手心朝内，在胸前持鼓。 （3）前右前脚掌移动两次重心，做"杵"米状。	麦地坪风水绝佳，有"铁栏关狮象，狮象把水扣，山不愿走，水不愿流"的宝地。五条山岭的山脚汇聚在此。
D 魁星点斗	（1）在固定模式的"丁字步"完成之后，以左腿为轴，身体顺时针快速转动至一方位。右脚脚尖朝一方位，同时重心移动至右腿。左小腿自然向后抬，两个膝盖靠拢。左手屈肘背身，右手单手持鼓，右肘夹紧将鼓垂直于地面，右小臂往下做"打糍粑"状。 （2）将右腿重心转移至左腿，右腿自然抬离地面，右手夹肘，小臂向上抬起，注意保持鼓的垂直。左手由背手变为左侧自然垂手。 （3）将动作（1）和动作（2）重复两次。	展现了白族人勤俭节约的美好品德。以前粮食产量不太高，为了不浪费粮食，白族的祖先会把糯米洗干净锤紧之后再打糍粑。
E 兔望月	（1）在固定模式的"丁字步"完成之后，以左腿为轴，身体顺时针快速转动至一方位。右腿向三方位打开，双腿脚尖朝一方位，半蹲，呈"马步"。 （2）双手手心朝上水平持鼓。仰头看斜上方。 （3）在这一舞姿上，双膝微颤两次。	与"野猫戏虾"的传说类似。

(续表)

套路名称	动作形态分析	动作由来
F 雄鹰展翅	（1）在固定模式的"丁字步"完成之后，以左腿为轴，身体顺时针快速转动至一方位。右腿摆开至三方位，左腿主力腿半蹲，右腿勾脚点地，膝盖伸直。 （2）在"丁字步"的基础上，左手松开至七方位，变右手单手水平持鼓。双臂在身体两侧展开。两个鼓面朝向一、五方位。 （3）在"展翅"的舞姿上，双手腕向下颤两次。	这一动作记载了白族人民的聪明智慧。相传钟公的夫人怀孕在家，可天上盘旋的雄鹰整天觊觎用来给夫人补身体的老母鸡。于是钟公想了一个办法，他把毛巾抛向空中，成功转移了老鹰的注意力。
G 双龙出阵	（1）在固定模式的"丁字步"完成之后，以左腿为轴，身体顺时针快速转至八方位，做深蹲"马步"造型。 （2）右手持鼓，鼓身垂直地面，左手握拳架在身侧。下蹲同时右手用力往前出。 （3）双腿在八方位"马步"的基础上，快速拧转至二方位"马步"，同时左手向一方位出拳。右手垂直收鼓至身体右侧。	展示了白族人民骁勇善战的民族精神。
H 骑马送战书	（1）在固定模式的"丁字步"完成之后，以左腿为轴，身体顺时针快速转动至一方位。右脚脚尖朝一方位，同时重心移动至右腿。左小腿自然向后抬，两个膝盖靠拢。左手屈肘背身，右手单手横持鼓。 （2）左右脚交替做"骑马"状。	相传在一次战乱中，谷氏为了传递情报，奋力骑马回乡送战书的场景。

(续表)

套路名称	动作形态分析	动作由来
I 背后穿针	（1）下肢动作与"魁星点斗"基本一致。 （2）右手手心朝外单手水平持鼓置于胸前。左手背手握拳，大拇指朝上。 （3）含胸弓背，将额头轻置于右手腕处。	相传桑植白族流行"迷医"[1]。族人如果长了针眼，只需在患病眼睛另一边的肩膀上，挑断一根衣服纱线，就能痊愈。
J 划龙船	（1）在固定模式的"丁字步"完成之后，以左腿为轴，身体顺时针快速转动至一方位。双脚自然与肩同宽。 （2）双手持鼓，绕身体两侧做"8"字圆运动。向左划的同时可踩左脚。	相传在战乱时期，钟氏为救妹妹谷氏在澧水奋不顾身划竹筏。歌颂着白族人民生死与共、和谐共荣的美好愿景。
K 苏秦背剑	（1）下肢动作与"内三环"基本一致。 （2）右手持鼓，使另一端鼓面走下弧线到反手背鼓的位置。左手拍打位于左肩后侧的鼓面两次。头尖微微向左配合舞姿。	"苏秦背剑"是战国时苏秦游说六国合众抗秦时，背后斜跨长剑用于防身。这里与白族先祖的故事进行嫁接，是文化融合互证的结果。
L 小媳推磨	（1）在固定模式的"丁字步"完成之后，以左腿为轴，身体顺时针快速转动至一方位。 （2）右腿摆开至三方位，左腿主力腿半蹲，右腿勾脚点地，膝盖伸直。同时斜鼓朝下，由左至右将鼓面划平面，做"推磨"状。	表现旧时女性在家中劳动的场景。

---

[1] 根据钟必武老师口述：麦地坪本主神潘弘曾经精通医术，相传潘公曾托梦解救了当地的瘟疫。从此麦地坪村民都信"迷医"，也是纪念潘公的方式。

(续表)

套路名称	动作形态分析	动作由来
M童子拜观音	（1）在固定模式的"丁字步"完成之后，以左腿为轴，身体顺时针快速转动至一方位。 （2）右腿屈膝深蹲，左腿伸膝盖向前迈落一步，脚后跟点地，双手在胸前"合十"。 （3）将本来阳握与手中的鼓，轻抛后平置于两臂屈肘处。	相传谷氏的三个孩子都因病去世，悲痛万分的谷氏便去观音像前祈求，观音被她的真诚所打动，第二天，孩子奇迹般地起死回生。

注：表中"动作由来"是笔者通过整理钟老口述记录。

以表1和表2中的代码示意：1+2+A 为一摆一转，1+1'+2'+A'+2+A 两摆两转[1]，1+1'+1+2+A+2'+A'+2+A 三摆三转，依此类推。要想这十三套动作都完成"九摆九转"，不仅需要对动作十分的熟练，还需要相当的体力。仗鼓舞在舞动中体现出的一种从容中节，运转不息，飞扬蹈厉的精神气质，作为一种结构化的动作体系，使得白族仗鼓舞呈现出武舞相融的风格特点。

仗鼓舞不仅在表现形态上呈现出武舞相融的风格特点，在动作内涵上更是桑植白族的多元文化浓缩。正如舞蹈人类学家凯普勒（Adrienne L.Kaeppler）所言，我们不仅要从舞蹈的外在形态上去了解，更应该透过外在形态深挖其丰富的文化内核，这"是一种社会和文化的建构，是由一个群体创作、获知和认同的，并且保存在记忆之中的集中体现。"[2] 笔者发现，在麦地坪仗鼓舞现存的十三个动作套路中，交织着多重文化网格。无论是原生宗教的承袭，还是对所处区域宗教的接纳和吸收，

---

[1] 符号'代表动作的反面呈现。
[2] 艾德丽安·L.凯普勒.舞蹈民族志与舞蹈人类学[J].李修建，译.北京舞蹈学院学报，2000（6）：84—87.

麦地坪白族仗鼓舞可以说是多元宗教思想融合的镜像缩影。

1. 本主信仰与农耕文化

桑植白族与云南大理白族同根同源，"本主"[1]信仰自迁徙以来从未改变。桑植"民家人"普遍共同信仰的是始迁祖谷均万、王朋凯、钟千一衍变的"大、二、三"神，各地域又分别信奉不同的本主。麦地坪乡就立潘弘为本主，供奉在大、二、三公旁。麦地坪钟氏仗鼓舞的"野猫戏虾""兔望月""背后穿针""划龙船"等动作都蕴藏着白族"民家人"对"本主神"崇敬之情。"本主"信仰影响下的农耕文化像芯片一般植入在仗鼓舞的律动之中，"劳动"和"劳动力"便是农耕文化不变的主题，于是产生了许多模拟生产劳动场景的动作，表现了白族人追求自然和谐的生态之美，如"内三环""魁星点斗""小媳推磨"等。另外，祈求村社繁衍生息，人丁兴旺的"童子拜观音"，也是农耕文化的直接体现。

2. 图腾崇拜

白族先民自称"九隆族"，将自己视为龙族子孙。他们将龙作为图腾，祈求风调雨顺，庄稼丰收。"在白族普遍奉行的本主信仰中，也不难找到'龙王本主'的踪影。"[2]在"五龙碰圣""双龙出阵""划龙船"等套路中，不仅体现出"龙本主"在白族农业生活中"超自然"的能力，也体现出汉、白文化融合源远流长。

3. 道教文化的融合

湖南白族普遍信奉"三元教"，是道教的分支。《云笈七签》载："混沌分后，有天、地、水三元之气，生成人伦，长养万物。"在《麦地坪

---

[1] 本主神是白族独有的宗教。本主也是白语"武增"一词的直译，即"本境土主""本境福主"的简称，是白族某一村或一个地域的保护神。
[2] 高静铮.白族龙文化浅谈[J].民族艺术研究，2000（1）:36.

白族仗鼓舞动作的文化解读》中，研究者观察到仗鼓舞的动作形态中蕴含的三元教的文化属性："麦地坪白族仗鼓舞中的'绕花正倒丁字步'中的步伐与三元教法事活动中的'禹步'极为相似。"[1]麦地坪套路动作中的"魁星点斗""童子拜观音"也印证了仗鼓舞对道教、佛教元素的吸收。

（二）马合口仗鼓舞的田野实录

马合口[2]白族乡位于桑植县城东北约30千米处，桑植至官地坪的公路穿镇而过，酉水环绕而去。团队一行在马合口采访了谷春凡和谷彩花两位年近古稀的传承人。作为仗鼓舞唯一的女性传承人，谷春凡的仗鼓舞表现出与钟必武截然不同的韵律特点。她的仗鼓舞载歌载舞，和谐灵动，不再受粗犷的"马步"动作制约，弱化了刚劲有力的动作质感，舍弃了复杂的表演程式，呈现出更多的趣味性和随意性，既留存了仗鼓舞下沉、顺摆的特点，更充满了女性温婉柔美的魅力。笔者根据谷春凡老师的田野实录，梳理了其仗鼓舞的八套动

图3 传承人谷春凡老师表演仗鼓舞（2021年10月16日笔者摄于马合口谷春凡家中）

---

1 刘唱.麦地坪白族仗鼓舞动作的文化解读[D].吉首：吉首大学，2018：38.
2 茅岗土司趁明末清初"三藩"叛乱，进袭慈利十三、十四、十七都地域。至康熙八年（1669），钦差马某督令鄂州巡抚林某率军进剿，兵至慈利县城后，分成两路进发，前路军直扑大庸温塘正面进攻，后路军迂回暗屯"鱼翅关"（九溪卫西的三关之一，即今麦地坪、马合口一带）待机行动。一天，后路军饮马酉水河的铁龙潭，马群却一直蹦跃长嘶，合口不饮。骑士们凭经验知道，那是战马恋战的表现，定是前路军强攻正酣。主将于是下令即刻直奔苦竹河，从后路奇袭茅岗土司。在前后夹击下，土司降服。战后，官军奏报战功情节时，泛称酉水铁龙潭一隅为"马合口"之地。

作形态（表3）。

表3 谷氏仗鼓舞动作形态

套路名称	动作描述
A 子媳举鼎	（1）上场动作。演员双手握住仗鼓，水平举过头顶上方。双脚交替踏步，一拍一踏，同时双手在水平左右顺边摆动。 （2）表演时演员唱旋律音名。
B 魁星点斗	（1）双臂夹肘，水平持鼓于胸前。 （2）第1—4拍：第1拍：左脚向左踏，重心移动至左腿，左腿微屈，右腿小腿微微后抬。同时将鼓水平顺边摆至身体左侧。第2拍：左右腿交替动作，同时将鼓摆至右斜上方的位置。第3拍：交替双腿动作至左脚尖点地一次。双手持鼓垂直于地面，向下点鼓一次。第4拍：重复第3拍的动作一次。 （3）第5—8拍：做第1—4拍的镜面动作。身体基本保持直立状态。
C 童子拜观音	（1）第1—4拍：第1拍：与魁星点斗的第1拍基本一致。第2拍：左右腿交替动作。双手将鼓从左移至身体正前方，接着双手由里向外水平持鼓抡一小圈立圆。第3拍：当立圆抡至四分之三处时，双手虎口松开，将鼓顺势滑至双手手肘的位置。同时双手合十。右腿为支撑腿，左腿叠在右腿上方，双膝夹紧，呈"拜观音"的舞姿。第4拍：双膝微颤，还原至水平持鼓双腿直立的基本舞姿。 （2）第5—8拍：做第1—4拍的镜面动作。
D 兔子望月	（1）第1—2拍：第1拍：左腿向六方位（身体左后方位）踏步，同时身体转向至左腿的方向。双手随着身体的转动摆鼓。第2拍：在第1拍的舞姿基础上，右脚自然踏步，双手跟着膝盖下沉的律动微颤。 （2）第3—4拍：水平持鼓变为左肩扛鼓，在颤膝动律的基础上左脚踩踏两次。 （3）第5—6拍：与前四拍呈对角线的镜面动作。
E 艄公划船	（1）第1—2拍：与"魁星点斗"基本相同。 （2）第3—4拍：左腿向右腿的前方迈步，双膝微屈，重心多在右腿，身体前倾。双手斜握鼓，将鼓由右至左像船桨一样划弧线。 （3）第5—6拍：做前四拍的镜面动作。

(续表)

套路名称	动作描述
F 将军骑马	（1）前两拍的下肢动作与"魁星点斗"基本相同。第2拍：右手松手握拳，架在右胯旁。左手持鼓使鼓身向上旋转二分之一的立圆水平至与额部平齐。第3拍：形成"骑马"舞姿。第4拍：双膝微颤同时，左脚尖点地两次。 （2）第5—8拍：左右交替，过程中保持鼓身立圆运动。
G 打粑粑	（1）第1拍：左腿踩踏将重心移动到左腿，右腿自然抬起。双手向左斜鼓，眼睛看向左下方，作"打糍粑"状。 （2）第2拍：重心交替右腿，双手向右斜鼓。眼睛依然看向左下方。 （3）重复第1拍和第2拍的动作，完成两个八拍，第2个八拍结束到右弓箭步的位置，右手单手向右斜上方持鼓，发出"嘿"的声音。
H 红烛鸳鸯	由双人共同完成，描述男女的恋爱场景。 （1）第1—4拍：第1拍：左腿往前迈步，左手在上将鼓身垂直于地面。第2拍：右脚外侧足弓处横于左脚尖前，形成"外丁字步"，同时倒手立圆转鼓。接着右腿保持不动，身体向右自然转体同时左腿上步，脚尖正对右脚足弓处，膝盖内扣，形成"内丁字步"。第3拍：重心移动到左腿，身体自然向右拧转，右腿向斜前方迈开，双膝微屈，右脚尖与对方的脚尖相碰，鼓身倾斜向下。第4拍：在第3拍舞姿造型的基础上，双膝微颤，右脚前脚掌点地两次，鼓面下点两次。 （2）第5—8拍：做对称重复动作。

从谷春凡老师的套路中，不难感受到浓厚的女性色彩。"子媳举鼎"以及麦地坪仗鼓舞的"小媳推磨"等套路，反映了以男性为核心的家庭结构中，白族人长期以来被儒家"男尊女卑"的教化下的社会性别观念所影响。"童子拜观音"作为仗鼓舞的经典套路，反映了在农耕文化影响下，白族妇女将观音奉为保佑生育、繁衍后代、兴旺家族的神灵。"与生育、健康有关的女性神灵，这是白族本主文化系统中最具有女性

文化特质的重要内容。"[1] 白族民歌，有许多女性表达爱情的经典，仗鼓舞中"红烛鸳鸯"也正是白族女性敢于冲破礼教束缚，追求真善美以及自由平等的愿景的体现。

由于生理结构上的差异，谷氏与钟氏仗鼓舞在物理层面的"力"上和心理层面的"力"上都表现出较大的区别，但两者在"异质同构"的审美活动中，让不同的"力"消解后达到平衡、和谐的审美状态。

（三）钟氏与谷氏仗鼓舞的比较分析

十里不同风，百里不同俗，千里不同情。谷氏仗鼓舞和钟氏仗鼓舞在审美风格上有着明显差异，或刚劲威武，或柔美兼容，或有男性的力量，或有女性的温婉。笔者认为这种差异形成的原因是多重的。第一，在客观环境上，散杂居下的桑植，不同的白族乡所处的地理空间不同。麦地坪是典型的山中盆地，平头界和扬旗山将它紧紧怀抱，有"铁栏关象""青龙出山"等引人入胜的自然景观，这天然的屏障使麦地坪的仗鼓舞的传承更加稳定。而马合口交通四通八达，在咸丰、同治年间，是当时慈桑边贸重要市场，有着"半居乡村半居市，亦为商贾亦为农"的景象，开放兼容的环境导致马合口的仗鼓舞显示出更强的娱乐性、随意性。第二，从族群认同的角度上说，虽然当地"民家人"对其白族身份强烈的认同感，但在散杂居背景下，族群内部间的差异正是"变化中的同态和差别中的同一"的体现。虽然桑植白族人都信仰本主，但除了"大、二、三公"之外，各地还供奉各自的本主，麦地坪供奉潘弘为本主、马合口供奉刘猛将军为本主，便逐渐形成"以本乡文化为中心，尊崇本乡文化绝对正统性为出发点"[2]。第三，从仗鼓舞传承的过程来看，其原

---

1 金少萍. 宗教文化中的社会性别建构——白族女性与本主崇拜[J]. 中央民族大学学报（哲学社会科学版），2008（1）：78.
2 朱立露. 湖南桑植白族仗鼓舞研究[D]. 福州：福建师范大学. 2014：63.

因也值得思考。谷春凡老人接受采访时说道:"仗鼓舞是跟我父亲学的,我的父亲就是钟必武的老师。"钟必武老师则说道:"麦地坪的仗鼓舞是最正宗的,很多地方都已经像广场舞了。"笔者认为,仗鼓舞在传承的过程中,必然会受到一些环境、人文、经济、性别、性格等复杂因素的综合影响。资华筠先生曾提出将"居住在舞种播布区的舞蹈参与——拥有者"称为"舞体"[1]。她认为,环境对舞体是从躯体和心理结构两方面产生影响的。从这一角度来看,钟氏与谷氏作为仗鼓舞传承的"舞体",不仅客观地受到两地地理环境差异的影响,而且其性别差异使得其躯体运动在生理结构以及性别心理观念的双重影响下产生不同的动作质感和效果。从"舞体"在传承过程中信息接收差的角度来看,即使一脉师承的仗鼓舞,也会产生不同的风格特点。"传播人与接受者的统觉模块之间的差异越是大,那么在人们接受或者坚持传统的过程中,传统发生改变的可能性也越大。"[2]一代又一代的传承人,有意或无意地进行着"传统"与"发明"的交叉活动。地理环境、族群内部差异、传承过程影响等诸多因素导致了不同白族乡仗鼓舞的在动作形态(粗粝和优美)、呈现态度(严谨和随意)、表演功能(娱神和娱人)上的差异。

三、澧水中流淌着的"非遗"

传承是一条永不干涸的河流。作为国家级非物质文化遗产的仗鼓舞早已不仅是简单的民族舞蹈现象,更是桑植白族迁徙史的集中体现,是民家人的共同记忆的具象表现。舞蹈生态环境对舞蹈身体形成历时性作用,并产生综合的、复杂的影响。散杂居的地理环境,使仗鼓舞在

---

1 资华筠.舞蹈生态学学科阐述[J].北京舞蹈学院学报,2003(3):31.
2 爱德华·希尔斯:论传统[M].傅铿,吕乐,译.上海:上海人民出版社,2014:262.

纵向的本族本乡的传承和横向的多重文化符号的建构下的立体织网中结构出独具特色的一朵奇葩。虽然每个白族乡的舞蹈风格特点都有所差异，但每一位传承人在口述仗鼓舞时，都满怀着对祖先的崇拜和尊重，满怀着强烈的族群认同。在桑植，从政府到传承人，从官方的保护机制到自发的传承行为，都显示出当地的文化自信和文化自觉。"非遗"的传承是在当地的原生语境下的，是文化的纵向接力，"非遗"的传播是脱离了原生语境的，是文化的横向流动。笔者认为，作为舞蹈研究者，对"非遗"乐舞文化的传承与保护，要兼顾"本真性"和"创造性"。绝不能只是简单地捕捉外在形态，而是以舞蹈身体运动形态为研究基点，由内及外、由表及里、由点到面、层层深入用多维的、网络的、立体的思维范式观察当地的"非遗"乐舞现象。

从田野走向舞台，原始语境下的民俗舞蹈要经过理性的、提纯的文化过滤以及"异文化"输入性的"创造性转化"。当下舞界定义的民族民间舞蹈是"被发明的传统"，是从田野而来，将原始素材经过一系列审美标准化、动作规范化的解构与重组，是在政治文化性的引导下，剥离原生语境，切换表演主体，倾注个人情感与艺术想象的舞台化呈现。作为舞蹈人，应不断深扎田野，坚守"传统"的根，才能把握住"批判性继承"的度，将田野延伸到舞台。

笔者认为，学者只有深入探索"文化持有者"的内部眼界，即以本土眼光来探索动作符号的生成结构和内容，深层地了解当地传统乐舞文化，才能在动态的"传统的发明"河流里，在繁复的当代传播的多重路径下，翻越高山，拨开迷雾，在潺潺澧水边，见到那群手持仗鼓的守望者。

（李程程，湖南工业大学音乐学院讲师。）

以歌传情
——桑植白族民歌田野考察纪实

周心雨

2021年10月15日，笔者与肖志丹师兄、吉首大学硕士研究生李政航、湖南工业大学舞蹈教师李程程以及湖南工业大学音乐学院舞蹈表演专业学生宁新汇、乔阳一同前往湖南省张家界市桑植县，重点对桑植民歌进行田野考察工作。

桑植是一个以土家族、白族、苗族为主体的多民族聚居县，地处武陵山脉腹地，位于湘西北边陲，湖南四大水系之一的澧水发源地。白族古称（寸）犍，是我国西南边境云南省大理地区的先民，内称"白子""白尼""白伙"，汉族意为"白人"。明清以后，汉语称之为"民家"，纳西语称之为"勒布"，傈僳语称之为"勒墨"。桑植白族曾长期称为"民家人"，从云南大理迁徙而来。历史上，白族接受汉文化较早，白汉两族经济文化交往密切。白语中汉语词汇较多，许多白族人通晓汉语，汉文是白族习用的通行文字。历史上白族人民曾借用汉字标记白话，称为"汉字白读。"[1]

---

[1] 桑植县地方志编纂委员会编. 桑植县志[M]. 深圳：海天出版社，2000：511.

10月15日22：10，我们到达张家界市武陵源区，见到了刚刚在梦幻张家界大剧院演出完的桑植民歌国家级传承人——尚生武老师。尚生武老师从文化馆退休后，在武陵源景区的剧院工作，也时常接受各个地方的学者、老师与学生的采访，或代表地方外出参加

图1 团队采访桑植民歌传承人尚生武老师（2021年10月16日宁新汇摄于桑植县梅山阁）

各种"非遗"展示类的活动，可以说是为桑植民歌传承与传播做出巨大贡献的民间艺人。

10月16日9：00，我们与尚生武老师一同前往位于桑植县城的梅山，在梅山山顶上有一亭子——梅山阁，我们在此处对尚老师进行采访。尚老师提到平时若在县城，考虑到在小区内不太方便，便会来此处喊一嗓子。

尚生武老师今年69岁，5岁起跟四爷爷尚德春学唱民间小调、花灯调。跟其父亲尚世金学唱山歌，跟叔叔尚世龙、哥哥尚立文学习"打花灯"。在传承家族民间技能的同时，尚生武老师被招进县文艺宣传队以后，其主要工作就是民歌演唱，需要广泛学习桑植各地民间艺人的民歌。尚生武老师是土家族，我们选择首先对他进行采访，也是考虑到他在文化馆的工作经历。面对第一次进行考察的田野对象——桑植民歌，希望能以此为切入点，首先对田野对象有一个立体的、全面的了解，也可以了解到其他传承人的信息，以便于之后工作的开展。

尚生武老师首先唱了一首白族山歌《三朵杉树并排栽》。这首山歌源于桑植县洪家关白族乡，将走在街上的三位"姨姐"比作三棵大树，

带有诙谐打趣的意味。节奏自由，尾音自由延长。每一句的第一个音一般都有短倚音作为装饰音，句尾音通常会带向下行进的滑音。

谱例1

三朵杉树并排栽

演唱：尚生武
记谱：周心雨
采录时间：2021年10月16日
采录地点：张家界市桑植县梅山阁

尚生武老师提到白族民歌与土家族民歌最大的不同便在于它的拖腔。土家族山歌在处理尾音时，口腔需要回归闭合状态，多口腔的共鸣，甩出去，收回来；用尚生武老师的原话就是"下巴需要抖动"。而白族山歌尾音收得较为干脆，即声音甩出去、不收回。尾音的差别使得运腔也存在细微的差异。

民歌传承人接受采访时最大的特点就是一边说，一边就唱了起来。当问到尚生武老师是如何学习民歌时，对方回答：第一步便是模仿师父的腔调，先学腔，再加词。一腔可套多词，歌词根据场合的需要可即兴创造。山歌可分为平腔山歌与高腔山歌（翻天云）两个腔调。桑植民歌一般用桑植县方言演唱，比较有特色的就是桑植民歌中的儿化音。桑植白族民歌可分为白族源流歌、山歌、小调、花灯调、锣鼓调、红军时代歌、其他歌以及婚嫁歌。

在跟爷爷辈学民歌时，尚生武老师会和爷爷辈一起打花灯。大年三十起灯，持续到正月十五，带有除旧迎新的寓意，打花灯只在晚上进行。花灯的表演形式十分多样，包含唱民歌、打锣鼓、花灯戏表演。打花灯时，锣鼓队与围观群众围成一个圈，中间由两个人进行表演，一个旦角、一个丑角，都由男性扮演。打花灯时唱的民歌是《四季花儿开》，前两句由一人领唱，围观的群众齐唱，或者和歌词中衬词。与原谱相比，尚生武老师的演唱加入了许多装饰音，对原曲有润色的作用。

谱例 2

《四季花儿开》原谱

谱例 2 是摘自《桑植县志》中的《四季花儿开》的第一句，是一句没有任何润色的普通曲调，没有经过润色的民歌，很难体现出其中的韵味。

谱例 3

《四季花儿开》尚生武版

谱例 3 是尚生武老师演唱的版本，骨干音没有大的变化，但经过民间艺人唱出来，"色泽"就明显不一样了，这就是润强的效果。"四

季花儿开"中的"开"字，在处理时，将"开"字升高八度，起到了"正字"的作用，字与腔完美的配合，使听众更能准确地理解歌词的内容。歌词经过装饰音的修饰，表现出了"打花灯"时喜悦的心情，达到了"以歌传情"的效果。

上午的采访在一阵阵歌声中结束，通过与尚生武老师的交谈，对于田野前，只在书上、网络上所了解的桑植民歌，经过现场的访谈与演绎，我们对于桑植民歌已经有了一个基础的、立体的认知。从桑植民歌不同的演唱风格、共同探讨桑植土家族民歌与桑植白族民歌的区别等问题，我们对接下来的田野脉络也逐渐清晰。结束采访后，与尚生武老师一同吃午饭，由于尚生武老师晚上在武陵源景区梦幻剧场还有表演工作，我们便送他到桑植汽车站坐大巴。

14：30，我们驱车期望官地坪镇杜家坪村，在当地村民胡洪利姐姐的带领下来到桑植民歌省级传承人谷彩花奶奶家中。她今年已经75岁了，白族，小学文化程度。谷彩花出生在一个民歌世家，她外公精通民歌、民舞，特别时母亲是远近闻名的"金嗓子"，哥哥和姐姐也是民歌高手。受家庭的熏陶，谷彩花自小便跟随母亲、外公学习民歌，练就了一副好嗓子。

谷彩花奶奶出门热情地迎接了我们，桑植县人民骨子里都很爱唱歌，一首山歌便开启了我们的话题。她拿出了自己的歌本，怕我们听不懂，为我们找到了对应的歌词，一开始就为我们唱了一首白族山歌《唱个山歌甩过来》。山歌一般都以对歌的形式出现，不分场合、时间、随时随地都可以唱，讲起在一次活动中与互不相识的另一位阿姨对歌到深夜，脸上流露出幸福的表情，她说道："山歌不对仁义在！"

谱例 4

唱个山歌甩过来

演唱：谷彩花
记谱：周心雨
采录时间：2021 年 10 月 16 日
采录地点：桑植县官地坪村谷彩花家中

逢乡亲做喜事时也会被邀请去唱歌，通常在酒席时便会开始唱起来，多是祝福主家的语言，称为喜庆歌，歌词通俗易懂，大部分为即兴创作。虽然谷彩花奶奶所唱的腔调与尚生武老师的存在差异，但当我们问及两者是否有不同时，白族山歌与土家族山歌是差不多的，只是某些语言不一样，她强调："我唱的是官地坪的味道。"桑植县大部分人都是从小耳濡目染，所以大部分人都会唱桑植民歌。人民公社时期，唱歌赚工分，一首歌便是十工分，只有多唱歌才能吃饱饭，所以人们从小就要唱歌，人人都要唱歌。

谷彩花奶奶讲到桑植县"非遗"中心曾组织桑植白族前往云南进行交流，两地语言不通，但某些桑植白族民歌与云南当地的民歌是一样的。由于湘西白族先民落籍桑植后，不可避免地受到楚文化的历史熏陶，特别是与土家族、苗族文化相互渗透，白族民歌中或多或少会有一些兄弟民族文化的漏痕，但仍然保留了某些习俗与云南白族相似。

白族祠堂大部分都被拆掉，存留得很少，仅存的少数祠堂也大多是后来修建的。

我们想更多地从谷彩花奶奶这里了解白族民歌的历史源流，谷彩花奶奶却说："你们可以去问我的姐姐，我的姐姐也是传承人，她那里有很多资料，也比我有文化！"我们便决定第二天去拜访谷彩花的姐姐：谷春凡。

第二天下午，谷彩花奶奶带我们来到马合口白族乡梭子丘村谷春凡奶奶家。谷春凡，白族，今年 80 岁，**桑植县仗鼓舞市级传承人**，是桑植白族第二十三代仗鼓舞传承人，同时桑植民歌也十分拿手。她曾是湘西自治州工作者协会成员，14 岁便成为当地的思想宣传员，1987 年曾担任马合口白族乡文化站站长，用谷彩花奶奶的话总结就是："一种、二养、三加工、四演唱、五办学。"谷春风奶奶对于我们的采访十分激动，说道："我的孩子不在家，你们来了我好喜欢！"由于她在文化站的工作经历，以及多年从事教育工作，谷春凡奶奶也保留了十分丰富的资料，她向我们介绍说特意买了六个小柜子装资料，多是有关于"非遗"的资料，例如《中国民间谚语集成湖南卷——桑植县》《桑植县非遗传承人名录》等，家族中的族谱或其他的古文献几乎没有保存下来，族谱一般是"传男不传女"。

谷春凡奶奶十分爱唱红军时期的桑植白族民歌，她向我们介绍：桑植县是贺龙元帅的故乡，她也是红军的后代，特殊的社会环境与家庭环境影响，使她对红军有着比常人更深厚的情感，所以她提出要为我们唱一首歌颂红军的山歌，一首歌唱完，眼里已饱含泪水。之后，谷春凡奶奶又拿出了锣鼓，说可以为我们再唱一首"戏剧"，说完便绘声绘色地开始了表演，讲述的是"聚宝盆"的故事，结合了说、唱、锣鼓三种形式，观赏性十分强，展现出了作为一个文艺工作者的风采，

图 2 团队与谷彩花（右三）、谷春凡（左三）合影 （2021 年 10 月 17 日宁新汇摄于马合口白族乡）

可以感受到谷春凡奶奶对本族乐舞文化的热爱，这种热情同样也感染了我们。

由于山歌以对唱形式为多，她们两姊妹还在屋内进行了山歌对唱——《唱个山歌甩过来》，谷春凡奶奶的音色较为高亢，而谷彩花奶奶的音色细腻，两人不同风格的呈现给我们带来了不一样的观感，民歌风格的形成很大一部分原因受艺人自身的影响。

我们是第一次进入桑植县对当地白族的乐舞文化进行田野考察。16 日晚上，我们住在麦地坪的一个阿姨家中，当时已经是 21：30 了。阿姨叫王月桂，是仗鼓舞传承人钟必武老师的亲戚，我看到阿姨家中桌子上放着的小号，便问了一句："阿姨，您会吹小号呀！"阿姨十分高兴，说可以为我们吹一曲，拿起小号便开始演奏。在之后的交流中我们了解到，她是村里仪仗队的一员，平时村里红白喜事都会请到他们。一曲吹完，阿姨又拿出她的歌本，为我们唱起了山歌，又带领我们到她的房间里看她的白族服装，教我们跳仗鼓舞。我们唱唱跳跳，欢快的氛围持续到深夜。

本次田野主要是对桑植县部分传承人口述的整理，他们都是为桑植白族乐舞文化的传承做出了很大贡献的人，传承人对"原生态"的理解，通常都认为自己的才是"原生态"的，其实他们对这一概念的界定是比较主观的，各地方言的不同、跟随的师父不同才造成桑植民族内部的细微差异，土家族、白族、汉族大体相似。

通过此次田野考察工作发现，桑植民歌传承人多为民歌世家，当时特殊的社会环境使得桑植人人都会唱山歌，也造就了桑植民歌在桑植县各个地区广泛的传唱度。每人唱歌风格都不一样，有的开放、有的收敛，所使用的语言受地区方言影响，也存在细微的差别；这不仅与地区、民族的不同相关。而且，我们所采访的三位传承人在民族音乐群体中属于"个别优秀成员"，他们在音乐行为上常常要做出突破群体音乐行为的行动选择，即个体音乐意识对群体惯性音乐意识的一种超越，他们在拥有足够的实践经验、学习经历之后，便会形成自我独特的风格。

我们进行采访的三位传承人并不会唱白族祭祖仪式中所涉及的歌曲，一般都唱的是山歌，这也从侧面反映了白族在迁移过来之后，由于最初的身份无法进行界定，导致大部分地区与汉、土交汇融合，某些信仰便淡化了。桑植县也是贺龙元帅起义之地，桑植白族民歌中新民歌特别是红军时期的革命歌曲也是白族人民喜爱歌唱的，反映出明显的时代特征，音乐艺术作为人民文娱生活的衍生品，政治意识形态不可避免地渗入音乐作品当中，这也是桑植民歌的一大特点，桑植作为贺龙元帅的故乡，不仅人民对此有着特殊的情结，政府等官方部分也会借艺术形式对此进行宣传，以带动当地发展。

一首首民歌是一部"民家人"活的"史书",表达着"民家人"的喜怒哀乐,展现着"民家人"的传说、历史、发展和变迁。近距离感受桑植民歌,近距离接触桑植白族的历史,时间虽短,但却能十足地感受到桑植白族全民对本族音乐、舞蹈的热爱。

桑植白族"游神"仪式田野文化志
——以马合口白族乡麦地坪村"十月十五"游神仪式为个案

李政航

"游神"是桑植白族所特有的带有仪式与表演性质的民俗活动。其目的是祭祀迁徙始祖钟千一等人，钟氏后人为了纪念先祖从云南大理跋山涉水，不远万里来到此地安家落户，繁衍生息，便修建祠堂，供奉神像。由于民间深信，以某种仪式取悦神灵便可与之对话，神灵感应后遂达成人们愿望，每逢农历十月十五便将神像请出，众人抬神进行游玩，以表娱乐。本文是在笔者跟随"中国南方少数民族音乐文化研究中心"来到桑植白族进行田野调查的基础上，于2021年11月18日再次来到麦地坪白族乡现场考察并摄录了整场仪式，旨在将"游神"仪式置于民间的社会文化语境中，考察仪式及当地族群的信仰体系及其音声属性与仪式之间的关联性。

一、地区及民族概况

马合口白族乡麦地坪村位于桑植县东部，距县城39千米。1949年前为慈利首义乡，1952年属官地坪乡，1958年划归桑植，属官地坪公社，1961年调整为麦地坪公社，1984年为麦地坪白族乡。[1]2015年撤销麦地坪白族乡，归马合口白族乡。

关于白族的概况，据清乾隆年间《桑植县志》记载："县民最杂糅，曰军、曰民、曰土、曰苗。""军"即屯戍官兵及其后裔；"民"是"民家人"，即白族，"客"指外来客商落籍者，多为汉族；"土"即土司治下的土著居民；"苗"即苗民……1984年6月27日，湖南省人民政府以湘协办〔1984〕249号文件，正式认定历称"民家人"的桑植居民为白族……白族次之，占全县总人口23%。他们集中居住在马合口、芙蓉桥、洪家关、麦地坪、瑞塔铺、刘家坪、走马坪等7个白族乡，另外，桥子弯、今藏、淋溪河、白石、空壳树、澧源、谷罗山等乡镇也有分布。[2]

在白族聚居地区，村村寨寨都立有其信奉的本主。白族人有什么心愿或遇上大灾小难，就去本主神前烧香叩头，上贡许愿，求托庇佑。视其为一地保护神灵。本主的确立大体分三类……三是人，特别是对白族人民做出特大贡献，不论官民也立为本主，如白族大二三公、刘猛、陈志、陈亮、高氏婆婆、潘大公等。[3]

二、"游神"仪式前期考察

2021年11月18日16：00，笔者先到达麦地坪村，对白族仗鼓舞传承人——钟必武进行采访。钟老师的家为独立的小院，院内建筑包含有老宅与正在修建的新房。老宅的正门挂有"麦地坪'仗鼓舞'培

---

1 桑植县地方志编纂委员会编．桑植县志[M]．深圳：海天出版社，1999：58．
2 同上；507—508．
3 同上；519．

训学校"字样的牌匾，上面显示名誉校长为钟会龙，教练为钟必武。后经过问询，笔者得知钟会龙为他的父亲。走进屋内，左侧墙壁上挂着诸如鼓、锣、鼓棒等乐器，右面墙壁则为钟老师的合影照片以及仗鼓舞舞步的示范图解。由于钟老师其父为游神的传承人，因此笔者重点对其进行了访谈，借此了解游神仪式相关的信息。

钟必武父亲名叫钟阳生，过去为钟族族长，是桑植白族游神的省级代表性传承人。可惜的是，钟老于2012年去世。钟必武为钟家第六代仗鼓舞传承人，今年65岁。白族游神仪式只存在于麦地坪，仪式固定时间为每年农历十月十五。其性质是为了祭祀迁徙始祖钟千一而由钟氏后人筹办且带有仪式与表演性质的民俗活动。

游神仪式每年举办一次，目的是祭祀迁徙始祖钟千一。钟千一之前是军官校尉，战争结束后军队解散，千一公历经多地辗转，最后定居于桑植县麦地坪。在神位中包含有四个神像，分别为大、二、三神，以及本地的潘姓神，即本主[1]。当千一公迁到这里时，本地的潘姓神对于钟千一帮助较多，因此后人为了纪念他便在游神时将潘姓神放在首位。游神仪式过去举办时会游完桑植县整个白族聚居地，其中伴有仗鼓舞等表演都是为了服务游神仪式。

游神仪式的程序分为三个部分，首先是"请神"，即将神像请出，请神者身份称为"三元老司"。请神仪式中有会首[2]、领导、三元老司[3]等人，随后抬轿人会将神像请出。原来的法师在"请神"时，不需要抬动神位，法师经过"施法"后，神像便可自己移动至神轿上，而现在

---

1 凡是在历史上和传说中对白族人民有过贡献的人物，无论什么民族，都要奉为"本主"，修祠庙、塑全身，长年敬奉。
2 即为游神仪式组织者，统筹安排仪式流程。
3 即当地的法师。笔者反复确认过此名称，当地人称为三元老司，但相关资料则显示为三元老师，意义相同。

都为专人抬像。请神后便是"游神",即抬神像围绕村寨游行,游行中会聚集在村文化广场处进行九子鞭、仗鼓舞等节目会演,而后围绕村寨单方向游行再返回祠堂。最后则是"安神",即将神像安放回原处,仪式结束后众人可散去或继续娱乐活动。

游神仪式的路线为:神像请出后会从村寨小路到达"大屋洛"[1],而后返回大路一路游神到庙里。游神的路线有一条规矩,即队伍不会按原路返回,旨在形容祖先、英雄一往无前的精神。

游神仪式队伍构成:第一部分为敲锣开路,目的是驱赶地痞流氓、邪鬼邪神,即为清路;第二部分为游神仪式传承人与三元老司;第三部分为举旗举牌人,白族族人会举着龙旗、万民伞以及印有国泰民安、肃静等木牌;第四部分则为神像;第五部分为表演队伍,即仗鼓舞、九子鞭、合奏乐队等乐人组成,合奏乐队中所使用乐器一般为管乐(箫、唢呐)以及打击乐(锣、鼓);第六部分为其他人,包括本村民众、钟氏族人、乡镇领导及游客等。

游神仪式的其他情况:游神仪式举办的时间长则半天,短则三四个小时,一般会根据自己的意愿定夺。在1984年以前,游神仪式的举办时间可长达半个月,会选择在全县钟姓村寨里游行,而现在由于过程的烦琐等因素,被简化为只在本村游行,时间缩减为三四个小时。其传承方式为师父口传心授给徒弟。采访之后我们应钟老师邀请在家里吃了晚饭,本想饭后去采访三元老司,可是据钟老师联系,此人由于在外村做丧葬仪式,因此无法赶回,甚至第二天的请神环节都不会到场,这样的情况令我有些吃惊,但钟老师又告诉我说"会首"——钟高仁会代替他来完成请神。关于钟高仁的情况,笔者先前已进行过采访。他生于1952年,现年69岁,是桑植县马合口白族乡麦地坪村人,

---

1 即原来白族迁始祖钟千一居住地。

现为桑植白族游神项目的会首，之前也是本村的党支部书记。20多岁时，拜钟良夜、钟阳生等游神会首学艺，先学习用锣、鼓、唢呐、钹等乐器演奏《游神曲》，后学习请神、游神、安神等游神程序；同时他也会仗鼓舞、九子鞭等民俗表演。他在1984年麦地坪白族乡成立时，被村民推举当上了本村游神的分会首。由于他所述的仪式信息基本与钟必武老师大体一致，笔者在此不再赘述。

饭后，钟必武老师告诉我晚21：00在村部开会，商讨明天活动的安排。我们与钟老师一行参加完会议已是十点多，在他的盛情邀约下我们入住在他妻子的妹妹王月桂家中。

三、"游神"仪式实录

（一）仪式前准备

时间：2021年11月19日8：30

地点：村部文化广场、钟氏祖祠

内容：仪式前准备

早上笔者与钟必武老师吃完早饭后便来到村文化广场，此时广场摆满椅子，演员们正在做着最后的准备工作。广场的右侧是一条巷子，尽头便是神像安放的地点——白族钟氏祖祠，祠堂左侧是白族钟氏源流史，右侧是功德榜。此时祠堂前已聚满了人，四位村民组成的围鼓队已经开始预热表演，其配置为两副钹、大锣与鼓。这种表演形式与笔者过去接触的土家族打溜子有异曲同工之处，值得注意的是，其大锣由一根带有狮子样式重物的黑木挑起并扛在村民肩上，后经询问得知，由于大锣本身的重量以及需要行进中不断敲击，采用"挑锣"的方式替代手提。走进祠堂，内部设置较为简陋，左侧地面上放置着神轿，轿子为红木漆身，轿身系有红布；右侧为万民伞、印有"肃静""回避""知音堂"等字样的旗子；正中央从左至右分别摆放有潘公和大、二、三神的神位。此时，钟必武老师带着仗鼓舞表演团队聚集在祠堂外，围观的多为本地民众以及游客等人。仗鼓舞队排成两列，分为仗鼓舞与扛老虎凳两部分，共十九人，女性居多，钟必武老师站在最前排手提大锣，旁边的女艺人手持小鼓，两人敲击鼓点领奏，所做的动作皆为仗鼓舞舞步。上午9：00，仪式并没有如期开始，在等有关部门领导到位后，仪式正式开始。

（二）请神

时间：2021年11月19日9：10

地点：钟氏祠堂

内容：请出神位，放入神轿，准备游行

首先按照笔者所了解的之前既定程序应该由三元老司对着神位念"请神词"，但由于三元老司不在本地，因此安排钟高仁完成这一步骤，可是现场临时换了一位教师念词，且"请神词"较为简单。这一神圣的环节在笔者看来应该是严肃不容差错的，可是却出现了这种问题。祠堂内人数较多，抬轿的人分布于神轿两侧，门口则聚集了民众，围鼓队在祠堂外等候，简短的念词结束后，几位抬轿者跨上神位台，众人合力将神像一个个搬运到神轿上，安置好神像，此时祠堂外鞭炮响起，围鼓队开始演奏，民众快速撤离至庙门两侧，仗鼓舞队也开始领奏表演，各种声音混杂在一起，异

图1 祠堂神位（2021年11月19日李政航拍摄于钟氏祠堂）

常热闹。这也预示游神即将开始。

(三)游神

时间:2021年11月19日10:30

地点:村文化广场

内容:仪式节目表演

祠堂外游神队伍已经集结好,分别为排头敲锣开路人、举幡者("肃静""避让"等字样的旗子、万民伞)、本主神像与抬轿者、仗鼓舞队、围鼓队,整个队伍从祠堂外出发,前往村文化广场。到达广场后,神像被安置在舞台一侧,演员们已在后台静候演出,先前摆放的椅子早已坐满,民众们欢呼雀跃,等待演出开始。

图2 抬轿游神(2021年11月19日李政航拍摄于钟氏祠堂)

表 1 游神仪式节目

节目顺序	节目名称	表演者	备注
1	《欢乐仗鼓舞》	麦地坪舞蹈队	表演人数二十人，领奏为一锣、一鼓，队形表演有变化，无伴奏音乐
2	《军民一家亲》	麦地坪舞蹈队	表演人数十六人，队形有变化，伴奏音乐为流行歌曲
3	校园舞蹈《围鼓》	麦地坪学校	表演人数八人，都为学生，配置为四副锣、一大锣、两鼓，有声部配合
4	《龙船调》	麦地坪舞蹈队	表演人数十六人，手持道具，队形变化丰富，伴奏音乐为流行歌曲
5	《老人唱山歌》	老人姐妹	两位老者年近九旬，演唱为合唱形式，无伴奏音乐
6	《萨克斯独奏》	钟琴	既是主持，也是表演者，有伴奏音乐，自学乐器进行表演
7	《民歌连唱》	麦地坪舞蹈队	表演人员变化频繁，形式丰富，伴奏音乐为本地民歌
8	《帝虎凳》	青峰溪团队	由于人员不够，因此取消表演
9	《九子鞭》	麦地坪舞蹈队	表演人数为十二人，技巧性高，形式多样，伴奏音乐为改编性质
10	《摆手舞》	麦地坪舞蹈队	人数众多，表演形式不同于土家族摆手舞，多具仗鼓舞元素，持有道具为杖鼓，伴奏音乐为传统结合流行

近一个多小时的节目会演结束后，鞭炮齐鸣，围鼓队敲起锣鼓引领众人抬着神轿继续游神，从村部广场离开后，队伍前往钟千一公大

院。笔者伺机加入游神队伍，摄录全程。值得注意的是，首先在游神行进中，由于神轿很重，因此会有几组人轮换抬轿；其次，围鼓队的锣鼓表演基本上是贯穿于游行中的，其曲牌较多、反复演奏，如〔金鸡拖尾〕〔一二三〕〔鲤鱼跳龙门〕等。每次曲牌演奏完会有短暂的间隙，这时开路的大锣声与其吆喝声充斥着山野，游神队伍每每路过人家，都会有民众出来观摩并行以参拜。从小路穿过至山路，走了许久便来到了停靠的地点——钟千一公大院。

图 3 九子鞭舞（2021 年 11 月 19 日李政航拍摄于村文化广场）

图 4 游神途中（2021 年 11 月 19 日李政航拍摄于麦地坪村）

进入大院，队伍暂时休整，围鼓队、仗鼓舞、帝虎凳则在一旁表演，大、二、三神的神位摆放在院内中心，潘公的神位则摆放在一旁。表演结束后，众人启程离开大院，穿过一片菜地前往双泉桥，而后穿过主路街道。由于麦地坪村逢十开市，因此熙熙攘攘的民众围堵在道路两旁，一齐观摩盛大的游神队伍，行至村头，即农科站桥处，前排便掉转队伍返回至钟氏祠堂。

（四）安神

时间：2021 年 11 月 19 日 12：30

地点：钟氏祖祠

内容：归置神位，安神祈祷

众人返回至祠堂内，抬轿者再次跨上神台，将神像从轿内搬移至神位原处并按顺序安置好，随后便离开了，只剩下不断进入堂内参拜的民众，祠堂外围鼓队依旧敲击着锣鼓，待到表演结束，便依稀散去。笔者并没有见到所谓三元老司的安神步骤（念安神词），现场只留有一位穿戴普通的老者对着神像进行一番诉说，我并没有听得很清楚，但从依稀的话语中，我能领会到老者是在执行着安神的程序，即希望神像们保佑本地人平平安安，来年风调雨顺，而旁边参拜的民众也主动焚香祈祷，在这样一种情境中，游神仪式完整结束。

四、"游神"仪式信仰核心——"本主"崇拜

曹本冶提出过一种以"信仰体系、仪式与仪式音乐"表述仪式音乐内外部关系的框架模式，其内容是：信仰体系呈现出一个民族对天、地、人三者于社会互动关系的认知模式，仪式是信仰体系外向行为的展现，其演绎过程自始至终包含了"音声"，而"音声"便是仪式深层意义及灵验性体现的重要媒介。[1]在仪式音乐活动中，信仰体系、仪式（或仪式行为）与仪式音乐结成一种特殊的亲缘关系，其中信仰体系（属形而上层次）为最重要的识别因素，它使仪式音乐具有了区别于其他传统音乐类型的特殊性含义，并因此建立起了自己在传统音乐中具有的核心地位。[2]

从钟氏祠堂门外的碑文上，可窥其族史："我族千一，系云南大理

---

[1] 杨民康. 音乐民族志方法导论：以中国传统音乐为实例[M]. 北京：人民音乐出版社，2020—12：399.
[2] 同上：403.

人也。宋末元初，洪武帝登基二年，蒙古统领'忽必烈'盛世，遣大将'兀良合台'进入云南扩军，我千一公出于无奈，邀老表谷均万、王鹏凯，由滇逃江西、奔荆楚至麦地，斯时此地一遍荒野，他三人便扦草为标，以三岩为据（覆锅、錾子、狮子）千一公得狮子岩，就地兴家立业，便生四子名聪、敏、智、慧，慧公乃桑邑之鼻祖也，生三子圣、渊、虎，至今已有七百余年矣。"[1] 由此可看出，麦地坪村源自钟千一公及谷均万、王鹏凯三人从云南历经辗转，迁徙而来后，三人自定分配至不同地方，从而繁衍生息才有了子孙后代。此碑文信息笔者认为较为可靠，其来源于明、清钟氏族谱，且与现今所能查到的白族族源史、当地民众的口述大体吻合，但此碑文未提及另一位本主——潘公。笔者在另一本由艺人家获取的《中国民间故事集成湖南卷·桑植县资料本》上找到了潘大公的资料："我们麦地坪白族乡的钟姓家庙里，过去供奉着一个红脸白须的本主菩萨，非常灵验，不论谁家有什么灾难病痛，只要向他叩头烧香许愿，就会灾消病除……他就是本主——潘大公……麦地坪这个地方，原来叫作'潘家廊'，住的是潘姓人家。其中有一位老者，善医术，有手到病除之妙法。人称'潘大公'……一天，白族来桑植始祖钟千一，云游到此，他会阴阳，见这里四面环山而山无去向，处处清泉而水不见流，尚有白狮把关，青龙守口，真乃一世外桃源。于是他便留了下来。"[2] 此口述与碑文信息基本一致，对其细节描述较多。"和那老人攀谈。酒逢知己千杯少。两人谈得甚是投机，便结为金兰。钟千一乐其风土，取得老人同意，就地结合，定居下来，如此相互照应，非常和睦，以后，钟潘两姓，结为秦晋，犹如一家。人间沧桑，不知

---

1 来源于麦地坪村钟氏祠堂碑文，碑文注：此资料系明、清钟谱而著。
2 桑植县民间文学集成办公室.中国民间故事集成湖南卷·桑植县资料本[M].[出版者不详]，[出版日期不详]：180.

又经过了好几代人。潘姓的烟火绝了，而钟姓却人丁兴旺。潘姓的产业，自然全部为钟姓所有，潘家廊这个名字也逐渐演变成钟姓始祖籍贯之地名——麦地坪。"[1] 上述资料为口述史的收集，口述者名为钟会龙，收集时间为1986年12月，流传地区为当时的麦地坪乡。此口述史的真实性还需不断验证，但目前结合相关资料（如《桑植县志》、祠堂碑文、村民口述），其基本向我们廓清了麦地坪地区以及白族从云南大理迁徙而来的源流：本地即潘家廊开始就存在潘姓民众，钟千一及兄弟三人来此后，千一与潘姓民众定居此地，相互照应，在之后的生活中，遇到民众无法解决的事情时，便有潘公应验渡劫，使得民众将潘大公作为本地的本主（信仰神）供奉至祠堂内，同时为纪念迁徙始祖钟千一，民众修建钟千一公大院，每次游神都会来到大院中参拜、娱神。这里需要特别说明的一点是，祠堂内所供奉的神位除了潘大公，剩下的名为大、二、三神，其中大公为钟千一，二、三神并不是谷均万与王鹏凯。笔者通过走访以及查阅资料，得到的反馈信息是二、三神分别是钟二公、钟三公，他们与钟千一是亲兄弟关系。

通过上述对于材料的分析，笔者认为麦地坪地区游神仪式的信仰观念为介于自然宗教与人为宗教属性之间的仪式信仰体系，即当地传统的神灵观念（即本地人敬奉的潘大公）与族群迁徙始祖（即钟千一等人）的历史故事与社会生活在民众心中逐渐聚合、固化为"本主"形象，正是对于"本主"崇拜的传统观念与认知模式，催生出依附于此观念与认知的仪式本身，即特定场合、时间、方式、程序、行为的群体民俗活动，且仪式本身的外界因素与条件并不会对地区民众信仰体系产生较大影响。在调查过程中，笔者就曾听钟必武老师提起："游神仪式

---

1 桑植县民间文学集成办公室.中国民间故事集成湖南卷·桑植县资料本[M].[出版者不详]，[出版日期不详]：180.

年年举办，只有去年疫情的时候停办过一次，原来会有政府拨款，但近几年上面不再拨款，我便领导大家来凑钱，哪怕是我自掏腰包，游神仪式也必须要搞好。因为我们白族能有现在的生活，完全是钟千一跋山涉水来到这里安家落户，以及得到本地潘姓神仙的庇护，因此我们全村人感激他们，才必须将游神仪式搞好。"因此当地人唯一的心灵寄托与信仰对象便是这些"本主"，每遇灾病困苦、红白喜事都会来到祠堂诚心参拜神灵，祈求祝福以及每年农历十月十五都会定期举办的游神活动，这些行为表现正是其信仰观念的显性表达。

五、"游神"仪式音声分析

研究者在仪式中所能听到的音声，主要是发自仪式执行者或参与者的"人声"——在语言性至歌唱性境遇内的各种念诵和唱诵；器乐、器具的各种"器声"——仪式中运用的乐器、法器和其他物件所发出的声音。[1]的确，非言语的象征符号是始终贯穿于游神仪式进程中的，而音乐却又不仅仅指代一般意义上的音声，仪式中可以听到与听不到的，听到的音声中又包含具备审美性质与功能性质，笔者尽可能在此理论基础上试图将仪式的音声做以梳理，并分析其与仪式信仰、仪式本身的功能与联系。

（一）器乐演奏

在游神仪式中，器乐运用较多且长时间伴随仪式存在，例如围鼓队中两钹、一锣、一鼓基本从头至尾都在演奏。

---

[1] 曹本冶. 思想~行为：仪式中音声的研究[J]. 音乐艺术（上海音乐学院学报），2006（3）：93.

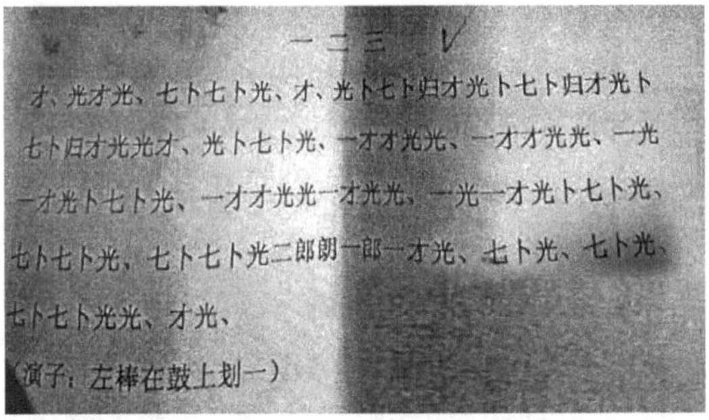

一二三 V
才、光才光、七卜七卜光、才、光卜七卜归才光卜七卜归才光卜
七卜归才光光才、光卜七卜光、一才才光光、一才才光光、一光
一才光卜七卜光、一才才光光一才光光、一光一才光卜七卜光、
七卜七卜光、七卜七卜光二郎朗一郎一才光、七卜光、七卜光、
七卜七卜光光、才光、
（演子：左棒在鼓上划一）

图 5 围鼓曲牌〔一二三〕，艺人留存谱[1]
(2021 年 11 月 19 日李政航拍摄于钟必武家中)

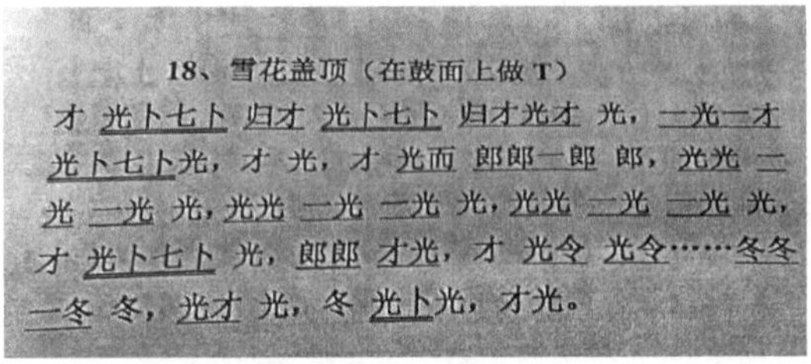

18、雪花盖顶（在鼓面上做 T）
才 光卜七卜 归才 光卜七卜 归才光才 光，一光一才
光卜七卜光，才 光，才 光而 郎郎一郎 郎，光光 二
光 一光 光，光光 一光 一光 光，光光 一光 二光 光，
才 光卜七卜 光，郎郎 才光，才 光令 光令……冬冬
一冬 冬，光才 光，冬 光卜光，才光。

图 6 围鼓曲牌〔雪花盖顶〕，艺人留存谱
(2021 年 11 月 19 日李政航拍摄于钟必武家中)

从抬神轿开始至游神途中到最后安神，围鼓始终在演奏不同的曲牌，通过艺人提供的存谱来看，曲牌多达十几种。据钟必武老师所说，基本每年的仪式所演奏的曲牌较为固定，基本都是这些流传下来的，并没有创新。笔者发现围鼓的曲牌与表演形式在一定程度上与土家族打溜子音乐非常相似，但是两者区别就在于打溜子相较于围鼓更为艺术化，更能通过肢体动作、乐器间丰富的音色组合等方式表述音乐的内容，而围鼓的表演形式单一，曲牌较为固定，无丰富的肢体展现与音色组合，但在某些曲牌的演奏中仍有许多技巧。需要注意的一点是，围鼓与打溜子的艺术形式在某种程度上的相似也正可以说明其有同源关系，白族与土家族族群在桑植地区的共存会导致彼此在音乐文化上产生互融与借鉴，从而形成现在相似而又有所区别的器乐形式。

另外在节目会演中，虽然所有音乐都为音响放置，但其中仗鼓舞、九子鞭音乐都是当地人流传下来的、一直使用的音乐。

1 笔者在钟必武老师家中拍到的复印谱，原谱艺人未找到。图 6 同。

谱例 1

九子鞭

记谱：李政航

在九子鞭的舞蹈形式中，其伴奏音乐整体结构较为紧凑，旋律明快，运用唢呐乐器翻高八度的音色，辨识度很高，现场的音响效果并不刺耳，并且加入了短促的颤音，配合舞蹈更显其活跃性。

仗鼓舞音乐分为两种，其一利用锣、鼓敲击出无音高有节奏的鼓点；另一种为鼓点基础上加入音高。

谱例 2

仗鼓舞（一）

记谱：李政航

谱例 3

仗鼓舞（二）

记谱：李政航

　　谱例 3 与谱例 2 的鼓点部分完全一致，不同的是谱例 3 加入笛子，笛子旋律则结合于鼓点产生了细微的变化。整体的结构较为简单，且都是对第一乐句的重复，在重复的句尾加入人声（"哦~喂~"）。此音乐贯穿于仗鼓舞表演，主要是配合仗鼓舞表演而展开，仗鼓舞舞步组合较为多样，但音乐基本是对乐句的完全重复。另外，此伴奏音乐配合仗鼓舞可以用于很多场景，例如笔者在网络上看到了一位艺人的母亲的丧葬仪式中，艺人们利用此伴奏音型跳仗鼓舞。这一点说明仗鼓舞音乐较为固定，基本就是上述谱例内容。

　　最后一种是用于"清路"的大锣发出的声响，无节奏、无时值，作用只是对外界环境起到提示与威慑的效果，敲击节律凭借乐人的心情，但这种普通的音响依旧是仪式进程中的重要组成部分，缺少音响，"清路"的功能意义就会削弱，游神队伍以及神像所具备的威严性、仪式的神秘性与完整性会有一定程度的缺失。

(二) 人声念诵

笔者关注的人声在仪式中主要出现在请神环节的念诵形式。请神时，"三元老师"所念词如下：

> 山有昆仑水有源，花有清香月有影。
> 竹子有笋树有根，莲蓬打从藕节生。
> 一拜祖先来路远，二拜祖先劳百端。
> 三拜祖先创业苦，四拜祖先荣耀显。
> 家住云南喜州县，苍山脚下有家园。
> 忠勇义士人皆晓，洱海逸民历代传。
> 弟子今来无别事，专请三神去游玩。
> 体察子民情与景，保佑子民享平安。[1]

请神词的内容是在颂扬祖先不远万里来此安家落户，艰苦创业。三元老司的角色是沟通人与神的中介，所念的请神词在仪式的当下场域中配合念诵的形式便起到了不同于以往言语性的单纯意义。笔者在之前的田野中专程来到会首钟高仁家中，请他现场念过请神词，虽是一样内容，但在仪式现场，空间狭窄，众神在位，执仪者念诵的声音充斥包裹在祠堂内，充满了严肃性与神圣性。因此不同场域、情境下的音声呈现出了特殊的意义。

笔者将仪式音声中存在的音声用器乐、人声两个维度进行了梳理，将围鼓、仗鼓舞、九子鞭的音乐部分归结于器声中，三元老司所念请神词归于人声中，通过梳理与分析，笔者发现器乐音声所具备的性质较多体现为辅助音乐行为、仪式行为能够顺利执行，同时渲染行为的仪式感与情境感。例如请神环节中，围鼓的演奏处于仪式场合之外，

---

[1] 念词是笔者根据在钟高仁家中的拍摄内容记录。

看似与仪式场合内的程序没有直接联系，但其声音径直穿过并围绕在祠堂内，与念词、抬轿的行为同步发生，此情景下，仪式场合内外的声音互融为一种整体，即音声环境，任何一种因素的缺失都会破坏仪式整体的结构，因此围鼓的声音始终伴随仪式行为同步展开。游神仪式的每一步行为所表述的含义也许只有作为局内人——执行者、民众所认知，但对于笔者及外人来说，并不能在现场有更多的感触，那么除了视觉所带来的讯息外，所处环境中的每一种声音的构成则更有助于将局外者带入情境中，感受仪式的氛围。由此音声在某种程度上也作为了"游神"仪式这一象征性信仰观念的外在的符号表达。

结　语

笔者认为，首先，麦地坪白族游神仪式是以族群迁徙的历史事实以及当地传统的神灵观念——本主崇拜所共同建构的介于自然宗教与人为宗教属性之间的仪式信仰体系，其为仪式音乐框架模式的核心，它逐渐催生出依附于体系的"游神"仪式，即特定场合、时间、方式、程序、行为的群体民俗活动。它旨在娱神，同时也是娱人，正是在神与人的两级间，仪式才被赋予了意义，它是信仰观念与认知模式的外在表达，也是自始至终存在于社会文化生活的意义所在。

其次，处于仪式中的各种"声音"组合成为音声环境，以其特殊性（非语义性、解释性）等特点将局内与局外人同步带入仪式的情境中，局内人的信仰观念与认知模式通过环境中的"音乐"与仪式行为不断得到强化，局外人则从观赏、体验直至进一步接触到仪式的核心，即信仰观念，给予了感官层面与精神层面的双重认知，同时仪式内、外人的参与程度与信仰认知会随着不同场域、情境的变化而改变，这也是信仰、仪式及音声三者间的动态联系。

最后，对于此次游神仪式的反思，即官方、民间认同之间的差异性以及仪式中不可或缺的程序存在缺失。差异性体现在得到官方评级的传承者在民间却没有较高的认同。而程序的缺失便是安神环节，笔者目睹众人将神像抬回原处后便依稀散去，最后由一位长者对着神像诉说，以示安神。这种程序的缺失也正反映出民俗仪式表演文本的不固定性，即理查德·鲍曼（Richard Bauman）的"民俗表演文本的新生性"。同时，笔者对于仪式背后族群间的文化交流与变迁还需进一步深入，例如仪式中出现的"围鼓"与"打溜子"的联系，桑植白族"九子鞭"与大理白族"霸王鞭"的联系，它们在本次仪式中的音乐形态、表演形式以及乐器形制的呈现都共同指向了诸多族群在历史的发展中其音乐文化处于不断的借鉴与互融的问题，因此研究者在仪式中不仅要关注仪式本身内容，更要关注仪式背后的文化规律与实质。

（李政航，湖南师范大学音乐学院2023级民族音乐学博士硕士研究生。）

后 记

当下,"线性文化空间研究"成为民族学与人类学研究的焦点。受此影响,近年来,中国民族音乐学界研究视角开始出现转型,从聚焦于定点的村落音乐研究转变为移动的多点的田野民族志研究。民族音乐学视野下的"线性音乐文化空间研究",聚焦于某一"流域""走廊"内传统乐舞的历史遗存与当代变迁问题展开田野考察。基于此,湖南师范大学"中国南方少数民族音乐文化研究中心"团队成员自2018年开始,开始将湖南省境内的湘、资、沅、澧四大流域内的传统乐舞作为研究对象,关注其"流域"内传统乐舞跨族群、跨区域、跨文化之间的传播与变迁问题。为此,"中心"团队成员在两年多时间内,以"流域"为切入点,针对其"线性文化空间"内的湖南汉族与少数民族(瑶族、侗族、苗族、土家族、白族)传统乐舞进行了数次田野考察,集体撰写了《流域文化视野下的湖湘乐舞研究》一书。仔细看来,书中的部分文章在文字表述、理论思考、研究视角等方面虽然还略显稚嫩,尤其在田野文化志书写的"四度"(田野工作深度、材料分析细度、理论运用效度、文字表述温度)方面还比较欠缺,但本书是首次以湖南湘、资、沅、澧四大"流域"为考察选点,结合民族音乐学与舞蹈人类学研究视角,针对汉族与少数民族传统乐舞展开的一次"后集成"时代的乐舞文化志书写,因此难能可贵。

赵书峰

2023年4月